고잉 인피니트

GOING

고 잉 인 피 니 트

INFINITE

마이클 루이스 지음 | **박홍경** 옮김

중앙books

언제나 내 마음에 남아 있는
딕시 리 루이스를 추억하며

무한은 그 어떤 경험, 관찰, 지식에 호소한다 해도
현실에서는 어디에서도 찾을 수 없다.
어떤 대상에 대한 사유가 그 대상과 크게 다를 수 있을까?
사유 과정이 대상의 실제 진행 과정과 다를 수 있을까?
다시 말해 현실에서 사유를 제거할 수 있을까?

·

독일 수학자 다비트 힐베르트 David Hilbert

CONTENTS

3부

서문

샘 뱅크먼프리드Sam Bankman-Fried, 일명 SBF에 대해 처음 들은 건 2021년 말, 한 지인에게서였다. 이상하게도 그 지인은 내게 샘이 어떤 인물인지 파악하도록 도와달라고 부탁했다. 알고 보니 샘과 서로의 회사 주식을 교환해 운명 공동체가 될 수억 달러 규모의 거래를 눈앞에 두고는 불안감을 지울 수 없었던 것이다. 그는 샘이 설립한 암호화폐 거래소인 FTX에 대해서는 잘 알고 있다고 여겼지만 샘에 대해서는 판단이 서지 않았다. 그래서 주변에 탐문해보니 다른 사람들, 심지어 샘의 회사에 수백만 달러를 투자한 사람들조차 샘에 대해 아는 바가 거의 없었다.

그는 사람들 대부분이 샘에 대해 모르는 이유를 샘의 환경에서 찾을 수 있으리라 짐작했다. FTX는 설립된 지 2년 반밖에 되지 않았고 샘은 겨우 스물아홉 살이었다. 게다가 앞선 3년 중 대부분의 시간을 미국 이외의 지역에서 보냈다. 이 모든 요인을 종합해보면 샘을 아는 사람이 없어 보이는 것도 어느 정도 설명이 되었다. 지인은 내게 샘을 만나보고 나서 어떤 생각이 드는지 말해달라고 부탁했다.

몇 주 뒤 샘은 캘리포니아 버클리에 있는 우리 집 현관 베란다에 나타났다. 우버를 타고 왔는데 카고 반바지에 티셔츠, 늘어진 흰 양말, 너저분한 뉴발란스 스니커즈 차림이었다. 나는 그날 입고 있던 옷이 샘이 가진 옷의 전부였다는 것을 곧 알게 되었다. 우리는 같이 산책을 했는데, 이후 2년 동안 그를 알고 지내면서 하이킹 복장을 한 샘이 실제로 하이킹하는 것을 본 날은 그날이 유일했다. 걸으면서 내가 몇 가지 질문을 던진 것을 제외하고는 거의 샘이 말을 했고 나는 듣기만 했다. 샘은 놀라운 이야기를 들려줬는데 지금 와서 돌아보면 모두 사실이었다. 우선 그가 지금껏 번 돈의 규모는 놀라울 정도였다. 지난 2년 동안 그는 수백억 달러의 돈을 모았고, 그뿐만 아니라 실리콘밸리의 저명한 벤처 캐피털 심사역들이 (훗날 내게도 말했듯) 그가 실제로 세계 최초로 조만장자가 될 가능성이 있다면서 수백만 달러를 투자했다. FTX의 매출액은 깜짝 놀랄 만한 수준으로 증가했다. 2019년 2000만 달러에서 2020년에는 1억 달러, 2021년에는 10억 달러로 성장했다. 샘과 걷는 동안 나는 그에게 어느 정도의 돈을 제안하면 FTX를 매각하고 돈을 버는 것 이외의 일을 하겠느냐고 물었다. 샘은 골똘히 생각한 뒤 "1500억 달러"라고 답하고는 "무한 달러"라고 말했어야 한다고 곧 번복했다.

샘은 모든 면에서 특이했는데, 스스로가 자신을 움직이는 동기라고 믿는 신념부터가 독특했다. 그날 샘이 나에게 모든 걸 가감 없이 털어놓지는 않았는데 완전히 낯선 사람에게 그의 말이 얼마나 믿기 어려울지 알았기 때문이리라. 그에게 무한 달러가 필요한 이유는 지구상의 생명체가 맞닥뜨릴 수 있는 주된 존재적 위협을 해소할 계획을 세웠기 때문이었다. 그 위협은 예를 들면 핵전쟁, 코로나19보다 더 치명적인 전염병, 인류를 배신하고 절멸시킬 수 있는 인공지능 등이었다. 이러한 문제에다 샘은 최근 목록에 추가된 미국 민주주의에 대한 공격 또한 해결하고자 했다. 이 공격이 성공을 거둔다면 다른 모든 주요 문제가 해결될 가능성이 크게 낮아지기 때문이었다. 1500억 달러는 주요 위협 중 최소 한 가지를 완화하는 데 필요한 금액이었다.

그 밖에도 돈으로 해결할 수 있는 여러 작은 문제가 있었고, 샘은 그러한 문제에도 후원할지 여부를 고민 중이었다. 바하마가 대표적 사례다. 나와 만나기 몇 달 전 샘은 중국 정부의 암호화폐 단속에 대한 대응으로 회사 전체를 홍콩에서 바하마로 이전했다. 샘이 보기에 바하마는 미국과 달리 암호화폐 관련 규정을 만들어 암호화폐 선물 거래소를 합법화했다는 장점이 있었다. 코로나19가 대유행하면서 경제가 파탄에 이르렀다는 불리한 점도 있었지만. 바하마에는 샘이 건설하기를 원하는 세계적 금융 제국을 뒷받침할 금융 인프라가 부족했고 인프라를 구축할 돈도 없었다. 이때 샘은 다수가 중국이나 주변국에서 자란 마흔 명 남짓한 직원들에게 1만 4000킬로미터가 넘게 떨어져 있는 섬으로 회사를 이전하자고 설득했다. 섬에는 직원들이 자녀를 보낼 만한 학교도 없었다. 샘은 바하마가 도로를 닦고 학교를 만드는 등의 사업을 할 수 있도록 90억 달러에 달하는 국가 부채를 상환하는 방안을 고민 중이라고 설명했다. 이후 샘은 신임 총리를 만나 이를 비롯한 여러 아이디어를 교환했다. 나중에 총리의 한 보좌관에게 듣기로는 2021년 9월 바하마에서 총선거가 끝난 후 총리가 가장 먼저 만나고 싶어 한 사람은 바로 샘이었다.

샘이 그동안 눈부신 성과를 이루지 않았다면 혹은 그가 그토록 별난 사람이 아니었다면 이런 이야기가 더 터무니없이 들렸을 것이다. 그는 많은 사람처럼 돈에 휘둘리지 않았다. 오만하게 굴지도 않았다. 자신만의 의견이 있었지만 상대방이 자신의 의견에 동조하기를 기대하는 것으로 보이지 않았다. 내 말에 관심이 없었을 것이 분명한 상황에서도 그는 경청하는 시늉을 했다. 심지어 자신에 대한 기적 같은 이야기에도 별 감흥이 없어 보였다. 샘의 어머니와 아버지는 스탠퍼드 대학교 법학과 교수들로, 기본적으로 돈에 관심이 없었고 아들이 그런 대단한 사람이 된 것을 어리둥절하게 여겼다.

지금까지의 이야기가 그날, 그리고 이후 몇 달간 내가 샘에게 들은 내용의 대부분이다. 의외로 샘은 자기 자신을 제외한 다른 주제에 관해서라면 신선할 정도로 꾸밈이 없었다. 암호화폐 산업이나 회사에 대해 내 머릿속에 떠오른 어떤 질문에도 기꺼이 답해주었다. 샘의 야망은 거창했지만 그 자신은 그렇지 않았다.

산책이 끝날 무렵 나는 샘에게 완전히 매료되었고, 지인에게 전화를 걸어 말했다. "당장 샘 뱅크먼프리드와 주식을 교환해도 되겠습니다! 샘이 원하는 일은 다 해주세요! 잘못될 일이 뭐가 있겠어요?"

나중에야 나는 지인이 처음 물었던 질문에는 전혀 답하지 않았다는 것을 깨달았다. '샘은 누구인가?' 하는 질문이었다.

GOING INFINITE

1부

1장

Yup

결국 샘 뱅크먼프리드의 직원들 대다수가 요건을 충족하지 못하는 직무를 맡았던 것으로 드러났고, 나탈리 티엔Natalie Tien도 예외는 아니었다. 나탈리는 대만의 중산층 가정에서 태어나 딸이 부유한 신랑을 만나는 것이 유일한 희망인 부모님 아래서 컸다. 작은 체구에 쾌활한 나탈리는 반항을 모르는 성격으로, 어른이 되어서도 웃을 때 반사적으로 손으로 입을 가렸다. 하지만 나탈리는 강단이 있었다. 부모님이 자신을 과소평가했음을 증명해 보이고자 대학교를 졸업하고 나서 남편감이아닌, 일자리를 찾아 나섰다. 꿈을 이루려는 열망이 얼마나 간절했던지 면접을 볼 때마다 자신을 소개할 대사를 미리 써두고는 토씨 하나 틀리지 않고 외웠다. 마침내 영어 교육 회사에 합격해 첫 직장 생활을 시작했으나 업무는 지루하기 짝이 없었다. 그러다 2018년의 어느 날, 당시스물여덟 살이던 나탈리는 암호화폐를 접하게 된다.

2017년 비트코인 가격은 1000달러에서 1만 9000달러로 스무 배 가까이 치솟았고 일일 거래량은 정확한 수치화가 어려울 정도로 폭발적으로 증가했다(그나마 코인베이스Coinbase 암호화폐 거래소에서 근사치를 집계했는데 2017년 거래량이 2016년에 비해 서른 배 이상 증가했다). 아시아 전역에서 대중이 이 새로운 도박에 빠져들자 서비스를 제공하는 암호화폐 거래소가 매달 새로 설립되었다. 거래소마다 자금이 넘쳐났으며 젊은 여성들을 탐욕스러우리만치 빨아들였다. 성장세가 가장 가팔랐던 한 신규 거래소는 영업 직원을 구하면서 '요건: 2000년 이후 출생자로 외모가 출중하고 가슴이 풍만하며 실시간 스트리밍 경험이 있고 언변이 좋은 자'라는 광고를 내걸었다. 2018년 아시아의 많은 젊은 여성은 이러한 요건을 충족하기 위해 애썼다.

하지만 나탈리는 사뭇 다른 전략을 취했다. 한 달 동안 암호화폐와 블록체인에 관해 구할 수 있는 모든 글을 구해 섭렵한 것이다. 나탈리는 "모두가 암호화폐를 사기라고 매도했다"고 털어놨다. 나탈리는 내심 걱정이 됐는데 아닌 게 아니라 업계에 발을 들여놓고 보니 암호화폐 관련 종사자 중에서 비트코인에 대해 제대로 설명할 수 있는 사람이 거의 없다는 사실에 깜짝 놀랐다. 업계에서는 자신들이 무슨 일을, 왜 하는지도 모르면서 하는 사람들도 있었다. 그저 여건상 가능했기에 많은 사람을 고용했을 뿐인데 상당수의 인력이 종사한다는 사실 때문에 암호화폐는 더 중요하게 여겨졌다. 나탈리가 자신의 재능을 낭비하고 있는지 모른다는 불안감을 애써 무시하며 계속 일했던 이유는 암호화폐가 대박을 칠 차세대 기술일 수도 있다는 희망 때문이었다. "잃을 것이 없는 도박이라는 생각이 들었다"고 나탈리는 훗날 돌아봤다.

2020년 6월 FTX가 문을 연다는 소식을 들었을 때 나탈리는 자신의 두 번째 아시아 암호화폐 거래소에서 일하고 있었다. 다른 거래소와 마찬가지로 FTX 역시 나탈리를 단 한 번의 면접만으로 주저 없이 채용했고, 그렇게 나탈리는 FTX의 마흔아홉 번째 직원이 되었다.

FTX는 다른 거래소와는 달랐는데 주된 이유는 거래소를 운영하는 샘 뱅크먼프리드가 별난 사람이라는 데 있었다. 나탈리 티엔이 암호화폐업계에서 마주친 모든 남성은 주로 돈과 여성에 관심을 두었는데, 샘의 경우 주된 관심사를 파악하기까지 다소 시간이 걸리기는 했지만 돈이나 여성에 흥미가 없었다. 나탈리는 *FTX에서는 모든 것이 다섯 배*라고 생각했다. 다섯 배 더 일하고 다섯 배 더 빨리 성장하며 다섯 배 더 많은 급여를 주고 다섯 배 더 많은 책임을 져야 했다. 누구도 온종일 일해야 한다거나 업무 이외의 삶을 살 여유가 없다고 드러내놓고 말하지 않았다. 하지만 평범한 삶을 살고자 했던 직원들은 모두 FTX에서 버티지 못하고 떠났다. 끈질기게 버텨낸 나탈리는 FTX 홍콩 사무소로 이직한 지 몇 달 만에 홍보 담당자에 올랐다. 나탈리가 이전에 홍보 업무를 해본 적이 없다는 것 외에 또 특이한 점이 있었는데 FTX 자체가 대외 홍보를 하지 않았다는 사실이었다. 나탈리는 "입사했을 당시 샘은 홍보라는 걸 신뢰하지 않았다"면서 "홍보는 모두 허튼짓이라고 생각했다"고 전했다.

처음에 나탈리는 샘에게 기자들을 만나 대화를 나눠야 한다고 설득하는 한편 기자들에게도 샘을 만나보라고 설득했다. "2020년 7월에는 샘에게 관심을 가진 기자가 아무도 없었다. 단 한 사람도"라고 나탈리는 회고했다. 암호화폐 추종자인 나탈리는 튤립 구근 하나가 렘브란트 작품 가격의 약 세 배에 달했던 1637년경 로테르담의 사례를 좋아했다. 그 와중에 FTX의 거래량은 지속적으로 증가했고 나탈리는 기자들과 샘을 계속 압박했다.

마침내 2021년 5월 11일, 샘 뱅크먼프리드가 TV에 처음으로 모습을 드러냈다. 거래 데스크에 앉아 컴퓨터 화면을 통해 블룸버그 TV의 두 여기자와 대담을 진행한 것이다. 검은색의 굵은 곱슬머리가 사방으로 뻗쳐 있는 모습이었는데 그의 머리 스타일을 묘사하려던 사람들은 적당한 표현을 찾지 못해 결국 '아프로1970년대에 유행했던, 흑인들의 둥근 곱슬머리 모양'라고 불렀지만 진정한 아프로 스타일은 아니었다. 그저 머리칼이 제멋대로 흐트러진 상태였을 뿐, 어떤 스타일을 표방한다는 결정을 내리지 않겠다는 의지를 드러내는 듯한 행색이었다. 옷차림은 항상 입고 다니는 구겨진 티셔츠와 카고 반바지 조합이었다. 거기에다 맨살이 드러난 무릎을 약 4bps초당 비트 수로 떨었고 시선은 쉴 새 없이 움직였으며 어쩌다 한번 기자들과 눈을 마주칠 뿐이었다. 전반적으로 샘의 태도는 거실에서 기다리는 친구들을 만나라는 부모에게 끌려와 억지로 관심 있는 척하는 아이와 같았다. 인터뷰 준비도 전혀 하지 않았지만 질문이 너무나 쉬웠기 때문에 다행히 그건 중요한 문제가 아니었다. 블룸버그에는 '암호화폐 귀재Crypto Wunderkind'라는 자막이 표시되었고 화면 왼편에는 전년에만 비트코인의 가격이 500퍼센트 넘게 뛰었음을 보여주는 수치가 나타났다.

21

나탈리는 샘의 첫 TV 프로그램 출연 광경을 자신의 책상에서 시청했으나 다른 인터뷰가 진행될 때 샘의 뒤편을 지나쳐 가면서 그의 눈동자가 이리저리 움직이던 이유를 알아냈다. 세상에, TV 생방송 중에 비디오게임을 하고 있었던 것이다! 생방송 중에 샘은 비디오게임을 할 뿐만 아니라 메시지에 답장을 보내고 문서를 편집하고 트윗을 게시하기도 했다. TV 프로그램 진행자가 질문을 하면 샘은 "아……. 흥미로운 질문이네요"라고 답하곤 했는데, 물론 질문이 정말 흥미롭다고 생각한 적은 없을 것이다. 나탈리는 샘이 게임을 마무리하고 대화로 다시 돌아올 시간을 벌고 있을 뿐이라는 것을 알았다. 생방송 중에 바람직한 행동이 무엇인지 잘은 몰라도 적어도 샘이 하는 행동은 아닐 것이다.

그래도 샘의 첫 TV 출연을 지켜본 나탈리는 나쁘진 않았다고 생각했다. TV 속 샘은 기인처럼 보였는데 실제 삶도 별반 다르지 않았다. 그를 직접 만났던 사람들은 샘을 자신이 만나본 가장 특이한 사람이라고 생각했다. 하지만 나탈리는 대언론 훈련이나 샘을 샘처럼 보이지 않게 만드는 연습은 하지 않기로 결정했다.

블룸버그와의 첫 인터뷰를 하고 얼마 지나지 않아 〈포브스〉에서 연락이 왔다. 2017년 〈포브스〉가 암호화폐 거물들을 소개하는 기사를 냈을 당시 샘은 관심을 두고 추적하던 인사들의 목록에 이름을 올리지도 못했다. 어찌 됐든 2017년 당시 샘은 비트코인이 무엇인지 설명하지도 못했고 자산 가치가 '0'이나 다름없는 사람이었다. 스물아홉 살 무명 인사의 순자산을 파악하라는 임무를 받은 스티브 에를리히Steve Ehrlich 〈포브스〉 기자는 "샘은 혜성같이 등장한 인물이었다"고 표현했다.

"정말 충격적이었다. 그는 그저 비트코인을 사서 가치가 0에서 2만 달러로 치솟기까지 방관한 것이 아니었다." 샘 뱅크먼프리드는 설립한 기업의 가치를 불과 3년 만에 크게 높였고 지분 가치로 따지면 전 세계 30세 미만 인구에서 가장 부유한 사람으로 등극했다. "처음에 숫자를 확인했을 때 이게 과연 가능한 일인가, 이 사내의 자산 가치가 정말 200억 달러란 말인가 믿을 수가 없었다"고 〈포브스〉 탐사보도팀의 체이스 피터슨위돈Chase Peterson-Withorn 팀장은 말했다. "전례 없는 일이었다. 마크 저커버그Mark Zuckerberg를 제외하면 누구도 샘보다 빠르게 부를 축적한 사람은 없었고, 심지어 저커버그와 자산 증식 속도가 비슷했다."

이 질문은 곧 또 다른 질문으로 이어졌다. *이 사내의 자산 가치는 200억 달러를 넘어 정확히 얼마일까?* 샘은 암호화폐 거래소인 FTX 외에도 알라메다 리서치Alameda Research라는 암호화폐 퀀트 트레이딩 회사의 소유권과 지배권을 가지고 있었다. 그 전해인 2020년에 알라메다는 소수의 직원만으로 10억 달러의 매매 수익을 올렸고 다른 기업과 암호화폐 토큰의 지분을 엄청난 속도로 축적했다. 알라메다 리서치를 자세히 조사하면 할수록 헤지펀드라기보다는 예측 불가한 보물이 뒤섞여 있는 용의 은신처같이 보였다.

〈포브스〉에서는 항상 단순한 원칙을 기준으로 자산을 분석한다. 다른 누군가가 기꺼이 돈을 지불하고 사려는 의향이 있을 때만 해당 자산이 가치를 지닌다는 원칙이다. 이러한 접근은 닷컴 버블 시기에 주효했다. 당시 투자자들은 밸류에이션이야 어떻든 Pets.com의 지분을 사고 싶어 안달인 상황이었고 이 회사의 가치가 4억 달러라는 말도 안 되는 평가에 모두가 고개를 끄덕였다. 하지만 새로운 암호화폐 자산의 가치를 평가하는 데 〈포브스〉의 접근에는 한계가 있었다. 예를 들어 알라메다 리서치에서 샘이 소유하고 있던 솔라나Solana 토큰으로 무엇을 할 수 있을까? 솔라나는 비트코인에 대적하기 위해 주조된 새로운 암호화폐였는데 솔라나의 가치를 평가하는 것은 고사하고 솔라나가 무엇인지도 아는 사람이 없었다. 반면에 현재의 시장 가격으로 따지면 샘이 보유한 솔라나의 가치는 120억 달러로 추산되었고, 샘은 전 세계에 존재하는 솔라나의 약 10퍼센트를 보유하고 있었다. 그렇지만 샘이 솔라나를 매각하려고 할 때 과연 돈을 내고 살 사람이 있을지 여부는 알 수 없었다. 이러한 이유로 〈포브스〉는 솔라나의 보유분뿐 아니라 샘의 은신처에 숨겨진 대부분의 보물을 자산 가치에 거의 반영하지 않았다.

〈포브스〉 기자들이 샘을 취재하는 동안 샘과 나탈리의 주된 걱정은 기꺼이 설명할 의향이 있는 부분을 넘어서서 혹여 드러내놓고 설명하고 싶지 않은 숫자가 공개되지는 않을까 하는 것이었다. 샘은 〈포브스〉 기자들이 알고 있거나 알고 있다고 판단되는 부분에 대해서는 설명했는데 "기자들에게 설명한 데는 두 가지 이유가 있었다"라고 밝혔다. "하나는, 어떻게 하더라도 기사는 게재된다는 것이었고 또 하나는 적극적으로 설명을 하면 회사에 대한 신뢰도가 높아진다는 것이었다." 그럼에도 샘은 〈포브스〉에 모든 정보를 공개하면 잡지가 온 국민에게 아니나 다를까 그가 대단한 부자라고 떠벌리지 않을까 염려했다. "정확히 '내 자산 규모는 이것'이라고 숫자를 명시해서 보내지 않았다. 너무나 큰 숫자였기 때문에 잘못된 어조로 기사가 작성될까 우려하기도 했다. 내

자산이 1000억 달러라고 〈포브스〉에서 보도하면 상황이 이상하게 돌아가고 상당한 곤경에 처할 것이 뻔했다." 그런 이유에서 샘은 최근 2년 동안 인수한 100여 곳의 기업 목록은 포브스에 전달하지도 않았다. 기사에서 샘을 아무리 멋지게 그리더라도 개연성이 있어야만 했다.

하지만 샘의 걱정은 기우였던 것으로 드러났다. 2021년 11월 〈포브스〉는 샘의 순자산을 225억 달러로 평가하여 루퍼트 머독Rupert Murdoch보다 한 단계 아래, 로린 파월 잡스Laurene Powell Jobs보다는 한 단계 위에 위치시켰다. 225억 달러는 세계적인 벤처 캐피털 회사에서 FTX의 암호화폐 거래소 기업 가치를 400억 달러약 55조 원로 평가한 것을 그대로 따른 것이었다. 샘은 FTX의 지분 60퍼센트를 보유하고 있었는데 400억 달러의 60퍼센트는 240억 달러다. 〈포브스〉가 부자들의 자산을 추적한 40년 역사에서 샘은 아웃라이어에 속했다. 피터슨위돈은 "샘은 자수성가해 손꼽는 부자가 되어 〈포브스〉 목록에 새로 등장했는데 전례가 없던 일"이라면서 "자산 규모를 훨씬 크게 평가할 근거도 있었지만 가급적 보수적으로 평가하고자 했다"고 말했다. 샘의 자산 규모 추정치가 믿을 만한 수치였기에 〈포브스〉의 경영진은 혹시 샘이 언론사를 인수할 의향이 있을지 궁금하게 여기기까지 했다.

〈포브스〉의 억만장자 목록과 표지에 자신이 등장한 것을 본 샘은 홍보의 가치에 대해 품고 있던 의구심을 지웠다. 나탈리의 업무는 더 단순하면서도 복잡하게 변했다. 단순해졌다고 표현한 것은 이제 모두가 샘과 대화하기를 원하고 샘 역시 대화 중에 비디오게임을 하는 것이 허용되기만 한다면 대화할 의향이 생겼기 때문이다. 완전히 은둔자로 지

내던 샘은 미디어의 관심을 갈구하는 사람으로 변했다. 〈뉴욕타임스〉와의 대담을 앞두고 〈웨스트웨고 크립토 데일리Westwego Crypto Daily〉의 기자와 한 시간 동안 격의 없는 수다를 떨면서 즐거워하기까지 했다. "이 사람 완전히 멍청이니까 조심해요"라거나 "〈파이낸셜 타임스〉 기자들을 피해갈 순 없겠지만 거기 관계자라고 하면 정말 조심해야 합니다. 암호화폐를 적극 반대하는 매체이거든요"라고 하는 식이었다.

급부상하는 다국적 기업의 홍보 담당자 역할을 하는 것이 항상 어려운 일만은 아니었다. 나탈리는 "그냥 하면서 배워나가는 것"이라고 밝게 말했다. 업무에서 가장 까다로운 부분은 바로 샘이었다. 샘의 시간을 확보하는 과정에서 자연스레 나탈리는 샘의 개인 일정을 조정하는 두 번째 역할을 맡게 되었다. 〈파이낸셜 타임스〉 기자가 샘을 만나려면 나탈리에게 전화를 해야 했다. 그런데 이제는 샘의 아버지도 아들과 15분간 시간을 보내려면 나탈리에게 전화를 걸어야 했다. 2021년 말 샘이 어디에 있는지, 어디에 갈 것인지, 해야 할 일을 하도록 만들려면 어떻게 해야 하는지 알고 있는 사람은 나탈리가 유일했다. 사실 나탈리는 샘과 공통점이 별로 없는 사람이었지만 업무를 제대로 해내기 위해서는 샘의 머릿속을 훤히 들여다보고 있어야 했다. 나탈리는 "샘과 어울리려면 방법을 터득해야만 하는데 그 방법을 이해하기란 쉽지 않다"고 토로했다.

그래도 홍보 업무를 맡은 지 1년이 되자 나탈리는 샘이 어떤 이유에서 무슨 일을 할 가능성이 높은지를 누구보다 잘 예측하게 되었다. 그런 나탈리에게도 샘은 언제나 수수께끼 같은 사람이었다. 당장 샘이 지금 어디에 있는지 확실히 말할 수 없다는 것이 단적인 예였다. "샘이 언제 어디에 있을 거라고 말해주리라 기대하면 안 된다"라고 나탈리는 단언했다. "절대 말해주는 법이 없기 때문에 눈치 있게 샘의 위치를 빨리 알아내는 수밖에 없다." 샘은 시간과 장소를 가리지 않았다. 나탈리가 워싱턴 D.C.의 포시즌스 호텔에 2박을 예약해 줬지만 샘은 체크인을 해놓고 객실에는 들어가지도 않기도 했다.

또 나탈리 주변에 샘처럼 수면 장애가 심한 사람도 없었다. 새벽 2시에 자신의 책상에 앉아 지구 반대편의 기자와 통화를 하거나, 트윗을 마구 올리면서 한적한 거리를 거닐거나, 침대에 누워 있으면서도 생각은 전혀 다른 곳에 가 있기도 했다. 그러다 생방송에 출연하기로 약속된 오후 2시가 되면 책상 옆에 있는 빈백 소파에 잠들어 있기 일쑤였다. 나탈리는 "샘에게는 정해진 일과라는 것이 없다"고 말했다. 한동안 나탈리는 새벽 3시에 잠들면서 알람을 아침 7시로 맞췄다. 혹시 밤사이에 샘이 문제를 일으켜 홍보팀에서 대응할 일이 있는지 확인하기 위해서였다. 별일이 없다면 8시로 두 번째 알람을 맞춰놓고 재차 확인한 다음, 다시 세 번째 알람을 맞추고 9시 반까지 잠을 잤다.

특히 샘이 업무를 하는 방식이 문제였다. 나탈리는 TV 출연뿐 아니라 다른 CEO, 별난 유명인들, 소국의 지도자들과 분 단위로 회의 일정을 세웠다. 샘이 동의하지 않은 일정은 포함시키지 않았으며, 샘이 먼저 회의나 공식 일정을 제안하는 경우도 있었다. 하지만 어디까지나 그는 모든 일정을 선택사항으로 여겼기 때문에 일정을 지킨다는 것이 계획보다는 이론에 가까웠다. 샘에게 시간을 내달라고 요청할 때 사람들은 자신이 '예, 아니요' 질문을 하고 있다고 가정하지만 샘의 입에서는 '아니요'보다는 '예'에 가까운 소리가 나왔다. 샘의 머릿속에서는 한쪽 끝에 0이, 반대편 끝에는 100이 적힌 눈금판이 돌아가고 있다는 것을 사람들은 모를 때가 많았다. 입으로는 '예'라고 하면서 샘은 자신이 시간을 낼 0 이상의 확률을 부여할 뿐이었다. 샘은 약속을 지키거나 어기는 순간 직전까지 약속을 실행할 기댓값을 계산하고 또 계산했고 이때마다 눈금판의 바늘이 이리저리 움직였다. "샘은 무슨 일을 하려는지 절대 알려주지 않기 때문에 계획이 시시각각 바뀌는 것에 항상 준비가 되어 있어야 한다"고 나탈리는 말했다. 샘이 내리는 모든 결정은 기댓값 계산과 관련이 있었다. 샘의 머릿속에서 그 값은 수시로 바뀌었다. 한밤중에 나탈리에게 "내일 텍사스에 갈 확률이 60퍼센트"라는 메시지를 보낸 적도 있었다. "60퍼센트라는 의미가 무엇일까?"라고 나탈리는 자문했다. "비행기, 자동차, 텍사스의 호텔 객실을 60퍼센트씩 예약할 수는 없는 노릇 아닌가."

물론 샘한테 직접적으로 그렇게 말하지는 않았다. 대신 나탈리는 샘이 확률 계산을 하기에 앞서 일정이 변경될 가능성을 추정했다. 하버드 교수에게 농담하는 법도 터득해서 "물론이죠. 샘이 다음 주 금요일 2시에 하버드의 중요한 분들로 가득 찬 강의실에서 연설하겠다고 승낙했어요. 샘의 일정에 올려놨습니다"라고 답하기도 했다. 하지만 이렇게 대답하는 순간에도 그 하버드 관계자에게 나중에 늘어놓을 변명을 떠올렸다. 이를테면 다음 주 목요일 저녁에 다시 전화를 걸어 *샘이 코로나 바이러스에 감염됐습니다, 총리가 샘에게 만나자고 요청했어요, 샘*

28

이 카자흐스탄에 억류된 상태입니다, 라며 샘이 매사추세츠주에 갈 수 없는 이유를 둘러대는 것이다.

재미있는 사실은 샘에게는 애초에 소동을 일으킬 마음이 전혀 없었다는 것이며, 사람들은 이 부분에 더 모욕감을 느꼈다. 샘은 예의 없게 행동할 생각이 없었다. 다른 사람들의 삶에 혼란을 일으킬 의도가 없었다. 그저 자신이 아는 유일한 방법으로 세상을 헤쳐나가고 있을 뿐이었다. 이것이 다른 사람들에게 어떤 손해를 끼칠지는 샘의 계산에 한 번도 반영되지 않았다. 개인적인 감정에서 한 일은 절대 아니었다. 누군가를 바람맞힌다면 충동적이나 배려심이 없어서 그런 것이 아니었다. 시간을 할애할 가치가 없는 상대라는 머릿속 계산에 따른 것뿐이었다. 나탈리는 이를 "여러 사람에게 끊임없이 사과하는 일을 날마다 반복하는 것"이라고 표현했다.

나탈리는 자신의 일을 사랑했다. 샘은 한 번도 잔인하게 굴거나 모욕감을 준 적이 없었으며 희롱하지도 않았다. 오히려 그 반대로, 나탈리는 다른 사람들의 괴롭힘을 샘이 막아준다는 느낌을 받았다. 때때로 친절함을 베풀어 놀라게 하기도 했는데, 예를 들자면 빌 클린턴 전 대통령을 개인적으로 만났을 때 그는 중국이 대만을 침공하면 미국이 어떤 조치를 취할 것이냐고 물었다. 클린턴이 어떤 대답을 했는지는 알 수 없으나 나중에 샘은 나탈리에게 부모님을 대만 밖으로 모시고 나오는 게 어떻겠느냐고 제안했다. 샘은 나탈리의 제안에 다른 의견을 내는 적이 거의 없었다. 나탈리의 생각을 항상 열린 마음으로 받아들이는 것으로 보였고 블룸버그 TV와의 인터뷰처럼 나탈리의 제안을 따르기도 했다. 그는 항상 "옙Yup"이라고 말했다. "옙"은 샘이 입버릇처럼 하던 말이었고 상대방이 하는 말을 귀 기울여 듣고 있지 않을수록 "이예에에에에옙" 하고 길게 답을 했다. 나탈리는 샘이 "대부분의 경우 직접 말하지 않았다"고 설명했다. "그저 '옙'이나 '흥미롭네요'라고 말하지만 정말 그렇게 생각해서 그러는 건 아니다. 그렇기 때문에 샘이 갈등을 모면하려고 하는 것인지 정말 동의하는 것인지 분간해야 한다."

2022년 초가 되자 샘의 일정은 손을 쓸 수 없는 지경에 이르렀다. 지구에서 중요한 위치에 있는 사람이라면 누구나 샘을 궁금하게 여기는 듯했고 샘은 모두에게 알겠다는 대답을 했다. 보통 샘의 위치에 있는 사람들은 일정을 관리하는 비서와 자문인, 교환원으로 구성된 거대한 지원팀을 운영하기 마련이다. 하지만 샘의 지원 인력이라고는 나탈리뿐이었고, 나탈리는 홍보 담당자이자 샘의 일정 관리자에 더해 그의 보디가드 역할을 할 때도 있었다. 공중에 1000개의 공을 띄워놓고 저글링을 하는 것과 같았다. 특별히 더 중요한 공이 있는 것은 아니었지만 어떤 공이라도 떨어진다면 위기가 도미노처럼 이어질 수 있음을 나탈리는 알았다. 그리고 2월 14일 아침, 공 하나가 나탈리를 근심에 빠뜨렸다.

사흘 전 샘은 바하마에서 노트북과 갈아입을 속옷만 챙겨서 로스앤젤레스로 향하는 전용기에 올랐다. 그 후 샤킬 오닐Shaquille O'Neal과 브런치를, 카다시안 패밀리와 저녁을 먹었으며 로스앤젤레스 램스 구단주와 함께 슈퍼볼을 관전했다. 힐러리 클린턴Hillary Clinton과 올랜도 블룸

Olando Bloom을 만나 대화를 나누기도 했다. 네 곳의 파티에 참석해서 샘에게 기업을 매각하고 싶어 하는 기업가들과 만났으며 샘을 궁금하게 여기는 골드먼삭스 CEO와도 만났다. 앞서 사흘 동안 샘이 어디에서 잤는지, 아니 잠을 자기는 했는지 나탈리로서는 알 수 없었지만 예약해둔 베벌리 힐튼 호텔에 체크인한 것만은 확실했다. 체크인하는 모습을 지켜봤기 때문이다.

2월 14일에 호텔 객실은 아무도 발을 들이지 않은 상태로 보였다. 시트는 보송보송했고 베개는 손을 댄 흔적이 없었으며 쓰레기통은 비어 있었고 욕실은 반질반질했다. 방에서 발견되는 유일한 사람의 흔적은 샘뿐이었다. 그는 비행기에 오를 때 입고 있던 구겨진 티셔츠와 배기 카고 반바지 차림 그대로 책상에 앉아 언제나처럼 한 번에 여러 가지 일을 하고 있었다. 휴대전화를 확인하면서 만성적으로 건조한 입술에 챕스틱을 바르고 있었고 한 손으로는 노트북의 창을 열고 닫는 작업을 반복했으며 4bps 속도로 다리를 떨었다. 전날 저녁, 그리고 아침에 나탈리는 줌 회의에 늦지 않게 참석해야 한다고 반복해서 당부했다. 이미 회의에는 늦었지만 그를 간절히 만나려고 하는 중요한 인물이 노트북에서 샘을 기다리고 있었다.

샘은 줌 회의실을 열면서 "안녕하세요, 샘입니다!"라고 말했다.

화면에 〈보그〉 편집장인 안나 윈투어Anna Wintour가 등장했다. 몸에 붙는 노란색 원피스를 입고 공들여 화장한 얼굴이었으며 한 치의 오차 없이 자른 단발머리는 끝부분이 안쪽으로 말려 두 자루의 낫이 얼굴을 감싸는 듯한 모양새였다. "드디어 뵙게 되다니 정말 기쁘네요!"라고 편집장은 말했다.

샘도 "저도 만나 뵈어 반갑습니다!"라고 답했다.

사실 샘은 안나 윈투어가 누구인지 몰랐다. 나탈리와 다른 사람들이 간략하게 설명해줬지만 귀담아 듣지 않았다. 안나 윈투어가 잡지 편집인이라는 것은 알았다. 〈악마는 프라다를 입는다〉에서 메릴 스트립 Meryl Streep이 연기한 실제 인물이라는 사실을 어렴풋이 알았는지는 모르겠지만, 샘이 태어나기 전부터 여성 패션이라는 위험천만한 세계를 지배해온 거물이었다. 안나에게는 압도하는 분위기가 있었지만 그 어떤 예술품과 마찬가지로 안나의 작품 역시 샘의 관심을 끌기에는 역부족이었다. 샘에게 누군가의 외양을 설명해보라고 요청하면 설사 그가 잠자리를 한 상대일지라도 "어떻게 대답을 해야 할지 모르겠다. 나는 사람들의 겉모습을 평가하는 데 서툴다"라고 답할 것이다.

안나 윈투어의 발언이 시작되자 샘은 버튼을 클릭했고 안나가 화면에서 사라졌다. 그 자리에 '스토리북 브롤 Storybook Brawl'이라는 샘이 가장 좋아하는 비디오게임 창이 나타났다. 캐릭터를 고를 수 있는 시간은 몇 초뿐이었기에 재빠르게 호드 드래곤을 선택했다. 샘이 게임에서 가장 좋아하는 영웅 캐릭터였다.

안나 윈투어가 무슨 말을 하든 샘은 "옙"이라고 답했다. 헤드폰을 통해 안나가 하는 말을 계속 들을 수는 있었다. 샘의 시선을 관찰하지 않는 한 안나는 그가 딴짓을 하고 있다고 생각할 근거가 없었다. 샘은 무례하게 보이고 싶지는 않았다. 현실의 삶에서 어떤 게임이 펼쳐지든 다른 한편에서 또 다른 게임을 해야 할 뿐이었다. 세상에서 가장 특이한 신흥 억만장자 청년이라는 새로운 사회적 지위는 그가 온갖 멍청한 짓을 하도록 부추겼다. 샘은 깊이 생각해야만 하는 업무 이외의 것에 정신을 쏟아야 했다. 기이하게도 세상 사람들 눈에 샘이 중요한 인물로 보일수록 샘에게는 이러한 게임이 더욱 중요해졌다.

스토리북 브롤은 샘이 게임에서 열광하는 모든 요소를 갖추고 있었다. 플레이어는 다른 인간 플레이어와 겨뤄야 하며 빠른 시간 안에 많은 결정을 내려야만 한다. 시간제한이 없는 게임은 샘에게 지루할 뿐이었다. 초침이 가는 중에 난쟁이, 마녀, 몬스터, 공주 등 판타지 캐릭터를 빠르게 모을 때 그는 활력을 느꼈다. 각 캐릭터에는 두 개의 숫자가 표시되었다. 다른 캐릭터에게 얼마나 대미지를 줄 수 있는지와 앞으로 얼마의 대미지를 견딜 수 있는지를 나타내는 숫자였다. 또한 캐릭터마다 복잡한 특성이 있어 임의의 주문을 걸거나 수집한 특정 보물과 상호작용하거나 동료들을 강화하는 등의 능력을 사용할 수 있었다. 무척 복잡한 게임이기 때문에 최적의 동작을 분명하게 파악하기가 어려웠다. 기술이 있어야 하지만 운도 따라야만 했다. 또한 플레이어가 가능성을 예측할 수 있지만 어느 정도는 짐작에 맡겨야 했다. 이는 중요한 요소였다. 샘은 플레이어가 모든 것을 통제하고 최적의 동작을 이론상 완벽하게 계산할 수 있는 체스 같은 게임에는 흥미를 느끼지 못했다. 만약 체스판에 로봇이 연결되어 임의의 시간 간격을 두고 규칙을 변경하는 명령을 내린다면 체스에 더 흥미를 느꼈을 것이다. *이제부터 나이트는 룩이다! 모든 비숍은 체스판에서 사라져야 한다! 이제 폰은 날 수 있다!* 새로운 규칙에 따라 모든 플레이어가 지금까지 세웠던 전략을 뒤

엎거나 새로운 전략을 즉흥적으로 세워야 한다면 어떤 게임이라도 더 재미있다고 느낄 것이다. 샘은 특정 상황에 대해 부분적인 정보만을 알 수 있는 게임을 즐겼다. 암호화폐의 거래도 이와 다르지 않았다.

안나 윈투어가 무슨 말을 하든 샘은 "이예에에엡"이라고 호응했다. 한두 명의 공주를 추가한 난쟁이 부대로 호드 드래곤을 방어하는 동시에 상대 플레이어의 새로운 적인 윈터 와들이라는 통통한 흰색 펭귄을 공격했다. 크래프티라는 난쟁이가 침울해 보이는 겁쟁이 론리 프린스를 공격했다. 슬리핑 프린세스는 미노타우로스 미궁을 완전히 파괴했다. 잠들어 있던 소녀는 잠에서 깨어나 죽어가는 캐릭터를 세 개의 임의의 생명체로 살려내는 마법을 부렸다. 놀랍게도 이 많은 일이 한 번에 진행되고 있었다! 오롯이 게임에만 집중하더라도 다 따라갈 수 없는 동작들이었다.

"이예에에엡"이라고 샘은 또 말했다. 헤드폰 속의 여성은 여전히 의례적인 말을 늘어놓고 있었다. 어떠한 알맹이도 없는 내용이었지만 샘은 점점 더 나긋나긋하고 활기찬 목소리로 "엡"을 외쳤다. 이 여성은 샘에게 눈에 띄게 적극적이었다. 사실 요즈음에는 모두가 그렇다. 225억 달러를 쥐고 있으면 너 나 할 것 없이 친구가 되기를 간절히 바란다. 어떤 짓을 하더라도 용서할 것이다. 이토록 간절하게 관계 맺기를 원하는 상대에게는 다행히 많은 관심을 기울일 필요가 없다. 애초에 타인에게 쏟을 관심이 제한적인 샘으로서는 좋은 일이었다. 이제 또 다른 판이 시작될 참이었다. 초침이 가고 있으므로 샘은 살상 나무와 난쟁이들로 구성된 새로운 부대를 서둘러 선택했다. 그러면서 나탈리가 오늘 회의를 위해 정리한 메모가 담긴 문서를 꺼냈다. 받고 나서 처음으로 훑어보는 중이었는데 안나 윈투어는 틀림없는 〈보그〉 편집장이었다.

"흥미롭네요"라고 말하면서 전투를 시작했다. 이번 전투도 몇 초 만에 끝났다. 이미 호드 드래곤은 곤경에 처해 있었고 상태 수치가 상대 플레이어보다 더 빠른 속도로 줄어들었다. 많은 영웅이 게임 초반에 능력치를 집중적으로 사용하지만 호드 드래곤은 후반에 특별한 능력을 얻는 드문 캐릭터다. 호드 드래곤을 제대로 활용하기 위해서는 다른 영웅보다 이 캐릭터에 더 큰 혜택을 주는 보물을 사들여야 한다. 하지만 그 보상은 여덟 번가량의 전투를 치르고 난 후반부가 되어야 주어진다. 그전까지 플레이어는 전투에 지나친 자원을 사용하지 않도록 배분에 신경을 써야 한다. 샘은 초반에 벌어지는 전투에서 굳이 승리할 필요가 없었다. 축적하고 있는 보물로 후반부에 거대한 보상을 얻을 수 있도록 호드 드래곤을 최대한 오래 살려두기만 하면 되었다. 하지만 안나 윈투어가 이러한 전략을 방해하고 있었다. 샘에게 너무나 많은 관심을 바라고 있던 것이다! 게다가 오늘 만남을 요청한 이유에 본격적으로 다가가기 시작했는데 바로 〈보그〉가 주최하는 '멧 갈라Met Gala'라는 행사였다. 안나는 멧 갈라를 설명하면서 샘을 편안하게 놔두는 대신 멧 갈라에 대해 무엇을 알고 있는지를 질문했다.

샘은 자세를 고쳐 앉으면서 구겨진 카고 반바지에서 챕스틱을 꺼내 입술에 빙빙 돌렸다. 귀중한 시간이 지나가고 있었지만 결국 버튼을 눌렀다. 호드 드래곤이 사라지고 안나 윈투어가 다시 나타났다. 흥미롭게도 그는 발언 중에는 안나 윈투어를 보면서 말했다.

샘은 조심스럽게 말했다. "당연한 말이겠지만 제가 패션 산업에 대해 편집장님만큼 잘 알지는 못합니다. 공개된 정보는 약간 알고 있지만 이면의 정보는 잘 모르고요." *약간의* 정보라고 했다. 엄밀히 말하면 틀린 말이 아니었다. 샘이 약간의 정보를 알고 있기는 했다. 멧 갈라가 파티이며 유명인들이 참석한다는 것은 알았다. 하지만 그 외에는 별로 아는 것이 없었다. 아마 샘은 '멧Met'이 메트로폴리탄 오페라Metropolitan Opera인지 메트로폴리탄 미술관Metropolitan Museum인지, 런던 경찰청Metro-politan Police인지 설명하지 못했을 것이다.

안나 윈투어는 이런 상황에 익숙한 것이 분명했다. 샘에게는 다행스럽게도 안나 윈투어가 다시 설명을 시작했다. 안나가 입을 뗀 순간 샘은 화면의 얼굴 위로 위키피디아 페이지를 띄웠다.

멧 갈라의 공식 명칭은 **코스튬 인스티튜트 갈라**Costume Institute Gala 또는 **코스튬 인스티튜트 베네핏**Costume Institute Benefit이며 **멧 볼**Met Ball이라고 불린다. 뉴욕시 아트 코스튬 인스티튜트의 메트로폴리탄 미술관 후원을 위한 연례 모금 행사. 멧 갈라는 코스튬 인스티튜트의 연례 패션 전시회의 개막을 알린다.[4] 매년 멧 갈라에서는 해당 해의 코스튬 인스티튜트 전시회의 주제를 기념하며 전시회에서는 행사 저녁에 착용할 예복의 분위기를 정해 초청객이 전시회 주제에 어울리는 의상을 선택할 수 있다.

"흥미롭네요! 정말 흥미로워요." 샘이 말했다. 이렇게 관심을 표현하는 순간에도 샘은 위키피디아 페이지를 닫는 버튼을 눌렀고 화면에는 거대한 황금 도끼가 나타났다. 호드 드래곤이 위기에 몰린 가운데 피터 팬츠라는 캐릭터와 싸우는 또 다른 전투가 시작되었다. 피터 팬츠는 호드 드래곤과 정반대의 캐릭터로, 시간이 갈수록 힘이 약해지며 전투의 성패를 좌우했다. 상대방을 빠르게 죽이는 데 전념하는 캐릭터였는데 단번의 전투로 호드 드래곤을 끝장낼 수도 있었다. 샘이 전력을 정비할 수 있는 시간이 몇 초밖에 남지 않았다. 집중해야 했다. 하지만 안나 원투어가 집중을 방해했다.

"이예에엡." 샘이 말했다.

이제 안나 원투어는 FTX가 기부 측면에서 어떤 일을 해왔는지 알고 싶다고 밝혔다. 발언해야 할 상황이 되자 샘은 화면에 다시 안나의 얼굴을 띄웠다. 그가 말했다. "몇몇 곳과 후원 계약을 맺었습니다. 우리가 초기에 맺었던 계약은 우연히 체결한 측면이 있지만 지금은 어떤 파트너십을 맺을 때 가장 영향력이 있을지 면밀하게 검토하고 있습니다. 그런 이유에서 톰, 지젤과 파트너가 되었고요." *파트너가 되었다*는 표현 역시 엄밀하게 말하면 틀린 말이 아니다. 다만 관계를 맺기에 이르지 못했을 뿐이다. 샘은 3년 동안 해마다 20시간의 시간을 내주는 대가로 톰 브래디Tom Brady에게 5500만 달러를, 당시 그의 아내였던 지젤 번천 Gisele Bundchen에게 추가로 1980만 달러를 지급하기로 했다. 샘은 사람들이 이제껏 타인을 위한 작업의 대가로 받았던 분당 지급액 중 최고 금액을 지불했다. 래리 데이비드Larry David에게는 바로 전날 샘이 슈퍼볼 경기장에서 시청한 60초 광고를 만드는 대가로 1000만 달러를 지불했으며 광고를 제작하고 송출하는 비용으로는 2500만 달러를 별도로 지급했다. 대단한 광고였다.

호드 드래곤이 죽어가고 있었다.

샘은 멧 갈라가 무엇인지 잘 몰랐거나 행사에서 자신이 정확히 어떤 역할을 해야 하는지 몰랐을 테지만 안나 윈투어가 무엇을 원하는지는 감지할 수 있었다. 샘의 자금 지원뿐만 아니라 그의 참석을 원하는 것이었다. 멧 갈라 레드카펫에서 안나 윈투어 옆에 선다면 시선을 한 몸에 받을 것이다. 또한 샘은 자신의 희생으로 무엇을 얻게 될지 짐작할 수 있었다. 여성들, 혹은 여성 암호화폐 투자자들에게 접근할 수 있을 것이다. FTX는 남성들의 마음을 사로잡기 위해 거액의 자금을 지출했다. 샘이 생각하기에 남자들이 스포츠에 사로잡혀 있다면 여자들은 패션에 사로잡혀 있었다. 그는 마케팅 담당자들에게 여성에게 호소할 수 있도록 패션 분야에서 취할 수 있는 조치의 목록을 요구했었고 멧 갈라가 목록에 포함되어 있었다. 그런 연유로 오늘 샘이 안나 윈투어와 줌 회의를 하게 된 것이며 안나는 샘이 파티에 드는 비용을 전액 후원하는 방안도 있다고 넌지시 알렸다.

"네, 물론이죠"라고 샘은 답했지만 생각은 다른 곳에 가 있었다. 호드 드래곤이 죽었다. 안나 윈투어가 죽인 것이다. 이제 어떻게 한담? 샘은 내키지 않는 마음으로 다른 게임을 시작해 또 다른 영웅을 골랐지만 이내 마음을 바꿔 게임 창을 닫았다. 많은 경우 그는 두 세계를 한 번에 운영하면서 두 세계 모두에서 승리를 거둘 수 있었다. 이번 경우에는 어느 한 세계에 집중하지 않으면 다른 세계에서 승리할 가능성이 없는 것이 분명했다. 이 여성은 결국 멀티태스킹을 수행하는 샘의 능력을 방해하는 주술을 손에 넣고 말았다. 이제 그녀는 그의 돈과 시간을 원하는 것을 넘어 정치 활동에 대한 모든 것을 알고자 했다.

"어머니는 선거운동 기부의 효과를 연구하는 전임 연구원이며 남동생은 워싱턴 D.C.에서 정책 입안자들과 협력하고 있습니다." 샘은 이렇게 말하면서 안나 윈투어와의 회의 창을 다시 띄웠다. "누군가가 선거 결과를 가로채는 짓을 어렵게 만들기 위해 많은 노력을 하고 있습니다."

샘이 미국 선거에 거액의 후원을 했다는 사실은 상당히 오랜 기간 조명받지 못했다. 2020년에는 조 바이든Joe Biden의 대선 운동에 520만 달러를 후원했으나 누구도 후원을 요구하거나 감사 인사를 전하지 않았다. 샘은 바이든에게 두 번째나 세 번째로 많은 금액을 후원했지만 선거팀은 그에게 전화하려는 노력도 기울인 적이 없었다. 이후 샘은 자신의 정체를 파악하기 어려운 방식으로 100여 명의 후보와 정치행동위원회Political Action Committees, PAC에 수천만 달러를 후원했다. 이러한 후원은 '미국 정치에 어떻게 영향을 미치느냐'라는 또 다른 게임이었다. 샘은 실행을 통해 이 게임을 학습할 수 있었으며 특히 익명이라는 특별한 능력치를 가지고 있을 때는 꽤 흥미진진하게 즐길 수 있었다.

그러던 어느 날 샘의 표현을 빌리자면 그간의 노력을 "수포로 만드는" 일이 벌어졌다. 그가 인터뷰에서 다음 대선에 10억 달러를 쏟아부을 생각이라고 말해버린 것이다. 이 발언은 잠들어 있던 야수를 깨웠고 오늘 안나 윈투어가 피트 부티지지Pete Buttigieg, 미국 민주당 소속 정치인에 대한 애정을 샘에게 여과 없이 드러내도록 이끌었다. 안나는 샘이 다음 몇 주 동안 정확히 어디에 머물 계획인지 물었다. 피트 부티지지에 관한 대화를 이어가기 위해서였다.

샘이 말했다. "소개해주시면 감사하죠. 대통령이 되시기를 저도 바라는 분입니다." 안나 원투어가 이 정도 발언으로 만족할 것이라 생각했다면 그건 오판이었다. 안나는 실제 세계에서 샘을 언제 어디에서 만날지 구체적으로 정하려 했다.

"60퍼센트의 시간은 바하마에서 보냅니다"라면서 샘은 질문에 대한 답을 간단하게 피해갔다. "일부는 워싱턴 D.C.에서 보내기도 하고요. 좋든 싫든 제 업무의 30퍼센트는 미국의 암호화폐 규제가 어떤 식으로 이루어져야 하는지 규제 당국에 설명하는 것이니까요." 호텔 책상 의자에 앉은 샘은 맨발인 왼발을 깔고 앉아 있었고 흰색 운동용 양말을 신은 오른쪽 발뒤꿈치로는 호텔 카펫을 두들기고 있었다. 암호화폐 거물보다는 화장실이 급한 초등학교 1학년의 모습이었다. *고맙게도 안나 원투어는 다시 말을 이어갔다.* 자유를 되찾은 그는 트위터X의 브랜드 변경 전 이름 피드를 스크롤했다. 이틀 전 저녁 샘은 케이티 페리Katy Perry를 소개받았다. 케이티는 암호화폐에 관심이 많았는데 인스타그램에 들어가 보니 "음악을 접고 @ftx_official 인턴이 되어야지 👋"라는 게시물을 올린 것을 확인할 수 있었다.

어느 순간 안나 원투어의 말투가 바뀌었다. 회의의 목적을 달성한 그녀는 나긋나긋한 말투로 대화를 마무리하고 있었다. 안나의 손에서 벗어나기 위해 샘이 해야 할 일은 평상시 하던 대답을 총동원해 상대가 무슨 말을 하든 무조건 맞장구치는 것이었다.

옙.

훌륭합니다!

충분히 이해합니다.

그럼요, 좋습니다!

또 뵈어요!

한바탕 동의를 늘어놓은 샘은 버튼을 눌렀고 안나 윈투어는 완전히 사라졌다. 지구상에 존재했던 그 어떤 억만장자보다 생각이 깨어 있는 샘 뱅크먼프리드가 멧 갈라의 특별 게스트로 참석하는 데 동의했다고 믿을 만한 충분한 인상을 받은 채였다. 잘하면 샘이 행사 비용 전체를 지원할지도 몰랐다. 물론 샘은 후원을 진지하게 생각하지 않았고 멧 갈라와 관련된 계산을 시작조차 하지 않았다. 그는 "정말 원하는 일인지 신중하게 생각해봐야겠군"이라고 말하면서 배낭에 여분의 속옷과 노트북을 넣고선 바하마행 비행기를 타기 위해 로스앤젤레스 호텔 방문을 향해 걸어갔다. "어울리지 않는 장소에 가게 될 것이 분명하고 어떻게 대처해야 할지도 모르겠군."

이후 몇 주 동안 샘은 안나 윈투어의 직원들이 그의 참석 의지를 의심할 만한 어떠한 단서도 주지 않았다. FTX의 마케팅팀은 루이비통에 샘이 레드카펫에 입고 설 만한 티셔츠와 카고 반바지 의상을 제작할 수 있는지 문의했다. FTX의 다른 직원들은 아마도 회사에 닥칠지 모를 위기를 저지하려는 시도에서 톰 포드에 6만 5000달러짜리 커프스단추가 달린 보다 격식 있는 의상도 의뢰했다. 막후에서 바퀴를 굴리고 기어를 가공하는 작업이 한창이었지만 정작 샘은 준비 과정에 전혀 참여하지 않았으며 무슨 생각을 하고 있는지 언급조차 하지 않았다. 그저 FTX 마케팅팀이 구상하고 있는 패션 관련 활동의 목록을 의혹의 눈초리로 바라볼 뿐이었다. "목록에서 무엇이 중요하고 무엇이 중요하지 않은지 전혀 모르겠고 알 방법이 있는지도 모르겠군."

기억이 닿는 한 샘은 사람들이 외모로 자기 삶을 만들어가는 것에 대해 평생 염증을 느꼈다. 그는 "사람들은 상대방의 겉모습을 보고 함께할지 여부를 결정하기 시작한다. 바로 이 때문에 종교, 음식 등 모든 사안에서 나쁜 선택을 하는 것이다. 자신이 어떤 사람이 될지를 주사위에 맡기는 것과 다르지 않다"고 말했다. 안나 윈투어는 그가 인간에 대해 혐오하는 면의 상당 부분을 지닌 인물로 보였다. "도덕적으로 강하게 반대하는 사업이 별로 없는 편인데 패션은 그 예외"라고 샘은 밝혔다. "솔직히 패션에 대한 거부감이 있다. 성적 매력을 중시하는 것에 대체로 거부감이 있는데 패션에 대한 감정도 그에서 비롯된 것이다."

아주 짧은 순간이나마 샘은 패션 산업에 대한 혐오를 잠시 접어두고 일종의 계산을 해봤다. *지구에 40억 명의 여성이 있고 1000명 중 한 사람이 멧 갈라에 관심을 가지며 그중 100명에 한 명꼴로 FTX에 관심을 갖는다면⋯⋯.* 하지만 이 계산은 껌 붙은 머리카락을 빗질하는 것처럼 부질없는 시도로 느껴졌다. 카고 반바지를 갈아입어야 할 필요성도 납득이 가지 않았다. 그럼에도 그는 가만히 앉아서 몇 달 동안 상황이 곪아가도록 방치했다. 멧 갈라는 5월 2일이 되어야 열리니 어떻게 할 계획인지 나탈리에게 5월 1일 저녁까지 말하면 된다는 생각이었다.

나탈리 티엔은 샘이 갈라에 참석하지 못한다고 전했을 때 안나 윈투어의 직원들이 보일 실망감에 대비가 되어 있었다. 하지만 그들이 보인 분노에는 놀라지 않을 수 없었다. "전화를 걸어서는 샘이 다시는 패션업계에 발을 들이지 못할 것이라고 고함을 쳤다"고 나탈리는 말했다. 더 많은 여성을 암호화폐에 끌어들이는 일은 쉽지 않았다. 나탈리는 멧 갈라가 그토록 중요한 일인지 이해가 되지 않았다. 샘이 일정 직전에 불참 의사를 밝힌 것이 행사에 지장을 주기는 하겠지만 그가 회사내부에서 내린 다른 계산 정도로 혼란을 빚는 것은 아니었다. CEO들은 샘이 자기 회사를 인수하기로 승낙했다는 착각에 빠져 바하마로 향했다. 세계경제포럼은 샘이 다보스에서 주요 연설을 하기로 했다가 전날 연설을 취소하자 대리 연설자를 구하고 언론 인터뷰를 취소하느라 홍역을 치렀다. 샘은 〈타임〉지가 세계에서 가장 영향력 있는 100인을 위해 두바이에서 개최한 파티의 기조 연설자였음에도 연설을 취소했다. 잡지에서 그를 100인 목록에 포함시키고 기사에서 한껏 추켜세웠는데도 말이다. 샘에게 바람을 맞기 불과 일주일 전 〈타임〉은 "사기, 쾌락주의, 탐욕이 판치는 암호화폐 시장에 뱅크먼프리드는 최신 기술을 도입하여 보다 조직적이고 영향력 있는 비전을 제시했다"고 보도했다. 타이라 뱅크스Tyra Banks와 윌.아이.엠will.i.am을 비롯해 세계에서 가장 영향력 있는 사람들을 맞이한 것은 애덤 제이콥스Adam Jacobs라는 FTX 직원이 술이 미처 깨지 않은 상태로 황급히 준비한 연설이었다. 당황한 제이콥스는 "제가 재정을 주무르는 분을 대신해서 왜 연설을 하고 있을까요? 윌.아이. 엠과 같이 술을 마시다니요?"라고 말했다.

그럼에도 〈타임〉에서는 이 사건을 문제 삼지 않았다. 오로지 안나 윈투어의 직원들만 분을 냈다. 2022년 5월 2일까지 일반적인 대응은 샘을 샘답게 놔두는 것이었다. 나탈리는 샘에게 약간이라도 짜증을 낼 마음이 없었다. 그가 자신이 만든 오물을 대신 치우게 만드는 상황에 대해 화를 낼 수도 없었다. 소동을 피울 의도가 전혀 없었음을 알기 때문이었다. 심지어 자신에게 전화를 걸어 샘에 대해 불평하며 소리를 지르는 사람들을 용서하기까지 했다. 그녀조차 샘을 온전히 이해하지 못하는데 누군들 그를 이해할 수 있겠는가?

2장

산타클로스
The Santa Claus Problem

———

샘에게 성인이 되기 전 자신이 어떤 사람이었는지 설명해줄 수 있는 사람들이 누군지 알려달라고 하자 그는 깊은숨을 들이쉬더니 "거의 없다"고 답했다. 그러면서 그의 부모님 조 뱅크먼Joe Bankman과 바버라 프리드Barbara Fried와 더불어 남동생 게이브Gabe의 이름을 언급했다. 그 외에는 어린 시절에 관한 실마리를 던져 줄 만한 사람이 없으며 중요한 관계를 맺은 경험도 없다고 했다. 샘은 "어린 시절이 다소 혼란스럽게 느껴진다"면서 "어릴 때 무엇을 했는지 모르겠다. 내가 했던 일들을 돌아보면 24시간을 어떻게 보냈는지 알 수가 없다. 백일몽을 꾸기도 하고 책도 읽었다. 고등학교에 가서는 비디오게임도 했고 지금도 같이 어울리는 한두 명의 친구를 사귀었다"고 말했다. 이름을 정확하게 기억하는 친구는 한 명뿐이었다. 생일이 1992년 3월 5일이라고 자신 있게 말했지만 그 외에는 딱히 말할 거리를 찾지 못했고 유년기에 특별히 언급할 만한 사건이 없다고 생각했다. 성인이 되기 전의 기간은 샘이 지금까지 살아온 인생의 거의 3분의 2에 해당한다는 점을 생각하면 이상한 일이었다.

샘은 다른 학생들과 학교에서 13년을 보냈다. 대학교에 입학했다는 것은 교사들이 추천서를 써줬다는 의미다. 샘의 부모인 조와 바버라는 저명한 교수였고 거의 매주 일요일 저녁 식사에 손님들을 초대했다고 한다. 손님들은 지금까지도 그 모임이 즐거웠던 것으로 기억했다. 훗날 캘리포니아 대법원 대법관에 이어 카네기 국제평화재단 이사장에 오른 티노 쿠에야르Tino Cuellar 스탠퍼드 대학교 법학과 교수는 "흥미진진한 대화가 이어졌다"고 기억했다. "15퍼센트는 세상 살아가는 이야기를, 15퍼센트는 정치 관련 대화를, 나머지는 이런저런 아이디어를 나눴다. 미학, 음악 등에 대한 각자의 생각을 이야기했다." 샘도 저녁 식사를 함께 했지만 그와 관련해서 내가 인터뷰를 할 만한 손님을 떠올리지 못했다. 조급해진 그는 내게 자신의 동생에게 연락해보라고 제안했는데, 그의 동생은 샘의 회사에서 샘의 자금을 선거 후보자에게 후원하는 업무를 맡고 있었다. 샘보다 세 살 어린 게이브는 내게 시간을 낭비하지 말라고 조언했다. 내 연락을 받은 게이브는 "어릴 때는 형과 친하지 않았다"고 말했다. "형이 학교를 그리 마음에 들어 하지 않았던 것 같지만 사실은 잘 모른다. 형은 혼자 시간을 보냈고 그저 같은 지붕 아래 사는 입주자로서 교류를 했을 뿐이다."

샘의 부모님도 약간의 도움이 되는 정도였다. 샘은 두 사람의 첫아이였기 때문에 육아서대로 샘을 양육하는 것이 소용없는 일임을 깨달는 데 오랜 시간이 걸렸다. 조는 "샘에게 어린 시절은 괴상한 경험이었다"면서 "다른 아이들과 전혀 어울리지 않았고 어린아이로 사는 것이 즐겁지 않은 듯했다"고 회고했다. 부부는 잠시나마 샘을 평범한 아이로 키우려고 해봤지만 이내 소용없는 일이라는 것을 깨달았다. 놀이공원에서 있었던 일이 대표적인 예였다. 샘이 어릴 때 바버라는 식스 플래그나 그레이트 아메리카와 같은 놀이공원에 가서 샘을 여기저기 부지런히 데리고 다녔다. 그러다 샘이 즐거워하지 않는다는 것을 발견했다. 샘은 기구를 타러 가는 대신 *어머니*를 바라보더니 "엄마, 재미있어?"라고 물었다. 궁극적으로는 *엄마가 즐기기 위해 온 거야, 아니면 다른 사람들이 재미있다고 하니까 온 거야?*를 묻는 질문이었다. 바버라는 "속마음을 들켰다는 것을 깨달았다"고 털어놨다.

샘이 여덟 살이 되자 바버라는 그가 여느 아이들과 같은 것을 원하고 필요로 할 것이라는 생각을 접었다. 그 일이 일어났던 순간을 바버라는 정확히 기억했다. 바버라는 스탠퍼드에서 10년 동안 연구 활동을 하면서 다양한 학술지의 여러 논문에 기여자로 이름을 올렸다. "학교에 데려다주는 길에 아이는 내가 어떤 일을 하는지 물었다"고 바버라는 회상했다. "논문을 쓰고 있다고 하자 샘이 '어떤 내용이에요?'라고 물었다. 대충 대답을 둘러대자 자세히 답을 하도록 재촉했고 학교에 거의 다다랐을 즈음에는 논지와 관련된 심도 있는 대화에 이르렀다. 샘은 논문의 그 어떤 심사자들보다 더 날카로운 지적을 했다. 그 순간 우리의 양육 방식도 바뀌었다."

일요일 저녁 식사에 초대받은 지인들이 보기에 조는 늘 쾌활했으나 바버라는 진지한 사람이었다. 조는 재미있었고 바버라는 정곡을 찔렀다. 게이브가 밝고 명랑해 모두에게 사랑받는 아이였다면 샘은 항상 자리를 지키고 있지만 조용하게 모임을 관찰했으며 동생보다는 다가가기 어려운 아이였다. 저녁 식사 손님들에게는 이 부부, 특히 바버라가 큰아들의 미래를 걱정하고 두려워하는 것으로 보였다. 두 사람은 샘이 사회에 나가 사람들과 어떻게 어울릴 수 있을지 염려했다. "게이브가 빛을 발하는 동안 샘은 자기 능력을 꼭꼭 숨기지 않을까 걱정했다"고 바버라는 말했다.

샘 자신이 다른 아이들과의 간극을 알아차리는 데는 더 많은 시간이 걸렸다. 다른 아이들과 달리 자신에게는 친구가 없는 이유를 그는 몰랐다. 여덟 살에서 열 살을 지나면서 샘은 두 가지 중요한 사실을 깨달았고 궁극적으로 거대한 통찰력을 얻었다. 첫 번째 깨달음은 3학년의 12월 어느 날에 찾아왔다. 크리스마스가 다가오면서 학급의 또래들이 산타클로스라는 중요한 주제에 대해 대화하기 시작했던 것이다.

뱅크먼프리드 일가는 사람들 대다수가 기념하는 휴일을 중요시하지 않았다. 하누카 히브리력 아홉 번째 달인 키슬레브 25일에 8일간 이어지는 유대교 명절를 기리기는 했지만 그다지 열정이 있는 편은 아니어서 어느 해에 가족 모두가 기념일을 잊고 지나갔다는 사실을 뒤늦게 발견하고는 그 뒤로 어떤 휴일도 지키지 않게 되었다. 샘은 "하누카를 잊고 지나가서 '혹시 마음에 걸리는 것 없어요?'라고 물었는데 아무도 손을 들지 않았다"고 회상했다. 식구들의 생일도 마찬가지였다. 샘은 일말의 박탈감도 느끼지 않았다. "잘은 모르겠지만 부모님은 '갖고 싶은 게 있니? 말해보렴. 사줄게. 2월에 말하더라도 괜찮아. 꼭 12월일 필요는 없지. 원하는 게 있으면 우리가 넘겨짚게 하지 말고 솔직하게 터놓고 말하려무나'라는 식이었다." 샘은 그의 부모와 마찬가지로 다른 사람이 무엇을 원하는지 짐작하려 애쓸 필요가 있는지에 회의적이었다. 관습에 대한 무관심은 샘의 가정에서 자연스럽게 형성된 것이었고 이들은 타인의 시선을 신경 쓰지도 않았다. *우리 가족이 얼마나 독특한지 보세요. 많은 미국인의 삶을 규정짓는 의식을 우리는 하나도 지키지 않는답니다*와 같은 의도에서 시작된 것이 절대 아니었다. 샘은 "부모님이 '선물을 하는 건 쓸데없는 짓이야'라고 말한 건 아니었다"면서 "선물과 관련해 우리를 설득하려 한 적도 없었다. 그런 방식으로 분위기가 형성된 것이 아니었다"고 돌아봤다.

뱅크먼프리드 일가는 어떤 일도 남들에게 보이기 위해서 하지 않았다. 그런 부류의 사람들이 아니었다. 그저 어떤 일을 하기 전에 진지하게 생각을 했을 뿐이다. 20대에 이르러 샘은 부모님이 결혼하지 않았다는 사실을 알게 되었다. 두 사람은 게이 친구들의 결혼이 합법적으로 인정되지 않는 것에 소극적으로 항거하는 차원에서 동성 결혼의 합법화를 요구하는 운동에 동참했다. 샘이 기억하는 한 부모님은 이 사실을 아들들이나 다른 누군가에게 말한 적이 없었다. 나중에 샘은 "분명 부모님은 남들과는 다른 근본적인 신념 체계에 따라 행동했다"는 점을 깨달았다. 하지만 어릴 때는 그저 자신이 남들은 당연시하는 것을 당연하게 여기지 않는다는 사실만을 알았을 뿐이고 산타클로스도 그중 하나였다.

물론 샘도 산타에 대해 알고 있었다. 그는 "들어보기는 했지만 깊이 생각하진 않았다"고 답했다. 샘은 산타를 만화 캐릭터와 같은 방식으로 받아들였다. 벅스 바니라는 캐릭터도 어떤 면에서 존재한다고 말할 수 있지만 *실재하는* 것은 아니다. 여덟 살이 되자 샘은 다른 아이들이 벅스 바니와는 달리 산타가 실제 인물이라고 믿는다는 것을 알았다. 그에게는 무척 충격적인 일이었다. 그날 오후 집에 돌아온 샘은 방에 틀어박혀 생각에 잠겼다. "산타라는 것이 실제로 존재한다는 생각을 한 번도 접한 적이 없는 아이가 있다고 가정해보겠다"고 샘은 말했다. "그러던 어느 날 '세상에서 네 나이대의 아이들 중 95퍼센트는 산타를 믿는다'는 말을 듣게 된다. 북극에서 요정들과 사는 산타가 하늘을 나는 순록을 타고 다니다가 굴뚝으로 들어와 선물을 놓고 가는데 버릇없는 아이에게는 석탄을 주고 간다는 것이다. 주변에 실제로 석탄을 받은 아이의 이야기를 들은 사람은 없는데도 말이다. 게다가 산타는 1년에 딱 한 번만 선물을 준다고 한다. '뭐 이런 경우가 있지? 어떻게 해서 생긴 전통일까?' 의아할 수밖에 없었다."

샘은 잠시나마 위안이 되는 자기만의 답을 찾았다. 오로지 아이들만이 광기로 고통받는다는 생각이었다. 아이들은 산타를 믿지만 어른들은 믿지 않는다. 이 미친 짓이 통하는 나이에 제한이 있는 것이다. 그러다 1년 정도 후에 같은 반 친구에게 하나님을 믿는다는 말을 들었다.

샘도 하나님에 대해 들은 적이 있었다. 그는 "하나님은 TV에 나오는 인물과 같았다"면서 "하나님에 대해 얘기들을 하지만 실제로 믿는 사람이 있을 거라고 생각하지 않았다"고 말했다. 이 발언은 샘에 대해서 뿐만 아니라 다른 사람들이 하나님을 믿는다는 사실을 모르는 채 미국에서 10년 가까이 살 수 있도록 만든 양육 방식을 엿보게 한다. 그는 "그동안 '아무도 하나님을 믿지 않는다면 왜 하나님에 대해 얘기하는 거지?'라고 자문한 적이 없었다"고 말했다. "이전에는 그런 절차를 한 번도 거치지 않았다. '사람들이 그걸 믿는다고?' 하고 심각하게 생각하지 않았다." 그러던 중에 헨리가 샘에게 자신뿐 아니라 부모님과 다른 어른들도 하나님을 믿는다고 말했다. 그 말을 들은 샘은 "크게 놀랐었다"고 회상했다. "그러자 친구도 놀라고 우리 모두 깜짝 놀랐다. *아니, 잠깐만. 너는 내가 지옥에 갈 거라고 믿는 거니?*라고 생각했던 기억이 난다. 그건 정말 중요한 일 같았다. 지옥이라는 게 있다면 맥도날드가 다 무슨 소용이지? 지옥이 있다면 우리가 떠드는 이 모든 게 무슨 의미가 있단 말인가? 지옥이 있다면 너무나 무서운 일인데 싶었다."

산타와 비슷한 고민이 또다시 시작되었지만 이번에는 더 심각했다. 하나님, 아니 사람들이 그를 믿는다는 사실은 샘의 세계를 뒤흔들었다. 다른 사람들과 그 사람들이 무슨 생각을 하는지에 대한 샘의 관점이 바뀌는 계기가 되었다. 그는 저녁 식사에 초대된 부모님 지인들을 비롯한 어른들과 하나님에 대해 논쟁했다. 샘은 아이들보다 어른들과 대화하는 게 더 편안했으며 어른들과의 대화에서 다른 아이들보다 늘 뛰어났다. 다른 아이들이 멍청할 정도로 유치하기 때문이라고 그는 생각했다. 일요일 저녁마다 부모님의 지인들이 식사에 초대되었으므로 샘은 조사를 할 수 있었다. "어른들에게 '하나님을 믿으시나요?'라고 물으면 우주의 시계를 시작한 존재라고 말하는 식으로 얼버무렸다. 그런 답을 들으면 '집어치워요. 이건 예, 아니요로 대답해야 하는 질문이잖아요'라고 생각했다." 정말로 똑똑하다는 어른들조차 이 질문에 제대로 답하기를 꺼리는 이유를 알 수 없었다. "정말 이상한 일이라 생각했다. 이 문제를 두고 굳이 가식을 떠는 이유를 이해할 수 없었다."

하나님과 산타를 많은 사람이 믿는 것에서 샘은 무언가에 대해 거의 모든 사람이 명백하게 틀릴 수도 있다는 결론을 얻었다. 그는 "집단 망상이 이 세계의 한 속성인 것으로 드러났다"고 주장했다. 이와 관련해서 자신이 할 수 있는 일이 없음을 그는 받아들여야 했다. 산타클로스와 관련한 다른 아이들의 신념을 놓고 논쟁을 벌이는 것은 소용없는 짓이었다. 그렇다고 동의하는 체할 필요성은 조금도 느끼지 못했다. 그저 세상이 어떤 일에 대해서는 완벽하게 틀릴 수 있고 자신이 완벽하게 옳을 수 있다는 선에서 타협했다. 세상 모든 사람이 틀린 상태로 남아 있고 그는 계속 옳으며, 그 어느 쪽도 상대방의 생각을 변화시키려 하지 않는 일종의 평형상태가 존재할 수도 있었다. 샘은 "서로 상대방을 응시하는 순간들이 때때로 있다"고 말했다.

샘은 유년기가 끝나기를 그저 기다렸던 것 같다. 다른 사람들이 성장해서 그들과 대화를 할 수 있을 때까지 숨을 참고 기다린다는 생각이었다. "유년기의 많은 부분이 내게는 이해가 안 됐다"고 그는 말했다. "산타클로스가 멋지다고 생각하지 않으면 바보 같은 사람이 되는 것이다." 다른 아이보다 어른과 대화할 때 더 편안함을 느꼈지만 그렇다고 어른과의 유대감이 다른 아이들과의 관계보다 더 끈끈했던 것은 아니었다. 마음 깊은 곳에서 샘은 다른 인간으로부터 분리되어 있음을 감지했다.

그는 타인의 생각을 읽을 수 있었지만 다른 이들은 그의 생각을 읽지 못했다. 샘은 "스스로 터득해야만 하는 것들이 있었는데 얼굴 표정이 그중 하나였다. 웃어야 하는 상황에서 미소를 짓는 법을 배워야만 했다. 미소 짓는 것이야말로 가장 해내기 어려운 일이었다"고 털어놨다. 사람들은 샘에게서 모종의 감정 표현을 기대하는 말을 하거나 행동을 했다. 그는 거짓 감정 표현으로 그들을 속이는 대신 전제 자체에 의문을 품었다. *애초에 얼굴 표정을 짓는 이유가 무엇인가? 할 말이 있으면 직접 하면 되는 것이다. 그 와중에 나는 왜 미소를 지어 보여야 하는가?*

어릴 때부터 샘은 사람들 대다수가 당연시하는 능력을 애써 얻어야 한다는 것을 깨달았다. 또한 다른 사람들이 큰 노력을 기울여야만 터득할 수 있는 것을 자신은 자연스럽게 알 수 있는 능력을 지니고 있음도 알았다. 선생님이 샐리의 바구니에 사과 열세 개가 있었는데 샐리가 가지고 있던 사과보다 두 배 많은 사과를 따서 바구니에 넣었다고 말하면 샘은 샐리의 바구니에 총 몇 개의 사과가 들었는지 다른 아이들보다 더 빨리 계산했다. 샘의 유치원 선생님은 바버라와 조에게 아이를 공립학교보다는 영재 학교에 입학시키라고 조언했다. 바버라는 "선생님이 쓸데없는 조언을 한다고 생각했다"고 털어놨다. 이후 7년 동안 샘의 부모는 자신들이 실수를 저지른 것이라 생각할 이유를 찾지 못했다. 중학교 시절 샘은 우수하지만 탁월한 학생은 아니었으며 선생님이 무슨 말을 하든 무관심한 학생이었다. 샘은 "나쁜 짓을 하지 말라는 말은 고분고분하게 따랐지만 그렇다고 멍청한 일을 하라고 시키는 말도 다 들을 필요는 없었다. 그냥 멍한 상태로 앉아 있었다"고 회고했다.

자신이 행복하지 않다는 상태를 인식하기 시작한 것도 중학교에 다닐 때였다. 우울증은 여러 형태를 띠는데 샘의 경우 우울감이 낮은 수준에서 끓어오르고 있었다. 그는 "일반적으로 사람이 우울하면 자기가 우울하다는 상태를 인지한다고 생각한다"면서 "나의 우울감은 통제할 수 없을 정도로 부정적인 모습이 아니라 그저 긍정성이 없는 형태였다"고 설명했다. 내면에 생긴 단층선에 압력이 점점 가해지다가 7학년 어느 날 단층선이 파열되고 말았다. 직장에서 돌아온 바버라는 홀로 우울감에 빠져 있는 샘을 발견했다. "집에 왔는데 샘이 울고 있었다"고 바버라는 기억했다. "샘은 '너무 따분해서 그만 죽고 싶어요'라고 말했다." 바버라와 조는 몇몇 학부모와 함께 학교 측에 고급 수학반을 개설해달라고 요청했고 학교에서는 요청을 받아들여 특별 강사를 초빙했다. 바버라는 "7시에 수업이 있었는데 샘이 처음으로 6시 반이 되자마자 일어났다. 그전까지는 아이가 특별하다는 분명한 징후를 발견하지 못했다"고 말했다. 바버라와 조는 샘을 크리스털 스프링스 업랜드Crystal Springs Uplands라는 값비싼 명문 사립 고등학교에 보내기로 했다.

하지만 크리스털 스프링스에서도 상황은 달라지지 않았다. 샘은 "그 학교도 싫었다"면서 "다니는 내내 수업이 싫고 같은 반 애들도 마음에 들지 않았다. 지루할 뿐이었다"고 말했다. 그 학교는 실리콘밸리 유명 인사들의 자녀가 총집합한 곳이었다(스티브 잡스의 아들 리드는 샘과 같은 반이었다). 어떤 기준으로 보더라도 모범생들의 학교였고, 트랙을 달리기라도 한다면 운동선수 취급을 받을 만한 곳이었다. 하지만 샘에게는 그런 학생들이 남달라 보이지 않았다. 그는 "대체로 야망이 없는 부잣

집 아이들"이라면서 "그들이 알고 있는 한 가지 사실은 살면서 걱정할 필요가 없다는 거였으므로 이렇다 할 동기도 없고 압박감을 느끼지도 않았다. 모두가 그저 스탠퍼드에 진학하기를 바랄 뿐이었다"고 말했다. 샘은 사유를 비롯해 다른 친구들은 관심을 두지 않는 일에 대해서 깊이 생각하기를 바랐지만 다른 아이들이 관심을 두는 일에는 흥미가 없었다. 학교에서 어울리기 위해 굳이 노력을 기울이지도 않았다. 모두가 배낭을 멨지만 샘 혼자 바퀴 달린 가방을 끌고 다녔고, 그래서 교실을 이동하는 동안 바퀴가 요철에 부딪힐 때마다 요란한 소리가 났다. 시험을 앞두고 성적이 부진한 학생들이 모여서 같이 시험을 준비하며 혹여 샘에게 도움을 받을 수 있을까 싶어 자신들의 집단에 샘을 끌어들이려 해봤지만 그는 모임에 끼기를 원치 않았다. 같은 반이었던 친구는 "샘은 '미안하지만 네 힘으로 해'라는 식이었다"고 말했다. "꽤 우월감에 빠져 있었던 것 같았다. 교실에서 샘은 많은 면에서 우월하다는 태도를 보였다. 친구들이 딱히 좋아하거나 싫어하지 않는, 그냥 거기에 있는 아이였다." 같은 반이었던 또 다른 친구는 "샘을 놀리는 아이들이 있었는데 그들은 샘을 무리의 일원으로 여겨서 그랬겠지만 사실 샘은 무리에 속해 있지 않았다"고 돌아봤다. 학교에서 야영할 때 샘은 잠을 자려는 시도조차 하지 않아서 모두가 이상하게 여겼다. 샘은 사람들이 자신을 "좋은 녀석이나 나쁜 녀석이 아니라 똑똑한 괴짜로 바라봤다"고 말했다. "한 사람으로 보기보다는 머리가 좋고 싫은 소리를 하지 않으며 별로 인간미가 없다고 생각했다." 동급생들의 평가를 샘은 완전히 부정하지 않았다. "나를 잘못 봤다고 생각하지는 않는다. 정확한 평가는 아니지만 대체로 방향은 맞았던 것 같다."

고등학교를 다니면서 샘은 그냥 학교가 싫은 것이라는 결론에 이르렀다. 반에서 가장 우수한 성적으로 졸업한 학생답지 않은 결론이었다. 또한 문제의 일부분은 자신이 아닌 학교에 있다는 생각도 했는데 예를 들면 영어 수업이 그랬다. 샘이 영어 수업에 회의감을 느끼기 시작한 것은 6학년 때였다. 이 시기에 교사들은 단순히 문해력을 익히는 데서 관심을 돌려 심도 있는 질문을 던지기 시작했다. "영어 수업이 '책을 읽을 수 있는가'에서 책에 대한 에세이를 쓸 수 있는가로 초점이 옮겨진 순간 완전히 흥미를 잃고 말았다"고 샘은 회상했다. 문학 비평은 특히나 이상한 활동이었다. 이야기에 대한 자신의 느낌이나 생각이 왜 중요하단 말인가? 이야기는 이야기일 뿐이지 그 이야기를 읽는 올바르거나 그릇된 방법이란 존재할 수 없다는 생각이었다. 그는 "무엇을 좋아하고 무엇을 좋아하지 않는지 말하라고 했다면 그건 했을 것이다"라면서 불행하게도 그에게는 다른 요구가 주어졌다고 했다. 책을 해석하도록 시킨 다음 그의 해석을 토대로 평가를 한 것이다.

초등학교에 다닐 때는 해리포터 시리즈를 읽고 또 읽었지만 8학년이 되면서 독서를 완전히 그만두었다. "독서에 대해 부정적인 감정이 생겨나기 시작하면 더 이상 책 읽기를 좋아할 수 없다"고 샘은 말했다. "책 읽기를 좋아하지 않는 활동으로 분류하기 시작했다." 중학생일 때는 문학 분야에 대한 불만을 혼자 삭혔지만 고등학생이 되자 그것이 밖으로 터져 나왔다. 영어 수업에 대해 샘은 "수업 자체의 근본적인 현실에 거부감이 들었다"면서 "그릇됨이 있을 수 없는 것을 두고 난데없이 틀렸다는 말을 듣게 되었다. 참을 수 없었던 것은 비평이 애당초 정직하지 못하다는 사실이었다. 주관적인 견해를 객관성으로 포장한 행위일 뿐이고 점수를 매기는 것 자체가 작위적이었다. 어떤 기준으로 평가를 하는지 알 수 없었다. 높은 점수를 준 근거를 절대적인 사실에 기반해 제시하는 것에 동의하지 않았다." 중학교에서는 멍하니 앉아 있는 학생이었지만 고등학교에서는 영어 교사들이 이해할 수 없는 근거를 토대로 그토록 소중히 여기는 신념에 기꺼이 대립할 의사가 있었다. 예를 들어 교사들은 셰익스피어가 탁월한 작가라고 생각했다.

> 《헛소동》의 반전은 셰익스피어 작품에서 전형적으로 발견되는 장치로, 1차원적이고 비현실적인 인물과 비논리적인 구성, 뻔한 결말에 기댄다. 세상에, 약혼녀가 부정을 저질렀다고 생각할 충분한 근거가 있다고 해서 사람을 죽이다니? 베아트리체의 행동은 터무니없이 비현실적이다. 베아트리체의 말을 듣는 베네디크도 어리석기 짝이 없다. 그런데도 관객들이 자연스럽게 수긍하기를 바라다니.

샘의 생각에는 셰익스피어의 위대함에 대한 부인은 기초적인 통계로도 가능한 일이었다.

> 셰익스피어의 결점에 대한 논의를 계속 이어갈 수 있지만 사실은 그럴 필요도 없다. 베이즈 정리의 사전확률만으로도 간단히 알 수 있다. 1600년 이후 태어난 인구의 절반가량이 최근 100년 사이에 태어났지만 그보

다 더 중요한 사실이 있다. 셰익스피어가 활동할 당시 거의 모든 유럽인
은 농사를 짓느라 바빴으며 극소수만 대학에 갈 수 있었다. 글을 읽고
쓸 줄 아는 인구는 그보다 더 적어서 기껏해야 1000만 명 정도였을 것이
다. 반면에 오늘날에는 서반구에만 10억이 훨씬 넘는 인구가 글을 읽고
쓴다. 역사상 가장 위대한 작가가 1564년에 태어났을 확률이 얼마나 될
까? 베이즈의 사전확률prior probability로 따지면 그리 높지 않다.[*]

샘이 영어 교사들에게 높은 점수를 받았다는 사실도 문학 분야에 대
한 그의 회의적 태도를 누그러뜨리지 못했다. 왜 교사들은 내게 A를 주
었는가? 의견에 대해 누군가에게 점수를 부여하는 근거가 무엇인가?
"선생님들에게 내가 좋은 학생이라는 점을 납득시켰기 때문에 좋은 점
수를 받은 것"이라며 "상당 부분 자기실현적인 결과"라고 샘은 말했다.
교사들은 샘에게 A를 주지 **않은** 이유를 설명하고 싶지 않았기 때문에
A를 준 것이다. 그에게 모든 인문학이 이와 다를 바 없었다. 교양과목
학점을 얻기 위해 영화사 수업을 들었는데 그마저도 샘을 짜증나게 했
다. "유년기에는 어떤 휴전을 했든 모두 무효가 되었다"면서 "더 이상
참을 필요가 없다'는 생각이 들기 시작했다"고 말했다. 기말고사의 첫
번째 문제부터 그의 심기를 건드렸다. *예술과 오락의 차이는 무엇인
가?* 이 문제에 샘은 "교수들이 자기 직업의 존재를 정당화하기 위해 만

---

[*] 샘이 대학교 2학년 때 올린 블로그 게시물이지만 그가 고등학교 3학년 때 제기한 주장이다.

들어 낸 쓸데없는 구분"이라고 쓰고는 제출했다.

　예술 작품 앞에서 그는 어떠한 감흥도 느끼지 못했고 종교는 부조리하다고 생각했다. 우파와 좌파의 정치적 의견은 깊은 사유보다는 그 의견을 가진 사람이 속한 집단의 정체성으로 인해 형성된 결과로, 멍청한 생각으로 여겼다. 샘과 그의 가족은 대다수 사람의 존재를 확인시켜주는 의식을 무시했다. 심지어 샘은 자신의 생일도 기념하지 않았다. 기쁨, 위로와 소속감을 주는 것들에 샘은 냉담했다. 뱅크먼프리드 가족이 유럽 여행을 갔을 때 샘은 마땅한 이유도 없이 여러 오래된 건물을 구경하고 있을 뿐임을 깨달았다. 그는 "몇 번 여행을 가기는 했지만 기본적으로 여행이 싫었다"고 밝혔다. 모든 것에서 끊임없이 거리를 두던 그에게 한 가지 예외가 있었으니 바로 게임이었다. 6학년 때 샘은 '매직: 더 개더링Magic: The Gathering'이라는 게임을 접했고 이후 4년 동안 이 게임은 그가 주체할 수 없이 빠져 들어간 유일한 활동이었다.

　'매직'은 1990년대 초에 리처드 가필드Richard Garfield라는 젊은 수학자가 고안한 게임으로, 새로운 유형의 게이머를 겨냥한 전에 없던 종류의 게임이었다. 가필드의 아이디어는 독특한 질문에서 시작되었다. 플레이어가 자기만의 구성으로 게임할 수 있도록 허용하는 전략 게임을 만들 수 있을까? 가능한지조차 확신할 수 없는 아이디어였다. 포커를 할 때 플레이어가 각자 덱deck을 골라 오게 하지 않으며, 체스에서는 플레이어가 원하는 말을 가지고 오도록 허용하지 않는다. 플레이어가 더 나은 도구를 가지고 승리를 거두기를 원치 않기 때문이다.

반면에 가필드가 고안한 게임에서 플레이어들은 자신이 사용할 카드를 구입해 게임을 위한 자체 덱을 구성할 수 있다. 각 카드에는 마녀나 데몬 등 가공의 캐릭터 그림이 그려져 있고 캐릭터마다 대미지를 입히거나 견딜 수 있는 고유의 특성과 수치화된 능력이 있다(매직 게임의 규칙이 스토리북 브롤과 비슷하게 들릴 텐데, 스토리북 브롤은 매직을 모델 삼아 만든 여러 게임 중 하나다). 하지만 가장 좋은 카드를 살 수는 없는데 플레이어는 무엇이 최상의 카드인지 모르기 때문이다. 게임 자체에 불안정성이 내포되어 있다. 카드는 예측 불가능한 방식으로 계속 변한다. 새로운 카드가 도입되고 기존의 카드가 금지되는 식이다. 카드끼리 상호작용하는 방식이 무척 복잡해서 완벽하게 이해할 수 없으며 어느 시점이 되자 가필드조차 자신의 게임에서 어떤 일이 벌어질지 예측하지 못하는 지경에 이르렀는데 바로 이 점을 샘은 마음에 들어 했다. 그는 "게임을 만들 때 무엇이 최상의 플레이인지 안다면 얄팍한 게임에 그친다"면서 "게임에는 필승 전략을 정할 수 없는 시나리오가 존재해야만 한다"고 설명했다.

궁극적으로 파악할 수 없는 게임이라는 개념은 혁신적인 발상이었다. 이번 게임과 다음 게임의 전략이 달라지기 때문에 단순히 게임을 많이 해보고 최적의 움직임을 외우는 전략은 통하지 않는다. "플레이어가 누구도 예상하지 못한 방향으로 전략을 계속 수정해야만 한다"고 가필드는 말했다. 매직 게임을 잘하는 사람들은 전략을 변경하는 데 능했다. 많은 수고를 들이더라도 최고의 전략을 알아내기는커녕 전략을 파악하는 일조차 불가능했기 때문에 매직의 고수들은 불확실성만이 확실한 상황에서 의사 결정을 내리는 데 뛰어났다.

샘 역시 매직 게임을 잘했고 게임 밖에서보다 게임 내에서 다른 사람들과 더 편안하게 소통했다. 게임을 하다가 어릴 적 친구라고 부를 만한 맷 나스Matt Nass를 만났다.* 맷은 여느 열두 살 남자아이와는 달리 느긋했으며 관심을 갈구하지도 않았다. 샘은 "내가 **애초에 어린애들을 이해하지 못한다**는 점에서 이들이 관심을 원한다는 것은 문제였다"고 말했다. 맷은 샘에게 사회적으로나 감정적으로 원하는 바가 전무했다. 덕분에 샘은 표정을 지어 보이거나 맷 자신에 대한 질문을 의례적으로 건넬 필요가 없었다. 그저 매직 게임에만 몰두하면 되었다.

맷은 요구사항이 아예 없다는 점에서 샘이 그 어느 때보다도 마음을 열 수 있는 상대였다. 샘과 맷은 함께 카드를 구입했고 부모님 차를 타고 이동해 성인들과의 지역 토너먼트를 치르기도 했다.** 결국 주니어 서킷junior circuit에 함께 참가했으며 10학년 말에는 시카고에서 개최된 전국 챔피언십에까지 진출했다. 맷은 남들과는 전혀 다른 시선으로 샘을 바라봤다. 그는 "극도로 이성적인 사람을 로봇 같다고 생각하기 쉽지만 샘에게 적용되는 말은 아니다. 샘은 매우 이성적인 사람으로서는 드물게도 정말 친절한 사람이다"라고 설명했다. 두 사람은 고등학교에

---

* 성인이 되어 맷은 스토리북 브롤이라는 게임을 만들었다.

** 이러한 이벤트에는 압도적으로 남성 참여자가 많았는데 특정 유형의 남성들이 주를 이뤘다. 플레이어들이 자신의 체취를 무기로 활용하기 시작하자 개인위생에 관한 기준이 토너먼트 규칙에 포함되었다는 것만 봐도 매직 게임 문화가 어땠는지 짐작할 수 있다.

가서는 소원해졌지만 자동차로 한 시간에 왕래할 수 있는 대학교에 진학했다. 대학교 3학년 가을에 샘이 맷의 기숙사 방문을 두드렸다. 맷은 "비디오게임에 완전히 정신이 팔려서 휴대전화를 확인하지 못했던 터라 무슨 일이 벌어졌는지 알지 못했다"고 회상했다. 그날 오후 맷과 무척 친밀한 관계였던 아버지가 심장마비로 사망한 것이다. "샘은 직접 그 소식을 전해주고선 맷을 MIT 남학생 클럽에 데려갔다. 다른 생각이 들지 않도록 밤새 보드게임과 비디오게임을 같이 해주었고 나는 다음 날 집으로 갔다."

모든 인생은 벌어진 일뿐만 아니라 일어나지 않은 일로 규정된다. 샘의 인생 초반부는 그가 겪은 일 못지않게 겪지 않은 일 면에서도 충격적이다. 샘은 자신이 대다수의 아이들과는 다르다는 것을 눈치챌 수 있었다. 하지만 다른 아이들의 게임에 끼기 위해 애쓰지 않았고 그들은 샘의 게임을 이해하지 못했다. 훗날 샘은 자아상이 '낭만적이리만치 긍정적'이었다고 표현했다. 그는 "내가 남들과 다르다는 것이 좋은 일이라기보다는 멋진 일이라고 생각했다"고 말했다. 학교 아이들의 조롱으로부터 자신을 방어할 수 있는 유일한 무기는 피상적인 경멸과 약간의 우월감이었다. "하지만 그런 태도에 뿌리 깊은 이유가 있었던 것은 아니다. *차라리 그렇게 생각하는 편이 나았으며, 내가 아니라면 누가 내 편을 들어주겠는가? 하는 마음이 들었던 것이다.*" 정서적으로나 지적으로 스스로를 우상화하기에 완벽한 상황이었다. 2000년대 초 실리콘밸리 한복판에서 수학적 재능이 뛰어난 아이가 《파운틴헤드개인주의와 자립, 개인적 목표의 추구를 주제로 한 아인 랜드의 소설》를 읽고 책 속에서 자기 내면과 맞닿아 있는 세계를 발견하지 **않을** 가능성은 낮다. 그럼에도 그런 드문 일이 일어났다.

샘은 일종의 자유의지론에서 가치를 발견했지만 세금을 내면 안 되는 이유와 같이 현실에서 자유의지론자들이 어떤 주장을 펼치는지에 주목했다. 그는 *그래, 당연히 세금 내기를 좋아하는 사람은 없지만 그걸 철학이라고 할 수는 없잖은가* 하고 생각했다. 샘은 "철학으로서의 자유의지론과 철학으로서의 이기심 간의 경계를 흐리는 사람들"이라고 평했고 이들의 생각에 동조할 수 없었다. 그는 "다른 사람을 자기 자신만큼 중요하게 생각하지 않는 개념은 납득이 되지 않았다"면서 "그런 개념을 생각한다는 것조차 이상하게 보였다"고 말했다. 고립감을 느끼는 것과 홀로 고립되어 있는 공간을 우주의 중심으로 여기는 것은 전혀 다른 문제였다. 자기 자신과 자신에게 일어난 일만을 중요시하는 것도 마찬가지였다. 샘은 "세상의 나머지 사람들에게 일어난 일에 무관심한 태도는 소홀한 것으로 느껴졌다"면서 "자신에게 어떤 영향을 미칠 것인지만 따지는 것은 너무 안일한 일"이라고 말했다.

업무적으로 샘의 부모는 미국법상 개인의 자유와 집단 선이 충돌하는 문제와 끊임없이 씨름했다. 대체적으로 두 사람은 법이 자유의 절대적 개념을 최대화하는 것이 아니라 최대한 많은 사람이 최대 선을 누릴 수 있도록 해야 한다는 공리주의자에 가까웠다. 이러한 견해를 샘에게 한 번도 강요한 적이 없었다 해도 당연히 샘에게도 듣는 귀가 있었고 그는 대체로 부모의 의견이 타당하다고 생각했다. 독서를 그만둘 때 즈음 샘은 인터넷에서 공리주의자들이 의견을 나누는 게시판을 발견했다. 특정 인간과 유대감을 느끼지는 않았더라도 인류 전체의 관심사에 흥미를 갖게 된 계기였다. "여러 특정 인물과 친밀한 관계를 맺지 않았기 때문에 자연스럽게 구체적인 누군가가 아닌 모든 사람에게 관심을 갖게 되었다"고 샘은 말했다. "기본적으로 '그래, 중요하지 않은 사람은 한 사람도 없지. 그러니 모두에게 동일한 관심을 쏟아야 해'라고 생각했다." 열두 살의 샘은 어느 날 방문을 열고 나와 공리주의를 옹호하는 열변을 토했다. 바버라는 "아이가 자기 방에서 그런 정보를 살펴보고 있었다는 것을 깨닫고는 정신이 아득해졌다"고 말했다. 나중에 샘은 그날 일에 대해서 이렇게 설명했다.

열두 살에 처음 정치적인 견해를 접했고 사회문제에 대해 깊이 생각하기 시작했다. 동성 결혼은 생각할 필요도 없는 쉬운 문제였다. 전혀 무해한 타인이라도 나와 약간 다르다는 이유로 그들의 삶을 비참하게 만드는 짓이 어리석다는 것쯤은 강경한 공리주의자가 아니더라도 알 수 있다. 다만 낙태에 대해서는 쉽사리 판단을 내릴 수 없었고 한동안 마음의 갈등을 겪었다. 원치 않는 아이를 임신하는 것이 불행한 일이기는 하지만 어쨌든 낙태는 살인이었다.

그러다 샘은 공리주의 접근 방식으로 낙태를 생각해봤다. 산모의 권리나 태어나지 않은 아이의 권리를 생각하는 대신 각 행동에 따른 공리성을 평가한 것이다.

일반적으로 살인이 정말 나쁜 행동이라고 말할 수 있는 여러 타당한 이유가 있다. 살인은 사망자의 지인과 가족을 괴롭게 한다. 사회적으로는 이미 많은 음식, 교육, 자원을 투입한 잠재 가치가 있는 구성원을 잃는 것이다. 또한 많은 것이 투자된 한 사람의 생명을 빼앗는 일이다. 하지만 이러한 문제는 낙태에 적용되지는 않는다. 낙태의 실질적인 결과에 대해 따진다면 (그 결과를 평가하기에 가장 좋은 입장인) 부모가 당하는 고통을 제외하고는 애초에 태아가 생기지 않았을 때와 비교하여 달라지는 것이 거의 없다. 다시 말해 공리주의자에게는 낙태가 산아제한과 상당히 비슷하다. 결국 살인은 단어상의 표현일 뿐 중요한 것은 낙태에 살인이라는 단어를 적용할지 여부가 아니라 애초에 낙태를 살인이라고 표현하도록 만든 상황이다. 낙태의 경우 살인을 매우 바람직하지 않은 행위로 만드는 요소가 거의 적용되지 않는다.[*]

이 글은 샘이 자기 자신에 대해 알아간 방식을 보여준다. 어떤 사안에 대해 다른 사람들의 생각을 거의 고려하지 않고 스스로의 힘으로 사유한 것이다. 하지만 짧은 기간이나마 무언가를 타인과 함께 생각한 적이 두 차례 있었다. 맷 나스와 매직 게임을 할 때와 수학 캠프에 참가했을 때다. 샘은 고등학교 1학년을 마치고 콜비 칼리지 캠퍼스에서 수학 영재들을 대상으로 진행된 수학 캠프에 참가했다(조가 차로 샘을 데려

---

[*] 앞선 경우와 마찬가지로 대학교 2학년 때 올린 블로그 게시물이다. 이 글에 담긴 생각을 한 시기는 7학년으로 거슬러 올라간다.

다쳤다가 길을 잃었는데 나무 아래에 한 아이가 앉아 루빅 큐브를 만지작거리는 이상한 광경을 목격했다. 조는 "그 광경을 보고선 제대로 찾아왔다는 생각이 들었다"고 말했다). 샘에게 수학 캠프는 계시와도 같았다. 그곳에 모인 아이들은 샘과 접점이 있었다. 수학 캠프에 참여한 사람들은 샘의 무표정에 신경쓰지 않는 듯했다. 샘이 자기 자신에게 하던 것과 비슷한 대화를 다른 사람과 나눌 수도 있었다. 다른 아이들이 정치에 대해 발언을 할 때는 멍청한 의견을 밝히기 위해서가 아니었다. 선거를 모델링하고 선거 결과를 예측하는 최고의 방법을 파악하기 위한 것이었다. 자신의 삶과 앞으로 어떻게 살아야 할지에 대한 논의도 일리 있게 들렸다. 수학 캠프에 온 아이들은 신념에 대해 자기만의 방식으로 사고할 수 있었다. "신념을 자기만의 방식으로 생각할 수 없다면 행동에 대해 어떻게 자체적인 사고를 할 수 있겠는가?"라고 샘은 물었다.

수학 캠프에서 샘은 자신이 이끌렸던 공리주의의 측면에 공감하는 사람들을 만날 수 있었다. "어떤 집단에서 내가 가장 똑똑한 사람이 아니었던 것은 그때가 처음이었다"고 그는 말했다. "캠프의 모든 참가자가 고등학교에서 만났던 가장 흥미로운 사람보다 더 흥미로웠으며 모든 면에서 더 똑똑했고 양적 분석에 뛰어났다. 그러면서 일반적인 문화와는 거리가 있었는데 주류 문화에 순응하려는 압박감을 덜 느끼거나 그런 역량이 부족했다."

수학 캠프에서 사회적인 교류의 중심에는 수학이 아닌 퍼즐과 게임이 있었다. 샘은 자신이 게임을 즐긴다는 것을 알았다. 수학 캠프에서 돌아온 후에도 퍼즐을 즐겼다. 집에 돌아왔을 때 그는 남들이 풀 수 있는 퍼즐을 직접 만들기로 했다. 샘은 너드nerd가 모이는 인터넷의 모든 사이트에 APB를 올렸다. 어느 주말에는 베이 에어리어 전역에 거주하는 온갖 연령대의 사회적 부적응자 100명가량이 퍼즐을 들고 기다리는 샘을 찾기 위해 스탠퍼드 캠퍼스에 나타났다. 첫 번째 퍼즐을 풀면 캠퍼스 다른 곳에 있는 두 번째 장소로 이동해 또 다른 퍼즐을 푸는 식이었다. 샘의 호크룩스horcrux, 해리포터 시리즈에서 영혼의 일부를 특정 물체에 담는 마법이나 물체에 천재가 강림할 때까지 이런 과정이 몇 시간이고 이어졌다. 샘의 퍼즐 사냥은 무척 복잡했다. 샘은 다음과 같이 보다 단순한 퍼즐도 만들어서 온라인에 올리곤 했다.

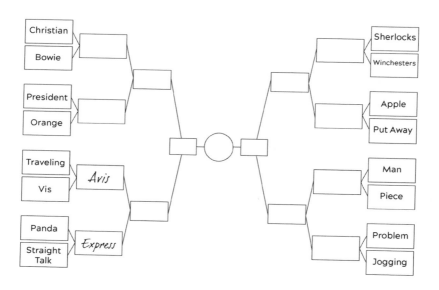

샘의 가장 큰 퍼즐은 그 자신이었다. 수학 캠프에 참가하기 전 그는 자신이 가장 똑똑하다고 자부했지만 캠프에서 그러한 이론이 빗나갔

음이 드러났다. 샘은 "지금까지 속한 그 어느 곳에서보다 편안함을 느꼈다"면서도 "나는 평균에 못 미쳤다. 내가 특별하다고 느낄 만한 부분이 전혀 없었기 때문에 신경이 쓰였다. 수학 캠프에서는 내가 가진 어떤 지식도, 그 무엇도 나를 돋보이게 하지 못했다"고 털어놨다. 수학 캠프의 기준에서 샘은 퍼즐과 게임에 평범한 재능을 지닌 학생일 뿐이었다. 다만 그가 보기에 수학 캠프에서 했던 종류의 게임은 너무 평이했다. "남들이라면 충격을 받는 일을 해야 하는 환경에서 나는 오히려 두각을 나타낸다"고 그는 말했다. 하지만 샘은 그런 환경이 어디에 있는지, 찾을 수나 있을지 짐작조차 하지 못했다. 심지어 존재하는지도 알 수 없었다.

3장

메타 게임
Meta Games

상당히 오랜 기간 샘 뱅크먼프리드의 인생에 별다른 일이 없었지만 2012년 가을 두 가지 큰 사건이 일어났다. 두 사건이 거의 동시에 일어났기 때문에 사실은 서로 무관한 일이었음을 기억하기도 쉽지 않았다. 3학년이 된 샘은 MIT 물리학과의 여느 학생들처럼 물리학에 흥미를 잃어버렸다. MIT에서 물리학을 전공한 학생 중 물리학자가 되는 졸업생은 거의 없었고 대다수는 구글이나 초단타 매매 회사에 들어갔다. 샘은 2012년 MIT 체육관에서 열린 취업 설명회에 참석하기 전에는 점프 트레이딩Jump Trading, 타워 리서치 캐피털Tower Research Capital, 허드슨 리버 트레이딩Hudson River Trading, 서스쿼해나 인터내셔널 그룹Susquehanna International Group, 울버린 트레이딩Wolverine Trading, 제인 스트리트 캐피털Jane Street Capital과 같은 월가 기업의 이름을 한 번도 들어본 적이 없었다. 설명회를 계기로 관심이 약간 생기기 시작했을 뿐이다.

몇 달 전 샘은 자신의 호기심에 스스로도 놀라는 일이 있었다. 그는 돈에 조금이라도 관심이 있었던 적이 없었으며 금융에 대해 알거나 흥미가 있지도 않았다. 공리주의 효과에 따라 자신의 행동을 평가해야 한다는 굳은 신념이 있었지만 실제로 인생을 어떻게 살아갈지에 대해서는 구체적인 생각이 없었다. 그저 부모님처럼 교수가 되겠거니 하는 막연한 예상을 했을 뿐이다. "은연중에 도덕성의 중심에 학계가 있다고 가정했다. 최소한 학자들은 세상에 가장 큰 영향을 미칠 방법을 고민하고 있었기 때문이다." 하지만 대학에서 2년간 수업을 듣고 여름방학에 인턴 활동으로 MIT 연구진의 프로젝트를 도우면서 그러한 가정은 산산조각 났다. 대학교 강의는 지루해서 몸이 고통스러울 정도였다. 미리 준비된 원고를 경청하는 능력이 그에게는 없었다. 교수가 전달하려는 내용이 짐작되는 순간 샘은 더 이상 집중할 수 없었다. 학자들의 삶을 관찰하면 할수록 범위가 좁은 경력을 위해 미리 장황하게 작성한 원고를 읊는 일에 지나지 않는다는 생각이 들었다. "다른 시각으로 학계를 바라보기 시작했고 환멸을 느꼈다"고 샘은 말했다. "학자들이 세상을 변화시킬 만한 일을 하고 있다는 증거를 거의 찾을 수 없었다. 심지어 세상에 어떻게 하면 가장 큰 영향을 미칠지 고민하는 흔적도 보이지 않았다."

자신에게 미래에 대한 마땅한 계획이 없음을 깨달은 샘은 취업 설명회를 찾아갔고 거기서 월가 회사에서 운영하는 각종 부스를 돌아봤다. 한 번도 들어본 적이 없는 회사들이었지만 어떤 업무를 하든 서로 영역이 중복되지 않는다는 사실을 알 수 있었다. 회사마다 서로 다른 역량을 지닌 직원을 찾고 있었기 때문이다. '핵심 개발자'나 '프로그래머'를 찾는 회사도 있었지만 '트레이더'를 원하는 회사도 있었다. 샘은 코딩에는 재능이 없었다. 그가 MIT에서 사귄 친한 친구 둘 다 코더coder였지만 샘 자신은 코딩을 잘하는 사람과 못하는 사람도 구분하지 못했다. 트레이딩에 관해 그가 아는 사실이라고는 자신에게는 자질이 없다는 것뿐이었다. 그런 연유로 트레이더를 구하는 회사에 이력서를 보내기는 했지만 허튼짓같이 느껴졌다. "누군가가 많은 물리학 전공자가 월가로 진출한다고 말해줬지만 그럴 수도 있고 아닐 수도 있다고 생각했다."

놀랍게도 서스쿼해나, 울버린, 제인 스트리트 캐피털 등 세 곳의 트레이딩 회사로부터 여름 인턴으로 채용하기 위한 면접을 진행하겠다는 이메일을 받았다. 그는 "물리학 전공자들에 대한 관심이 있다는 소문은 사실이었던 것이다"고 말했다. 구체적으로 *어떤* 일을 하는지는 업체들의 연락을 받은 후에도 알 수 없었다. 구글에서 '제인 스트리트 캐피털'을 검색하더라도 회사에 대한 쓸 만한 정보를 얻을 수 없다. 인터넷에는 제인 스트리트 캐피털에 대한 정보가 거의 없기 때문이다.*
샘은 "무슨 일을 할지 짐작이 가지 않았다"면서 "어떤 유형의 면접을 보게 될지조차 몰랐다"고 밝혔다.

---

* 다른 초단타 매매업체와 마찬가지로 제인 스트리트 캐피털은 자사가 하는 일을 대중이 모르는 편이 더 낫다고 굳게 믿었다. "〈뉴욕타임스〉에 회사에 대한 기사가 처음 보도되었을 때 핵폭탄을 맞은 듯했다"고 제인 스트리트에 근무했던 퇴직자는 회상했다. 이 회사에서 어떤 일을 하는지 필자가 파악하는 데 도움을 준 10여 명의 전·현직 직원처럼 이 퇴직자도 익명을 요청했다.

샘은 제인 스트리트 트레이더들과 세 번의 전화 면접을 봤는데 이전에 한 번도 들어보지 못했던 유형의 면접이었다. 이력서의 무언가가 관심을 끌었겠지만 그들은 이력서의 내용에는 전혀 관심이 없어 보였다. 무슨 공부를 했는지, 기존에 여름방학을 어떻게 보냈는지 묻지 않았다. 취향이나 취미에 대해서도 묻지 않았고 지금까지의 삶에 대해 궁금해하지도 않았다. 제인 스트리트 트레이더들은 업무에 적합한지 판단하는 데 있어 어떤 평가도 자체 평가보다 중요하지 않다고 여기는 듯했다. 질문은 주로 암산과 관련되어 있었다. 초반의 질문은 꽤 시시한 수준이어서 긴장되는 상황에서 어떻게 반응하는지 확인하려는 것으로 보였다. 예를 들면 "12 × 7은 얼마인가?" 또는 "정답이라고 얼마나 확신하는가?"와 같은 질문을 했다. 샘이 정답을 말할수록 점점 더 복잡한 암산 질문이 제시되었다. *정육면체 형태의 주사위 두 개를 던질 때 하나 이상의 주사위에서 3이 나올 확률은 얼마인가?* 주사위 한 개에서 3이 나올 확률은 당연히 6분의 1이다. 여기에서 잠시 멈춰서 깊이 생각하지 않으면 두 개의 주사위에서 3이 나올 확률은 3분의 1이라고 유추할 가능성이 있다. 그런데 질문을 두 개의 주사위에서 3이 나오지 '않을' 확률은 얼마인가로 바꿔보면 3분의 1이라는 답에 어떤 오류가 있는지 알 수 있다. 하나의 주사위에서 3이 나오지 **않을** 확률은 6분의 5다. 두 개의 주사위에서 3이 나오지 않을 확률은 6분의 5를 두 번 곱한 36분의 25다. 즉, 두 개의 주사위를 던져서 3이 나올 확률은 36분의 11인 것이다.

11월 중순에 진행된 일대일 면접은 이전과 양상이 달랐다. 제인 스트리트는 샘에게 뉴욕행 열차표와 기사가 운전하는 자동차를 제공하여 뉴저지 토토와에 있는 재난구호소로 보냈다. 허리케인 샌디로 인해 로어 맨해튼의 제인 스트리트 사무실도 피해를 입은 터였다. 재난구호소에서는 음산한 공업 시설의 분위기가 났다. 샘은 눈치채지 못했지만 똑같은 모양의 책상이 줄지어 있었고 화장실을 사용하려면 열쇠가 필요했다. 샘의 관심은 제인 스트리트가 종일토록 시킨 퍼즐 게임에 쏠려 있었다. 다만 게임에는 경고문이 딸려 있었다. 제인 스트리트의 채용 절차는 트레이더들이 소중한 시간을 지원자 평가에 최소한만 들이도록 설계되었다. 면접관이 샘의 플레이를 탐탁지 않게 여기는 순간 게임은 종료되고 샘은 짐을 싸서 나가야 한다. 트레이더는 샘에게 그날의 판돈으로 100개의 포커 칩을 건네면서 트레이더와의 게임에서 칩이 소진되는 순간 탈락이라고 설명했다.

첫 게임에서 샘은 다른 두 지원자와 제인 스트리트 트레이더 한 명과 같은 그룹이 되었다. 트레이더는 포커를 몇 장씩 나눠준 다음 각 지원자에게 그중 한 장을 보여달라고 말했다. 그러더니 칩 네 개를 내면 *카드 한 장을 새로운 카드로 바꿀 수 있는데 카드를 교환하겠는가?* 같은 낯선 규칙을 도입했다. 새로운 카드를 지급할 때마다 트레이더는 게임을 잠시 중단하고 샘과 다른 두 지원자들에게 서로 추가적인 베팅을 할지 물었다. *다음 카드가 하트라는 데 베팅할 사람 있는가? 상대의 손에 클럽이 몇 장 있는지 맞혀보겠는가?* 이 게임은 포커가 아니라 일종의 메타 포커였다. 혹은 카드로 하는 마상 창 시합과 같았다. 샘은 이 게임의 핵심은 낯선 상황에서 기댓값을 빠르게 판단하여 그에 맞게 행동하는 것임을 곧바로 간파했다. 이 게임에서 내리는 어떤 결정도 그에게는 낯설게 느껴지지 않았다. "게임에 대해 내가 놀랐던 점은 놀랄 만한 점이 없다는 사실이었다"고 샘은 말했다.

물론 이런 게임으로 훌륭한 트레이더를 얼마나 정확하게 선발할 수 있는지 알 길은 없다. 게임을 잘하지 못하는 지원자에게는 트레이딩 기회 자체가 주어지지 않기 때문이다. 아무튼 첫 번째 게임이 끝나자 세 명의 지원자 중에서 샘의 칩이 가장 많았다. 면접관들은 샘을 이후 다시 만날 수 없었던 다른 두 지원자와 분리시켜 45분씩 다섯 번의 게임을 추가로 진행했다. 모든 게임은 처음 했던 카드 게임과 마찬가지로 특이한 구석이 있었다. 예를 들면 동전 던지기 게임이 다음과 같이 진행되었다.

여기 열 개의 동전이 있고 각 동전의 무게는 서로 다르다. 하나는 표면의 무게가 균일하게 제작된 평범한 동전이므로 앞면과 뒷면이 나올 확률이 각각 50퍼센트다. 나머지 아홉 개의 동전은 모두 표면의 무게가 균질하지 않으며 특성이 제각각 다르다. 무게가 얼마인지 알려주지 않겠지만 일부는 앞면이, 나머지는 뒷면이 더 자주 나온다. 예를 들어 한 동전은 앞면이 나올 확률이 62퍼센트인 반면에 다른 동전은 뒷면이 나올 확률이 80퍼센트다. 30분간 어떤 동전이든 던져볼 수 있으며 횟수는 총 100회로 제한된다. 앞면이 나올 때마다 포커 칩을 하나 얻을 수 있다.

샘의 면접관이었던 트레이더는 게임 설명을 마친 후 *게임을 플레이하는 데 얼마를 걸 의향이 있는가?* 하고 물었다. 무게가 균일한 동전을

골라 100번 던져볼 수 있기 때문에 기댓값은 칩 50개 이상이었다. 동전의 정확한 무게 정보를 얻지 못했기 때문에 짐작할 방법은 없지만 샘은 플레이에 칩 65개를 걸 만하다고 추정했다. 트레이더가 플레이를 수락한 것으로 보아 완전히 빗나간 답은 아닌 것 같았다. 동전 던지기가 시작되자 트레이더가 다시 끼어들더니 더 이상한 규칙을 도입하자고 제안했다. *다음번 던지기 결과에 베팅하고 싶은가? 방금 다섯 번 중에 네 번 앞면이 나온 동전의 정확한 무게가 얼마인지에 베팅하고 싶은가?* 샘은 잘못된 방식으로 게임을 플레이할 수는 있어도 정답이 존재하지는 않음을 알 수 있었다. 포기하지만 않는다면, 가령 무게가 균일한 50 대 50 확률의 동전을 찾는 것은 의미가 없었다. 어떠한 새로운 정보도 주지 못하기 때문이다. 머리 좋은 많은 지원자가 앞면이 자주 나오도록 설계된 최적의 동전을 찾느라 던지기 횟수를 낭비했다. 예를 들어 그럴듯한 통계 계산을 위해 각 동전을 다섯 번씩 던지는 것이 의미 없는 전략은 아니었다. 하지만 확실성을 높이려는 시도는 열위의 동전을 던지는 데 많은 횟수를 소모하도록 만들었다. 샘은 직감에 따라 무게가 불균등한 동전을 골라 뒷면이 나올 때까지 던졌다. 뒷면이 나올 때까지 던진 횟수와 대략적인 암산에 따라 그 동전을 계속 던질지 다른 동전을 던질지 결정했다. 그는 대체로 괜찮은 동전을 찾기만 한다면 최적의 동전을 찾아낼 필요는 없다는 생각으로 게임을 시작했다. 샘은 플레이어가 정보와 어떤 관계를 맺는지 테스트하는 게임이라는 것을 알 수 있었다. 언제 어떻게 정보를 찾아내고 새로운 정보에 따라 기존의 생각을 어떻게 바꾸는지를 보는 것이다.

제인 스트리트의 포커는 일반적인 포커가 아니었으며 동전 던지기 역시 평범한 동전 던지기가 아니었다. 제인 스트리트의 게임 중에는 본질적으로 단순한 게임이 없었으며 게임 속 게임이거나 게임에 대한 게임이었다. 각 게임에서 가장 어려운 부분은 게임의 본질을 이해하는 것이었다. 샘은 "보통의 미국인이라면 게임을 파악하는 데만 20분이 걸릴 것"이라고 말했다. "하버드 학생 정도면 게임을 이해할 수 있으며 하버드 수학과 학생은 게임과 더불어 기저의 수학적 구조를 파악할 것이다. 많은 계량적 정보가 포함되어 있지만 이 정보가 완벽하지는 않다. 플레이어에게는 게임을 부분적으로만 이해할 수 있는 약간의 정보와 관계를 알려주며, 시간제한이 있다." 샘은 시간제한이라는 설정이 자신에게 유리하다고 생각했다. 그가 제약이 있는 환경에서 특별히 실력을 발휘해서가 아니라 압박감을 느끼지 않았기 때문이다. 시간제한이 있을 때 더 잘하는 것은 아니었지만 그렇다고 더 못하지도 않았다. 하지만 사람들 대다수는 시간 제약이 있는 상황에서 더 나쁜 결과를 낸다. 다른 사람들은 감정이 있지만 샘은 그렇지 않았던 것이다. 일반적으로 사람들은 남은 시간이 줄어드는 상황에서 복잡한 문제를 풀어야 할 때 무엇이 중요하고 무엇이 중요하지 않은지 빠르게 판단하지 못하며, 특히 완벽한 해결책이 존재하지 않는 문제가 주어지면 그러한 경향이 두드러졌다. 제인 스트리트 트레이더가 낸 문제에 완벽한 정답이 있는 경우는 거의 없었다. 트레이더들은 복잡한 판단을 내리고 판단에 따라 빠르게 행동하며 답을 모르거나 알 수 없는 질문에 얽매이지 않는 역량을 시험했다. 면접에서 한 게임에 대해 샘은 "매직 게임을 할 때 내리는 모든 직관적인 결정이 더 압축적이고 복잡하게 담겨 있는 게임이었다"면서 "매직 게임에서도 이르지 못한 단계"라고 평했다.

제인 스트리트 트레이더들이 샘에게 풀어보도록 요구한 퍼즐은 내기 게임과 마찬가지로 플레이어의 사고방식에 내재된 약점이 드러나도록 설계되었다. 가장 간단한 예가 야구에 대한 질문이었다. 한 트레이더는 *내 친척 중에 프로야구 선수가 있을 확률이 얼마인가?* 라는 질문을 던졌다.

샘의 머릿속에 가장 먼저 떠오른 생각은 문제를 정의해야 한다는 것이었다. 문제를 정의하지 않으면 풀 수 없다. 샘은 "질문자가 시험하는 것은 한 가지였다"면서 "질문이 모호하다는 것을 알고 있는지 여부였다"고 지적했다. 그는 트레이더에게 *'친척'에는 어떤 관계가 포함되는지, '프로야구 선수'는 누구를 지칭하는지* 물었다. 어떤 면에서 모든 인간은 다른 모든 인간과 관계를 맺는다. 많은 선수가 메이저 리그 소속이 아니라도 돈을 받고 야구 경기를 한다. 제인 스트리트 트레이더는 '친척'이란 육촌 이내를 뜻하며 '프로야구 선수'에는 메이저 리그와 마이너 리그 선수가 포함된다고 답했다. 샘은 정의에 부합하는 야구팀이 약 100개이며 각 팀에는 약 서른 명의 선수가 있을 것으로 추정했다. 이에 따라 현역으로 활동하는 프로 야구 선수가 3000명가량이며 은퇴한 선수는 7000명 정도로 계산했다. 3억 인구 중에 1만 명의 야구 선수가 있는 셈이다. 즉, 미국인 3만 명 중에 한 명이 전직 혹은 현직 야구 선수라고 할 수 있다. 미국인들에게 평균 몇 명의 친척이 있는지 딱히 정보가 없었지만 서른 명이면 합리적인 추정이라고 생각했다. 따라서 트레이더에게 프로야구 선수인 친척이 있을 확률은 대략 1000분의 1이었다.

어림한 숫자가 당연히 정확할 리 없었지만 나쁘지 않은 출발이었다. 이때 샘은 암산을 중단하고 다시 생각하기 시작했다. *이 질문을 내게 한 이유가 있을 것이다. 실제로 프로야구 선수인 친척이 있으니 질문자에게는 의미가 있는 질문인 것이다.*

이 대목에서 문제가 복잡해진다. 트레이더는 샘이 이렇게 생각할 것을 예상했을지 모른다. 트레이더는 굳이 이 질문을 할 이유가 없지만 그저 샘을 속이려는 의도로 질문을 골랐을지 모른다. 여기에서 퍼즐의 또 다른 특징이 드러난다. 생각을 이어가기 전에 얼마나 깊이 파 내려갈지를 파악해야 하는 것이다. 샘은 거의 언제나처럼 한 단계 이상 깊이 들어가는 것은 불필요하다고 판단했다. 아무 이유가 없다기보다는 어떤 이유가 있어서 이 질문을 던졌을 가능성이 더 높았다. 그 가능성이 정확히 얼마인지는 모르지만 트레이더가 질문을 던졌다는 사실만으로도 그에게 프로야구 선수인 친척이 있을 확률이 1000분의 1보다 훨씬 높아졌다. 샘은 "트레이더가 테스트하고 싶었던 것은 다른 부분"이라면서 "자신이 한 질문에 숨은 정보가 있는지를 간파했는지 보려 했던 것"이라고 말했다.

결국 샘은 그 확률이 50분의 1이라고 생각했으며, 실제로 해당 트레이더의 육촌이 프로야구 선수였던 것으로 드러났다. 하지만 이는 문제의 본질이 아니었다. 중요한 것은 샘이 문제를 어떻게 구성했는지 혹은 구성에 실패했는지였다. 샘은 "정답은 존재하지 않으며 오직 오답만 있을 뿐이었다"고 설명했다.

면접이 끝나갈 무렵 샘은 자신의 새로운 면모를 발견한 기분이었다. "뭐라고 꼬집어 말하기는 어렵지만 중요한 자질을 정확하게 테스트하는 방법이라는 생각이 들었다"고 그는 말했다. 유년기에 샘을 버티게 해준 게임과 퍼즐을 비롯해 일상의 어떤 활동도 제인 스트리트 '트레이더'가 하는 업무를 대리하지 못한다. 샘은 "유년기에는 그 업무를 잘할지를 가려낼 만한 경험을 하지 못한다"고 말했다. 유년기에 샘은 수학에 재능이 있었는데 무척 잘하기는 했지만 탁월한 수준은 아니었다. 또한 여러 전략적인 보드게임과 카드 게임을 즐기고 잘하기도 했지만 역시 탁월한 수준은 아니었다. 제인 스트리트의 트레이더는 이전에 한 번도 정확하게 테스트하지 않은 자질을 갖추고 있는지 시험했다. 샘에게는 신이 수학과 보드게임을 차별화하기 위해 트레이딩이나 트레이딩을 모방하도록 고안된 게임을 다양한 방식으로 변조한 것으로 보였다. 각각의 변조는 게임을 그의 사고방식에 더 어울리도록 만들었다. "면접이 끝날 무렵, 지금까지 살면서 한 일 중 가장 잘해냈다는 것을 알 수 있었다"고 샘은 말했다.

제인 스트리트는 샘을 여름 인턴으로 채용했다. 그에게 지원을 제안했던 다른 초단타 매매 회사들도 채용 의사를 밝혔다. 한 회사는 면접 절차가 진행되는 중에 중단하더니 샘이 모든 지원자 중에서 새로운 게임과 퍼즐을 가장 잘해냈다고 밝히면서 플레이를 계속 관찰하는 것이 무의미하다고 말할 정도였다. 나중에 제인 스트리트 트레이딩 룸에서 한 트레이더는 게임과 퍼즐을 계속 만들어서 샘이 플레이하는 모습을 지켜보기를 즐겼다. 다른 사람들은 이 트레이더가 무슨 말을 하는지, 어떤 게임인지조차 이해하지 못했지만 샘은 게임을 곧바로 이해했을 뿐만 아니라 환상적으로 해냈다.

언젠가 트레이더는 샘에게 *메일의 향수는?(Perfume in the mail)* 하고 물었다.

그러자 샘은 *향기 전송(Sent scent)*이라 답했다.

더 이상 일하지 않는 브리트니 스피어스는?(Britney Spears is no longer working)

한가한 아이돌(Idle idol)

미래를 예측하는 현금 흐름 모델을 발견한 골드먼삭스 애널리스트는?(A Goldman Sachs analyst discovers a cash flow model that predicts the future)

이익 예언자(Profit prophet)

샘은 새롭고 낯선 게임과 맞닥뜨리면 그에 맞는 사고 과정이 저절로 적용되는 듯했다.

3학년이 시작되자마자 샘은 신기하고도 그의 인생에 중요한 영향을 미칠 사건을 겪었다. 윌 크라우치Will Crouch라는* 옥스퍼드 대학교 철학과의 스물다섯 살 강사가 뜬금없이 샘에게 연락해 만나자고 했다. 샘은 상대가 자신을 어떻게 찾아냈는지 알 수 없었지만 공리주의자들이 모

---

* 후일 윌 매캐스킬(Will MacAskill)로 개명했기에 이 책에서도 개명한 이름으로 표기했다.

이는 여러 게시판에 남긴 글을 보고 연락하지 않았을까 추정했다. 매캐스킬은 피터 싱어Peter Singer라는 호주 철학자가 오래전에 주창한 신념을 받드는 옥스퍼드의 소그룹 일원이었다. 그는 샘에게 커피 한잔하자면서 곧 하버드에서 할 대담에 참석해 달라고 초청했다. 당시 샘은 매사추세츠주 케임브리지에서 학자들의 대담에 자발적으로 참석할 가능성이 가장 낮은 축에 속하는 사람이었다. 하지만 이 강사가 그를 먼저 찾아냈다는 사실에다(그럴 만하게도 샘의 자존감이 낮았음을 방증한다) 피터 싱어라는 이름을 거론하자 호기심을 보였다. 피터 싱어는 앞으로 샘이 펼쳐나갈 신념에 일정 부분 책임이 있는 인물이다.

이 신념은 1971년에 태동한 것으로 알려졌으며 주창자인 싱어는 당시 스물다섯 살로 옥스퍼드 대학교 철학과 강사였다. 방글라데시의 기근 사태는 그의 신념이 확고해진 계기였다. 부유한 사람들이 식량을 보내기만 했어도 살았을 사람들이 기아로 사망한 것을 본 싱어는 기근 사태에 대해 곱씹어봤다. '기근, 풍요, 도덕성'이라는 소론에서 싱어는 이 도덕적 실패의 본질을 어떻게 하면 보다 생생하게 표현할 수 있을지 고민했다. "문제와 관련해 전혀 책임이 없더라도 돕지 않는 결정의 잘못된 예를 찾아내려고 했다"고 그는 밝혔다. 그러면서 싱어는 어떤 사람이 길을 가다가 연못에 빠진 아이를 발견하는 상황을 예로 들고는 *여러분*은 어떤 행동을 하겠느냐고 물었다. 고민할 필요도 없는 일일 것이다. *여러분*은 새로 산 비싼 신발이 망가지더라도 아이를 구하기 위해 연못에 뛰어들 것이다. 싱어는 그렇다면 방글라데시 아이들이 굶어죽지 않도록 비싼 새 신발 가격만큼의 후원금을 보내는 데 왜 주저하는지 물었다. 싱어는 이후 평생 동안 펼칠 주장의 발단이 된 글에서 "도덕적 사안과 도덕적 개념도식을 바라보는 관점을 완전히 새롭게 하여 이 사회에서 당연시하는 생활양식을 바꾸어야 한다"고 강조했다. 새 신발을 더럽히는 수준을 넘어 적극적으로 행동해야 한다는 주장이다. 궁극적으로 그는 우리가 지불하는 비용이 수혜자의 편익보다 커질 때까지 우리가 가진 것을 다른 사람에게 베풀어야 한다는 단계까지 나아갔다. 자선 활동을 바람직하지만 굳이 하지 않더라도 문제없는 활동으로 여길 것이 아니라 우리의 임무로 받아들여야 한다는 주장이었다.

싱어 자신이 몸소 이를 실천했고 수입에서 점점 더 많은 금액을 기부했다. 당연하게도 그의 소론은 다른 철학자들에게 많은 반발을 샀다. 싱어는 "교사들이 학생들에게 소론을 나눠주고선 '이 주장에서 그릇된 부분을 찾는 숙제'를 내줬다"고 회상했다. 많은 불만도 잇따랐다. 싱어는 한 어린이를 예로 들었지만 모든 어린이를 구제하는 것은 현실적이지 않다는 지적이 제기되었다. 자신의 생존에 필요한 최소한만을 남기고 모든 것을 나눠주기 시작할 때 그 기부가 충분하다고 말할 수 있는 지점은 어디인가('아이가 익사하도록 놔두는 것에 문제가 없는 경우도 있다'라는 반박문이 발표되기도 했다). 많은 비판이 제기된 데는 싱어가 일반적인 부자들이 도덕적인 삶을 살아가기 너무 어렵게 만든다는 것에 대한 반발이 깔려 있었다. 싱어는 초기 논문에서 이에 대해 반박하면서 "일부 저술가들은 우리가 일반인의 능력을 크게 뛰어넘지 않는 기초적인 도덕률을 가져야 하며 그렇지 않으면 도덕률을 아예 준수하지 않는 풍조가 널리 퍼질 것이라고 주장한다"고 지적했다. "간단하게 말하자면, 이 주장은 '사람들에게 살인을 해서는 안 되며 필요한 것 이상의 재산을 모두 기아 구호에 써야 한다'고 말하면 사람들이 아무것도 실천하지 않겠지만, '살인을 해서는 안 되며 기아 구호를 위해 기부하는 것은 훌륭한 일이지만 기부하지 않더라도 그릇된 것은 아니다'라고 말한다면 적어도 살인은 저지르지 않을 것이라고 말하는 격이다."

학계에서는 뜨거운 논쟁이 벌어졌어도 정작 현실 세계에는 별다른 영향을 주지 못했다. 대부분의 부자가 싱어의 주장을 간단하게 무시했기 때문이다. 약 40년 동안 싱어의 신념이 불쑥불쑥 등장할 때마다 불편함에 움찔하는 것 이상의 반응이 나오지 않았다. 프린스턴 대학교 학생들이 실천 윤리학을 개설할 것을 강하게 요구하면서 싱어는 일반적인 부자들이 가득한 프린스턴 대학에서 강의를 하게 되었다. 그러다 2009년 옥스퍼드 대학교의 젊은 철학자들로 구성된 소모임에서 싱어가 주창한 신념을 실천에 옮기기 시작했다. 졸업생이자 연구원으로 활동 중이던 토비 오드Toby Ord가 빈곤 국가의 구제에 성과를 내던 기부 단체에 연봉의 3분의 1을 기부하겠다고 밝히고 그 이유를 설명하면서 운동이 시작되었다(오드는 약간의 불편을 감수하는 대신 기부를 하면 일생 동안 아프리카의 시각 장애 어린이 8만 명을 구할 수 있다고 밝혔다). 윌 매캐스킬은 대학 캠퍼스의 청년들이 오드의 대의에 동참하도록 흥미로운 캠페인을 전개했다. "토비와 윌이 한 일은 '아니, 우리는 그 주장이 옳다고 생각한다'고 말한 것"이라고 싱어는 말했다. 싱어가 40년 동안 펼친 주장이 비로소 사회운동으로 발전한 것이다. 옥스퍼드 철학자들은 이 운동에 더 나은 이름을 찾지 못해 효율적 이타주의Effective altruism라고 불렀다.

2012년 가을 매캐스킬은 샘과 하버드의 일부 학생들을 대상으로 명문 대학의 학생들은 평생 8만 시간가량 일한다면서 질문을 하나 던졌다. 세상을 '이롭게 하는 일'을 하고 싶다면 어떻게 해야 8만 시간을 가장 효율적으로 보낼 수 있을까? 매캐스킬은 정성적인 답변만 가능할 법한 질문을 정량적인 용어로 바꾸었다. 그는 학생들에게 8만 시간 동안 몇 사람을 구할 수 있는지 계산하게 함으로써 자기 인생의 효율성을 따져보도록 만들었다. 구조할 인명의 수를 극대화하는 것이 목표였다.

이어 매캐스킬은 학생들이 인명 구조를 위해 어떤 분야에 진출해 경력을 쌓을 수 있는지 정리한 슬라이드를 보여줬다. 경력을 크게 직접 공여자(의사·NGO 직원), 고액 연봉자(은행가·경영 컨설턴트), 연구자(의료 연구원·윤리학자), 영향력 행사자(정치인·교사) 등 네 가지 범주로 나누고 직업의 예를 들었다. 끝으로 그는 학생들에게 어떤 유형의 경력을 추구할지 선택해야 한다고 말했다. 모든 경력에 인명을 구할 기회가 부여되지만 유형마다 셈법이 달랐는데, 스토리북 브롤에서 어떤 영웅으로 플레이할지를 정하는 것과 닮은 구석이 있었다. 연구자나 영향력 행사자는 많은 인명을 구할 가능성이 있다. 연구자 유형에 해당하는 농학자 노먼 볼로그Norman Borlaug의 경우 내병성이 강한 밀을 개발하여 약 2억 5000만 명을 기아에서 구했다. 하지만 연구자와 영향력 행사자를 경력으로 선택할 때 고려할 까다로운 부분이 있다. 해당 분야에서 탁월한 역량을 발휘할 수 있을지 예측하기가 어렵고 연구자나 영향력 행사자가 대규모로 인명을 구해낼 가능성은 극히 낮다.

매캐스킬이 대담에서 자세히 설명한, 보다 명쾌한 선택지는 직접 공여자와 고액 연봉자였다. 직설적으로 표현하자면 선행을 직접 할 것인지, 아니면 돈을 벌어서 다른 사람이 선행을 하도록 도울지 선택하는 것이다. 의사와 은행가 중에 어떤 직업을 선택하는 것이 더 나은가? 매캐스킬은 인명 구조에 가장 적은 돈이 드는 빈곤 국가에서 의사 한 사람이 몇 사람을 구할 수 있는지 대략적으로 계산했다. 그런 다음 질문을 던졌다. "돈을 잘 버는 직업에 종사하여 수입을 기부하는 *이타주의적인 은행가*가 되면 어떻겠는가?" 평범한 투자 은행가라도 평생 번 돈으로 아프리카에 의사를 여러 명 파견할 수 있기 때문에 의사 한 사람보다 몇 배 더 많은 인명을 구할 수 있다.

매캐스킬은 투자 은행가의 예를 한 단계 더 파고들었다. 그는 "차이를 만들기 위해서는 달리 선택한다면 일어나지 않을 일을 해야 한다"고 말했다. 학생들이 의사가 되지 않더라도 누군가가 그 자리를 채울 것이다. 하지만 그 사람은 벌어들인 돈으로 집과 차를 사고 자녀를 사립학교에 보낼 것이며 예일 대학교에 기부를 하더라도 인명 구조와는 무관한 사업에 기부할 것이다. 학생들 대신 다른 사람이 은행가가 된다면 수입이 아프리카의 의사들에게 전달될 가능성은 매우 낮다. 이 자리에 모인 학생들이 의사가 되었다면 구했을지 모를 모든 사람들이 사망에 이를 수 있다. 따라서 월가에 진출해 큰돈을 벌 역량이 있는 사람에게는 설사 월가에서 일하는 것이 적성에 맞지 않더라도 그곳에서 감당해야 할 도덕적 책무가 있는 것이다. 그는 "연봉이 높은 많은 직업은 꽤 무해하다"면서 선택을 거들었다.

매캐스킬은 자신의 신념을 *베풀기 위해* 벌기라고 요약했다. 마지막

슬라이드에서는 "설명을 듣는 중에 조금이라도 마음이 움직였다면 대담이 끝나고 남아서 저와 대화를 나눠주세요"라고 초대했다. 대담이 진행되는 중에도 매캐스킬의 눈에는 나중에 남아서 대화를 나눌 유형의 사람들이 보였다. SAT 수학 점수가 800점 이상이면서 시험이 자신의 적성을 완벽하게 평가하기에는 어설프다고 여기는 사람들이 여기에 해당한다. 제인 스트리트 캐피털과 마찬가지로 효율적 이타주의 운동이 매사추세츠주 케임브리지를 강타한 데는 이유가 있었다. 대담이 끝난 후 매캐스킬을 찾아온 학생 네 명 중 세 명은 수학이나 과학 분야에 뛰어난 젊은 남성이었다. 매캐스킬은 "이 주장이 물리학 박사과정에 있는 인구집단에 특히 호소력을 갖는다"면서 "자폐증이 평균 인구보다 열 배 높게 나타나는 집단이며 실제로 많은 사람이 자폐 스펙트럼 장애를 앓고 있다"고 말했다.

며칠 후 매캐스킬은 샘에게 전달되기를 희망하면서 또 다른 효율적 이타주의자에게 이메일을 보냈다.

얼마 전 매사추세츠주 케임브리지에서 MIT 물리학과 3학년인 샘을 만났습니다. 이제껏 본 중에 가장 괴상한 이메일 주소를[*] 쓰고 있는 학생이지만 무척 인상적이었어요. 스탠퍼드 교수인 부모가 공리주의자로 키웠는데 선을 행하는 데 진지하고 헌신적이고 열정이 있는 데다 정말

---

[*] 샘은 피보나치 수열을 이메일 주소로 사용했다. 피보나치 수열에서 세 번째 항은 이전 두 항의 합에 해당하며 0, 1, 1, 2, 3, 5, 8, 13 등으로 진행된다.

똑똑하고 이성적인 학생으로 보입니다(낯선 신념을 진지하게 받아들이되 광적으로 몰입하지는 않는 거죠). 수입을 기부하거나 정치에 입문할 계획을 가지고 있습니다.

샘은 새로운 효율적 이타주의자 모집에 응답한 첫 번째 무리로부터 단 한 발짝 거리에 있었다. 싱어가 기억하기로는 2012년 가을에 그가 프린스턴에서 만났던 한 학생이 대학생으로서는 처음으로 기부를 위한 소득을 얻을 목적으로 월가에 취직했다. 이 학생의 이름은 맷 웨이지Matt Wage로 제인 스트리트 캐피털에 채용되었다.

낯설고 이상한 게임을 만나면 샘은 관련된 사고 과정을 빠르게 발전시켰다. 하지만 낯선 사람을 새로 사귀는 데 있어서는 그렇지 못했으며 제인 스트리트 캐피털에서 샘의 이러한 면을 발견하기까지는 다소 시간이 걸렸다. 면접에서 테스트하지 않았던 역량이었기 때문이다. 샘이 채용되고 9개월 뒤인 2013년 늦여름에 제인 스트리트 임원들은 샘과 그간의 성과를 두고 면담을 했다. 면접에서 그가 보였던 강점은 실제 업무에서도 강점으로 발휘되었다. 샘은 대다수의 인턴들보다 모든 트레이딩 게임에서 더 뛰어난 실력을 보였다. 그의 사고는 현대 금융시장의 생리에 적합했기에 여름 인턴이 시작되고 몇 주 만에 제인 스트리트의 임원들은 샘을 따로 불러 정규직 채용을 제안하기도 했다.

하지만 테스트되지 않았던 분야에서 샘의 약점이 드러났다. 채용 당시 제인 스트리트의 누구도 그의 사회적 역량을 평가하지 않았다. 면접자 중에서 샘이 다른 사람들과 어떻게 관계를 맺는지에 관심을 가진 사람이 없었던 것이다. 제인 스트리트의 중역들은 샘에 대해 사내에서 꽤 많은 임직원이 *대체 뭐하는 놈입니까?* 하고 종종 물었다고 전했다. 임원들은 샘에 대한 불만 사항을 취합하기도 했다. 여름에 일어난 몇몇 사건으로 인해 제인 스트리트 임원들은 기존과 달리 샘에 대해 확신하지 못했다. 모든 문제가 사회적 교류와 연관되었다. 제인 스트리트의 어떤 정규직 직원들은 샘이 계속 산만하게 구는 것을 짜증스러워했고 특히 그가 카드를 강박적으로 섞는 행동을 못마땅하게 여겼다. 한 고위 임원은 샘이 다른 인턴들 앞에서 임원의 질문이 어리석다고 지적한 것을 매우 불쾌하게 여겼다. 가장 심각한 문제는 상당수가 샘이 다른 사람의 감정에 무감각하다고 느꼈다는 점이었다. 제인 스트리트의 임원들은 샘이 애서 멜먼Asher Mellman이라는 다른 인턴에게 한 짓을 단적인 예로 들었다.

제인 스트리트의 인턴들은 정규직 직원들과 서로 내기를 하도록 장려되었다. 모든 여름 인턴들은 어느 팀이 게임에 이길 것인지, 특정 인턴이 45분 안에 몇 개의 젤리 빈을 먹을 수 있을지, 어떤 인턴이 정규직 제안을 받을지 등 베팅할 만한 모든 것을 놓고 서로 내기를 했다. 통제 불능 상태에 빠지지 않도록 제인 스트리트에서는 한 인턴의 하루 손실을 최대 100달러로 제한했다. 내기는 교습 도구로 활용되었다. 이 과정에서 인턴들은 대다수의 사람이 일평생 해보지 않을 내기나 어렴풋이 알 뿐인 내기를 분석 가능한 수치로 바꾸는 방법을 배웠다. 내기는 인턴들이 정성적인 이벤트를 정량적으로 사고하도록 만들었다. 제인 스트리트가 원하는 인재는 전 세계 금융시장에 있는 어떤 참여자보다 더 빠르고 나은 생각을 할 수 있는 트레이더였다.

문제의 그날, 샘은 소동을 일으킬 생각이 없었다. 먼저 접근한 쪽은 애서 멜먼이었다. 샘은 애서를 탐탁지 않게 생각했기 때문에 애서가 먼저 접근하자 놀랐다. 샘은 하버드 출신의 애서를 많이 겪어보지는 않았지만 '거짓되고 거만하며 그다지 특별하지 않다'고 판단한 상태였다("그는 정치 분석가 네이트 실버Nate Silver와 협업할 가능성이 있었을 뿐임에도 모두에게 협업이 확정된 양 떠벌렸다"). 샘은 이러한 감정이 애서가 널리 비호감을 사서라기보다는 자신의 호불호에 기반한 것임을 깨달았다. 샘은 "애서가 일반적으로 호감을 사지 못하는 사람이라는 말이 아니다"라면서 "대다수가 그를 좋아하더라도 나는 그가 싫다면 정말 싫은 것이다"라고 말했다. 샘은 특히 애서가 다른 사람들에게 인상적으로 보이려 하는 것이 마음에 들지 않았다. 샘은 자신을 특별한 사람으로 여기는 태도를 싫어했는데 바로 애서가 그런 사람이었다. 애서는 자신이 먹은 음식을 두고 허세를 부렸고 제인 스트리트의 대다수 인턴들보다 옷차림에 유난히 신경을 썼다. "그는 어떤 스웨터가 더 멋지고 어떤 건 별로인지를 품평했다." 샘은 자신을 포함한 많은 사람이 개인적인 불만과 정당한 비판을 제대로 구분하지 못한다는 것을 알았다. "애서의 품평은 나 스스로도 예민하다고 자각하는 반응을 하게 만들었다"고 그는 말했다. "마음 한구석에서는 세상에, 샘, 애서가 자기 스웨터에 신경을 쓰든 말든 왜 관심을 갖는 거야? 하고 물었다." 하지만 신경이 쓰이는 건 사실이었다.

그러던 차에 어느 날 애서가 샘에게 접근했다. 오전에 회의실에서 제인 스트리트의 인턴 수업이 열리기 전이었다.

내기 하나 하자, 애서가 말했다.

뭐에 대해서?

오늘 어느 한 인턴이 내기에서 얼마를 잃을지에 대해서.

샘에게 처음 든 생각은 역선택이었다. 역선택은 제인 스트리트에서 인기 있는 주제였다. 이 맥락에서 역선택이란 나와 내기를 하는 데 가장 열심인 사람이 있다면 바로 그 사람과 내기하는 것을 가장 경계해야 한다는 것이다. 사람들이 나와 내기나 거래를 하고자 할 때는 이유가 있는 법이다. 내가 미처 알지 못하는 무언가를 알고 있을지 모른다(예를 들어 육촌이 마이너 리그에서 선수 생활을 했을 가능성이 있다). 누군가가 내게 내기를 제안할 때 가장 먼저 할 일은 상대방이 알고 있는 정보를 내가 놓친 것은 없는지 확인하는 것이다. 어떤 정보를 놓쳤을 수도 있고 문제를 뻔하지 않은 다른 시각으로 바라봐야 할 수도 있다. 내기를 수락한 사람이 애초에 상대방이 내기를 제안한 이유를 따져보지 않아서 나중에 돌아보면 내기를 수락한 것 자체가 어리석은 선택으로 드러나는 경우가 많다. 제인 스트리트는 이 쓰라린 사실을 날마다 상기시켰으며 내기 게임은 더없이 좋은 도구였다.

한 정규직 트레이더가 인턴 무리에게 다가와 *내 주머니에 주사위 몇 개가 들어 있는데 개수를 맞힐 사람?* 하고 묻는 경우를 보자. 내기에 취한 인턴들은 정규직 트레이더들에게 좋은 인상을 남기기 위해 열을 올린다. 요령이 없는 인턴이라면 생각을 정리한 다음 (시장 조성에 대한 제인 스트리트의 안내서에서 읽은 대로) *둘에 매수하거나 다섯에 매도, 하나*

더 하고 외칠 것이다(주사위 두 개에 '매수'하거나 다섯 개에 '매도'하는 것이다). 요령 있는 인턴이 요령 없는 인턴에게 '매도'한다면 트레이더의 주머니 안에 주사위가 두 개 미만이라는 데 베팅하는 것이다. 트레이더가 실제로 가진 주사위가 두 개 미만인 경우 요령 있는 인턴은 두 개 미만의 주사위 하나당 1달러를 얻는다('하나 더'). 가령 트레이더 주머니에 주사위가 하나도 없다면 요령 없이 시장 조성에 나선 인턴은 요령 있는 인턴에게 2달러를 줘야 한다. 반면에 다섯 개에 '매수'한 사람은 트레이더의 주머니에 다섯 개가 넘는 주사위가 있다는 데 베팅한 것이며 주사위 개수가 다섯 개를 초과할 때마다 주사위 하나당 1달러를 얻는다. 즉, 다섯 개에 '매수'했는데 트레이더의 주머니에 주사위가 두 개뿐이라면 시장을 조성한 인턴에게 3달러를 줘야 한다. 반대로 트레이더의 주머니에 주사위가 아홉 개라면 이 인턴은 다섯 개에 매수한 인턴에게 4달러를 줘야 한다.

정규직 트레이더는 주사위를 가진 사람의 주머니에 든 주사위의 최댓값과 최솟값을 지능적으로 추론할 수 있는 역량을 테스트한 것이 아니었다. 인턴이 *트레이더가 자기 주머니에 몇 개의 주사위가 들었는지 내게 묻는 이유가 무엇일까? 이 베팅에는 어떤 위험이 숨겨져 있을까?* 같은 메타 수준의 질문을 할 수 있는지를 본 것이다. 이러한 고민을 하지 않는다면 '둘에 매수하거나 다섯에 매도, 하나 더'라는 시도가 합리적인 행동으로 보인다. 결국 트레이더는 주머니에 주사위를 *몇 개라도* 가지고 있을 것이다. 그렇지 않다면 그런 질문을 왜 하겠는가? 다만 주사위 숫자가 다섯 개를 넘어간다면 주머니가 불룩하게 튀어나왔을 것이다. 하지만 결론적으로 둘에 매수하거나 다섯에 매도, 하나 더는 합리적인 답변이 아니었다. 이런 답을 하는 인턴은 제인 스트리트에서 정규직 트레이더 제안을 받지 못한다고 생각해도 무방하다. 한 인턴이 둘에 매수하거나 다섯에 매도, 하나 더라고 외치고 그보다 요령 있는 인턴이 다섯 개에 '매수'했을 때 그 이유가 확인되었다. 트레이더가 주머니에서 꺼낸 꾸러미 속에 초소형 주사위가 무려 723개 들어 있었던 것이다.

샘은 애서 멜먼에게 *분명히 정하고 싶은 것이 있다*면서 물었다. *내기의 손실이 0달러보다 작거나 100달러보다 클 수는 없는 거지?* (즉, 인턴의 하루 최대 손실액은 100달러이며 최소 손실액은 0달러다.)

맞아, 애서가 말했다.

나랑 정말 내기를 하고 싶은 거야? 샘이 다시 확인했다.

물론.

왜?

재미있으니까.

매수할 거야, 매도할 거야?

가격에 달려 있지, 애서가 말했다.

이 시점에서 샘은 궁금한 대부분의 답을 얻었다. 애서는 자신이 제안한 내기에 대해 충분히 심사숙고하지 않았다. 샘은 "내가 더 성숙한 사람이었다면 내기에 응하지 않았을 것"이라고 생각하면서도 *50달러에 매수할게* 하고 말했다('매수자'인 샘은 인턴이 그날 50달러 넘게 손실을 입는다는 데 베팅한 것이다. 그날 가장 손실이 큰 인턴이 40달러를 잃는다면 샘은 애서에게 10달러를 줘야 한다).

애서가 *65달러*라고 금액을 높이자 샘은 즉각 수락하고는 회의실에 있던 다른 인턴들을 향해 외쳤다. *나랑 98달러를 걸고 동전 던지기 할 사람?* 강의가 아직 시작되지 않았지만 회의실은 가득 찬 상태였고 몇몇 인턴은 빈둥거리면서 기다렸다. *게임에 참여하는 사람에게 1달러 줄게!* 샘이 외쳤다("당시 인턴들은 모두 내기에 미쳐 있었고 더군다나 기댓값이 양수인 내기라면 말할 것도 없었다"). 제인 스트리트의 사고방식으로는 샘이 공짜 돈을 제안하는 것이었고 인턴들에게는 기댓값이 양수인 모든 내기에 참여할 전문가로서의 책무가 있었다. 동전 던지기 자체는 50 대 50 확률의 문제이며 샘의 내기를 받아들이는 사람이 기대할 수 있는 값은 1달러다$((0.5 \times \$98) - (0.5 \times \$98) + \$1 = \$1)$. 샘의 기댓값은 더 높았다. 이는 한 인턴의 최대 손실액이 65달러를 초과할 때마다 달러당 1달러를 받는 추가 베팅을 했기 때문이다. 동전을 던지는 순간 샘이나 다른 인턴 둘 중 하나는 98달러를 잃게 된다. 샘이 동전 던지기에서 이기든 지든 샘은 애서에게 (98달러에서 65달러를 뺀) 33달러를 받는다.

오로지 애서의 기댓값만 음수였다. 애서는 누가 이기든 손실을 보게 되는 것이다. 이제 애서는 크게 당황한 기색이 역력했다.

샘은 첫 번째 동전 던지기에서 이겼다. 하지만 이건 시작에 불과했다. 애서의 고통을 극대화하려면 100달러를 잃는 인턴이 있어야 했다. *99달러를 걸고 동전 던지기 할 사람에게 1달러를 줄게* 샘이 외쳤다.

샘에게는 동전을 던지는 사람 모두의 기댓값이 양수가 되도록 만들어줄 애서라는 장치가 있었다. 인턴들이 베팅을 하려고 줄을 섰다. "제대로 구조를 만들어놓기만 하면 사람들은 공짜 돈을 얻는 데 몰입한다"고 샘은 말했다. 당시 샘은 게임에 완전히 빠져든 상태였다. "무엇도 나를 멈출 수 없었다. 남은 인턴 기간 내내 동전 던지기를 시켰어도 행복하게 던졌을 것이다." 두 번째 판에서도 샘이 이겼기 때문에 한동안은 그 행복이 이어질 것으로 보였다.

99.5달러를 걸고 동전 던지기를 할 사람에게 1달러 줄게 샘이 외쳤다.

다른 인턴들은 내기에 참여해야 할 것 같은 의무감을 느꼈지만 애셔의 감정에 따라 회의실의 분위기가 서서히 변화하기 시작했다. 게다가 강의를 맡은 제인 스트리트의 트레이더가 회의실에 도착해서 모든 상황을 지켜보고 있었다. 샘은 세 번째 판도 이겼고 그의 사고방식에서는 내기가 아직 끝나지 않았다.

99.75달러를 걸고 동전 던지기를 할 사람에게 1달러를 줄게 샘이 소리쳤다.

네 번째 판에서는 샘이 졌지만 굴욕감에 휩싸인 애셔로 인해 샘을 제외한 나머지가 안절부절못하는 상태였다. 몇 주 뒤 선배들이 샘의 행동에 대해 실망감을 표현하자 샘은 오히려 놀랐다. 샘은 "그들은 두 번째 판을 진행한 것도 도가 지나쳤다고 말했다"고 전했다. 샘은 애셔 멜먼이 상처를 받았다는 데 놀란 것이 아니었다. 다만 제인 스트리트의 임원들이 샘이 타인에게 어떤 영향을 미치고 있는지 알아차리지 못한다고 여겼다는 점에 놀랐다. 샘은 자기가 무슨 일을 하고 있는지 정확히 알았다. 그가 애셔에게 한 일은 금융시장에서 제인 스트리트가 날마다 다른 경쟁자들에게 하고 있는 일과 별반 다르지 않았다. "내가 애셔에게 못된 짓을 하고 있다는 것을 모르지 않았다"고 그는 말했다. "중요한 점은 주변 사람들의 기분을 좋게 하는 것과 나의 주장을 관철시키는 것 중에서 우선순위를 정해야 하느냐다." 샘은 상관들이 그의 사회성 문제를 잘못 해석했다고 판단했다. 그들은 샘이 남의 마음을 헤아리는 법을 배워야 한다고 생각했지만 샘은 그 반대라고 믿었다. "나는 사람들의 생각을 꽤 잘 읽었지만 사람들은 내 생각을 읽지 못했다."

4장

인류의 발전
The March Of Progress

제인 스트리트의 거대한 공간에 마련된 트레이딩 룸에서는 괴상한 소리가 난무했다. 트레이더들이 확인해야 할 문제나 이슈가 발생할 때 경고하도록 설정된 효과음이었다. 예를 들어 유리가 와장창 깨지는 소리가 난다면 가격이 비정상적으로 불리하게 설정되어 있다고 트레이더에게 경고하는 것이다. 슈퍼마리오 게임의 '1업1-Up' 효과음, 호머 심슨이 '도D'oh!'를 외치는 소리, 오리지널 스타크래프트 게임의 '파일런을 추가로 건설하세요'라는 묵직한 경고 등이 사용되었다. 무슨 말인지 모르겠다면 오락실에서 나는 소리라고 생각하면 된다.

한창 바쁜 시간에는 효과음이 꽤 요란하게 울렸는데, 전화 면접을 보던 한 지원자는 제인 스트리트의 면접관이 면접 중에 비디오게임을 하더라는 불만을 제기하기도 했다. 이후 회사는 트레이더들에게 전화 면접을 시작하기 전에 배경에서 나는 소리가 비디오게임 소리는 아니라고 설명하라는 당부를 했다. 샘은 "어떤 사람들은 효과음 때문에 폭발할 지경이었지만 나는 트레이딩에 몰입이 되어서 더 좋았다"고 회고했다.

금융시장과 그 시장에서 일하는 사람들 사이에는 줄다리기가 이어진다. 사람들이 시장을 만든 후에는 시장이 사람들을 만들어간다. 샘 뱅크먼프리드에게 영향을 미치게 될 시장은 과거 수십 년에 걸쳐 효과음을 줄이는 방향으로 재편되었다. 그 책임이 전적으로 2008년 금융위기에 있는 것은 아니었지만 금융위기가 일정 부분 기여한 것은 사실이었다. 한때 가장 흥미로운 트레이딩 위험을 졌던 골드먼삭스와 모건스탠리 같은 투자은행의 투자 스타일은 투박하게 바뀌었고 엄격한 규제를 받는 대상이 되었다. 이들은 과거에 월가의 대형 상업은행이 하던 단조로운 역할을 하도록 내몰렸다. 이에 따라 매매 활동의 중심이 베일에 싸여 있는 민간 매매업계로 이동했다.

2014년 샘이 제인 스트리트 캐피털에서 정규직 트레이더로 첫발을 뗄 당시 시장의 중심에는 오랜 전통의 투자은행이 아니라 그 속을 들여다볼 수 없는 초단타 매매 회사가 주를 이뤘다. 특히 제인 스트리트처럼 이름조차 들어본 적 없는 금융회사가 대부분이었다. 이런 회사의 경영진은 과거 대형 투자은행의 그 어떤 경영진보다 훨씬 많은 돈을 벌었다. 2013년 버투 파이낸셜의 창업자인 비니 비올라Vinnie Viola는 플로리다 팬서스라는 아이스하키팀을 2억 5000만 달러에 인수했다. 〈포브스〉는 시타델 증권의 창업자인 켄 그리핀Ken Griffin의 자산이 52억 달러에 이른다고 보도했다. 제인 스트리트는 이익 규모를 직원들에게도 함구했지만, 샘은 회사의 전체 매매 기록을 확인하고선 전년도 5개년 동안 소수의 파트너들이 수십억 달러 이상의 수입을 챙겼을 것으로 추정했다. "2014년에 어떤 일이 벌어지고 있는지는 모건스탠리와 제인 스트리트에 다니는 사람들의 평균 IQ를 살펴보면 되었다"고 샘은 말했다.

재편된 금융시장에는 색다른 특징들이 있었는데 시장이 점차 자동화된 것이 단적인 예다. 시장 참여자는 다른 사람과 직접 거래를 하지 않았다. 그저 컴퓨터가 다른 컴퓨터와 거래하도록 프로그램을 만들었다. 인적 요소가 제거되면서 금융 거래가 그 어느 때보다 빠르고 빈번하게 체결되었다. 매매 시스템에서 단일 속성으로 가장 가치가 높은 요소는 속도였다. 시장은 정보를 금융자산의 가격에 반영하는 시간을 0에 가깝게 줄이기 위해 일종의 '정보 벌채information deforestation'에 나섰다. 이를 샘은 "세상에서 가장 복잡하고도 효율적인 게임"이라고 설명하면서 "게임을 최적화하는 일에 다른 무엇과 비교할 수 없는 수준의 노력을 쏟았다"고 말했다. 이 게임에서 얻는 금액, 그리고 초단타 매매업계가 데이터에 보다 빠르게 접근하기 위해 미 증권거래소에 지불하는 금액을 보면 불과 몇 밀리초 앞서 정보를 확보하는 대가로 연간 수십억 달러의 이익을 누릴 수 있음을 알 수 있다. 과연 속도가 경제에 실질적인 가치를 더하는지는 별개의 문제다. 새로운 정보에 맞춰 자산 가격이 1초가 아닌 2밀리초 안에 조정되는 것이 정말로 중요한가? 아마 그렇지 않을 것이다. 하지만 이 새로운 기술로 금융업계는 실물 경제로부터 더 많은 지대를 창출할 수 있게 되었다.

아울러 지대를 창출하는 사람들의 유형도 변했다. 2014년 여름, 제인 스트리트의 트레이딩 룸에서 일하는 임직원들의 체형에서 금융시장에 불고 있는 변화를 엿볼 수 있었다. 서른이 넘은 선배 트레이더들은 후배들보다 몸집이 크고 키가 컸으며 목소리도 우렁찼다. 1999년 제인 스트리트를 창업할 당시에는 각지에서 모인 백인 남성들이 섞여 있었다. 그 시대에는 증권 거래소든 선물 거래소든 사람과 사람 사이에 매매가 체결되었다. 따라서 무리 속에서 눈에 잘 띄려면 체구가 크고 목소리도 커야 했다. 지능이 특별히 높을 필요도 없었다. 대부분 암산을 잘하기는 했지만 고차원적인 분석적 사고에 탁월하지는 않았다. 유인원에서 현생인류까지의 진화를 극적으로 표현한 '인류의 발전' 그림에서 선배 트레이더들은 오른쪽 끝에서 두 번째에 있고 금융 인간이라고 불릴 것이다. 탈모가 상당히 진행된 상태고 직립보행에 가까운 모습이지만 평등주의를 외치는 어린 트레이더들의 기강을 잡을 몽둥이를 어깨에 메고 있다.

반면에 젊은 트레이더들은 완벽한 *호모사피엔스*다. 어릴 때부터 고차원적 사고에 재능을 보인 소수의 인구 중에서 육성된 인재들이다. 다수가 고등학교 재학 중에 수학 캠프에 참여한 경험이 있으며 거의 대부분 MIT, 하버드, 프린스턴이나 스탠퍼드에서 컴퓨터 공학 또는 수학으로 이름을 날렸다. 선배 트레이더보다 사회성은 떨어진다. 그런 부분에서 미숙하더라도 얼마든지 성공할 수 있는 환경이기 때문이다. 컴퓨터와 컴퓨터가 매매하는 시대에는 트레이더가 다른 인간과 협상하는 능력이 크게 중요하지 않다. 중요한 것은 직접 코딩을 하든 간접적으로 코딩을 지시하든 컴퓨터가 인간을 대신하도록 만드는 일이다. 이들 눈에는 모든 암산을 컴퓨터에게 맡기지 않는 일이야말로 어리석은 짓으로 보였다.

하지만 사회성이 떨어지는 트레이더가 제인 스트리트에서 성공하는 데에는 한계가 있었고 샘은 이런 면에서 회사를 고민에 빠뜨린 주인공이었다. 여름 인턴이 끝나자 샘은 상관들에게 지적받은 부분을 개선하기 위해 노력하기 시작했다. 샘도 자기감정을 제대로 전달하지 못해 다른 사람과 거리가 생긴다는 사실을 오래전부터 인지하고 있었다. 감정을 느끼지 못한다고 해서 그 감정을 전달하지 못하는 것은 아니었다. 우선 얼굴 표정부터 연습하기 시작했다. 입과 눈이 원래 짓던 표정과는 달라 보이도록 억지로 움직였다. 그는 "무언가를 꾸며낸다는 게 쉬운 일은 아니다"라면서 "몸이 고통스러웠고 부자연스럽게 느껴졌다. 나는 그런 일을 잘하지 못하는 사람이었고 옳은 일이 아닌 것처럼 생각되기도 했다"고 털어놨다.

처음에는 노력을 기울인다고 해서 약간의 개선이라도 있을지 회의감이 들었지만 적어도 상황이 악화되지는 않으리라 생각했다. 미소 지을 수 있는 능력이 애서 멜먼을 대하는 태도까지 바꾸지는 못하더라도 다른 사람들이 받는 느낌을 바꿀 순 있다. 다른 사람들의 말이나 행동에 대해 샘이 어떻게 느끼는지 신호를 보낼 수 있다면 적어도 많은 오해를 피할 수 있다. 다행히 트레이딩 룸에서 겉으로나마 남들과의 관계가 부드러워지는 것을 확인할 수 있었다. 샘은 "제인 스트리트에 들어가기 전에는 표정을 잘 짓지 못했지만 점점 더 쉬워졌고 근육이 풀어지는 것 같았다. 다른 사람들이 나를 더 좋아해줬고 나도 그 자리에 잘 어울리게 되었다"고 말했다.

제인 스트리트는 내부에서 가장 많은 이익을 내는 해외 상장지수펀드ETF 매매를 샘에게 맡겼다. 상장지수펀드는 투자자들이 직접 매수하기 어려운 주식, 채권, 상품 등의 자산에 투자한다. 당시 최대 규모의 ETF는 1993년 아메리카 증권거래소American Stock Exchange와 스테이트 스트리트 글로벌 어드바이저스State Street Global Advisors가 만들어 미국 증시에 처음 상장시킨 펀드로, S&P 500에 편입된 모든 종목을 담고 있었다. 이후 각종 ETF가 상장되었다. 소형주만 담거나 브라질 대형주만 편입하거나 어업 관련 주로 구성하거나 마리화나 관련 업체 또는 워런 버핏Warren Buffett이 투자한 기업으로만 이루어진 ETF도 나왔다. 상상할 수 있는 모든 투자 아이디어가 ETF 형태로 실현되어 일반 투자자들에게 판매되었다. 2021년에는 미국의 중상류층 여성들이 선호하는 제품을 만드는 회사에 투자하는 ETF도 등장했다. 제인 스트리트는 외부 자본의 유치 없이 1999년 몇몇 트레이더가 수백만 달러를 투자하면서 시작되었는데 2014년에는 약 200명의 트레이더가 수십억 달러를 운용하는 회사로 성장했다. 이러한 성장에는 ETF가 큰 기여를 했다. 이 기간 중 전 세계 ETF의 가치는 1000억 달러 미만에서 2조 2000억 달러로 커졌다(2023년에는 11조 달러를 상회). ETF 손 바뀜이 일어날 때마다 제인 스트리트가 거래의 일부분에 참여하는 경우가 많았다.

제인 스트리트의 최대 수익원인 ETF를 매매하는 트레이더의 역할은 ETF 가격이 펀드를 구성하는 자산의 합과 동일하게 유지되도록 하는 것이었다. 어떤 자산 풀pool이든 이론상 그 가격은 반드시 풀에 포함된 자산 가격의 총합과 동일해야 한다. 제인 스트리트의 한 트레이더는 ETF 거래를 '햄치즈샌드위치'의 거래에 비유했다. 햄, 치즈, 식빵 한 장씩의 가격을 안다면 샌드위치의 가격은 각 재료의 값을 더한 것과 동일하다. 재료 가격의 총합이 샌드위치 가격보다 비싸다면 샌드위치를 사고 재료를 판다. 반대로 샌드위치 가격이 재료의 가격보다 비싸다면 재료를 사고 샌드위치를 판다.

일과 중 몇 시간 동안 샘은 여러 햄치즈샌드위치의 가격을 각 재료 가격의 총계와 일치시키는 작업을 했다. 장이 열리는 날에는 출근해서 90분 동안 샌드위치에 든 재료를 파악했다. 밤사이에 ETF를 구성하는 자산이 변경되었을 수 있기 때문이다. 샌드위치 게임이 다소 따분한 작업이기는 해도 번뜩이는 순간마저 없는 것은 아니었다. ETF를 만든 회사들은 가격 책정과 관련해 특이사항이 발생하면 제인 스트리트를 비롯한 초단타 매매업체에 문의했다. 가령 어떤 투자자가 인도 주식으로 구성된 ETF를 1억 달러어치 사고 싶다는 의향을 밝히면 샘에게 가격을 매겨달라고 요청하는 것이다. 가격 결정은 ETF를 구성하는 주식의 현재 가격을 파악한 다음 계산하면 되는 간단한 작업이 아니었다. 궁극적으로 개별 주식을 실제로 매수해야 하는데 이 수요로 인해 가격이 예측하기 어려운 폭으로 상승하기 마련이기 때문이다.

인도 증권거래소는 뭄바이 시간으로 오전 9시 15분, 뉴욕 시간으로는 오후 11시 45분에 개장한다. 장이 열리기 전에는 주식을 매수할 수 없으며 시장에 영향을 미칠 만한 뉴스에 노출된다. 어떤 매수자들은 샘보다 인도 주식에 대해 더 많은 정보를 가지고 있을 가능성이 있으므로 최종 매수자의 정체도 고려해야만 한다. 게다가 주식 매수를 요청받은 초단타 매매 회사가 또 있다면 프런트 런front-run, 선행 매매으로 인도 주식 가격을 밀어 올릴 가능성이 있다는 점도 유념해야 한다. 운이 좋다면 약간의 경고 징후를 감지해 심사숙고할 시간적 여유가 몇 시간 정도 있겠지만 거래 가격을 결정할 시간이 기껏해야 15초에 불과한 경우가 대부분이었다. 생각할 시간이 길든 짧든 다른 트레이더들도 동일한 거래를 놓고 늘 경쟁하고 있었기 때문에 거래에서 얻을 것이 많았던 적은 한 번도 없었다.

아울러 ETF는 위험이 전혀 없는 거래가 아니었다. 대부분의 경우 샘은 어떤 무게의 동전을 던질지 선택해야 했다. 현실 세계에서는 던지는 사람에게 압도적으로 유리한 동전이 주어지는 경우란 거의 없다. 80 대 20 확률의 동전이 주어지는 경우는 없으며 운이 따라야 60 대 40의 동전을 얻을 뿐이고 대부분은 53 대 47 확률의 동전을 던지게 된다. 물론 유리한 동전을 얻더라도 동전의 뒷면이 나올 가능성은 충분하므로 일을 잘 해내더라도 손실을 볼 수 있다. 제인 스트리트 사업의 핵심은 한 번의 던지기 혹은 한 사람의 트레이더가 큰 차이를 만들어내지 않는 구조를 만드는 것이다. 제인 스트리트의 트레이더 200명은 모두 편향 동전을 식별하는 데 비상한 재능이 있었다. 이들은 하루에 집단적으로 수백만 번 동전을 던졌고 궁극적으로는 평균의 법칙이 적용되었다. 그럼에도 제인 스트리트가 며칠, 몇 주, 심지어 몇 달 동안 손실을 기록하는 때도 있었다.[*] 샘은 "가장 큰 위험은 던질 동전이 충분하지 않은 경우"라고 말했다.

제인 스트리트의 여느 트레이더와 마찬가지로 샘은 자신의 트레이딩 관련 의사 결정을 자동화할 방법을 끊임없이 모색했다. 저술가 번 호바트Byrne Hobart의 말을 빌리자면 제인 스트리트의 트레이더들은 "금융에서 컴퓨터가 인간을 대신할 수 있는 효율적 투자선efficient frontier을 찾고 확장하는 과정을 끝없이" 반복했다. 단순히 금융시장을 최적화하는 것이 아니라 자신이 내릴 수 있는 가장 가치 있는 의사 결정에 집중함으로써 스스로를 최적화시키는 것이 트레이더들의 임무였다. 컴퓨터가 의사 결정을 내릴 수 있도록 학습시키면 트레이더에게는 던질 만한 새로운 편향 동전을 찾아 나설 여유가 생긴다. 컴퓨터의 능력을 높이려면 시장에서 컴퓨터 코드로 표현할 수 있는 패턴을 식별하기만 하

---

* 제인 스트리트의 성격을 엿보게 해주는 대목이다. 샘이 제인 스트리트에 입사한 2014년에 버투 파이낸셜이 기업 공개(IPO) 신청서를 제출했는데 투자 설명서에 따르면 1238일의 거래일 동안 손실을 기록한 것은 단 하루였다. 직전 연도에는 주식시장이 열린 모든 영업일에 이익을 냈다. 대체 어떤 회사가 그런 일을 할 수 있을지 독자들이 충분히 의문을 가질 만하다. 질문에 대한 답은 이 책의 범위를 벗어나지만 2014년 필자가 펴낸 《플래시 보이스》에서 힌트를 얻을 수 있다. 요점은 매매가 자동화되어 있고 금융시장에서 중개인 역할을 한다는 점에서 초단타 매매업체들이 다 같은 일을 하는 것처럼 보이지만, 수익을 올리는 방식에서 서로 다른 면이 있다는 것이다. 버투와 시타델 같은 회사는 속도 면에서 이점을 누리는 대가로 미 증권거래소에 비용을 지불했다. 덕분에 최소한의 위험만으로 다른 시장 참여자와 거래할 수 있었다. 이들이 절대 손실을 입지 않는 이유가 여기에 있다. 거래일에 이들은 시장에 어떠한 포지션도 남아 있지 않은 상태로 장을 마감했다. 대단치 않은 기술이라도 이 업체들의 강점은 주식시장의 흐름을 누구보다 빠르게 파악하는 데 있었다. 그렇기 때문에 젊은 인재를 채용할 때 위험 관련 의사 결정을 내리는 트레이더가 아닌 컴퓨터의 속도를 높일 수 있는 컴퓨터 프로그래머에게 관심을 보였다. 제인 스트리트는 미국 증시의 속도 게임에 뛰어드는 것을 진지하게 고려하지 않았는데 나중에 그런 결정을 후회했을지 모른다. 제인 스트리트의 상대적인 강점은 공정한 시장에서 발휘되었기 때문에 뉴욕 증권거래소 등이 초단타 매매자에게 제공하는 이점을 비용을 내고 누릴 수 있는 상황이 아니었다. 버투와 시타델이 속도 게임을 했다면 제인 스트리트 같은 회사는 두뇌 게임을 했다고 할 수 있다.

면 된다. 투자자들이 1억 달러 규모의 인도 ETF 매수를 제안하는 경우 금융거래세를 얼마나 납부해야 하는지, 매수자가 어느 정도의 위험에 노출되는지, 심지어 장이 열리면 인도 주식이 얼마나 상승할지 계산할 필요가 없다. 버튼을 누르기만 하면 컴퓨터가 거래를 할지 여부를 결정해준다.

물론 트레이더가 모든 과정을 지켜볼 필요는 있다. 가령 인도 증시가 마감한 이후 뭄바이에서 핵폭탄이 터졌는데 컴퓨터가 미리 설정된 프로그램대로 주식을 매매하면 안 되기 때문이다. 제인 스트리트 트레이더에게 컴퓨터는 로봇 팔과 같은 역할을 했다. 로봇이 사람 팔보다 더 많은 일을 할 수 있도록 도와주더라도 그 로봇을 작동시키기 위해서는 사람의 팔을 움직여야만 하는 것이다. 대부분의 거래에서 컴퓨터가 인간보다 훨씬 더 나은 결정을 내렸고, 특히 생각할 시간이 15초밖에 주어지지 않았을 때 컴퓨터가 진가를 발휘했다. 샘은 "자동화할 수 있지만 미처 자동화되지 않은 부분을 발견했을 때 나 자신의 가치가 가장 높게 느껴졌다"며 "매우 빠르게 해내야 하는 일이었기 때문에 컴퓨터가 인간보다 훨씬 나았다"고 말했다.

제인 스트리트는 샌드위치 사업 외에 시장의 다른 참여자들이 놓친 통계 패턴을 찾아내는 방식으로 돈을 벌었다. 물론 다른 트레이더 역시 시장에서 거래가 일어났다면 남들이 놓친 패턴이 없는지 살핀다. 1980년대에는 제인 스트리트와 월가의 다른 회사 트레이딩 룸에서 같은 종류의 업무를 수행했으며 정도의 차이가 있었을 뿐이다. 그러다 데이터가 직관을 대체했다. 제인 스트리트의 트레이더는 리서치 프로젝트를 수행하면서 컴퓨터가 매매하는 것을 간간이 확인했다(트레이더가 매매 상황을 모니터링하던 행위는 나중에 샘이 인터뷰 중에 비디오게임을 하던 모습과 흡사했다). 가령 해외 ETF 데스크의 트레이더는 미국의 장중에 유가가 언제 움직일지, 시장에서 아직 거래가 재개되지 않은 주요 산유국의 기업으로 구성된 ETF가 어떻게 변동될지에 대한 질문으로 시작할 것이다. 뉴욕시 기준으로 점심시간에 유가가 급등한다면 나이지리아 기업의 주가도 덩달아 뛰겠지만 나이지리아 증시는 아직 개장 전이다. 하지만 나이지리아 관련 종목으로 구성된 ETF는 미 증시에 상장되어 매매가 진행된다. 미국에 상장된 이러한 ETF의 상승폭이 유가 상승분에 못 미칠까? 다음 날 나이지리아 증시가 열릴 때 나이지리아 주식이 필연적으로 오를 것이라 기대할 수 있을까? 다른 시장 참여자들은 이런 생각을 안 할까? 역사적인 주가 움직임을 조사하지 않고서는 이러한 질문에 답할 수 없다. 제인 스트리트의 트레이더들은 금융 조사 프로젝트에 많은 시간을 들였다.

트레이더가 수익을 내는 것만으로는 충분치 않았다. 수익이 나는 이유가 무엇인지 설명할 수 있어야 했다. 제인 스트리트에서는 자신이 왜 훌륭한 트레이더인지, 특정 거래가 왜 뛰어난 것인지 설명하지 못한다면 탁월성을 인정받지 못했다. 한 전직 트레이더는 "예를 들어 '당신이 뛰어난 이유가 무엇이며 다른 트레이더가 어떻게 따라 할 수 있는가'를 물었다. 이 질문에 대답하지 못한다면, 능력을 의심받았다"고 설명했다. 하지만 이같이 소소한 조사 프로젝트가 특정 시장이 비효율적인 이유를 이론적으로 따지는 고상한 방식만으로 시작되는 것은 아니었다.

오히려 트레이더가 거래 중 이상한 움직임을 포착하면서 시작되는 경우가 많았다. 예를 들어 언젠가 샘은 한국의 일부 종목이 오르면 정확히 12시간 뒤에 도쿄 증권거래소에서 일본의 특정 종목이 덩달아 오른다는 것을 발견했다. 처음에는 우연의 일치라고 여겼지만 이런 일이 계속 발생했다. 과거 데이터를 찾아보자 과거에도 몇 달 동안 관련 종목에서 동일한 일이 일어난 것으로 나타났다. 그렇다면 이를 이용해 한국 주식이 오를 때 곧바로 일본 주식을 매수하여 수익을 올릴 수도 있다.

하지만 제인 스트리트 시스템은 이 정도로 만족하지 않았다. 한국의 주식 가격이 오르고 12시간 뒤에 일본 주식이 상승한 *이유*를 모르기 때문이다. 따라서 샘은 더 면밀하게 조사했다. 그는 한국과 일본의 ETF 가격을 한 독일 은행의 트레이더가 움직이고 있음을 발견했다. 며칠마다 이 독일 은행의 트레이더는 한국과 일본에서 대량 매수 주문을 넣었다. 일과를 마치기 전에 한국 주식을 매수한 다음 일본 주식은 도쿄에 주재하는 동료가 일과 중에 주문하도록 맡겼다. 이제 제인 스트리트의 트레이더는 한국 ETF가 상승한 것으로 확인되면 그 독일인이 사망하거나 은퇴하거나 자신의 게으름이 어떠한 비용을 야기했는지 깨닫기 전까지 신나게 일본 ETF를 매수하면 되는 것이다.

샘은 많은 거래의 성공이 다른 트레이더나 매매 알고리즘의 무능에서 비롯되었음을 발견했다. 2주 동안 캐나다의 주요 주식시장 지수가 오전에 장이 시작될 때마다 특이하게 움직인 일도 그랬다. 9시 30분이면 지수가 평소와는 다른 변동폭으로 오르거나 내리다가 9시 31분이 되면 이전 수준을 되찾는 흐름을 보였다. 뉴스에 따라 일반적으로 움직이는 흐름이 아니라 알 수 없는 일이 진행되는 모양새였다. 샘은 변동 요인을 파고들었고 한 달 전 누군가가 캐나다 주식시장 지수를 기초로 수십억 달러 규모의 옵션 거래를 했다는 것을 알아냈다. 이 거래를 한 트레이더는 캐나다 지수의 가격이 변동될 때마다 포지션을 헤지할 필요가 있었다. 이를 위해 캐나다 지수가 상승하면 해당 지수를 매수하고 반대로 지수가 하락하면 매도하도록 기계적으로 움직이는 봇을 설정했다. 이 봇 때문에 평소와는 다르게 지수가 등락을 거듭했던 것이다. 캐나다 증시가 전날보다 높은 가격으로 시작하면 봇이 지수를 매수하니 가격이 더욱 올라 추가 매수가 이어졌다. 장이 열릴 때 지수가 전날보다 하락하면 반대 현상이 일어났다. 2주 동안 샘의 트레이딩 데스크는 봇이 매수하면 캐나다 지수를 매도하고 봇이 매도하면 지수를 매수하는 단순한 전략으로 소소한 수익을 올렸다. 결국에는 봇을 설정한 트레이더가 이를 눈치채고 설정을 해제했다. 샘은 "기본적으로 누군가의 멍청한 알고리즘을 역설계한 전략"이라고 설명했다.

시장에서 끊임없이 통계 패턴을 찾다 보니 온갖 기이한 현상이 눈에 들어왔다. 예를 들어 브라질이 월드컵에서 승리할 때마다 브라질 주식은 하락했다. 경기에서 이기면 부패 정치인으로 인식되던 지우마 호세프Dilma Rousseff 대통령의 재선 가능성이 높아질 것으로 예상되었기 때문이다. 다음 경기에서 브라질 축구팀이 승리할 가능성을 더 빠르고 정확하게 예측한다면 브라질 증시를 예측하는 데 유리한 동전을 얻는 셈이었다. 또 다른 예로, 2016년 10월 말 글로벌 증시는 도널드 트럼프Donald Trump의 당선과 관련된 소식에 따라 크게 움직였다. 당시에는 다가올 대선이 현대 글로벌 금융시장에 가장 중요한 영향을 미칠 선거로 인식되었다. 제인 스트리트의 해외 ETF 데스크를 담당하는 트레이더들은 매매 전략을 의논하기 시작했다. 그때 누군가가 초단타 매매업계의 기준으로는 선거 결과가 금융시장에 반영되기까지 오랜 시간이 걸린다고 지적했다.

샘은 이와 관련된 조사 프로젝트를 이끌었다. 미국에는 대선 결과를 보고하는 표준화된 체계가 없었기 때문에 50개 주에서 투표 데이터를 발표하는 방식과 시점을 각자 결정했다. 일부 주는 다른 주보다 발표가 느렸다. 어떤 주는 합계를 취합하는 훌륭한 웹사이트를 갖춘 반면에 그렇지 못한 주도 있었다. 샘은 "대다수 주가 복수의, 심지어 열일곱 개에 달하는 웹사이트를 운영했다"고 밝혔다. 각 주에서 데이터를 최대한 효율적으로 취합하더라도 그 결과가 금융시장에 반영되기까지 지연이 발생할 가능성도 있었다. 샘은 "제인 스트리트의 거의 모두가 같은 생각이었다"면서 "그런데도 아무런 조치를 취하지 않는다면 이상한 일"이라고 말했다.

즉, 제인 스트리트가 금융시장 또는 전 세계의 어떤 참여자보다 먼저 대선 결과를 파악하지 못한다면 놀랄 일이었다. 결론적으로 금융시장에서는 무슨 일이 벌어지든 여전히 일반 대중과 동일하게 CNN의 존 킹John King이 보도하는 대로 상황을 파악했다. 존 킹은 초단타 트레이더의 수익을 극대화시키는 방식으로 소식을 전하지 않았다. "방송사에는 광고가 있었기 때문에 2분 정도 지연되더라도 개의치 않았다"고 샘은 설명했다. "게다가 진행자가 스튜디오를 가로질러 지도까지 걸어오는

데 추가로 15초가 걸렸다." 제인 스트리트의 트레이더들은 금융시장에서 남들보다 빠르게 정보를 확보하는 데 익숙해진 나머지 정치 분야에서도 그럴 수 있으리라 가정했다.

이러한 가정 아래 가장 먼저 정보를 파악하기 위해 뉴스 방송사와 정치 예측 웹사이트인 538FiveThirtyEight에서 사용하는 것과 비슷한 모델을 발 빠르게 구축했다. 샘은 다른 트레이딩 팀에서 젊은 트레이더들을 영입해 각 지역의 투표 데이터 전문가로 지정했다. 주마다 제인 스트리트의 트레이더 한 명을 배치해 개표 데이터를 가장 먼저 확보하는 출처를 파악했다. 한 트레이더는 미시간을, 다른 트레이더는 플로리다를 맡는 식이었다. 샘을 비롯한 제인 스트리트의 트레이더들은 가장 먼저 개표 데이터를 알아내는 것이 쉽지 않다는 것을 알고 있었다. 이 데이터를 토대로 어떤 매매 전략을 세워야 할지가 꽤 분명해 보였기 때문에 정작 전략을 세우는 데는 많은 노력을 기울이지 않았다. 선거가 몇 주 앞으로 다가오자 패턴이 나타났다. 트럼프에게 유리한 소식이 전해지면 전 세계 증시가 하락했으며 힐러리 클린턴에게 우호적인 소식에는 오름세를 보였다. 특히 트럼프에게 유리한 뉴스는 멕시코 같은 신흥 시장에서 악재로 간주되었다. 제인 스트리트의 매매 계획 자체는 복잡하지 않았다. 가장 먼저 투표 결과를 확인한다, 그 데이터에 따라 특정 후보의 당락이 결정된다, 그리고 취합된 데이터를 근거로 미국과 신흥 시장의 주식을 매수하거나 매도하면 될 일이었다.

2016년 11월 8일 저녁, 샘이 설계하고 감독한 프로그램은 훌륭하게 작동했다. 제인 스트리트 트레이더들은 실제로 CNN 보도보다 통상 몇

분 정도 빠르게 정보를 확인했고 때로는 몇 초, 심지어 몇 시간을 앞서기도 했다. 제인 스트리트의 한 트레이더가 '트럼프 우세!'라고 외치면 다른 트레이더가 주식을 매도했다. 시장은 5분 뒤 존 킹이 이를 뒷받침하는 결과를 보도하면 그제야 움직였다.

다른 초단타 매매업체들도 동일한 매매 전략을 실행할지 모른다는 제인 스트리트의 우려는 밤사이 개표가 진행되면서 점차 수그러들었다. "시장은 데이터의 속도가 아닌 CNN의 속도로 움직였다"고 샘은 전했다. "시장보다 우리에게 더 정확한 정보가 있음을 확신할 수 있었다. 다른 곳에서도 같은 일을 하고 있더라도 그 규모가 미미했을 것이다." 그날 저녁 일곱 번의 개표 결과에서 후보의 당선 가능성이 최대 5퍼센트 변동되었는데 일곱 번 모두 제인 스트리트가 시장보다 앞서 움직였다. 플로리다 팬핸들의 결과가 가장 극적이었다. 사전 투표 결과가 집계되었을 때는 클린턴이 플로리다에서 승리해 당선할 것으로 보였었다. 플로리다는 무척 중요한 지역이었고 팬핸들은 트럼프의 당선에 큰 기여를 했다. 제인 스트리트의 모델에서 트럼프의 당선 가능성이 5퍼센트에서 60퍼센트까지 치솟았다. 샘은 "존 킹이 보도하기 전에 플로리다 팬핸들의 결과를 확인했는데 우리는 흥분할 여유까지 있었다. 처음에는 오류가 난 줄 알았는데 그게 아닌 것을 알고는 *젠장, 매도해!* 하고 외쳤다"고 전했다.

개표가 마무리되었을 때 제인 스트리트는 수십억 달러를 S&P 500 하락에 걸었고 2억 5000만 달러는 멕시코 등 트럼프의 당선으로 피해를 입을 가능성이 있는 국가의 증시 하락에 베팅했다. 24시간 내내 박

진감 넘치는 시간을 보내고 새벽 1시가 되어서야 샘은 잠을 청하기 위해 트레이딩 데스크를 떠났다. 시장에는 트럼프의 승리 소식이 완전히 반영된 것으로 보였고 제인 스트리트는 단일 거래로는 회사 역사상 최대 이익을 기록할 것으로 기대되었다. "제인 스트리트 입사 이래 가장 흥분되는 날이었다"고 샘은 돌아봤다.

3시간 뒤 복귀한 샘은 도널드 트럼프가 세계 증시에 미칠 영향에 대해 시장의 기류가 변한 것을 발견했다. "아마겟돈이 펼쳐지리라 예상했고 실제로도 그럴지 모른다. 하지만 미국 증시에는 아니었다"고 샘은 말했다. 오히려 미국 시장은 랠리를 이어갔는데 제인 스트리트는 미 증시가 하락한다는 가정에 기초해 대부분의 베팅을 한 상태였다. "제인 스트리트가 기대한 3억 달러의 이익이 이제 3억 달러의 손실로 바뀌었다. 제인 스트리트 역사상 단일 거래로는 최악의 손실이었다." 게다가 도널드 트럼프가 미국 대통령이 되었다는 사실은 제인 스트리트에서 샘을 비롯한 그 누구에게도 기쁜 소식이 아니었다. "온 우주가 미쳐 돌아가는 것 같았다"고 그는 말했다.

정작 샘이 충격받은 것은 제인 스트리트가 이후에 보인 행보였다. 회사 차원에서 공식적으로 이렇다 할 사후 조치를 취하지 않았던 것이다. 처벌을 받거나 질의를 받은 사람조차 없었다. 한편으로 샘은 회사가 결과와 과정을 분리한 것에 깊은 감명을 받았다. 결과가 좋다고 해서 누군가가 일을 제대로 했다는 의미가 아니듯, 나쁜 결과를 냈다는 사실만으로는 누군가가 잘못을 저질렀음을 의미하지 않았다. "제인 스트리트에서는 남을 탓하는 것을 좋아하지 않았으며 '지시받은 것을 반대로 수행한 사람이 있는가?'를 따졌다. 답이 '아니요'라면 결국 책임은 CEO에게 있는 것이었다."

또 다른 한편으로 보면 제인 스트리트처럼 이해하기 힘들고 베일에 싸인 매매 회사가 현대에 가장 중요한 영향을 미칠 만한 대선 결과를 가장 먼저 손에 넣고도 손실을 기록했다. 돌아보면 이들은 정보를 얻는 데 지나치게 많은 시간을 쏟은 나머지 그 정보를 어떻게 활용할지에 대해서는 충분히 고려하지 않았던 것이다. 그저 트럼프의 승리가 세계 금융시장에 재앙이라고 가정했을 뿐이다. (사후 평가가 늘 그렇듯) 제인 스트리트가 어떤 거래를 했어야 하는지는 자명하다. 해외의 작은 시장이 미국 시장보다 더 큰 피해를 입을 것이라는 데 베팅을 했어야 했다. S&P 500을 매수하고 멕시코 증시 등에서 더 많은 금액을 매도했어야 한다. 샘은 "환상적인 거래 기회가 있었는데 살리지 못했다"면서 "사후 평가를 하자면 성공 직전까지 갔다는 점에 주목해야 한다는 것이다. 우리가 심사숙고한 부분들은 꽤 효과적으로 실행되었다"고 밝혔다.

하지만 제인 스트리트의 상관들은 다음에는 어떻게 더 나은 거래를 할 것인지 고민하는 대신 그런 거래를 시도한 것 자체가 실수였다고 결론 내렸다. "우리에게는 이런 문제에 대한 직관이 없으니 앞으로 하지 않을 것이며, 이 경험이 더 이상 생생하게 떠오르지 않을 때까지 선거와 관련된 매매에 대해서는 모두 함구하려는 듯했다." 샘은 이러한 태도가 거슬렸고 제인 스트리트가 실제로 기댓값을 극대화하기 위해 움직이고 있는지에 의문을 품게 되었다.

월가의 다른 회사나 다른 직업으로 옮기기 위해 제인 스트리트를 떠난 사람이 거의 없다는 사실은 충격적이었다. "고위급이 경쟁사로 옮기면 충격이 큰 나머지 눈물을 흘리고 술을 마시는 사람도 있었다"고 샘은 말했다. 회사는 인류 역사상 어떤 순간에도 월가에 발을 들이지 못했을 법한 청년들을 채용했고 제인 스트리트를 위한 매매 이외의 삶은 꿈꾸지 못하도록 지속적으로 관심을 가지고 관여하며 많은 연봉을 주었다. 수학적인 인간의 행복을 빼앗지 않으면서도 금융적인 인간으로 변신시켰다. 업무에 뛰어나지 않은 직원이라도 고용을 유지하고 소속감을 심어줬다. 샘은 "제인 스트리트에서는 직원을 해고하는 법이 없었다"면서 "경쟁사로 옮겨서 매매를 하도록 하느니 연봉을 주고 아무 일도 시키지 않는 편이 비용이 더 적게 든다고 여겼다"고 말했다.

회사는 샘을 만족시키기 위해서도 비상한 노력을 기울였다. 샘이 MIT에서 가장 친하게 지냈던 친구 두 사람의 면접을 진행해 그중 한 명을 채용했다. 여기에 샘의 동생인 게이브도 채용해서 제인 스트리트의 트레이딩 룸에서 업무를 맡겼다. 샘에게는 2016년 대선과 관련된 매매 계획을 세우고 실행하는 중추적인 역할을 맡겼다. 단일 거래로는 회사 역사상 가장 큰 손실을 기록했지만 누구도 그에게 험한 말을 하지 않았다. 연례 성과 평가에서 상사들은 샘에게 제인 스트리트의 동료들 중에 가장 우수한 평가를 내렸다. 회사에서 가장 높은 수익을 내는 트레이더는 아니었지만 아직 젊었고 업무를 상당히 잘해냈다. 입사 후 1년이 지났을 때는 30만 달러를, 2년이 지났을 때는 60만 달러를 지급했으며 3년이 지나 스물다섯 살이 되었을 때는 100만 달러의 보너스를 지급할 계획이었다. 면담에서 샘은 상관들에게 향후 자신이 제인 스트리트에서 금전적으로 어떤 보상을 얻게 될지 물었다. 회사에서는 회사 전체의 성과에 따라 달라질 수 있다고 하면서도 그가 지금까지와 같은 성과를 유지한다면 10년 후 연봉이 1500만~7500만 달러에 이를 것으로 예상했다. "제인 스트리트는 직원들을 만족시켜서 떠나지 않게 한다는 생각이었다"고 퇴사한 한 트레이더는 말했다.

그럼에도 샘은 행복하지 않았다. 그의 불행은 간단한 문제가 아니었다. 샘은 다양한 방식으로 불행하다고 느꼈기 때문에 이누이트족이 얼음을 표현하는 데 여러 단어를 동원하듯 그의 감정을 묘사할 다채로운 단어가 있었다면 설명하기 더 쉬웠을 것이다. 샤워할 때를 비롯해 때때로 자기 자신과 주변 상황에 대한 생각이 얽혔고 샘은 글로 이를 표현했다. 스스로에게 자신을 내보이는 사적인 글은 타인에게 자신을 표현할 때와 어조가 꽤 달랐다. 제인 스트리트 시기 후반의 어느 날 샘은 "기쁨이 느껴지지 않는다"고 썼다. "행복이 느껴지지도 않으며 나 자신의 보상 체계는 한 번도 작동한 적이 없다. 가장 성과가 좋은 영광의 순간도 그저 지나갈 뿐이며 행복이 있어야 할 머릿속 공간에서는 공허함이 느껴진다." 다른 누구도 발견하지 못했던 자신의 가치를 알아봐준 것에 대해 제인 스트리트에 감사해야 한다는 것을 알았지만 실제로는 감사함을 느끼지 않음을 그는 알고 있었다. "진정으로 감사하기 위해서는 마음으로, 가슴으로, 머리로 감정을 느끼고 기쁨, 연대감, 감사가 차올라야 하지만 그러한 감정이 느껴지지 않는다. 아무 감정도 들지 않거나 어떤 좋은 감정도 없다. 기쁘거나 사랑하거나 자랑스럽거나 헌신적인 마음이 들지 않는다. 어색한 순간에 둘러싸여 있을 뿐이다. 기대에 맞게 반응하고 나도 그들을 사랑한다는 걸 표현해야 한다는 압박이 있지만 그렇게 하지 않는다. 그럴 수 없기 때문이다."

제인 스트리트는 샘이 거부감을 느끼지 않고 지낼 수 있었던 유일한 조직이었다. 공동의 목표를 가지고 합류한 수백 명의 사람에게 종일 둘러싸여서 지금껏 개발된 것 중에 최고의 보드게임을 즐겼다. 그럼에도 불구하고 여전히 타인과 단절되어 있다는 느낌을 받았다. 다른 사람의 행동이나 말에 반응하는 척하여 상대방이 자신을 더 잘 이해하도록 하는 법을 터득했다. 샘은 점점 더 그럴듯한 마스크를 만들었고 사람들은 그 마스크 뒤에서 실제로 어떤 일이 벌어지고 있는지 눈치채기가 더 어려워졌다. 그는 "동료들과 즐거운 시간을 보내고 있지만 그들은 진짜 내가 어떤 사람인지 알려 하지 않고 내 생각에 귀 기울이려 하지 않는다. 우정을 쌓으려는 진실한 노력을 기울일수록 더 멀어져간다. 내가 바라보는 나의 모습에 대해 누구도 관심을 보이거나 신경 쓰지 않는다. 그저 자신에게 샘이 어떻게 보이는지, 자신에게 샘이 어떤 의미인지에만 관심이 있다. 그 샘은 내가 사람들에게 보여주기로 결정한 생각의 산물이라는 것을 알지 못하는 듯하다. 현실판 트위터 계정인 셈이다"라고 기록했다.

샘은 자신을 감정보다는 생각에 따라 작동하는 기계로 인식했다. 생각에 따라 행동하는 사람으로 자신을 바라봤다. 이러한 관찰이 영 틀린 것은 아니었다. 샘의 인생에서 굵직한 변화들은 누군가가 미처 반박할 수 없는 지적을 해준 이후에 찾아오곤 했다. 예를 들어 MIT에 도착하고 며칠 후 샘은 나중에 제인 스트리트 동료가 된 애덤 예디디아Adam Yedidia라는 신입생을 만났다. 두 사람은 공리주의에 대한 대화에 빠져들었다. 샘은 공리주의가 자신이 인생에서 발견한 유일하게 합리적인 철학이며 사람들이 이를 알아차리지 못하는 주된 이유는 공리주의가 궁극적으로 자신을 어디로 이끌지에 대해 두려움을 품고 있기 때문이라고 주장했다("사람들은 공리주의가 이타심을 키운다는 점에 가장 겁을 먹는다"). 애덤은 샘이 자신의 신념에 대해 열변을 토하는 동안 잠자코 듣다가 말했다. *네가 정말로 그렇게 믿는다면 고기를 먹으면 안 되겠지. 네가 약간만 희생하면 큰 고통을 줄일 수 있으니 말이야.* 샘은 고통을 최소화하는 것에 진지한 관심을 가지고 있으면서도 프라이드치킨을 좋아했다. 이는 그의 주장과 배치되는 행동이었다. "애덤은 그렇지 않아도 머릿속에 맴돌았지만 직시하고 싶지 않아서 회피했던 문제를 들췄다"라고 샘은 털어놨다. "*나는 30분 동안 치킨을 즐길 뿐이지만 치킨은 5주 동안 고문을 견뎌야 한다*는 생각이 들었다." 식단을 바꾸는 것 외에는 다른 방법이 없었기에 결국 그는 그것을 실천에 옮겼다. 애덤은 "손쉽게 채식주의자가 되는 사람이 있는 반면에 어렵게 되는 사람이 있는데 샘은 후자에 해당했다"며 "어려운 변화를 무릅쓰는 것은 흔치 않은 일이다"라고 말했다.

샘이 윌 매캐스킬을 만났을 때도 비슷한 일이 일어났다. 샘에게는 이 옥스퍼드 철학자의 주장이 진실로 다가왔다. 이미 오래전부터 샘은 어떤 사람의 인생은 그 결과로 판단해야 한다고 생각해왔다. 매캐스킬은 살리는 생명의 숫자를 극대화해야 한다는 주장으로 그러한 결과를 극적이고 정량화할 수 있게 했다. 샘은 매캐스킬의 주장을 즉시 받아들였다. "사실에 근거하여 빠르게 내린 결정이었다"라고 샘은 말했다. "매캐스킬이 말한 내용이 분명히 옳다고 생각되었고 내가 현실적으로 어떠한 행동을 해야 할지 알 수 있었다. 실제적인 행동 요령은 내가 할 수 있는 일이었고 실제로 그런 일을 하는 사람들도 존재했다." 제인 스트리트에 입사한 지 3년이 되자 샘은 최대한 많은 돈을 벌어서 가장 효율적으로 생명을 구한다는 대의를 후원하는 일에 전념했다. 트레이딩 룸에서 벌어들인 수입의 대부분을 옥스퍼드 철학자가 생명 구원에 효율적이라고 인정한 자선단체 세 곳에 기부했다(옥스퍼드 철학자들이 직접 설립한 8만 시간80,000 Hours과 효율적 이타주의 센터 외에 휴먼리그Humane League가 포함되었다).

자신의 삶을 지구의 행복 극대화를 위해 헌신하는 동안 정작 샘은 행복하지 않았다. 제인 스트리트에 입사한 2014년 여름부터 2017년 여름까지 그는 휴가를 가지 않았다. 미국 증시가 열리지 않은 날에도 열흘 동안 근무를 했다. 미국의 트레이더들이 관심을 두지 않는 해외시장에서 수익을 낼 수 있었기 때문이다. 제인 스트리트의 시스템에는 그가 마이너스 휴가를 사용한 것으로 나타났다. 트레이딩 룸에서 그는 자신이 우연히 얻은 이 일자리가 최대 가치를 창출할 가능성이 얼마일지 따져봤는데 언뜻 생각하기에는 그렇지 않은 것 같았다. 샘은 제인 스트리트의 트레이더가 아니라면 어떤 일을 할 수 있을지 목록을 만들어봤다. *정치권에서 일하거나 기사를 쓰거나 다른 사람이 효율적 이타주의자가 되도록 설득하거나 (마땅한 아이디어는 없었지만) IT 기업을 창업하거*

나 자체적으로 매매를 수행할 수도 있을 것이다. 샘은 "열 가지 정도가 생각났다"고 회상했다. "각 직업에서 얻을 수 있는 기댓값을 추정했는데 모두 비슷비슷했다. 제인 스트리트와 다른 일자리를 선택할 때의 차이점이 거의 없었다. 하지만 제인 스트리트와 나머지 모두 사이에서 선택한다면 차이가 컸다. *제인 스트리트가 최상의 옵션일 가능성은 얼마일까?* 그 가능성은 낮았다. 하지만 이를 제인 스트리트 안에만 있어서는 알 수 없을 것이 분명했다. 파악할 수 있는 유일한 방법은 나가서 직접 부딪치는 것이었다."

마침내 2017년 여름에 샘은 휴가를 떠났다. 실험을 감행할 자유가 주어지자 자신이 고려했던 옵션 중 하나가 나머지 선택지와 분명히 다르다는 것을 금방 깨달았다. 그간 암호화폐는 샘의 관심을 전혀 끌지 못하던 낯선 영역이었는데 2017년에는 나머지 금융시장과는 완전히 별개지만 어느 정도 관심이 가는 대상이 되었다. 모든 암호화폐의 가치가 폭발적으로 증가하면서 그해에만 가치가 150억 달러에서 7600억 달러로 뛰었다. 제인 스트리트는 암호화폐 거래를 하지 않았고 샘이 아는 한 다른 초단타 매매업체들도 마찬가지였다. 또한 제인 스트리트는 암호화폐를 경계해 트레이더들이 개인 계정으로 거래하는 것도 허용하지 않았다(샘이 거래를 요청한 바 있었다). 하지만 하루에 약 10억 달러 규모의 암호화폐가 초단타 매매업체에서라면 절대 불가능한 원시적인 방식으로 거래되었다.

샘은 단순하게 계산을 해봤다. 전체 시장에서 (제인 스트리트 기준으로는 소박한 수치인) 5퍼센트를 점유한다면 하루에 100만 달러 이상을 벌

수 있었다. 시장이 열리지 않는 날이 없기 때문에 1년에 3억 6500만 달러가 넘는 수익을 낼 것으로 추산했다. 샘은 "대략적인 계산이었지만 너무 엄청난 숫자로 보여 10분의 1로 줄여서 1년에 3000만 달러로 계산했다. 그럼에도 여전히 다른 사람에게 보여주기 난감한 숫자였다. '정신 차려, 샘'이라고 말할 것이 뻔했다"라고 말했다.

하지만 *완전히* 난감한 것은 아니었다. 사직서를 내러 제인 스트리트로 돌아가기 전에 육식을 포기하라고 충동했던 친구에게 말을 꺼냈다. 애덤 예디디아는 "샘은 다른 사람들과는 달랐다. 그는 정확히 샘답게 상당한 자신감에 차서 의견을 말했다"고 회상했다. "제인 스트리트로 돌아가기 전에 그는 자신만만한 말투로 '10억 달러를 벌 수 있어'라고 말했고 나는 '아니, 10억 달러는 벌 수 없을 거야'라고 대꾸했다."

GOING INFINITE

2부

5장

'밥'에 대한 사고실험
How To Think About Bob

샘과 일한 지 몇 주 만에 캐럴라인 엘리슨Caroline Ellison은 어머니에게 전화를 걸어 인생 최대의 실수를 저질렀다며 눈물 어린 호소를 했다. 처음 샘을 만난 것은 스탠퍼드에서 4학년이 되기 전 여름에 인턴으로 일했던 제인 스트리트에서였다. 샘은 캐럴라인을 비롯한 인턴들에게 매매 방법을 가르쳤는데 그녀는 "샘이 무서웠다"고 회상했다. 샘과 마찬가지로 캐럴라인의 부모도 학자였다. 아버지 글렌 엘리슨Glenn Ellison은 MIT 경제학과 학과장이었다. 샘처럼 어릴 때부터 수학이 캐럴라인에게 큰 영향을 미쳤으며 처음 제인 스트리트에 대해 알게 된 것은 이 회사가 캐럴라인과 같은 청년들을 만나기 위해 주최한 수학 경시대회에서였다. 또한 대학에서 효율적 이타주의를 접했는데 이 운동이 목표하는 바가 지적인 측면에서 합리적이라고 생각했다. 캐럴라인은 샘보다 한 걸음 더 나아가 수학에 도덕적인 위상을 부여했다. "자기가 할 일을 정량적으로 치밀하게 파고드는 사람들에게 끌렸다"고 그녀는 말했다. "이전까지는 세상에서 선한 일을 해야 한다는 사명감을 강하게 느끼지 못했던 것 같다."

제인 스트리트에 정규직 트레이더로 채용되었다는 점도 샘과의 공통점이었다. 하지만 샘과 달리 캐럴라인은 자기 자신에 대해 확신이 없었으며 다른 사람, 특히 자신과 관련되어 있는 남성들의 의견에 쉽사리 휩쓸렸다. 샘과 달리 감성적이고 아이들을 키우는 평범한 삶을 원했다. 캐럴라인에게는 언젠가 자녀들과 함께 이동할 SUV가 필요할지도 몰랐다. 제인 스트리트에서 일한 지 1년이 지나자 캐럴라인은 자신의 성과가 좋게 봐줘도 평균 수준이며, 어떤 면에서도 직장에 대해 샘과 같은 감정을 느끼지 못하고 업무에 대한 넘치는 열정 또한 없음을 감지했다. 그녀는 "꽤 불행하다고 생각했다"면서 "무언가가 빠져 있었고 일을 잘하고 있는지 확신도 없었다"고 말했다. 한편으로는 제인 스트리트의 에릭 맨스Eric Mannes라는 트레이더에게 가능성이 충만하지만 동시에 희망이 없는 불안정한 감정을 품고 있었다. 훗날 샘의 주의력 지속 기간을 고려해 자신의 감정 여정을 주요 항목 위주로 요약한 글에서 캐럴라인은 "에릭 맨스와의 관계를 돌아보면 정말 민망해진다"고 밝혔다.

- 그는 나를 사랑할 일은 절대 없을 것이라고 말했다.
- 그 말을 듣자 무척 슬펐고 나 자신이 형편없게 느껴졌다.
- 내가 얼마나 비참한 기분이 들었는지 알리고 싶지 않았다. 나와 헤어질까 봐 걱정이 되었기 때문이다.

- 그래서 내 감정을 숨기고 매사에 밝고 침착하게 행동하려 애썼다.
- 기분이 나빠지는 일에 대해서는 말하거나 생각하지 않으려 했다.
- 예를 들어 그의 옛 애인에 대해 들으면 질투가 나고 초조했기 때문에 그 여자에 대해 절대 묻지 않았다.

"에릭이 나를 정말로 깊이 안다면 함께할 생각이 들지 않을 것 같아서 나 자신을 숨겨야 했다"고 그녀는 덧붙였다.

2017년 가을 제인 스트리트는 수학 재능이 있는 학생들을 채용하기 위해 캐럴라인을 모교인 스탠퍼드로 보냈다. 학교에 도착한 그녀는 샘에게 전화해 만남을 청했다. 버클리에서[*] 커피를 마시는 동안 샘은 자신이 어떤 일을 준비하고 있는지 숨겼다. "지금 모종의 작업을 진행하고 있지만 무슨 일인지는 말할 수 없다는 식이었다"고 캐럴라인은 돌아봤다. "샘은 제인 스트리트의 채용에 대해 걱정하고 있었지만 나와 얼마간 대화를 나눈 뒤에는 '네게 털어놔도 될 것 같다'고 말했다." 샘과 대화가 끝날 무렵 캐럴라인은 제인 스트리트를 그만두고 샘이 은밀하게 만들고 있는 암호화폐 매매 회사에 들어가야 할 것 같다는 생각을 했다. 하게 될 일은 익숙한 것이었다. 샘의 새로운 퀀트 펀드를 위해 암

---

* 2017년 말 버클리는 옥스퍼드를 대신하여 효율적 이타주의의 금융 수도 역할을 했다. 그 이유 중 하나는 페이스북의 공동 창업자인 더스틴 모스코비츠와 캐리 튜나 부부가 수십억 달러에 달하는 재산을 효율적 이타주의 운동에 기부할 의사를 밝힌 데 있었지만 또 다른 이유도 있었다. 옥스퍼드는 여전히 이 운동의 지적 중심지로 기능했지만, 효율적 이타주의 헤지펀드를 만드는 데 필요한 자금을 모집할 가능성이 가장 높은 곳은 베이 에어리어였다.

호화폐에 대한 조사를 하는 것이었는데 제인 스트리트에서 하는 주식 분석과 비슷했다. '시간에 따라 비트코인 가격이 크게 움직이는가? 또는 비트코인 가격이 다른 모든 코인 가격에 대해 어떻게 움직이는가?' 같은 질문의 답을 찾는 것이다. 하지만 업무의 근본적인 목적은 완전히 다를 것이었다. 다른 효율적 이타주의자들과 함께 일하기 때문이다. 샘의 표현을 빌리자면 제인 스트리트는 "직원들이 날마다 출근해서 일종의 게임을 하면 은행 계좌에 돈이 들어오는 곳인데 자기 인생에서 다른 어떤 일을 꿈꾸겠는가?" 하는 의문이 드는 곳이었다. 그가 새로 만들고 있는 알라메다 리서치는 다른 일을 할 것이었다. 수많은 인명을 구원하는 방주 역할을 할 회사였다.

캐럴라인은 샘에게 생각할 시간이 필요하다고 말했다. 사실은 제인 스트리트로 돌아가 에릭 맨스에게 자신을 사랑했는지 마지막으로 물을 심산이었다. 결국 에릭 맨스는 캐럴라인을 사랑하지 않았던 것으로 드러났고, 이 슬픈 소식 덕분에 캐럴라인은 홀가분하게 제인 스트리트를 그만두고 알라메다 리서치에 합류할 수 있었다.

제인 스트리트를 퇴사하는 일은 생각보다 괴로움이 따르는 결정이었다. 제인 스트리트에서 20만 달러의 연봉을 받는 1년 차 트레이더가 특히나 암호화폐로 일확천금을 꿈꾸는 스타트업으로 이직하기 위해 그만두는 경우는 없었다. 캐럴라인은 자신의 퇴사 결정이 제인 스트리트에 새로운 위협 경고음을 알렸음을 감지했고 그러한 판단은 정확했다. 제인 스트리트를 비롯한 초단타 매매업체는 윌 매캐스킬과 다른 옥스퍼드 철학자들이 효율적 이타주의자를 낚던 곳과 같은 연못에서 트레이더들을 채용해왔다. 복잡한 금융 도박의 기댓값을 계산할 수 있는 인재는 자기 인생 전체의 기댓값을 계산하는 신념에 이끌리는 사람들이기도 했다. 월가 기준으로 보면 제인 스트리트는 탐욕스러운 회사가 아니었다. 원칙상 다른 초단타 매매업체들의 설립자들처럼 부를 과시하지 않았다. 프로 스포츠 구단을 사들이거나 아이비리그 대학에 자기 이름을 딴 건물을 세우기 위해 기부금을 쾌척하지도 않았다. 제인 스트리트가 몇몇 인명을 구하는 일에 *반대하는* 것은 아니었지만 제인 스트리트는 여전히 월가에 있는 회사였다. 살아남기 위해서는 직원들이 연봉에 길들여지고 맨해튼의 침실 다섯 칸짜리 콘도와 햄프턴의 조용하고 절제된 양식의 별장에 만족하도록 해야 했다.

효율적 이타주의자들이 회사로 밀려드는 것은 우려할 만한 일이었다. 이들은 자기만의 가치 체계가 있으며 제인 스트리트가 아닌 다른 무엇에 깊은 충성심을 품었다. 돈과도 월가의 일반적인 사람들과 다른 관계를 맺었다. 월가의 구성원이 그렇듯 보너스에 신경 쓰지도 않았다. 샘 뱅크먼프리드는 직접 더 많은 돈을 벌겠다는 정신 나간 계획을 실행하기 위해 고액 연봉을 안겨주는 제인 스트리트의 일자리를 등지고 나갈 수 있는 사람이었다. 물질에 연연하지 않았기 때문이다. 제인 스트리트에서 트레이더로 일했던 누군가는 "회사가 샘의 생활양식에 끼어들 틈이 없었는데, 애초에 샘은 생활양식이라는 게 없었던 사람이기 때문이다"라고 지적했다.

캐럴라인은 샘이 떠나고 몇 달 만에 제인 스트리트의 뉴욕 사무실을 떠난 두 번째 효율적 이타주의자였다. 문을 나서면서 그녀는 자신의 기댓값을 극대화하기 위해 떠난다고 밝혔다. 이번에는 회사도 준비가 되어 있었다. 제인 스트리트의 파트너 겸 캐럴라인의 관리자는 그녀를 자기 사무실로 데려갔다. 캐럴라인은 "그는 열받은 상태였고 무척 냉랭했다"고 말했다. 파트너는 캐럴라인의 깊은 신념에 문제를 제기하기 시작했다. 효율적 이타주의는 헛소리라면서 무의미한 여러 비난을 늘어놨다. 현재의 행동으로 먼 미래에 나타날 결과를 정확하게 측정할 방법이 없다, 설사 그런 방법이 존재하더라도 시장이 가장 잘해낼 것이다, 제인 스트리트만큼 연봉을 많이 줄 수 있는 곳은 없다, 따라서 최고의 가치는 제인 스트리트에서 실현해야 한다 등등. 실로 처음 있는 일이었다. 가장 똑똑한 수학 천재들을 채용해 사업 기반을 다진 역량 있는 월가의 매매 회사가 이제 인생의 수학적 한계에 대해 논쟁을 벌여야 하는 상황에 내몰린 것이다. "한 시간 동안 이어진 논쟁에서 그 파트너는 공리주의에 결함이 있다면서 나를 붙잡기 위해 애썼다"고 캐럴라인은 회상했다. "*한 시간 안에 해결할 수 있는 종류의 문제가 아닌걸요*라는 생각이 들었다."

기대한 효과가 나타나지 않자 파트너가 보인 감정적으로 메마른 모습에 캐럴라인은 짐짓 놀랐다. "공리주의에 대한 내 생각이 변하지 않을 것이 확인되자마자 내 물품이 상자에 담겼다"고 그녀는 말했다. 트레이딩 룸의 누구도 떠나는 그녀와 따뜻한 인사를 나누지 않았다. 캐럴라인은 짐이 든 상자를 들고 로어 맨해튼 거리로 나왔다. 거리에 홀로 남겨졌을 때 처음 든 생각은 *맙소사, 엄청난 실수를 저질러버렸잖아*였다.

하지만 그런 생각은 곧 사라졌다. 2018년 3월 캐럴라인은 새로운 직장에 출근하기 전에 베이 에어리어에서 혼자만의 시간을 가졌다. 블로 그에 해방감을 표현하기도 했다.

> 베이 에어리어에서 일주일을 보낸 감상. 일부일처제는 어찌할 도리 없이 사라질 것이다. 아직 젊고 매력이 남아 있을 때 멋진 남자를 꼬시고 나중을 위해 난자를 얼리는 게 나을 듯.

캐럴라인은 3월 말에 업무를 시작했다. 알라메다 리서치의 내부 상황은 샘이 말했던 것과는 전혀 딴판이었다. 샘은 효율적 이타주의자들을 스무 명 남짓 채용했는데 대부분 20대였고 한 사람을 제외한 나머지는 금융시장에서 거래를 해본 경험이 없었다. 대체로 암호화폐에 대해 모르거나 관심이 없었다. 그저 이 시장이 매우 비효율적이어서 제인 스트리트식 접근을 하면 수십억 달러를 벌 수 있다는 샘의 주장을 믿고 온 사람들이었다. 이제 모두가 샘의 세상에 살고 있었지만 그들은 불만을 굳이 숨기지 않았다. "샘은 모두에게 하루 18시간 근무하고 평범한 삶은 포기하도록 요구했으며 그 말을 따르기를 기대했다. 반면에 그 자신은 회의에 참석하지 않았고 몇 주 동안 샤워를 하지도 않았으며 온 사방을 상한 음식으로 난장판을 만들어놓고는 책상에서 잠이 들었다" 고 호주의 젊은 수학자인 타라 맥 올리Tara Mac Aulay는 말했다. 타라는 이론상 샘과 회사를 공동으로 경영하고 있었다. "샘은 회사를 전혀 관리하지 않으면서도 직원들이 의문점이 있으면 자신에게 물어야 한다고 생각했다. 그래서 일대일 회의를 하면 비디오게임을 하고 있었다."

회사의 재정은 이미 파탄 직전이었다. 회사는 몇 달 전 샘이 제인 스트리트에서 받은 보너스에서 세금을 제외한 나머지 50만 달러로 소소하게 시작했다. 하지만 몇 달 만에 부유한 효율적 이타주의자들이 암호화폐에 1억 7000만 달러를 투자하도록 설득하는 데 성공했다. 투자 금액에서 이미 수백만 달러의 손실을 입었지만 정확한 손실액을 아는 사람은 없었다. 2월에는 매매 시스템에서 *하루에* 50만 달러의 손실이 발생했다. 매매 손실에 더해 추가로 수백만 달러가 사라지는 일이 벌어졌다. 누구도 돈이 어디로 사라졌는지 모르는 듯했고 직원들은 패닉 상태였다. 다섯 명의 창업자 중 한 명인 벤 웨스트Ben West는 "경영진 거의 전부가 떠나려 한 게 아니라 아예 경영진 *전체*가 떠날 생각이었다"라고 말했다. 나머지 넷은 샘과 갈수록 긴장감이 높아지는 회의를 잇달아 했다. 첫 회의에서 벤은 샘에게 회사에서 그가 해야 할 역할이 무엇인지 물었다. "샘은 자신이 회사의 수뇌부로서 거미줄 중앙에 있는 거미 역할을 하는 것이라고 답했다"고 벤은 회상했다. "직원들이 그에게 아이디어를 말하면 좋은지 아닌지 결정하는 역할이었다." 샘은 다른 사람들이 하는 말을 듣는 것이 자기 역할이라고 생각했지만 경영진을 비롯해 새로운 회사의 구성원 거의 모두가 샘이 남의 말을 듣지 않는다고 느꼈다.

혼란이 이어지는 가운데서도 샘은 자기만의 현실 속에 살았다. 사라진 자금에 대해 그는 *뭐, 어딘가에서 나타나겠죠. 그러니 매매나 합시다!*와 같은 태도를 보였다. 자동화된 매매 시스템을 사용한 첫 번째 시도에서 순식간에 자금이 증발했는데도 샘은 모델봇Modelbot을 만들고는 성능이 더 나아졌다고 주장했다. 모델봇은 전 세계의 암호화폐 거래소를 치밀하게 조사해 이용할 만한 비효율성을 탐색했다. 싱가포르의 한 거래소에서 비트코인을 7900달러에 매수한 다음 일본의 거래소에서 7920달러에 매도하는 것이 몇 초 만이라도 가능하다면 모델봇은 초당 수천 번에 걸쳐 이러한 매매를 반복적으로 수행한다. 물론 모델봇이 하는 일을 실제보다 단순화해 설명한 것이다. 모델봇은 30여 곳의 암호화폐 거래소에서 약 500종류의 암호화폐 코인을 매매하도록 프로그램되었다. 이러한 거래소는 주로 아시아에 있었고 기본적으로 규제를 받지 않았다. 전년도의 암호화폐 거래가 과거의 튤립 구근 거래처럼 폭발적으로 증가하면서 새로운 코인이 수백 종이나 탄생했다. 모델봇은 시장 기반이 확고하고 잘 알려진 비트코인이나 이더(이더리움 블록체인의 토큰)를 섹스코인Sexcoin, 푸틴코인PUTinCoin, 핫 포테이토 코인Hot Potato Coin* 같이 거래가 미미한 이른바 쓰레기 코인shitcoin과 다르게 취급하지 않았다. 그저 한 곳에서 싸게 사서 다른 곳에서 비싸게 팔 수 있는 코인이 있는지 찾을 뿐이었다.

---

* 코인마켓캡에 따르면 2018년 말 기준으로 2177종의 코인이 유통되었다. 시가총액 기준으로는 약 1600억 달러에 이르는 비트코인부터 20달러 미만인 SHADE 토큰에 이르기까지 다양했다. 각 코인은 저마다 특수한 목적이나 프로젝트를 위해 기능한다고 밝히며, 창시자들이 사명문을 발표하는 것이 일반적이었다. 예를 들어 섹스코인은 사람들이 보다 쉽게 성인 용품을 살 수 있도록 만들겠다고 주장한다. 푸틴코인은 러시아 경제를 지지하며 "러시아 국민과 대통령에게 경의를 표하기 위해 만들어졌다"고 밝혔다. 그런 점에서 핫 포테이토는 솔직함을 인정할 만하다. 순전히 도박 메커니즘으로 기능하다가 30일 후 자폭하는 구조였다.

모델봇은 샘과 나머지 경영진이 가장 큰 의견 차이를 보인 지점이었다. 샘은 크라켄Kraken, 상상 속의 바다 괴수을 풀어놓는 환상을 품고 있었다. 버튼을 누르면 모델봇이 주 7일, 24시간 내내 암호화폐 시장을 헤집고 다니는 상상이었다. 하지만 샘이 원하던 대로 모델봇이 시장을 누비는 일은 일어날 수 없었다. 알라메다 리서치의 나머지 모두가 이를 저지하기 위해서라면 무슨 짓이든 불사할 태세였기 때문이다. 누군가는 "한 시간 안에 우리가 가진 모든 자금을 날리는 재앙이 벌어질 가능성이 충분했다"고 말했다. 효율적 이타주의를 위해 사용할 수 있는 1억 7000만 달러가 증발할 가능성이 얼마든지 있었던 것이다. 이 같은 우려는 알라메다 리서치를 이끌고 있는 다른 네 명의 효율적 이타주의자들을 두려움에 빠뜨렸다. 어느 날 저녁 타라는 샘과 열띤 논쟁을 벌였고 결국 샘은 타라가 합리적인 타협이라고 제안한 내용에 동의했다. 샘 외에 모델봇을 감시할 만한 다른 사람이 회사에 있다면 작동시켜도 되지만 손실을 내기 시작하면 반드시 중단시켜야 한다는 제안이었다. 타라는 "'이제 퇴근해서 눈 좀 붙여야겠다'고 말하고 퇴근한 순간 샘이 모델봇을 작동시키고는 잠들어버렸다"고 말했다. 그 순간부터 경영진 전체가 샘을 더 이상 신뢰하지 않게 되었다.

캐럴라인은 업무를 시작함과 동시에 샘에게 불만을 품은 파트너들로부터 끔찍한 말을 들었다. 나중에 그녀는 "파트너들은 '본인을 위해서라도 회사에 문제가 있다는 것을 알아야 한다'고 말했다"고 회상했다. 캐럴라인이 출근한 지 2주가 되어갈 때쯤 파트너들은 회의를 열어 부유한 효율적 이타주의자들에게 빌려준 1억 7000만 달러를 회수해가

137

라고 설득했다. 몇 주 뒤에는 알라메다 리서치에 매매할 자금이 남아 있지 않을 것이라는 의미였다. 캐럴라인은 누구 말을 믿어야 할지 몰랐다. 자신이 아직 제인 스트리트 소속일 때 샘이 알라메다 리서치가 형편없이 운영되고 있다고 미리 경고하지 않은 것을 생각하니 속은 것만 같았다. 하지만 다른 사람들에 대해서도 아는 바가 없었다. 샘을 알고 있다고 생각했지만 경영진 전체가 그에게 반기를 들어 퇴사를 논의하고 있는 데다 투자자가 자금을 회수한다면 샘에 대해 자신이 모르는 면을 다른 사람들은 알고 있는 것이 분명했다. 캐럴라인이 어머니에게 전화해 눈물로 호소한 것이 바로 이때였다.

사실 암호화폐 사업 아이디어는 샘이 아닌 타라에게서 나온 것이었다. 타라는 버클리에서 효율적 이타주의 센터를 운영하고 있었고, 당시 제인 스트리트에 근무하던 샘은 이 센터의 최대 기부자 중 한 명이었다. 2017년 봄부터 여름까지 두 사람은 지속적으로 전화 통화를 했다. 그러던 중에 샘은 타라에게 연애 감정을 느낀다고 고백하기도 했으며 또 다른 통화에서 타라는 자신이 개인 계좌로 암호화폐를 거래하고 있다고 말했다. 타라는 효율적 이타주의 센터의 운영자가 되기 전에는 적십자사를 위한 의약품 수요를 모델링하는 업무를 했기 때문에 암호화폐를 거래할 사람으로 보이지 않았다. 하지만 금융 관련 배경지식이나 자랑할 만한 자산이 없었음에도 암호화폐 거래로 큰 이익을 내고 있었다. 타라와 대화를 나눌수록 샘의 관심사는 연애 감정에서 타라의 거래 기법으로 옮겨 갔다. 타라는 비트코인을 매수해서 오를 때까지 관망하지 않았다. 그녀는 암호화폐 시장의 비효율성을 이용하는 전략을 썼는데 그러려면 시장 자체가 다르기는 하지만 제인 스트리트 수준의 재능과 속도, 전문성이 필요했다.

샘은 타라가 베팅 규모를 늘릴 수 있도록 별도의 조건 없이 5만 달러의 수표를 써서 보냈다. 하지만 타라는 수표를 현금화하지 않았다. 불안한 마음 때문이었는데 돈을 준 사람이 샘이라서 그런 건 아니었다. 타라는 "줄곧 '운이 좋아서 이익을 본 것이라면 어쩌지?'라는 생각이 들었다"고 말했다. 결국 샘은 수학을 동원해서 통계적으로 타라의 성공을 운으로 치부할 수 없는 이유를 설명해 불안을 잠재웠다. 타라의 거래는 제인 스트리트가 암호화폐를 제외한 나머지 시장에서 수행하는 매매와 유사한 것으로, 서로 다른 암호화폐 코인의 상대 가치에 베팅하는 전략이었다. 타라의 성공을 본 샘은 제인 스트리트의 일반적인 매매 방식으로 암호화폐를 거래하는 헤지펀드를 만든다면 10억 달러를 벌수도 있을 것이라는 비밀을 공유했다.

하지만 샘 홀로 그런 일을 할 수는 없었다. 암호화폐 시장은 쉬는 법이 없었다. 하루 24시간, 주 7일 내내 두 사람이 깨어 있기 위해서는 최소한 다섯 명의 트레이더가 더 필요했다. 또한 트레이더의 통찰력을 코드로 작성해 거래를 자동화하고 속도를 높이기 위해서는 프로그래머가 필요했다. 타라는 일주일에 몇 건의 매매를 노트북으로 체결했지만 샘은 하루에 100만 건의 매매를 수행하는 봇 군단의 매매를 계획했다. 그에 더해 회사에는 사무실 공간을 마련하고 트레이더의 식사를 챙기며 공과금 납부와 그가 미처 생각하지 못한 다른 잡다한 일을 처리할 평범한 지능을 지닌 직원들도 필요했다.

열렬한 효율적 이타주의자 집단을 활용할 수 있다는 점은 샘의 비밀 무기였다. 샘은 암호화폐에 대해 거의 아는 바가 없었지만 암호화폐가 얼마나 손쉽게 도난당할 수 있는지는 잘 알고 있었다. 암호화폐 거래 회사의 창업자는 직원들을 깊이 신뢰할 수 있어야 한다. 어느 직원이라도 클릭 한 번이면 다른 사람들 모르게 암호화폐를 개인 계좌로 보낼 수 있기 때문이다. 월가의 회사들은 그런 수준의 신뢰를 쌓을 수 없지만 효율적 이타주의 집단이라면 가능했다.

그 이전까지 샘은 다른 사람들을 이끌거나 모호하게라도 책임을 져야 했던 적이 없었다. 기껏해야 고등학교 때 부모님 집에서 퍼즐 게임을 진행하고, MIT에서 스물다섯 명이 소속된 생활 단체의 '단체장' 역할을 했을 뿐이었다. 자기 사업을 시작하려면 사람들을 관리하는 방법을 철저히 연구해야 한다는 생각이 들었다. 하지만 관리나 리더십에 관한 책과 기사를 읽을수록 과거 영어 수업을 들을 때와 비슷한 반응이 절로 나왔다. 어떤 전문가는 X라고 말했지만 다른 전문가는 X에 반대되는 주장을 했다. 샘은 "모두 허튼소리였다"라고 말했다.

하지만 샘에게는 인재를 알아보는 안목이 있었다. 그는 언제나 다른 사람들이 샘을 평가하는 것보다 훨씬 정확하게 다른 사람들을 평가했다. 첫 번째 쾌거는 제인 스트리트를 퇴사하기 전에 게리 왕Gary Wang을 영입한 것이었다. 샘은 고등학교 수학 캠프에서 게리를 처음 만났지만 대학교에 입학하기 전에는 게리에 대해 잘 몰랐다. 중국에서 태어났지만 대부분의 시간을 미국에서 보낸 그는 샘보다 1년 늦게 MIT에 입학했으며 샘과 같은 기숙사에 살았다. 거기서도 게리는 눈에 띄었다. 수줍고 사회성이 떨어지는 내향인들 사이에서도 게리는 단연코 가장 수줍고, 가장 사회성이 떨어지며, 가장 내향적인 사람이었다. 환하고 평온한 얼굴에 천사와 같은 미소를 띠고 있지만 말이 없었다. 몇 달 동안 게리와 함께 지낸 사람들은 게리가 말을 못한다고 확신했다. 어떤 사람들은 그의 침묵을 무례하게 여겼지만 그건 오해였다. 게리는 침묵할 수밖에 없었다. 그와 소통하려는 시도에 게리가 보일 수 있는 최선의 반응은 머쓱한 미소를 짓는 것이었다. 그 외에는 세상을 등지고 컴퓨터 화면을 응시하기만 했다.

하지만 샘과의 관계는 몇 가지 이유에서 달랐다. 샘은 게리가 MIT의 코딩 대회에서 수상하는 것을 지켜봤고 자신보다 코딩 지식이 훨씬 많은 사람이 게리를 두고 코딩 천재라고 말하는 것을 들었다. 샘은 게리와 보드게임을 무한정 즐기기도 했는데, 보드게임은 게리에 대해 알 수 있는 유일한 방법이었다. "결국 있는 그대로의 게리를 알게 되었고 그를 얕잡아보지 않았다. 하지만 많은 사람이 게리를 간단히 무시했다"고 샘은 말했다. "무척 조용하긴 했지만 세상을 두려워해서 그런 것 같지는 않았다. 게리는 무척 똑똑하고 게임을 잘했기 때문에 단순하지 않은 일을 척척 해냈다."

어느 정도 시간이 흐르자 둘만 있을 때는 게리가 샘에게 말을 걸기도 했다. 게리가 말할 때마다 샘은 깊은 감명을 받았고 제인 스트리트에 그를 추천하기에 이르렀다. 하지만 게리는 결국 말을 하지 않아서 면접을 망쳐버렸다. MIT 졸업 후에는 보스턴에 머물며 구글 플라이트

Google Flights에서 프로그래머로 일했다. 제인 스트리트를 퇴사하기 몇 주 전 샘은 보스턴으로 가서 게리에게 효율적 이타주의 대의를 위해서 암호화폐를 거래해 10억 달러를 벌 계획이라고 밝혔다(샘은 게리를 효율적 이타주의자로 개종시켰다). "게리는 구글 플라이트에서 따분한 시간을 보내고 있었다"면서 "몇 시간 대화를 나누자 자신도 합류할 여지가 있다고 밝혔다"고 샘은 말했다. 이어 샘은 타라에게 전화해 최고기술책임자CTO를 찾았다면서 게리와 대화해보라고 권했다. 타라는 게리에게 전화를 걸었지만 특이한 경험만 했을 뿐이다. 말하지 않는 상대와의 통화는 쉬운 일이 아니니까. 타라가 자기 의견을 밝히자 샘은 *뭔가 놓치고 있는 겁니다. 실제로 만날 때까지 기다려보세요*라고 말했다.

2017년 10월 샘, 타라, 게리는 버클리에 있는 한 집에서 모였고 샘이 제인 스트리트에서 받은 보너스를 밑천 삼아 첫 번째 매매를 시작했다. 시종일관 샘이 대화를 주도했다. 당시 점차 규모가 커지던 효율적 이타주의 커뮤니티에서는 이타적 돈벌이를 위한 새롭고 낯선 모험에 대한 소문이 퍼졌다. 매매 경험도 없고 딱히 돈에 관심도 없는 다양한 배경의 사람들이 모여서 관련 서비스를 시작한다는 소문이었다. 초기 합류자 중에는 샘의 세계에서 중추적 역할을 맡을 또 다른 인물인 니샤드 싱Nishad Singh도 있었다.

니샤드는 스물한 살로, 캘리포니아 대학교 버클리 캠퍼스를 막 졸업한 상태였다. 그는 샘의 남동생이 고등학교 시절 가장 친하게 지낸 친구였다. 크리스털 스프링스 업랜드에서 같은 반이었던 게이브와 니샤드는 함께 채식주의자가 되었으며 대학교 재학 중에 둘 다 효율적 이타주의자가 되었다. 졸업 후 니샤드는 윌 매캐스킬이 널리 알린 효율적 이타주의의 길을 걷기 시작했고 인명을 살리는 대의에 자신의 수입을 사용하기 위해 가장 연봉이 높은 직업을 구했다. 페이스북에서 첫해 30만 달러의 연봉을 받았지만 입사 5개월 만에 업무에 대한 흥미를 잃었다. 그는 "정말이지 덜 떨어진 일을 했다"고 말했다. 샘 뱅크먼프리드가 효율적 이타주의를 위해 더 많은 돈을 벌고자 제인 스트리트를 그만뒀다는 말을 듣고 그는 샘의 소식에 귀를 기울였다. 니샤드는 샘에게 전화를 걸어 무슨 일을 하고 있는지 물었다. 니샤드는 "샘의 콘도에 찾아갔다"고 회고했다. "샘과 게리, 타라가 앞으로의 계획을 들려줬고 샘은 *거래하는 것을 지켜보라*고 말했다. 클릭 몇 번 만에 *방금 4만 달러를 벌었어*라고 말했다. '세상에! 이게 *가능하다고?*'라고 생각했다."

게리처럼 니샤드도 이민자 가정에서 태어났다. 부모님은 거의 무일푼으로 인도에서 실리콘밸리로 이주해 중상류층으로 올라섰으며 망설임 없이 앞만 보고 나아갔다. 니샤드는 인도를 방문했을 때 부모님이 길가에서 굶고 있는 사람들을 무시하던 모습이 양심에 걸렸고 부모님에게 이를 말했다. 가족의 식탁에 오르기까지 동물들이 어떤 취급을 당하는지 들었을 때는 더 큰 괴로움을 느껴서 부모님과 상의했다. "어린아이는 냉소적이지 않기에 그게 얼마나 끔찍한 일인지 느낄 수 있다. 아이가 통제할 수 있는 것이 많지는 않지만 의견은 충분히 밝힐 수 있었다." 고등학교에 다니는 중에 피터 싱어와 그의 여정에 대한 글을 읽었는데 부모님은 터무니없는 짓이라고 여기는 듯했다. "부모님은 *이런 일에 아무도 관심 갖지 않아. 이 사람은 신경 쓸 일이 전혀 없다는 뜻이*

겠지 라는 태도를 보였다. 말을 꺼내면 부모님이 자리를 떠나버렸기 때문에 대화를 중단할 수밖에 없었다." 특히 아들이 대학교 재학 중에 효율적 이타주의에 경도되자 부모님은 혼란스러워했다. "가진 걸 기부하는 행위는 미친 짓이라고 생각하셨다"라고 니샤드는 말했다.

아마 이러한 이유에서 게이브의 부모 조와 바버라가 니샤드에게 중요한 영향을 미쳤을 것이다. 두 사람에 대해 그는 "처음으로 나를 진지하게 대해준 어른들이었다"면서 "덕분에 나 자신을 중요하게 여길 수 있었다"고 말했다. 반면에 게이브의 형은 존재감이 없었다. 고등학교 시절 샘은 게이브뿐 아니라 다른 사람과 교류하지 않았으며 자기 방에서 거의 나오지 않았다. "샘은 은둔 천재라고 생각했다"고 니샤드는 말했다. "그에게는 아동기가 없는 듯했다."

젊은 은둔 천재와 대면하자 니샤드에게 몇 가지 질문이 생겼다. 첫 번째 질문은 *대체 어떤 재주로 암호화폐 시장에서 4만 달러를 벌었는가*였다. 샘은 제인 스트리트에서 수익을 올리는 방식을 설명한 다음, 거래소 간 가격 차이에 관심이 없는 소매 트레이더들이 암호화폐 시장을 장악하고 있다고 설명했다. 이에 대해 니샤드는 *제인 스트리트나 다른 초단타 매매업체가 시장에 진입하여 암호화폐 시장을 차지하지 않을지* 물었다. 샘은 제인 스트리트와 같은 초단타 매매업체들도 암호화폐에 눈을 뜨고 있지만 거대한 범죄 집단의 하나가 아닌지에 대한 우려를 해소하는 데만 몇 달이 걸릴 것이라고 설명했다. 니샤드는 자신이 *엔지니어이고 주식과 채권을 구분하지도 못하는데 쓸모가 있을지* 물었다. 샘은 걱정하지 말라면서 매매 경험이 없어도 문제없다고 안심시

컸다. 또 다른 종류의 엔지니어링 문제이기 때문에 약간의 지식만 습득한다면 매매 시스템을 코딩할 수 있을 것이라고 설명했다.

그렇다면 어떤 위험이 있나요? 니샤드가 물었다.

투자금을 날릴 위험이죠, 샘이 답했다.

적어도 처음에는 투자금을 날리지 않았다. 처음 몇 주 동안에는 딱히 돈을 벌지 못했지만 당시에는 직원 숫자도 적고 밑천이라고는 샘의 보너스가 전부였다. 하지만 12월 말에는 상당수의 직원을 채용했고 2500만 달러의 자본을 유치했다. 게리는 사실상 혼자서 전체 퀀트 시스템의 코드를 작성했다. 이달에 회사는 수백만 달러의 이익을 올렸다. 2018년 1월에는 4000만 달러의 자본으로 *하루에* 50만 달러의 이익을 냈다. 덕분에 스카이프로 큰 부자가 된 효율적 이타주의자 얀 탈린 Jaan Tallinn에게 1억 3000만 달러의 추가 투자금을 유치할 수 있었다.

초기부터 거래는 혼돈 상태에서 진행되었다. 처음 두 달 동안 번 돈의 대부분이 단 두 건의 매매에서 발생했다. 비트코인의 수요가 광적으로 증가하면서 글로벌 암호화폐 시장에서 기이한 왜곡이 일어났다. 2017년 12월 한국의 소매 투기자들은 비트코인 가격을 미국 거래소보다 20퍼센트 높은 수준까지 밀어 올렸으며 격차가 더 벌어질 때도 있었다. 한국에서 암호화폐를 매도하는 동시에 한국 외부에서 매수할 수 있는 사람이 있다면 엄청난 이익을 거머쥘 기회였다. 하지만 말처럼 간단하게 실행할 수 있는 방법은 아니었다. 우선 한국의 거래소에 암호화폐 계좌를 만들기 위해서는 한국인이어야 했다. 니샤드는 "한 졸업생 친구가 한국에 있는 것을 발견해 그의 이름으로 매매했다"고 떠올렸다.

145

이제 니샤드는 제인 스트리트가 암호화폐 시장에 진출해 효율성을 전파하는 데 시간이 걸리는 이유를 알 수 있었다. 제인 스트리트는 법적 문제가 있음을 알아챌 것이고 사업을 추진하기 위해 한국인 졸업생을 영입했다는 소식이 〈뉴욕타임스〉에 보도되면 무척 당황스러울 것이다. 나중에 니샤드는 "불법에 가까운 일이었지만 현실적으로 그런 일을 한다고 해서 뒤를 쫓을 사람이 있는가?"라면서 "아무도 없다"고 말했다. 니샤드가 금융에 대해 가장 먼저 배운 교훈은 이론상 자금 활동에 적용되는 법이 있긴 하지만 실제로 일어나는 자금 활동은 별개의 문제라는 것이다. 니샤드는 "법에 대해 배운 계기였다. 기록된 대로가 아닌 실제 일어나는 상황을 보고 법을 이해할 수 있었다"고 말했다.

한국인으로 가장하여 매매하는 것은 어렵지 않았다. 문제는 한국인이 중앙은행의 허락 없이 1만 달러 이상의 원화를 매도하는 것은 불법이라는 점이었다. 한국인 졸업생을 찾아 매매를 하더라도 원화를 달러로 환전할 방법을 찾아야 했다. 그렇지 않으면 (한국 거래소에서 비트코인 매도로 얻은) 거액의 원화가 한국에 남아 있는데 미국 암호화폐 거래소에서 거액의 비트코인을 매수해야 하는 상황이 되어 거래를 매듭지을 수 없었다. 이상적으로는 한국에서 비트코인을 매도해 원화를 확보한 다음 원화를 달러로 환전하고 달러로 미국에서 비트코인을 (20퍼센트 할인된 가격에) 매수한 뒤 그 비트코인을 다시 한국으로 보내는 작업을 동시에 수행하는 것이 가장 좋았다. 그러면 수중에 비트코인이 남지 않으면서도 매매로 20퍼센트의 수익을 남길 수 있었다. 하지만 한국 정부는 원화 매도를 허락하지 않을 것이었다.

샘은 초대형 여객기를 사서 각각 1만 달러 규모의 원화가 들어 있는 서류 가방을 든 한국인들로 채운 다음 서울과 일본의 작은 섬을 오가게 하는 방안도 생각해봤다. 하지만 "확장성이 없다는 게 문제였다"고 샘은 말했다. "시도할 가치가 있으려면 하루에 1만 명의 한국인을 동원해야 하는데 그 정도면 충분히 이목을 끌 것이므로 계획을 계속 실행할 수 없을 게 뻔했다. 한국은행이 한국인 1만 명이 원화가 가득 든 서류 가방을 들고 오가는 것을 알게 되면 *새로운 흐름이 생겨나고 있군* 하고 관심을 가질 테니까."

하지만 포기하기 아까운 계획이기는 했다. 심지어 한국에서 비트코인 가격이 미국보다 50퍼센트 비싸게 팔리는 순간도 있었다. 이런 상황에서는 화폐도 필요 없다. 그저 한국 외부에서 판매해 거액의 달러를 얻을 수 있는 *물건*을 원화로 대량 매수하기만 하면 된다. 잠시나마 샘은 타이레놀을 수출입하는 회사를 만드는 방안도 고려해봤다. 한국에서 원화로 타이레놀을 구매한 다음 미국에서 판매해 달러로 바꾸는 것이었다.

샘과 다른 효율적 이타주의자들은 이런 식의 아이디어 10여 가지를 고민하다가 결국 리플Ripple을 선택했다. 리플넷RippleNet은 2012년 암호화폐 기업가들이 만든 플랫폼으로, 비트코인에 기대되는 역할을 일상적인 금융 활동에서 할 수 있다고 홍보하고 있었다. 리플의 코인인 XRP는 유지하는 데 상당한 에너지가 소모되는 비트코인과 달리 이론상 탄소 중립적이라는 점이 주된 장점이었다. 다만 현실에서는 비트코인과 마찬가지로 코인 가격의 변동성이 커서 베팅하는 재미가 있다는 점이 매력 요인이었다. 2017년 말 많은 사람들이 주요 암호화폐 거래소에서 XRP를 거래했다. 한국의 거래소와 미국의 거래소에서 매매되는 XRP의 프리미엄 차이는 비트코인보다 더 컸다.

한국에서 비트코인이 미국보다 20퍼센트 더 비싸게 거래될 때 리플코인은 25퍼센트 이상 더 비쌌다. 리플은 한국 암호화폐 시장의 비정상성을 이용할 길을 터줬다. 한국에서 XRP를 매도해 확보한 원화로 비트코인을 매수하고 비트코인을 미국으로 보내 매도해서 달러를 마련한 다음 그 달러로 XRP를 매수해 한국으로 보내는 방법이었다. 비트코인은 한국에서 미국보다 20퍼센트 더 비싸게 거래되었지만 리플 토큰에서 얻은 25퍼센트의 수익으로 충분히 매수할 수 있었다. 거래에서 기대되는 수익률이 당초 20퍼센트에서 5퍼센트로 줄어들지만 제인 스트리트의 기준으로는 상당한 수준이었다. 유일한 위험이라면 매매에 5~30초가 소요된다는 점이었다.

적어도 알라메다가 처음 매매를 할 때에는 위험이 그 정도 수준에 불과할 것으로 예상되었다. 그러던 2월의 어느 날, 매매에 정신이 팔려 있던 샘 대신 누군가가 리플이 사라진 것을 발견했다. 400만 달러 규모의 리플이 증발해버렸다. 정확하게 말하자면 당시에는 리플이 완전히 사라진 것인지 여부도 확실치 않았다. 게리가 만든 시스템을 사용하던 샘과 트레이더들은 하루에 25만 건의 매매를 처리하고 있었다. 리플과 비트코인이 어지럽게 이동하고 있었기 때문에 문제의 리플이 이동 중일 가능성도 있었다. 샘은 400만 달러어치의 리플을 미국 거래소에서 보냈고(알라메다 계좌에서 인출) 한국의 거래소에 도착했지만 한국의 해

148

당 거래소에서 알라메다 계좌에 입금하는 데 늑장을 부리는 것으로 추정했다. 다른 경영진은 이를 확신하지 못했고 샘에게 리플이 어디로 사라졌는지 파악하는 동안 모든 매매를 중단해야 한다고 요구했다.

결국 샘도 동의해 2주 동안 매매를 중단시켰다. 다른 경영진은 수백만 달러 규모의 리플이 증발해버린 것으로 확신했고 샘과 게리를 제외한 모두가 흥분했다. "투자자와 직원들이 각자 살길을 다시 찾아 나설 수 있도록 이 문제를 공개해야 한다고 말했지만 샘은 원치 않았다"고 회사의 한 임원은 말했다. 샘은 리플의 실종이 큰 문제가 아니라고 계속 주장하면서 리플을 훔쳐간 사람이 아무도 없다고 믿었다. 리플이 사라졌다거나 손실 처리해야 한다고도 생각하지 않았다. 샘은 리플이 다시 돌아올 가능성이 80퍼센트 정도로 추산된다고 경영진에게 말했다. 따라서 아직 80퍼센트는 보유하고 있는 것으로 고려해야 한다는 주장이었다. 이러한 주장에 대해 한 임원은 다음과 같은 답신을 보냈다. *사후 평가를 할 때 리플이 전혀 회수되지 않을 경우 누구도 리플의 회수 가능성이 80퍼센트라고 고려한 것을 합리적이라고 여기지 않을 것이다. 모든 사람이 우리가 거짓말을 했다고 생각할 것이며 투자자들은 사기죄로 고소할 것이다.*

샘은 이런 식의 주장에 진절머리를 냈다. 그는 본질적으로 확률론적인 상황을 흑백논리나 선악이나 옳고 그름으로 해석하는 태도를 혐오했다. 삶에 대한 샘의 접근방식을 대다수의 사람들과 구분 짓는 지점은 샘이 인생에 확률을 적용하고 그에 따라 행동한다는 것이다. 샘은 세상을 실제보다 더 인식 가능하다고 여기는 사후 환상에 흔들리기를 단호히 거부했다. 사라진 리플은 그가 종종 드는 사고실험을 연상시켰다. 샘은 "밥이라는 친한 친구가 있다. 훌륭한 사람이고 여러분은 그를 아낀다. 어느 날 밥이 하우스 파티에 갔는데 한 참석자가 살해되었다. 살인자가 누구인지는 아무도 모른다. 파티에는 스무 명이 있었는데 전과 기록이 있는 사람은 없다. 여러분이 생각하기에 밥이 누군가를 살해할 가능성은 다른 사람들보다 낮다. 그렇더라도 밥이 사람을 죽였을 가능성이 제로라고 말할 수는 없다. 살해당한 사람이 있지만 누구의 짓인지 아무도 모른다. 이제 여러분은 밥이 그랬을 확률이 1퍼센트 정도라고 생각한다. 밥이 어떤 사람으로 보이는가? 여러분에게 밥은 어떤 사람인가? 추가로 들어오는 소식은 없다. 밥에 대한 새로운 정보도 없다"라고 말했다.

한 가지 고려할 수 있는 방안은 다시는 밥 근처에 가지 않는 것이다. 항상 그렇게 생각했듯 밥이 착한 사람일 가능성이 99퍼센트지만 그 생각이 틀렸다면 밥의 곁에 가는 순간 죽은 목숨이다. 밥의 성격을 확률 문제로 접근하는 것에 거부감이 들 수도 있다. 밥은 사람을 죽이는 냉혈한일 수도 있고 아닐 수도 있다. 밥에 대한 진실을 알게 되기 전에는 어떤 확률을 부여하더라도 사후에 보면 부당하고 어리석은 평가일 뿐이다. 샘은 "대체로 옳을 가능성이 압도적으로 큰 추측이란 존재하지 않는다"고 말했다. "밥은 전혀 죄가 없거나 완전히 죄인이다." 하지만 샘이 보기에 밥의 성격에 확률을 부여하는 것이야말로 밥 또는 모든 불확실한 상황에 대해 생각할 수 있는 유일한 방법이다. "그저 '밥은 가까이 가고 싶지 않은 녀석이야'라고 말하는 것으로는 충분하지 않다. 어느 정도의 확률이어야 '좋아, 문제가 해결되기 전까지는 밥에게서 떨어져 있겠어'라고 말하겠는가?"라고 샘은 말했다. "혼란스럽기 짝이 없는 문제다. 지금으로서는 밥의 상황을 공정하게 처리할 방법이 없다." 인생의 불확실성은 종종 확률적 접근을 비웃지만, 샘이 보기에는 달리 취할 만한 접근법이 사실상 존재하지 않는다. 그는 "많은 문제가 밥의 경우와 같다. 리플 역시 밥과 같아서 되찾거나 아닐 것이라고 생각했다"고 말했다.

4월 초 알라메다 리서치의 다른 임원들은 이제 샘의 사고실험에 더 이상 관심을 두지 않았다. 한 사람은 "매매를 중단한 이후 샘이 새로운 소식을 전해주기를 기대했지만 그런 일은 일어나지 않았다"고 말했다. "*마치 우리에게 큰 문제가 생겼습니다. 돈이 어디에 있는지 모르고 있어요. 분명한 건 우리가 생각했던 것만큼 많은 돈을 가지고 있지 않다는 겁니다*라고 말하는 식이었다." 모두가 샘이 고집스럽게 관리를 방치하는 것에 신물이 난 상태였다. 자금의 정확한 행방에 대해 샘이 취하는 태평한 모습에는 공포감마저 들 지경이었다. 하루에 25만 건의 매매를 처리하는 중에 시스템에서 거액의 자금이 사라지거나 기록에 실패하는 일이 발생했다. 많은 문제가 있었지만 조잡한 기록 관리 때문에 제대로 세금 신고를 하기도 어려웠다. 타라는 "거래의 10퍼센트가 사라져버리면 감사를 어떻게 통과하겠는가?"라고 물었다. 리플의 실종은 결정타였다. "세계의 문제를 해결하는 데 사용되었을 수백만 달러가 사라진 것은 무척 중요한 문제였다"고 벤 웨스트는 말했다. 이러한 환경에서 매매를 이어가는 것은 미친 짓이라고 생각했지만 샘은 매매를 고집했다. 암호화폐 시장은 언제까지 비효율적인 상태로 남아 있지 않을 것이기 때문에 해가 비출 때 건초를 말려야만 한다면서.

안타깝게도 해는 구름 뒤로 숨어버렸다. 2월에 암호화폐 가격이 하락하자 아시아의 광풍도 잠잠해졌고 아시아와 미국 거래소 간의 암호화폐 가격 차이도 줄었다. 이 마당에 사라진 리플로 인해 매매 수익이 손실로 전환되었다. 1월에는 4000만 달러의 자본으로 하루에 50만 달러의 이익을 냈지만 2월에는 네 배의 자본을 가지고도 하루에 50만 달러의 손실을 기록했다. 샘의 무분별함에 모두가 불안감을 느낀 것과 별개로 샘에 대한 경영진의 의견이 서로 엇갈렸다. 타라는 이미 오래전부터 샘이 정직하지 않고 속임수를 쓴다고 결론지었다. 벤은 샘이 의도가 선하기는 하지만 업무를 형편없게 처리한다고 생각했다. 하지만 그가 위험한 일을 하고 있다는 데에는 모두가 동의했다. "타라와 함께 또 다른 임원인 피터 매킨타이어Peter McIntyre와 대화를 나눴다. 어떻게 샘을 도울 것인가에 대한 대화 주제가 이내 *어떻게 샘을 축출할 것인가*로 바뀌었다"고 벤은 회상했다.

알라메다 리서치에서 벌어지는 다른 일과 마찬가지로 샘을 제거하려는 경영진의 시도는 간단치 않았다. 무엇보다 샘이 회사의 전 지분을 소유하고 있었다. 그는 다른 누구와도 지분을 나누지 않는 구조를 만들었고 향후 지분을 주겠다는 약속만 했을 뿐이었다. 팽팽한 긴장감 속에서 진행된 회의에서 나머지 경영진이 샘의 지분을 매수하겠다고 제안했지만 샘이 생각하는 회사 가치에 턱없이 미치지 못한 데다 매수 제안에는 말도 안 되는 세부 조건이 붙어 있었다. 샘이 향후 알라메다의 모든 이익에 대한 세금을 납부한다는 조항이었다. 나아가 일부 효율적 이타주의자들은 샘을 파산시킬 생각까지 했다. 인류에 봉사하는 차원에서 샘이 다시는 거래할 수 없도록 만들겠다는 것이었다. 회의 후 벤은 샘에 대해 "스스로를 무척 안쓰럽게 여기는 듯했지만 회사의 다른 모두가 엄청난 희생을 했다는 점을 일깨워줬다"고 말했다.

이제 니샤드 차례였다. 그는 다른 사람들을 무척 배려했다. 자기 의견을 밝힌 다음에는 상대방을 자극할 의도가 없었다는 점을 네 가지 방식으로 표현해 확실히 하는 사람이었다. 특정 주장에 대해 양 당사자 입장에서 볼 줄도 알았다. 어린 축에 속했지만 니샤드는 게리를 제외하고 샘을 이해하지 못하는 모두와 샘 사이에서 인간 완충장치라는 불편한 역할을 떠맡았다. 자신에 대해 니샤드는 "나는 일보다는 사람을 우선시하는 반면에 샘은 이와 정반대의 유형이기 때문인 것 같다"면서 "내가 감정적인 사람은 아니지만 샘보다는 훨씬 감정적"이라고 말했다. 당시 니샤드는 처음으로 샘이 사람들을 관리하는 방법에 완전히 무지하다는 것을 인정한 사람이었다. 특히 이 사람들은 자기 인생의 기댓값을 극대화하기 위해 직업을 도구로 여기고 있었다. "훌륭한 관리자의 역할을 수행하는 방법에 대해 고민해봤다"고 그는 말했다. "매주 일대일 회의를 통해 직원의 감정을 살피고 유용한 피드백을 주는 등의 방법이 있을 텐데 샘은 그 어떤 기준도 충족하지 못했다. 사람들은 샘이 대화 중에 계속 컴퓨터 화면만 바라보면서 성의 없는 대답만 하는 것에 불만이 많았다. 게다가 샘은 자신이 알지 못하는 것에 대해 사람들이 이야기하는 것을 거부했다."

샘과 다른 임원들 간의 분란이 거세지자 니샤드가 중재에 나섰다. "기본적으로 샘이 무척 형편없는 관리자라는 데 동의했다. 그는 정말로 관리자로서 엉망이었다." 하지만 니샤드가 보기에 샘이 시무룩하게 고립되어 있는 사이 다른 경영진들은 과도하게 분노를 터뜨리고 있었다. 그는 "우리는 정말로 멍청한 대화를 하고 있었다"라고 회상했다. "효율적 이타주의자들을 기만하고 재능을 낭비한 대가로 샘을 어떻게 파문해야 할지를 고민하거나 '샘을 정신 차리게 할 방법은 실제로 파산시키는 것뿐'이라는 식이었다. 할 수 있는 한 가장 모진 말을 내뱉기 위해 *투자자*들에게 샘이 효율적 이타주의자 행세를 한다고 말하기도 했다." 하지만 샘의 평판을 망치는 것으로도 충분하지 않았는지 그들은 퇴직금까지 요구했다. 니샤드는 "그들은 자신들이 가진 지분이 없는 데다 손실을 내고 있는 회사를 그만두면서 퇴직금을 원했다"고 말했다. "회사를 그만두려면 샘이 돈을 줘야 한다면서 자신들의 가치가 회사 전체의 가치보다 높다고 했다. 샘의 순 가치는 마이너스 상태였기 때문이다."

니샤드는 효율적 이타주의자들이 돈과 이상한 관계를 맺고 있다는 생각을 했다. 기본적으로 알라메다 리서치의 모든 직원과 투자자는 거의 동일한 자선사업에 전 재산을 기부할 생각이었다. 살면서 전혀 만날 일이 없는 사람들의 생명을 구하는 데 사용될 것이기에 누가 그 돈을 어떻게 쓰든 크게 개의치 않으리라 생각하기 쉽다. 하지만 이는 오판이다. 금전 거래에서 효율적 이타주의자들은 러시아 신흥 재벌 올리가르

히보다 더 무자비했고 투자자들은 무려 50퍼센트의 이자를 요구했다. 니샤드는 "일반적인 대출이 아니라 악덕 사채였다. 또한 공동의 기업이 되어야 했음에도 샘은 다른 사람과 지분을 나누지 않았다. 이에 더해 수익을 내지 못하는 효율적 이타주의자들은 퇴직금으로 수백만 달러를 요구하고 돈을 받기 전까지 외부에서 샘의 평판을 해치기 위해 무슨 일이든 했다"고 말했다. "정말 이상한 일이다. 이들은 다른 어떤 것보다 돈을 우선시한다. 돈에 이토록 많은 관심을 쏟는 것 자체가 도덕적 파산 상태라는 생각이 들었다."

샘이 그만두기 위해서는 회사를 떠날 마음이 들어야 했지만 샘은 그럴 생각이 없었다. 결국 2018년 4월 9일 나머지 경영진과 절반의 직원이 100만~200만 달러의 퇴직금을 받고 회사를 나갔다. 당시 외부 투자자들은 밥의 친구와 같은 불편한 위치에 있었다. 회사 경영진에게 샘에 대해서 샘과는 반대되는 의견을 들었다. 하지만 판단을 내릴 만한 "명백한 증거가 없었다"고 누군가가 말했다. 샘이 한 일 중 그 무엇으로도 쉽사리 그를 매도할 수 없었다. 이를 타라는 "사소한 100가지의 잘못"이라고 표현했다. 투자자들은 누구 혹은 무엇을 믿어야 할지 몰랐고 그걸 파악할 방법조차 알지 못했다. 어떤 이는 "샘을 전적으로 믿어서는 안 될 이유가 있을지도 모르지만 상황이 그리 간단해 보이지 않았다"고 털어놨다. 모두가 스타트업에서 돈을 번 경험이 있기에 스타트업이란 혼란 그 자체라는 것을 익히 알고 있었다. 이제 샘이 돈을 훔치거나 까먹는 분별없고 부정직한 효율적 이타주의자인지, 아니면 다른 사람들이 스타트업 헤지펀드에서 일하기 적합하지 않았던 것인지 판단해야 했다. 양쪽 중 어느 하나만 선택해야 하는 질문 앞에서 투자자들은 확률적으로 반응했다. 거의 모든 투자자가 알라메다에 대한 투자를 유지하면서도 투자 규모를 일제히 줄인 것이다. 샘이 활용할 수 있는 자본은 1억 7000만 달러에서 4000만 달러로 줄었다. 이전과 같은 규모로 매매할 수는 없겠지만 그래도 거래 자체는 가능했다.

남은 직원들도 밥의 친구와 같은 입장에 처했고 대부분은 무슨 일이 일어났는지 알지 못했다. 샘은 회사의 일반 구성원에게 퍼즐의 일부 조각만을 보여주고 자신은 전체 그림을 보는, 제인 스트리트의 관리 방식을 완벽하게 구현했다. 의도한 것은 아니었지만 게리는 컴퓨터 코드를 통해 이와 유사한 일을 해왔다. 게리를 제외한 나머지는 코드를 해독할 수 없었던 것이다. "게리는 유일하게 코딩을 이해하는 사람이었지만 누구와도 대화를 나누지 않았다"고 니샤드는 말했다. 남아 있던 거의 모두에게 회사는 블랙박스와도 같았다. 니샤드는 잔류할지 여부를 잠시 고민했다. 샘은 다른 사람들과의 교류가 서툴고 게리는 무엇을 만드는지 알 수 없었지만 결국 샘과 게리와 같은 배를 타고 어떤 일이 벌어질지 지켜보기로 했다. 그러면서 샘에게 다른 사람의 감정에 대해 알려주기로 결심했다. 직원 절반이 그만둔 직후 니샤드는 샘에게 보낸 메일에서 "일대일 만남에서 사람들이 자기 의견이 전달되고 있다고 느끼게 하는 한 가지 방법은 상대방이 대체로 어떤 감정을 느끼는지, 감정적으로 어떻게 받아들이고 있는지 물어보는 것이다"라고 일렀다.

돌아보면, 이후 벌어진 일은 믿기 어려울 정도다. 이제 샘과 논쟁을 벌일 사람이 남아 있지 않자 그는 스위치를 없애고 모델봇을 돌렸다.

"모델봇은 작동을 시작하자마자 많은 돈을 벌어 오기 시작했다"고 니샤드는 전했다. 게다가 사라졌던 400만 달러 규모의 XRP도 돌아왔다. 우선 XRP의 이동 경로를 파악해보니 미국의 암호화폐 거래소인 크라켄에서 한국의 빗썸이라는 거래소로 전송되었다. 그런데 두 거래소가 사용하는 컴퓨터 언어가 완벽하게 호환되지 않았던 것으로 드러났다. 빗썸은 크라켄에서 XRP를 받을 수 있었지만 토큰 소유자의 이름으로 받지 못했다. 한국의 거래소는 이 문제가 리플 코인에서만 일어나고 다른 암호화폐에는 해당 사항이 없었기 때문에 감지하지 못하고 있었다. 또한 크라켄에서 빗썸으로 대규모 송금을 하는 대형 시장 참여자는 하나뿐이었다. 한국의 빗썸 직원들은 주인을 알 수 없는 대규모의 XRP가 쌓이는 것을 지켜봤다. XRP가 있을 만한 곳을 파악한 샘은 직접 빗썸 거래소에 전화를 걸었다. 세 차례 통화 상대가 바뀐 끝에 마침내 담당자와 연결되었다. "당신이 리플 토큰 2000만 개를 보낸 사람입니까? 이제야 전화를 하면 어떻게 합니까?" 통화 상대의 주변에서 누군가가 "젠장, 찾았어!"라고 외치는 소리가 들렸다.

이제 회사는 세금도 납부했다(샘의 아버지 도움을 얻었다). 한 달에 수백만 달러 규모의 거래를 재개해 매매 수익을 올렸지만 회사는 이전과 다른 모습이었다. 더 이상 효율적 이타주의자들이 마구잡이로 모인 집단이 아니었다. 무시무시한 사건을 견뎌낸 작은 팀은 이제 전적으로 샘을 신뢰했다. 내내 그는 옳았다! 남아 있던 사람들뿐 아니라 떠난 일부 사람들에게도 샘은 더 이상 의문스러운 사람이 아니라 무슨 일을 왜 하는지 완벽하게 알 수 없는 순간에도 따라야 할 리더로 변했다(회사를 떠난 경영진 중 한 사람은 나중에 "돌아보니 내 생각이 틀렸고 우리는 더 큰 위험을 감내했어야만 했다"고 말했다). 처음부터 특이했던 회사는 더 특이한 회사가 되었다. 내부인들은 자기 생각과 감정을 설립자의 생각과 감정에 맞게 바꾸는 데 가장 유능한 사람들이었다.

2018년 말 캐럴라인은 "샘에게. 3인칭 시점으로 글을 쓰는 것을 용서하세요"라는 편지를 보냈다. "막판에야 편지를 보내야겠다는 결심을 했어요." 내분으로 캐럴라인도 많은 스트레스를 받았지만 이미 제인 스트리트를 떠난 이후였고 마땅히 갈 곳도 없었기 때문에 누구를 믿어야 할지 몰랐음에도 회사에 남았다. '분열' 사태로 인한 소동이 가라앉았지만 여전히 샘은 홀로 분열 사건의 의미를 곱씹고 있었다. 알라메다 리서치는 자기 궤도를 찾았고 꾸준히 이익을 냈다. 하지만 캐럴라인의 기분은 완벽하게 회복되지 않았기에 그녀는 자신의 상관에게 편지를 쓰고 있었다.

*"무엇이 문제일까요?"*라고 묻는 캐럴라인의 편지는 언뜻 보기에는 업무 관련 메모 같았다.

> 샘에게 연애 감정을 꽤 강하게 느끼고 있습니다.

그저 업무 형식으로 작성된 것일 뿐 업무와는 무관한 메모였다!

이게 왜 문제일까요?

이 감정은 머릿속에서 많은 에너지를 소모합니다.

그래서 다른 중요한 일을 고민하지 못하게 하기 때문에 많은 시간이 낭비됩니다.

이 감정은 때때로 긍정적이거나 좋은 느낌이지만 전체적으로는 유쾌하지 않습니다.

업무 능력에 영향을 미칩니다.

- 업무 관련 감정을 쓸모없는 방식으로 증폭시킴.

예: "이 일을 잘해내지 못했어" → "이제 샘이 나를 미워하겠지" → 슬픔

메모는 4페이지에 달했다. 캐럴라인은 자기 의견이 전달되기를 바랐지만 상대가 비디오게임을 하면서 읽는 둥 마는 둥 하리라는 것도 분명히 알고 있었다. 어찌 됐든 자신의 의견을 밝혔고 마음 깊은 곳의 감정이 원하는 바가 논리적으로 혹은 최소한 타당하게 들리도록 애썼다.

지금의 상황이 내가 결정한 모든 선택의 명백한 결과인 것만 같아 혼란스럽습니다. 하지만 어떤 다른 선택을 했어야 하는지도 모르겠어요. 당시에는 솔직히 문제가 되리라 생각하지 못했지만 애초에 알라메다에 들어오지 말았어야 했는지도 모릅니다('상사에게 끌리는 것'은 터너와 일할 때 우려한 사항이었지만 결국에는 전혀 걱정할 거리가 아닌 것으로 드러났습니다). 어쩌면 샘과 자서는 안 됐는지 모릅니다. 그때는 그 감정/욕구가 시간이 갈수록 커져서 무슨 일이라도 하지 않으면 못 견딜 것 같았지만요.

캐럴라인은 샘의 입장에서 자신을 어떻게 생각할지 그려봤다("샘이 내게 한 마지막 말은 '갈등을 느낀다'는 것이었다. 욕망이 갈등을 벌인다는 것은 나와 자고 싶다는 마음과 전문가로서 부정적인 결과를 염려하는 마음이 충돌하는 것으로 보인다"). 그녀는 샘의 행동 중에 거슬렸던 점을 나열했다. 그중에는 "나와 섹스하는 것에 대해 갈등을 느낀다고 말하고선 섹스를 하고 이후 몇 달 동안 나를 무시하는 등 혼란스러운 신호를 보낸 것도 포함되었다." 그녀는 두 사람의 은밀한 관계와 관련된 비용부터 시작해 기댓값 분석을 시도했다.

- 알려지면 스캔들
- 이해상충
- 업무 관련 긴장감 고조

결론에 이르러서는 알라메다 리서치를 그만두고 샘과의 모든 연락을 끊는 것이 좋을지를 따져봤다. 하지만 결국…….

- 샘과 내가 서로의 감정을 이해하도록 대화를 나누고 어떻게 할지 결론에 도달하면 바람직할 것이다.

바람직한 일이 이루어질 가능성은 있었다. 하지만 최상의 환경에서도 실현 가능성이 낮을 텐데 설상가상으로 환경마저 악화되었다. 캐럴라인은 메모를 자신에게 보낸 다음 샘과 공유했고, 얼마 뒤 샘은 짧은 일정으로 홍콩으로 떠났다. 그녀의 메모를 확인한 샘은 버클리 시내에 남아 있던 열다섯 명가량의 직원들에게 전화해 돌아가지 않을 것이라고 통보했다.

6장

거짓 사랑
Artificial Love

2008년 말, 오늘날까지도 그 정체가 베일에 싸여 있는 나카모토 사토시Nakamoto Satoshi가 비트코인이라는 아이디어를 소개하는 논문을 발표했다. 세계 최초 암호화폐의 미래를 주로 기술적으로 설명한 논문이었다. 비트코인은 '전자 코인'으로, '작업 증명 체인'이라는 공개 원장에 존재한다. 한 거래자에게서 다른 거래자에게로 이체될 때마다 프로그래머가 진위성을 검증한 다음 공개 원장에 거래를 추가한다. 비트코인 '채굴자'로 불리는 이 프로그래머들은 보상으로 새로운 비트코인을 지급받는다.[**] (흥미롭게도 '블록체인'이라는 단어는 논문에 등장하지 않는다.) 기술 분야 전문가들은 비트코인이 어떻게 작동하는지에 관심을 가진 반면에 많은 대중은 비트코인으로 무엇을 할 수 있는지에 관심을 보였다. 비트코인은 일반 대중이 기존의 금융 시스템을 벗어날 수 있도록 도와 궁극적으로 금융 영역에서 다른 인간의 진실성에 기댈 필요가 없게 해줄 것이었다. "필요한 것은 신뢰가 아니라 암호 증명에 기반한 전자 결제 시스템"이라고 사토시는 주장했다.

사토시의 정체는 알 수 없지만 그는 신뢰 또는 신뢰의 필요성을 성가시게 여겼다. 그가 논문에서 2008년 글로벌 금융위기를 언급하지는 않았지만 금융위기에 대한 대응에 실망해 비트코인을 창안한 것이 분명했다. 비트코인이 기대한 대로 자리를 잡는다면 은행과 정부는 더 이상 화폐를 관리할 수 없으며 은행이 없어도 비트코인을 소유하고 옮길 수 있다. 컴퓨터 코드의 무결성과 설계를 제외하고 그 어떤 사람이나 대상을 신뢰할 필요도 없다. 이와 동시에 비트코인은 건전한 화폐를 지지하고 불신에 호소했다. 암호화폐는 공통의 적이 있다는 이유로 서로를 친구로 만들었다. 적어도 초기에 암호화폐에 흥미를 느낀 사람들은 대형 은행, 정부, 기타 형태의 제도권에 의구심을 가지고 있는 사람들이었다.

제인 태킷Zane Tackett이 그 대표적인 인물이었다. 물론 제인을 어느 한 유형으로 규정한다면 그의 성격과 무게감을 과소평가하는 것일 터

** 이상이 당시 암호화폐에 대한 설명이었다. 샘이 암호화폐에 대해 알고 있는 내용의 전부였고, 수십억 달러 규모의 암호화폐를 거래하기 위해 *그가* 알아야 했던 내용이기도 했다. 많은 저술가가 이미 비트코인을 설명한 내용을 굳이 또 설명할 이유를 찾기는 어렵다. 예를 들어 맷 레빈은 〈블룸버그 비즈니스위크〉에 '암호화폐 스토리(The Crypto Story)'라는 4만 단어 분량의 기사를 게시했다. *정말* 흥미로운 점은 비트코인이 제대로 이해하기 어려운 개념이라는 것이다. 비트코인을 설명하려는 시도는 많았지만 비트코인은 완벽하게 설명되지 않은 상태로 남아 있다. 고개를 끄덕이며 이해했다고 생각한 사람도 다음 날 아침에 일어나면 설명을 다시 들어야만 하는 것이다.

다. 제인은 종종 '디 오지The OG, the original을 뜻하는 속어'라고 불렀다. 2013년 4월 비트코인 가격이 100달러 선을 맴돌 당시 콜로라도 대학교에 재학 중이던 제인은 특이한 잡지 기사를 발견했다. 기자는 자신이 곧 숨을 것이며 찾아내는 사람에게 1만 달러의 상금을 준다고 했다. 상금은 비가역적이고 추적 불가능하다는* 장점을 지닌 비트코인으로 지급한다고 밝혔다. 기사는 이상하리만치 관심을 끌었고 제인은 기자의 행방보다는 비트코인이 무엇인지 알아보기 시작했다. 얼마 전 제인은 마이클 조던Michael Jordan 카드를 온라인에서 팔았는데 구입한 사람이 신용카드 결제를 취소하고서는 마이클 조던 카드만 챙기는 바람에 사기를 당한 터였다. 제인은 금융 시스템이 그런 사기를 허용했다는 사실에 분노했다. 당시 그는 대학 생활에 흥미를 느끼지 못했고 학교 공부를 계속하기보다는 다른 일을 찾아보라는 조언에 귀를 기울였다. "할아버지는 중국이 세계를 지배할 것이라며 중국에 가서 언어를 배워야 한다고 했다"고 제인은 말했다.

그는 할아버지의 조언에 따라 고등학교를 졸업하자마자 1년 동안 중국에 머물렀다가 콜로라도 대학교에 진학했다. 이후 제인은 비트코인을 매수하고 콜로라도 대학교를 중퇴한 다음 베이징으로 옮겨 OKEx라는 암호화폐 거래소에 취직했다. 회사 최초의 비중국인 직원이었다. 중국 기업들은 민간 제국과도 같았고 직원들은 식민지보다 더 못한 자

---

* 당시에는 맞는 말이었지만 지금은 그 반대다. 암호화폐 조사자들은 모든 비트코인 거래가 블록체인에 항상 보관된다는 사실을 활용해 추적 도구를 만들었다.

산 취급을 받았다. 제인은 "직원들이 학대를 당하더라도 무슨 조치를 취할 수 있겠는가? 보호 장치가 전혀 없었다"고 말했다. 부모님은 그가 바람직하지 않은 일에 엮이지 않을까 걱정했지만 할아버지는 제인의 중국어가 유창하다고 추켜세울 뿐이었다. 제인은 비트코인을 계속 사들였는데 비트코인 가격이 꾸준히 오르면서 부자가 되었다. "특이한 화폐를 모았더니 어느 날 〈월스트리트저널〉에 인용되었고 부모님은 내가 잘 지내고 있다고 생각했다"고 제인은 말했다.

2016년 비트코인 가격이 400달러를 돌파하자 제인은 부자가 되었을 뿐만 아니라 암호화폐 거래소와 협상을 벌여 전 세계 어디든 자신이 원하는 곳에서 일할 수 있을 정도로 명성이 높아졌다. 암호화폐 분야의 모두가 제인을 알고 제인을 신뢰했다. 총잡이를 연상시키는 이름에 몸매도 호리호리한 제인은 마치 황량한 서부를 떠도는 총잡이처럼 무엇에든 누구에게든 얽매이지 않고 이곳저곳을 누볐다. 어느 달에는 인도네시아에, 그다음 달에는 아르헨티나에 머물렀다. 비트코인처럼 제인도 국경을 넘나들었다. 원칙적으로 그는 모든 금융 생활을 비트코인으로 했다. 비트코인으로 돈을 받았고 다른 사람들에게도 오로지 비트코인으로 지불했다. 그는 자신이 동참한 운동에 대한 신념을 즐겨 확언하면서 "정부로부터 돈의 힘을 빼앗고 싶다"고 말했다. 비트코인처럼 제인에게도 나름의 강령code이 있었다.

2017년, 제인이 동참한 운동의 정신에 변화가 일어났다. 비트코인 마니아들은 사토시가 정부가 보증하는 화폐를 대체하는 화폐를 만들었다고 믿었지만 정작 비트코인이 대체한 것은 다름 아닌 도박이었다.

2017년 비트코인 가격이 폭등하면서 새로운 투기꾼 세대가 유입되었다. 주식시장과 달리 컴퓨터를 사용할 줄 안다면 전 세계 누구나 시간에 구애받지 않고 암호화폐를 거래할 수 있었다. 투기적 거래 대상에 대한 수요가 증가하자 수백 가지의 새로운 암호화폐가 등장했다. 일반적으로 암호화폐는 새로운 기업의 자금 유치 차원에서 투기자들을 대상으로 홍보되었지만 그러한 기업이 실질적인 가치를 지닌 경우는 드물었다. 새로운 암호화폐 코인인 EOS는 초기 판매에서 44억 달러를 유치했다. 이 코인의 창시자는 자금의 유용한 사용처가 없는 상태에서 이를 '자산 운용'에 사용할 것이라고 밝혔다. 이러한 돈벌이 행위가 횡행하자 제인은 심기가 불편해졌다. "마치 '내가 이 프로젝트를 수행한다고 말하면 사람들이 돈을 줄 것이요, 프로젝트를 진행하지 않더라도 돈을 계속 줄 것이다'라고 말하는 격이었다." 암호화폐 거래소라는 아이디어 못지않게 이러한 돈벌이도 사토시를 당황시켰을 가능성이 높다. 원래 비트코인의 장점은 금융 중개인이 필요 없다는 것이었다. 거래 간 신뢰가 필요하지 않다. 시장 참여자는 스위스 프랑이나 애플 주식 또는 살아 있는 소를 거래할 때와 달리 다른 사람과 직접 간편하게 비트코인을 거래할 수 있다. 하지만 금융 중개인을 없애려던 운동은 오히려 우후죽순 금융 중개인을 등장시켰고 2019년 초에는 암호화폐 거래소가 254곳에 달했다.

초기 암호화폐 거래소의 설립자들은 대부분 금융 전문가가 아니었다. 기술 전문가, 자유의지론자, 이상주의자에 제인과 같은 떠돌이들이 뒤섞여 있었다. 암호화폐 거래소는 심지어 뉴욕 증권거래소보다 더 높은 수준의 신뢰를 고객에게 요구했다. 뉴욕 증권거래소에는 규제 기관이 있다. 만약 뉴욕 증권거래소가 고객의 돈을 가로챈다면 임원들이 구속될 것이다. 물론 뉴욕 증권거래소에서 고객의 자금을 가로챌 방법을 찾는 것도 쉽지 않다. 증권 계좌에 있는 고객의 돈을 은행이 관리하고 다른 규제 기관이 감독하기 때문이다. 하지만 새로운 암호화폐 거래소에는 규제 기관이 없었고 이들은 거래소인 동시에 관리인 역할도 했다. 매매자가 비트코인을 살 수 있도록 허용할 뿐 아니라 고객이 매수한 비트코인을 보관했다.

전체 그림을 놓고 보면 이상한 구석이 있었다. 금융시장의 신뢰 문제에 위협을 느껴 단합한 사람들이 오히려 사용자에게 기존 금융 시스템보다 더 높은 수준의 신뢰를 요구하는 유사 금융 시스템을 만든 것이다. 이들은 법 밖에서, 종종 법에 적대적인 태도로 법에 위배되는 다양한 방법을 발견했다. 암호화폐 거래소에서 고객의 돈을 잘못 처리하거나 잃어버리는 일이 심심치 않게 발생했다. 거래소에서 실제보다 훨씬 많은 거래가 발생한 것처럼 보이도록 매매 데이터를 허위로 보고하는 일도 종종 일어났다. 또한 암호화폐 거래소가 거래소의 취약한 위험 관리를 이용한 사기 트레이더나 해커의 먹잇감이 되기도 했다.

시장에서 벌어지던 일을 소개하자면, 아시아의 몇몇 거래소는 100배 레버리지로 비트코인 계약을 제안했다. 그러자 트레이더들은 1억 달러 규모의 비트코인을 매수하는 동시에 1억 달러 규모의 비트코인을 숏셀링했다. 각 거래에 필요한 돈은 100만 달러였다. 비트코인 가격이 어떻게 움직이든 둘 중 하나의 거래에서는 이익을, 나머지 거래에서는 손실을 입는다. 만약 비트코인 가격이 10퍼센트 상승하면 사기 트레이더는 숏포지션의 1000만 달러 손실은 남겨둔 채 롱포지션에서 1000만 달러를 챙겨서 사라진다. 하지만 이 손실을 보전할 만한 자본이 없는 거래소는 손해를 떠안는 대신 시장 참여자에게 분담시킨다. 일반적으로 매매에서 이익을 본 고객들이 손실을 부담했다. 손실액이 막대한 경우도 있었다. 중국인이 설립한 후오비 거래소는 어느 한 건의 거래에서 막대한 손실이 발생하자 그날 매매 수익을 올린 모든 트레이더의 이익을 절반씩 환수했다.

신뢰의 원칙에 토대를 둔 기존 금융시장에서는 다른 사람을 실제로 신뢰할 필요가 없다. 불신의 원칙에 기반한 암호화폐 금융에서는 막대한 자금을 가진 낯선 사람을 신뢰한다. 결코 이상적인 상황이 아니며 2016년 8월 제인 태킷은 이를 뼈저리게 느꼈다. 당시 그가 일하던 비트파이넥스Bitfinex 거래소는 뉴욕시에서 활동하는 두 해커에게 7000만 달러가 넘는 비트코인을 탈취당했다(해커들이 체포될 당시 비트코인의 가치는 46억 달러에 달했다). 당시 태국에 거주하고 있던 제인은 비트파이넥스에서 돈을 잃은 사람들에게 메시지를 보내는 업무를 했다. 그는 "수많은 살해 협박과 유서를 받았다"면서 "살해 협박에는 별로 흔들리지 않았지만 유서는 달랐다. *당신과 함께 살 새 집을 구매할 돈을 투자했는데 이제 우리는 노숙자가 되고 말았네요*와 같은 내용의 유서를 보고 비통함을 감출 수 없었다"고 말했다. 혐오감마저 들었다. 다른 사람들의 신뢰로 가치를 인정받는 것은 자부심이 걸린 문제였다.

이후 제인은 새로운 종류의 암호화폐 회사에서 보다 안전한 업무를 했다. 다양한 이유에서 거래를 비밀로 유지하고 공개 거래소를 회피하려는 투기자를 상대로 대량의 암호화폐를 사적으로 거래하는 장외 거래에 특화된 회사였다. 회사를 처음 설립한 사람은 골드먼삭스 출신이었고 관련 업무에 능통했다. 18개월 동안 제인은 비드bid, 매수 호가와 오퍼offer, 매도 호가 간에 1퍼센트포인트 이상의 넓은 스프레드를 활용해 손쉽게 돈을 벌었다. 하지만 2018년 말 시장이 급변했다. 스프레드가 1퍼센트포인트에서 0.07퍼센트포인트로 급격히 줄었다. 한 대형 트레이더가 시장에 진입하더니 암호화폐 시장의 공식적인 시장 조성자를 자처했다. 제인은 "단기간에 벌어진 일이었다"면서 *"대체 무슨 일이 벌어지고 있는 거지* 하는 의문이 들었다"고 말했다. 제인의 매매 회사는 암호화폐 시장의 한복판에 있었고 이 새로운 참여자가 누구인지 오랫동안 짐작조차 하지 못했다. "그러다 누군가가 '전 재산을 기부하겠다는 비건vegan, 채식주의자'이라고 알려줬다"고 제인은 밝혔다. "또 다른 누군가는 이 비건 녀석이 홍콩에 왔으며 자체 암호화폐 거래소를 만들 계획이라고 전했다." 제인은 호기심이 일어서 그 비건 녀석이 새로운 유형의 암호화폐 거래소를 제안하며 발간한 백서를 한 부 구했다. 그런데 놀랍게도 그 비건과 함께 일하고 싶다는 열망이 솟구치는 것이 아닌가.

나중에 샘은 자신이 애초에 아시아 방문을 수락한 정확한 이유를 기억하지 못했다. 관광에는 아예 관심이 없었다. 그는 비행에 공포감이 있었기 때문에 이륙하기 전에 약을 먹고 마음을 진정시키는 음악을 들어야 할 정도였다. "본능적으로 금속 덩어리가 날 수 있다는 것을 믿지 못했다"고 샘은 말했다. 명목상 그의 출장 목적은 마카오에서 열린 암호화폐 콘퍼런스에 참석하는 것이었는데 일단 도착하자 계속 머물러야 할 이유가 생겼다. 시장에 진입한 이래 처음으로 암호화폐 시장의 모든 주요 참가자와 한 공간에서 함께했고 그중 다수가 아시아인이었다. 또한 처음으로 효율적 이타주의라는 소집단 바깥의 사람들에게 자신이 하는 일에 대해 알렸는데 그 효과는 강력했다.

2018년 11월 말 전까지 알라메다 리서치는 음지에서 운영되었다. 암호화폐 전체 거래량의 5퍼센트 이상을 매매했지만 여전히 베일에 싸여 있었다. 제인 스트리트는 샘에게 세간의 주목을 받아봐야 이로울 것이 없으며 피하는 게 상책이라는 인식을 심어줬다. 샘은 수십억 달러 규모의 암호화폐를 매매했지만 한 번도 본인 실명이나 알라메다 리서치 이름으로 한 적이 없었다(알라메다 리서치라는 이름 자체가 암호화폐와의 관련을 숨기기 위해 선택한 것이었다). 아시아의 암호화폐 거래소는 타인에게 자신을 알리지 않으려는 고객들에게 익숙했고 일부 거래소에서는 거래를 시작하는 고객에게 별명을 발급해주었다. 당시 최대 규모의 거래소에 속했던 비트멕스BitMEX는 알라메다의 거래 계좌에 임의의 세 단어를 조합하여 생성한 것으로 보이는 셸-페이퍼-버드Shell-Paper-Bird와 핫-렐릭-팬시어Hot-Relic-Fancier라는 가상 이름을 부여했다. 특히 '멋진 유물 애호가'를 뜻하는 핫-렐릭-팬시어는 웃음을 유발하는 구석이 있어서 알라메다의 트레이더들이 관련된 그림을 의뢰하기도 했다. 비트멕스가 연간 최상위의 수익을 낸 암호화폐 트레이더 순위를 매긴 표에서 셸-페이퍼-버드와 핫-렐릭-팬시어 모두 10위권에 이름을 올렸다. 이들이 동일한 트레이더일 것이라고는 누구도 짐작하지 못했고 어떤 트레이더인지도 알지 못했다. 그러다 마카오에서 변화가 일어났다.

샘은 콘퍼런스에서 그가 중요하게 여기던 상대를 소개받으면 *저는 핫-렐릭-팬시어입니다*라고 답했다.

그러면 대체로 *그럴 리가요* 하는 반응이 돌아왔다.

샘조차도 사람들이 믿기 어려울 것이라는 사실을 알았다. 제멋대로인 헤어스타일에 배기 반바지와 구겨진 티셔츠를 입은 스물여섯 살의 백인 청년이 그 사람이라니. 샘이 휴대전화를 꺼내 매매 계좌의 보유 금액을 확인시켜 주면 사람들은 비로소 그의 말을 믿었다. 이런 일이 몇 번 반복되자 많은 사람이 앞다퉈 샘을 만나려고 했다. 원래 샘은 얼굴을 맞대는 만남을 즐기지 않았지만 이제 그런 만남의 효과가 엄청나다는 사실을 인정하지 않을 수 없었다. 아시아를 방문하기 몇 주 전 중국의 대형 암호화폐 거래소 중 한 곳이 분명한 이유 없이 거액이 예치되어 있는 알라메다의 계좌를 동결했다. 게다가 고객 서비스 센터는 응답하지 않았다. 하지만 거래소의 임원들이 샘을 직접 만난 후 자금을 돌려주었다. "어느 순간 회의실에 모든 암호화폐 회사의 주요 인물들이 모여 있었다"고 샘은 말했다. "베이 에어리어에서 참석했던 가장 흥미로운 회의보다 더 흥미진진한 회의들로 일정이 채워졌다." 그가 만난 사람들 대부분은 샘이나 알라메다 리서치에 대해 어떻게 생각해야 할지 몰랐다. 샘은 "우리와 같은 사람들이 없었다"고 밝혔다.

당시 샘 자신도 자신이 만든 암호화폐 매매 회사를 어떻게 바라봐야 할지 확신하지 못했다. 효율적 이타주의 동료들과의 내전에 대해 샘은

"인생에서 벌어진 최악의 사건"이라고 말했다. 자신이 높이 평가하고 가치를 공유하던 사람들과 함께 일했지만 결국에는 그중 절반으로부터 배척을 당했고, 그들은 지금도 다른 효율적 이타주의자들에게 샘을 비방하고 다녔다. 샘은 "나 자신에게 의문을 품게 만든 사건"이라면서 "한때 내가 존중했지만 어느 순간 내가 틀리고 미쳤다고 말하는 사람들에게 둘러싸인 건 처음이었다. 내가 정상인지 의심하지 않을 수 없었다"고 말했다. 아시아에 가서도 트라우마와 같은 그 사건에 대해 글을 쓰고 또 썼다. 샘은 "나는 효율적 이타주의 공동체에 해를 끼쳤다. 사람들이 더 많이 미워하고 더 신뢰하지 못하도록 만들었고 미래에 내가 선행을 할 수 있는 능력을 크게 훼손시켰다. 세상에 내가 미친 순 영향력은 마이너스가 되었으리라 확신한다"고 적었다.

샘의 글에서 한 가지 흥미로운 사실은 그의 시각에서 사건을 바라보면서도 공정한 입장을 취했다는 것이다. 분명히 자신을 연민하고 있었지만 다른 사람들도 스스로에 대해 그런 감정을 느낄 것이라는 점을 인식했다. 샘은 스스로를 비난하는 것을 좋아하지 않았고 남들에 대해서도 마찬가지였다. 샘은 "나는 공리주의자다. 결점은 인간 사회의 산물일 뿐으로, 여러 사람이 서로 다른 목적으로 기능하게 만든다. 그릇된 행위를 저지하는 도구가 될 수도 있고 역경에 맞서 자존감을 회복하게 할 수도 있으며 분노의 출구가 될 수도 있다. 최소한 내게 가장 중요한 정의는 각 사람의 행위가 그들이 미래에 할 행동의 확률 분포에 어떤 영향을 미쳤는가다"라고 기록했다.

각 사람의 행위가 그들이 미래에 할 행동의 확률 분포에 어떤 영향

을 *미쳤는가.* 이 문장은 다른 사람과 그 자신에 대한 샘의 관점을 상당 부분 설명해준다. 사람들이 착한지 나쁜지, 정직한지 거짓된지, 용감한지 겁쟁이인지와 같이 고정된 특징을 갖는 게 아니라 평균을 중심으로 확률 분포를 이룬다고 그는 생각했다. 사람은 자신이 해온 최악 또는 최선의 행동의 결과물이 아니다. "나는 사람들이 평균이 아닌 확률 분포의 집결체라고 굳게 믿고 그에 따라 행동한다"고 그는 밝혔다. "다른 이들도 그러한 수준에서 교류하는 것이 내게는 무척 중요하다." 효율적 이타주의자들의 행동은 샘이 효율적 이타주의자의 채용을 꺼리는 방식으로 그들에 대한 확률 분포를 변화시켰다. 처음에 샘은 효율적 이타주의자만을 선발하면 특별한 이점이 있으리라 생각했다. 회사의 모든 구성원이 서로의 동기를 신뢰할 테니 사람들이 일반적으로 서로 신뢰를 쌓기 위해 하는 행위에 시간과 에너지를 낭비할 필요가 없을 것이라 여긴 것이다. 일대일 회의, 시선 맞춤, 악수 등을 건너뛸 수 있으며 특히 누가 얼마를 받아야 마땅한지에 대해 논쟁할 필요가 없으리라 생각했다. 하지만 현실은 그렇지 않았다.

타라 무리가 떠난 후 알라메다는 수익성을 회복했다. 완전 초창기와 같은 수준으로 돈을 벌지는 못했지만 2018년 말에는 연 110퍼센트가 넘는 수익률을 기록했다. 회사가 정상화되자 남은 직원뿐 아니라 일부 효율적 이타주의자들조차 샘이 처음부터 자신이 어떤 일을 하고 있는지에 대해 알고 있었던 것은 아닐까 하고 생각하게 되었다. 분열이 일어나고 몇 달 뒤, 회사를 떠난 한 여성은 유도 신문이 담긴 메시지를 보냈다. *사람들이 EV*Expected Value, 기댓값*에 대해 당신이 틀렸다고 여겼지만 결*

국에는 당신이 옳았죠. 하지만 사람들이 그 사실을 모르거나 당신을 이해하지 못했던 것으로 드러났는데요, 그런 일이 되풀이되는 이유가 무엇이라 생각하나요? 샘은 세 번에 걸쳐 짧은 메시지를 보냈다.

사람들은 샘이 나쁘다고 결론 내린 후 이와 상반되는 그 어떤 증거도 인정하기를 거부하기 때문입니다.

사람들이 자기 신념에 지나치게 감정적으로 몰입됐기 때문입니다. 이는 대체로 그들로서는 스스로에게 잘못이나 비난을 돌리는 것을 피할 수 있는 방법입니다.

또한 이는 누군가의 삶을 파괴하려는 거대한 사회적 진술이며 철회하기가 무척 당황스러운 행동이기 때문입니다.

바꿔 말하면, 사람들이 그를 오해했고 신뢰할 수 없는 사람이라고 결론지은 다음 샘에 대한 생각을 바꾸기를 거부한 것이다. 샘은 다른 사람들이 퍼즐을 풀도록 돕는 방식을 개선해야 했다. 얼굴 표정을 익히는 데 상당히 애를 먹었지만 그것만으로는 부족했다. 보다 명쾌한 방법이 필요했다.

위기일발의 사건에 대한 그의 기록에는 '나와 일하는 것에 대한 메모' '샘이 당신을 차단하는 것의 의미' 등 직원들을 향한 짧은 문서도 포함되어 있었다. 샘의 글에는 현재와 미래의 직원들에게 보내는 그를 어떻게 이해할 수 있는지에 대한 제안도 있었다. 훗날 샘은 "나 자신에 대해 어떤 부분을 바꿨어야 하는지 그 사건이 일어나는 중에, 한복판에서, 이후에, 한참 후에 이해하려는 시간을 가졌다"고 말했다. "그건 무척 절망스러운 경험이었다. 나를 괴롭힌 부분은 사람들이 나의 관리 방식을 마음에 들어 하지 않았고 내게 관리 기술을 배우라고 요구한 것이다." 많은 관리 기술이 자기 모순적이고 앞뒤가 안 맞으니 배울 가치가 없다는 그의 생각에는 변함이 없었다. 샘은 "마치 눈먼 사람이 다른 눈먼 사람을 인도하는 격이다"라면서 "유일한 길은 스스로 보는 법을 터득하는 것이다"고 말했다.

결국 그는 자신이 바꿔야 할 것은 단 하나라고 결론지었다. 다른 사람들에게 보다 다가가기 쉬운 사람이 되는 것이다. 샘이 가장 인정하던 사람들도 '보다 친근하고' '더 건설적인 조언을 줘야' 한다고 충고했다. 샘은 자신이 무서운 사람이라고 생각하지 않았고 타인에게 겁을 줄 의사도 없었기 때문에 그런 조언이 정말로 얼떨떨하게 느껴졌다. 그렇더라도 타고난 모습을 바꾸고 앞으로 다른 사람이 한 말이나 행동에 대해 부정적인 반응은 하지 않기로 결심했다. 자신과 교류하는 상대가 하는 말이나 행동에 그가 실제보다 훨씬 더 관심을 가지고 있다는 인상을 줄 것이다. 상대의 의견에 동의하지 않더라도 동조할 것이다. 상대가 어떤 바보 같은 말을 하더라도 "이예에에에에엡!" 하고 답할 것이다. "손해를 보기도 하겠지만 전체적으로는 그럴 만한 가치가 있을 것"이라고 그는 말했다. "대체로 사람들은 자신에게 동의하는 사람을 더 좋아한다." 샘은 상대를 좀처럼 인정할 줄 모르던 사람에서 상대를 인정하지 않는 일이 좀처럼 없는 사람으로 변했다.

샘 자신보다 더 큰 변화가 필요한 건 그의 회사였다. 2019년 초에는 기부를 위해 그가 자체적으로 정했던 수익 목표와 암호화폐 트레이더로서 벌 수 있는 금액 간의 간극이 크게 벌어져 있었다. 2018년에 알라메다 리서치는 4000만 달러의 자본으로 3000만 달러의 이익을 냈다. 효율적 이타주의 투자자들이 절반을 가져가면서 1500만 달러가 남았는데 이마저도 회사를 떠난 사람들의 급여와 퇴직금으로 500만 달러를, 비용으로 또 다른 500만 달러를 사용했다. 남은 500만 달러에는 납부할 세금이 포함되어 있었기에 결국 효율적 이타주의를 위해 기부한 금액은 150만 달러에 불과한 셈이었다. 샘이 보기에는 전혀 충분치 않은 금액이었다. "훨씬 더 많은 자본을 유치하거나 훨씬 더 저렴한 자금을 사용하거나 훨씬 더 높은 수익을 내야 했다"고 샘은 말했다. 하지만 당시 효율적 이타주의 공동체에서 샘의 평판은 크게 망가진 상태였으며 어디에서 새로운 자본을 유치해야 할지도 분명치 않았다. 암호화폐 시장은 갈수록 효율적으로 변해갔다. 타워 리서치 캐피털, 점프 트레이딩, 심지어 제인 스트리트 등 월가의 거대 초단타 매매업체가 시장에 진입해 다른 금융시장에서 수행하던 비효율성 제거 작업을 시작했다. 샘이 자본을 유치하더라도 벌어들일 수 있는 이익은 적을 것이었다.

암호화폐 거래소를 설립한다는 아이디어는 일견 당연해 보이면서도 타당성이 부족한 면이 있었다. 당연하다는 것은 암호화폐 거래소가 그야말로 돈을 버는 기계였기 때문이다. 전 세계 역사상 유례없는 투기 광풍의 한복판에 있었고 베팅이 일어날 때마다 수수료가 들어오는 카지노나 다름없었다. 세계 최대 규모의 암호화폐 거래소 대여섯 곳의 창립자들은 거래소가 빈번하게 고객의 돈을 잃어버리는 와중에도 억만장자가 되었다. 타당성이 부족하다는 것은 샘이라는 사람의 됨됨이와 다른 사람과의 관계 때문이었다. 샘은 만약 거래소를 운영한다면 평범한 사람들과 같은 방식으로 어떻게 교류해야 할지 그 방법을 알지 못했다. 거래소로 성공을 거두려면 군중을 모아야 하고 대중과 관계를 맺어야 한다. 고객을 유치해야 하는데, 이는 고객의 신뢰를 얻을 때에만 가능하다. 고객은 상대를 알거나 알고 있다고 생각할 때에야 신뢰를 보낸다. 샘은 동료들조차 자신에 대해 알고 있는지 확신할 수 없었으므로 자기를 설명하는 메모를 작성하기까지 했다.

게다가 샘은 이미 같은 시도를 했다가 실패한 경험이 있었다. 2018년 5월 버클리에서 샘은 게리 왕에게 비트코인 거래소 설립을 위한 코드 작성을 요청했고 게리는 한 달 만에 임무를 수행했다. 거래소 이름은 크립톤BTCCryptonBTC였다. 어떻게 관심을 끌지 아이디어도 없는 채로 그들은 거래소를 무작정 웹에 선보였다. 거래하기 위해 찾아오는 이가 아무도 없었다. 마치 그런 거래소가 전혀 설립된 적이 없는 듯했다. 하지만 게리가 최초의 거래소를 위해 작성한 코드 자체는 훌륭했다. 무에서 크립톤BTC를 만드는 것을 보고 샘은 게리에게 암호화폐 선물 거래소를 만들어달라고 요청하면 한 달 안에 가능하겠다는 생각을 했다. 특히나 이 거래소는 기존의 어떤 거래소보다 안정적이고 사용자의 위험이 줄어들 것이다. 게리는 천재니까.

홍콩에서 샘과 그의 소규모 팀은 억만장자인 기존 거래소의 창립자들을 대상으로, 여러 중요한 면에서 기존 거래소와 차별화된 암호화폐 거래소를 설립할 수 있도록 알라메다 리서치(게리)에 투자해달라고 홍보했다. 알라메다는 기술 분야를 맡고 기존 거래소는 고객과의 신뢰를 책임지는 것이다. 가장 유력한 투자자이자 샘이 직접 아이디어를 홍보한 사람은 CZ였다.

CZ의 본명은 창펑 자오Changpeng Zhao로, 암호화폐 거래소인 바이낸스Binance의 CEO였다. 장쑤성에서 태어난 CZ는 청소년기부터 캐나다에서 지내면서 교육을 받았고 캐나다 시민권을 얻은 뒤 중국으로 돌아갔다. 블룸버그에서 개발자 활동을 하는 등 대형 금융 거래의 주변부에서 평범한 업무를 하다가 OK코인의 CTO가 되었다. 2015년 OK코인을 떠나 2017년 바이낸스를 설립했으며 2년 뒤에는 업계 전문지에서 '암호화폐 분야의 가장 유력한 인물'로 선정되었다. 당시에는 정확한 표현이 아니었을지 모르나 선견지명이 있는 표현이었다. 2019년 중반까지 바이낸스는 암호화폐 선물이나 다른 파생상품은 취급하지 않는 암호화폐 현물 거래소였고 여타 거래소보다 규모가 크지 않았다. 무엇보다 대다수의 고객이 열망하는 레버리지를 제공할 수 없다는 불리한 조건까지 안고 있었다(모든 암호화폐 시장 참여자는 자기가 가진 돈보다 더 큰 베팅을 원했다). 바이낸스 고객들은 여러 암호화폐를 매매했지만 거래소에서 대출을 받아 거래하지는 않았다. CZ는 그런 방식을 선호했으며 암호화폐 선물 계약만을 취급하는 거래소를 설립하자는 샘의 제안을 경계했다.

선물 거래소는 여러 중요한 측면에서 현물 거래소와 달랐다. 선물 거래소에서 트레이더들은 자신이 베팅하는 금액의 일부만을 담보로 제공했다. 거래에서 손실이 발생하면 통상 거래소는 그날 오후에 추가 담보를 요구했다. 그런데 거래의 손실이 급격히 커지면 담보 가치가 사라져 거래소가 손실을 입게 되었고 그러면 거래소가 고객에게 손실 보전을 요청하는 것이 그때까지의 관행이었다. FTX(게리)의 구상은 이 문제를 명쾌하게 해결했다. 고객의 포지션을 일 단위가 아닌 초 단위로 모니터링한 것이었다. 고객의 거래가 손실로 돌아서는 즉시 청산되는 방식이었다. 물론 포지션이 손실로 전환된 고객은 불쾌하겠지만 초기부터 암호화폐 거래소를 괴롭혀온 손실 분담 문제를 해결할 수 있었다. 거래소가 손실을 볼 일이 더 이상 없기 때문에 거래소 손실을 공동으로 분담해야 할 일도 생기지 않았다.

샘이 처음 CZ를 만난 것은 2018년 말 홍콩으로 이주하고 얼마 지나지 않아서였다. 바이낸스는 2019년 초 싱가포르에서 개최하는 콘퍼런스에 암호화폐 업체들이 15만 달러씩 후원하기를 바랐다. CZ는 연단에 샘과 함께 오르는 방식으로 보상을 제공했고 훗날 샘은 이는 "암호화폐 분야에서 정당성을 얻은 계기였다"고 말했다. 사실상 샘은 CZ에게 자금을 대고 친구가 된 것이다. 하지만 그때에도 샘은 두 사람 사이에 별로 공통점이 없다는 것뿐만 아니라 CZ에게 좋은 느낌을 받지 못했다. 샘은 스스로 자신의 생각에 머물면서 자기만의 방식으로 결정을 내린다고 생각했고 적어도 자신이 그런 사람이라고 믿었다. CZ는 독창적인 아이디어가 떠오르더라도 절대 알리는 법이 없었고 직관에 따라 결정을 내렸다. 샘이 전체 파이의 크기를 고민한 반면에 CZ는 자기 파이의 크기에 더 관심을 가졌다. 샘은 대형 기관의 암호화폐 트레이더를 위한 거래소 설립을 추진한 반면, CZ는 규모가 작은 소매 트레이더에게 홍보나 할 뿐이었다. 샘은 갈등을 싫어한 나머지 이상하리만치 빠르게 불만을 잊었다. CZ는 갈등을 즐겼고 갈등에 이르기까지 감정을 증폭시켰다. CZ의 인맥은 적과 동지로 복잡하게 얽혀 있었다. 2017년 바이낸스를 설립하기 위해 만든 홍보 자료에서 그가 자신의 역량으로 열거한 목록의 상당 부분은 다른 암호화폐 내부자들과 사회적 친분이 있음을 내세우는 것이었다(그중에는 제인 태킷도 포함되어 있었다. 약력에서 CZ는 제인과의 연관성을 부각시키면서 자신이 제인의 '멘토이자 좋은 친구' 역할을 했다고 밝혔다). 샘에게는 사회적 친분 관계가 전무했다. CZ와 교류하는 순간에도 학습된 얼굴 표정을 짓지 않았다면 CZ가 말하는 동안 멍하니 어딘가를 응시하는 때가 많았을 것이다. 샘은 말했다. "CZ는 별생각 없이 말을 내뱉는데 특별히 멍청하거나 현명한 말은 아니었다. 그가 결정을 내리기 전까지는 특별한 인상을 받지 못했다."

CZ가 내려야 했던 첫 번째 결정은 정교하게 설계된 샘의 선물 거래소에 샘이 원하는 4000만 달러를 지원할지 여부였다. 2019년 5월 몇 주간 고민한 끝에 CZ는 투자하지 않기로 결정했다. 그러고는 직원들에게 자체적인 선물 거래소를 만들라고 지시했다. 샘은 종종 일어나는 일이지만 다소 실망스러운 결정이라고 생각했다. "그는 머저리 같은 인간이지만 그 이하는 아니다"라면서 "훌륭한 인물이어야 *함에도* 그렇지 못하다"고 샘은 평가했다.

CZ가 투자를 거부하자 결국 샘은 자체적으로 거래소를 만들기로 결심했다. 아이디어는 간단했다. 암호화폐 시장 참여자뿐 아니라 제인 스트리트 같은 대형 프로 트레이더들의 요구도 충족할 수 있도록 설계된 최초의 암호화폐 선물 거래소를 설립한다는 것이었다. 하지만 여전히 불안감을 지울 수 없었다. 그는 "세상의 어느 상품보다도 훌륭한 상품을 만들 작정이었다. 잘 된다면 수십억 달러의 가치가 있겠지만 그렇지 못할 가능성도 50퍼센트가 넘는다고 생각했다. 나는 마케팅을 해본 적이 없고 언론과 대화한 적도 없었다. 고객 기반도 없었다. 이제까지 해왔던 일과는 전혀 다른 일이었다"라고 말했다. 그래서 자신이 방법을 알지 못하는 일을 할 만한 인물들을 영입하기 시작했다. 과거라면 함께 일하지 않았을 법하지만 다른 암호화폐 관련 인물들과 끈끈한 관계가 있는 사람들이었다. 예를 들어 샘은 제인 태킷을 영입했고 태킷과 함께 암호화폐업계의 큰 신뢰를 얻었다. 태킷에 앞서 라이언 살라메 Ryan Salame도 채용했다.

효율적 이타주의의 대척점에 있는 인물이 있다면 바로 라이언이었다. 라이언은 자유를 사랑하고 세금을 혐오하는 공화당원이었다. 그는 언스트앤영Earnst & Young에서 세무사로 경력을 시작했으며 암호화폐 매매 회사인 서클Circle에서 장부를 관리하는 업무를 맡은 이후 고통과 권태에서 해방되었다. 라이언은 암호화폐 매매가 세무회계보다 훨씬 흥미진진하다는 것을 2초 만에 간파했다. 샘의 눈에 띄었을 때 라이언은 홍콩에 있는 서클의 매매 데스크에서 영업을 담당하고 있었고 세속적인 쾌락을 추구하는 걸어 다니는 광고판이었다. 암호화폐 분야에 있는 사람들이 원하는 바를 추구하는 사람이라면 누구나 라이언에게 동질감을 느낄 법했다. 라이언은 삶이 무료할 때 전화하기 딱 좋은 사람이었다.

그는 출중한 외모를 자랑했으며 영민했다. 알라메다 리서치가 홍콩에서 거래량을 늘리면서 시장의 가산금리spread가 줄어들자 라이언은 이것이 얼마나 똑똑한 행동인지 시장의 어느 누구보다도 먼저 이해했다. 샘 뱅크먼프리드가 누구인지는 몰랐지만 CZ가 그를 가까이에 두려는 듯 보였고 샘이 바이낸스 콘퍼런스에 알라메다 리서치의 부스를 설치할 수 있도록 배려하기까지 했다. 또한 라이언은 샘과 그의 트레이더들이 암호화폐업계의 일반적인 예절을 따르지 않는다는 사실도 간파했다. "그들은 채팅에 답을 보내지 않았고 농담에 반응하지도 않았다. 암호화폐 시장에서 익숙한 경험은 아니었다. 샘은 무리에 녹아들지 않았고 어느 행사에서도 목격되지 않았다."

결국 라이언은 샘이 홍콩에 새로 얻은 사무실을 찾아갔다. "샘과 5분만 대화를 나눠보면 어딘가 다른 사람이라는 것을 알 수 있다"고 그는 말했다. 샘은 일반적인 사회적 교류에 무관심했고 이는 라이언이 생각했던 것보다 더 강하게 회사의 전반적인 분위기를 이끌고 있었다. 그는 "너드들이 컴퓨터 화면 앞에 붙어 있는 대학 기숙사 같았다"면서 "직원들이 사무실을 전혀 떠나지 않았다"고 묘사했다. 라이언은 샘이 자신을 이용해 암호화폐 시장 참여자들과 사회적 교류를 하고 샘을 친근하게 여기도록 만들 수 있음을 간파했다. 당시에 샘은 그렇지 못한 상태였다. 라이언은 "처음에 얼마나 많은 사람이 샘을 사기꾼으로 생각했는지 그는 모르고 있었다"면서 "모든 사기의 배후에 샘이 있을 것이라 짐작하기도 했다"고 말했다.

　다만 샘은 암호화폐 시장의 다른 사람들과 비교해 사회적으로 유리한 점이 한 가지 있었다. 암호화폐 가격이 오르면 분별력을 갖춘 정장 차림의, 제인 태킷이 참아내지 못하는 유형의 사람들이 암호화폐 시장에 대거 진입한다. 라이언을 그런 유형이라 생각할 수도 있겠지만 그는 분별력이 없으므로 같은 무리로 볼 순 없다. 골드먼 직원들이나 벤처 캐피털 심사역, 기업 변호사들이 암호화폐광으로 탈바꿈했고 이러한 변신은 일확천금을 가능케 하는 정신 나간 짓을 벌이지 않고도 큰돈을 벌려는 전통 금융인들의 침략이었다. 겉모양만 흉내 낼 뿐인 껍데기들은 블록체인 기술에 대한 관심을 드러내면서 처음부터 암호화폐를 신봉하던 거래자들과의 접점을 찾으려 한다. *블록체인이 모든 것을 바꿀 것이다*라고 말하면서 그것으로 충분하리라 안위한다. 껍데기들이 보기에 은행과 정부를 비롯한 모든 제도권에 대한 혐오에 기반한 신봉자들은 한참 선을 넘은 것이었다.

　자기만의 이유로 암호화폐에 이끌린 신봉자들은 나중에 그저 돈을 쫓아 발을 들인 사람들에게 복잡한 감정을 느낄 뿐이었다. 라이언은 신봉자들이 샘에 대해서는 판단을 늦출 수도 있다고 생각했다. 샘은 암호화폐 광신도들과 중요한 특성을 공유했는데, 바로 기존 세상에 대한 불만이었다. 그는 정부나 은행에 특별한 적개심을 품고 있지는 않았지만 기성세대를 무의미하다고 여겼다.

　라이언은 기성세대보다는 암호화폐광이라는 새로운 종의 세련된 버전에 가까웠고 샘은 라이언의 도움이 필요하다는 것을 인지했다. 그런 이유로 라이언이 어떤 일을 할지 분명하게 알지 못하면서도 그를 채용했다. 라이언은 "담당 직무는 *모든 것의 개선*이라는 식이었다"고 말했다.

암호화폐 거래소를 설립하려면 암호화폐 관련 인사들뿐 아니라 이들에게 지급할 돈도 필요했다. 돈을 마련하는 일반적이고 오래된 방식은 가족과 지인에게 부탁하거나 벤처 캐피털에서 투자를 받는 것이다. 샘에게는 필요한 자금을 가지고 있는 지인이 없었고 아는 벤처 캐피털 심사역도 없었다. 그가 가진 것이라고는 토큰뿐이었다. 이 토큰은 2017년 이후 주조되어 대중에게 홍보된 수천 종의 암호화폐 코인의 일종이었다. FTX의 토큰은 FTT라고 불렸다.

FTT의 가장 중요한 특징은 모든 보유자에게 FTX 거래소 연매출의 약 3분의 1에 대한 권리가 주어진다는 것이었다. 예를 들어 2021년 거래소의 매출이 10억 달러라면 FTT를 '환매하여 소각'하기 위해 3억 3300만 달러를 따로 유보했다. 상장사가 자사주를 매입해 남은 주식의 가치를 올리듯 FTX도 유통되는 토큰의 양을 줄인다는 아이디어였다. FTT는 FTX의 주식과 같은 정도가 아니라 FTX 주식 *자체*였으며 회사 내부의 특정 의사 결정에 대한 의결권도 부여되었다. 이 토큰은 회사의 이익이 아닌 총 매출에 대한 몫을 배당받기 때문에 사실상 주식보다 더 가치가 있었다. 샘은 "암호화폐업계에서는 '주식을 왜 원하는가? 대신 토큰을 사겠다'라고 말한다면 벤처 캐피털 심사역들은 '토큰이 무엇인가?'를 묻는다"고 말했다.

토큰의 한 가지 문제는 미국 내에서 판매가 불법이라는 것이었다. 새로운 암호화폐 토큰이 폭발적으로 성장하면서 토큰 생성자와 증권 감독 당국 사이에 추격 게임이 벌어졌다. 세계에서 가장 공격적인 증권 감독 당국인 미 증권거래위원회SEC는 다수의 토큰이 증권이라는 (일리는 있는) 주장을 펼치는 데 많은 에너지를 쏟으면서, 미국 투자자들에게 위협이 된다는 점을 들어 먼저 SEC의 승인을 받지 않으면(가능성 희박) 미국에서 유통이 금지된다고 밝혔다. 암호화폐 거래소와 미국인들에게 토큰을 판매하기를 원하는 생성자들은 토큰이 증권보다는 스타벅스 리워드 포인트에 가깝다고 주장했다. FTX는 과테말라 안티구아에 법인을 설립하고 홍콩에서 운영되었기 때문에 원칙상 미국 투자자들이 암호화폐 거래소에서 매매를 할 수 없었다. 또한 원칙상 미국인에게 토큰을 판매하지 않아 SEC의 규제 범위 밖에 있었다.

적어도 FTT 매수자들은 외국인이거나 미국 이외의 국가에 거주하는 미국인이어야 하며 샘은 이들을 자기만의 방식으로 유혹하고 있었다. FTT를 일반에 공개하기 3주 전 샘은 대만에서 열린 콘퍼런스에 참석했다. 최대 거래소 중 한 곳이 개최한 파티에는 암호화폐업계의 거물이 모두 모습을 드러냈고 샘도 자연스럽게 동참했다. 파티 이후 기록한 일기에서 샘은 "폭음과 여자, 레이저, 크게 울려 퍼지는 음악이 가득한 밤이었다"고 적었다. "하지만 내가 테이블을 옮겨 다니는 동안 묘한 분위기가 나를 따라다녔다. CZ와 몇 번 마주칠 때까지는 정확하게 감지되지 않았지만 지나갈 때마다 그는 남들의 시선을 피하면서 나를 끌어당겼다. *사람들이 우리에 대해 많이 생각하더군요.* 내가 CZ에게 관심을 가진 것보다 CZ가 내게 더 관심이 많아 보이는 건 처음이었다."

FTX는 3억 5000만 개의 FTT 토큰을 발행했다. 샘은 이 중 상당량을 직원들에게 각각 5센트에 사도록 제안했고 CZ와 같이 거래소에 우군이 될 수 있는 중요 인물들에게도 상당량을 10센트에 제안했다. 처음에 CZ는 FTX의 (라이언을 제외한) 많은 직원과 마찬가지로 거절했지만 다른 외부 투자자들이 대거 참여하자 가격이 20센트에서 70센트까지 상승했다. 2019년 7월 29일 FTT가 FTX에 상장되었고 이에 따라 일반 대중에게 공개되었다(니샤드는 "이제껏 샘이 그때처럼 긴장한 것은 본 적이 없었다"고 전했다). 가격은 1달러에서 시작했고 1.5달러까지 상승했다. 두 달 만에 라이언 살라메는 30배를 벌었고 외부 투자자들은 15배를 벌었다. 처음에 주조된 3억 5000만 개의 토큰 중에서 FTX는 6000개를 현재 시가보다 1달러 싸게 판매했다. 대중의 신뢰를 얻을 수 있을지 걱정하던 샘은 불과 일주일 만에 FTT를 싸게 판매한 것을 후회하고 있었다. 얼마나 싸게 팔았는지는 몇 주 뒤 CZ가 샘에게 전화해 FTX의 지분 20퍼센트를 8000만 달러에 사겠다고 제안했을 때 분명해졌다.

마구잡이식 채굴업자가 우연히 유전 위에 집을 지은 격이었다. 심지어 샘은 암호화폐 거래소를 설립할 생각이 없었다. 그는 도박꾼들에게 은행 계좌에서 허용하는 것보다 더 큰 금액에 베팅할 수 있는 기회를 주되 카지노나 다른 도박꾼들에게는 위험이 거의 없는 카지노를 연 셈이었고 이는 암호화폐업계가 간절히 바라던 바였다. 우연이긴 하지만 시기도 완벽했다. 제인 스트리트 같은 전문 트레이더들이 암호화폐 시장에 진출하고 있었고 전문적인 선물 거래소에 대한 수요가 있었던 것이다. 위치도 우연히 선정했지만 완벽했다. 홍콩은 전 세계에서 샘과 CZ 모두가 편안함을 느끼는 유일한 장소나 마찬가지였다. 홍콩은 매게임 중간마다 규칙 변화를 알리는 스피커가 달린 체스판과 같았다. 홍콩의 규제 당국은 암호화폐 거래소가 원하는 바를 상당 부분 허용하면서도 시장이 느슨해지지 않도록 때때로 규정을 바꿨다. 게다가 홍콩을 비롯한 아시아에는 거의 알려진 바 없는 인물이 운영하는 암호화폐 거래소에서 일하기 위해 지금까지 하던 일을 기꺼이 버리려는, 별다른 특기는 없으나 야망으로 가득 찬 청년들이 넘쳐났다. 샘이 원하는 사람들이었다. 처음부터 FTX는 채용 조건에 '경력 무관'을 내걸었다. 예를 들어 샘은 언론이나 마케팅 분야에서 경력이 거의 없는 나탈리 티엔을 뽑아서 기업 홍보 담당자를 맡겼다. 후오비 거래소에서 콘스탄스 왕Constance Wang이라는 젊은 영업사원을 뽑아서 최고운영책임자COO를 맡겼다. 필요에 따라 샘은 이러한 상황을 미덕으로 탈바꿈시켰다. 그는 "직원에게 이전 직장과 같은 일을 시키는 것은 그다지 좋지 않은 징후"라면서 "이상한 역선택이다. 애초에 왜 당신을 찾아 왔겠는가?"라고 반문했다.

람닉 아로라Ramnik Arora의 흥미로운 점은 걸어서 출근할 기회를 간절히 원했다는 것이다. 인도에서 유년기를 보내고 스탠퍼드에서 컴퓨터 공학 석사 학위를 받은 그는 골드먼삭스에서 일하다가 결혼해서 이스트베이에 정착했다. 3년간 그는 버클리에서 멘로 파크의 페이스북까지 눈물겨운 통근을 했다. 적합한 대상에게 완벽한 광고를 적시에 노출한다는 목표로 온라인 광고의 실시간 경매를 진행하는 팀을 구성하고, 이후에는 리브라Libra를 선보이기 위해 다른 팀으로 옮겼지만 자체 암호화폐를 만든다는 페이스북의 시도는 비극으로 끝나고 말았다.

골드먼삭스와 페이스북 사이 어딘가에서 람닉은 일에 대한 열정을 더 이상 찾을 수 없게 되었다. 실제 나이보다 늙어 보인다면 젊음을 정의하는 한 가지, 바로 희망이 사라졌기 때문일 것이다. "우리 세대의 가장 현명한 사람들은 주식을 매매하거나 상대가 광고를 클릭할지 예측하고 있다"면서 "이것이 우리 세대의 비극"이라고 람닉은 말했다. 갈수록 그는 세상을 변화시키려는 생각보다 세상에서 자신과 아내가 편안한 삶을 누릴 방법을 고민했다. "직장에 걸어서 출근하면 행복 지수가 15퍼센트 상승한다는 연구 결과를 읽은 적이 있다"고 그는 말했다.

가정의 행복을 우선순위에 둔 상태에서 2020년 늦봄 람닉은 링크드인에서 '암호화폐'와 '버클리'를 입력했다. 그러자 결과가 하나 표시되었다. 바로 알라메다 리서치였다. 한 번도 들어본 적이 없는 회사였지만 이력서를 보냈다. 몇 분 만에 샘 뱅크먼프리드라는 사람으로부터 줌 초대장이 왔다. 알라메다가 아닌 알라메다 리서치가 만든 FTX라는 새로운 암호화폐 거래소에 대해 대화를 하고 싶다는 초대였다. 람닉은 줌 회의에서 샘이 언급한 숫자뿐 아니라 그런 숫자를 생면부지의 사람에게 거리낌 없이 밝히는 샘의 적극성에 깜짝 놀랐다. FTX는 1년 남짓 운영되었을 뿐인데 2019년 하반기에 1000만 달러의 수익을 올렸다. 2020년에도 매출이 계속 증가해 8000만 달러에서 1억 달러 사이로 뛰었다.

대화 도중 람닉은 샘이 버클리가 아닌 홍콩에 머무르고 있음을 발견했다. 홍콩은 새벽 3시였는데 샘의 배경에 보이는 사람들은 한창 업무

중이었고 종종걸음으로 분주하게 오갔다. 첫 번째 통화에서 샘이 무슨 말을 했는지 람닉은 잘 기억하지 못했지만 열정이 넘치는 소리였던 것은 분명했다.

람닉은 FTX에 채용되었으며 연봉은 페이스북에서 받던 것보다 80퍼센트 낮은 수준이었다(틱톡에서 제안한 연봉 기준으로는 95퍼센트 낮았다). 알라메다와 FTX를 통틀어 그는 샘이 채용한 50번째 직원이었고 제품 담당자라는 직책이 주어졌다. 람닉은 이 회사의 제품에 대해 아는 것이 없었기 때문에 이상한 일이라고 여겼다. 줌 회의에서 샘은 람닉이 FTX에서 어떤 업무를 할지 떠오르는 바가 없지만 찾아보겠다고 말했다.

막상 람닉이 홍콩에 도착하자 뚜렷한 목표의 부재가 문제가 되었다. FTX에는 제품 담당자가 필요 없었고 그런 업무도 없었다. 게리가 모든 코드를 작성했으며 소수의 젊은 중국인 여성과 암호화폐 관계자들이 이미 제품을 알리는 작업을 진행 중이라 람닉의 도움이 필요 없었다. 니샤드는 기본적으로 제품과 관련해서 발생하는 문제를 해결하는 개발자들을 관리했으며 업무나 샘의 관리 방식에 불만이 있는 사람들에게 대응했다.

업무를 시작하고 21일 동안 람닉은 홍콩의 호텔 방에서 따분한 격리 조치를 받았는데 어떤 일을 해야 할지 확신이 서지 않았다. 제품이라 할 수 있는 거래소의 컴퓨터 코드를 만지작거려 봤지만 그럴 때마다 자신이 한 일을 니샤드에게 알려야 했다. 샘에게 메모를 보냈지만 답장을 받는 데 이틀이 걸렸다. 격리가 해제된 후 람닉은 니샤드에게 "내가 회사에 플러스인가, 아니면 마이너스인가?"라고 물었고 "마이너스"라는 답이 돌아왔다. "당신의 업무를 확인하는 데 드는 시간이 그 업무를 직접 처리할 때보다 더 많이 든다"는 말이었다. 람닉은 솔직한 답변에 고마워하면서 다른 일을 찾기로 결심했다.

그러다 곧 회사나 샘의 인생에서 전혀 존재한 적이 없던 역할을 맡게 되었다. "이내 무슨 일이든 샘이 의지할 수 있는 사람이 되었다"고 람닉은 말했다. "샘이 처음으로 내게 요청한 일은 회사에 감사가 없다면서 적임자를 찾아달라는 것이었다." 샘은 직함에 연연하지 않았기 때문에 람닉의 직함은 유지되었다. 이전이나 이후에도 제품 책임자로 불리겠지만 그가 하는 일을 정확히 표현하자면 샘의 해결사였다. "말하자면 '별별 일이 생기니 그 일을 처리해주시오'라는 식이었다"고 람닉은 설명했다. 특이하게도 발생하는 일은 어떤 형태로든 신뢰와 관련되어 있었다. *FTX가 사람들의 신뢰를 어떻게 얻을 것인가?*와 같은 문제였다.

샘은 '어른'을 채용하지는 않았지만 람닉이 있었고 람닉에게는 어른과 같은 구석이 있었다. 그는 말을 내뱉기 전에 생각을 했다. 골드먼삭스와 페이스북에서 오래 일했고 이제 막 서른셋이 되었지만 서른다섯이라고 해도 의심을 사지 않았다. 말할 때 다리를 떨지도 않았고 긴바지를 입었다. 아내가 있었고 샘이나 지금까지 샘의 관리 방식을 견뎌낸 사람들과는 달리 웨믹찰스 디킨스의 소설 《위대한 유산》의 등장인물로, 직장에서는 말이 없고 냉정하나 가정에서는 자상함 같은 시각을 지녔다. 가령 침대에서 낯선 사람 옆에서 눈을 떴을 때 '어른'이 할 법한 사고를 하는 능력이 있었다. 샘이 대만의 스왜그Swag라는 포르노 업체의 토큰을 세계 최초로 FTX에 상장시킨다는 아이디어에 빠져들 때 끼어든 것도 람닉이었다. 스왜그는 FTX가 스왜그 토큰의 시장을 조성하는 대가로 거액을 지불할 계획이었으며 성사될 경우 FTX는 대만 포르노 제국의 금융엔진이 될 터였다. 람닉은 "그 문제와 관련해 샘과 대화를 나눠야 했다"면서 "대화 중에 회사가 갈림길에 서 있다는 느낌을 받았다. 한번 건너면 돌아올 수 없는 사안이었는데도 샘은 무모하게 밀어붙였고 나는 *우린 절대로 하지 않을 겁니다*라고 말해야 했다"고 전했다.

암호화폐 세상에서는 람닉의 특성 중 그 무엇도 큰 차이를 만들어내지 못했고 오히려 약점으로 비칠 수 있었다. 하지만 암호화폐 세상 밖에서는 무척 값진 특징이었다.

람닉은 이 시장의 참여자들이 회사가 아닌 사람을 중요시한다는 것을 발견했다. 새로운 암호화폐 거래소는 전혀 신뢰하지 않더라도 설립자가 어떤 사람인지 안다고 생각하면 설사 기인이라도 설립자를 신뢰했다. 람닉은 "샘을 TV에 출연시킬 수 있는지를 가장 먼저 물었다"고 말했다. "성공 확률이 낮아 보였지만 나탈리는 어떻게든 해냈다." 나탈리는 FTX의 홍보 담당자라는 새롭고 낯선 역할을 해내기 위해 뉴욕의 홍보업체인 M그룹 전략 커뮤니케이션스M Group Strategic Communications에 전화를 했다. 이 회사의 제이 모라키스Jay Morakis 대표는 처음엔 경계하는 눈치였다. "중국에서 수상한 일을 벌이는 집단이라고 생각했다"고 그는 털어놨다. 하지만 샘의 설명을 들은 뒤 블룸버그 TV에 처음 등장한 프로그램을 시청하고선 마음이 달라졌다. 그는 "PR 경력을 통틀어 많은 일을 겪었지만 무엇도 이에 견줄 수 없었다"고 말했다. "내 나이가 쉰이고 20년 동안 회사를 운영했는데 이런 경험은 처음이었다. 직원들 모두가 샘을 만나고 싶어 했고 CEO들에게 전화가 와서 샘에게 한 일을 자기 회사를 위해서도 해줄 수 있는지 물었다." 2021년 모라키스는 사실 자신은 아무것도 한 일이 없으며 샘의 출연은 그저 우연히 일어난 것이라고 설명해야 했다.

2021년 말 샘의 TV 출연은 모두의 기대를 뛰어넘는 효과를 냈다. 그는 항상 세상과 거리를 뒀고 세상도 그와 거리를 뒀지만 어떻게 된 일인지 미디어를 통해 그가 사람들의 상상력을 사로잡는 일이 일어났다. 암호화폐 세상에서 샘은 유명 인사가 되었지만 그 세상 밖에서는 여전히 무명이고 신뢰받지 못했다.

이를 바로잡는 것이 람닉의 낯선 새 업무였다. "무언가를 신뢰할 수 있는지 어떻게 판단하는가?" 그는 물었다. "바로 관계를 통해서다. 신뢰는 기존에 존재하는 관계에서 비롯된다." 샘에게는 기존에 맺어온 관계가 없었다. 열여덟 살 전까지는 어떠한 관계도 없다시피 했다. 이후에는 여러 효율적 이타주의자들을 만났는데 그중 다수는 자신들의 운동에 내분을 일으켰다는 이유로 샘에게 분노하고 있었다. 제인 스트리트 트레이더들의 경우 회사를 떠나 경쟁 업체를 만들고 트레이더들을 빼간 것에 대해 분노했다.

이에 람닉은 벤처 캐피털 심사역을 시작으로 샘이 새로운 관계를 맺을 수 있도록 나섰다. 사실 FTX는 자본이 필요하지 않았다. 하지만 샘과 관계를 형성할 만한 적절한 벤처 캐피털 심사역을 찾는다면 암호화폐 세상 바깥의 사람들에게 보다 쉽게 닿을 수 있을 것이었다. 람닉은

"정당성과 신뢰에 대해 대화를 나눴다"면서 "우리에게는 '괜찮은' 벤처 캐피털에서 자본을 유치할 수 있는지'가 관심사였다. 중국의 벤처 캐피털은 고려 대상이 아니었으며 관심사는 미국의 기관과 연결되는 것이었다"고 설명했다.

암호화폐 측과 벤처 캐피털 측의 첫 대화는 다소 어색했다. 람닉은 "벤처 캐피털에서는 회사의 내부 통제가 어떻게 이루어지는지 보기를 원했지만 내부에 그런 장치가 없었다"고 전했다. 벤처 캐피털 심사역들은 FTX가 마치 분출 유정을 찾은 마구잡이식 채굴자처럼 급성장한 것을 확인할 수 있었지만 그 성장이 유정의 밑바닥에서 온 것인지 아니면 길게 이어질 성장의 신호탄일지 확신하지 못했다. 대량 매매는 암호화폐 광풍과 함께 사라질까, 아니면 샘이 보다 오래 이어질 성장의 발판을 마련하고 있는 걸까? 후자라면 샘은 미국의 투자자들에게 접근해야 했고 그러려면 FTX에 내부 통제 장치가 필요했다. 또한 인가를 받아 규제 대상이 되어야 했다.

벤처 캐피털의 신뢰를 얻는 데 이 부분이 가장 큰 문제가 되었다. 전세계적으로 인가받은 암호화폐 선물 거래소가 없었다. 홍콩 등지에서 암호화폐 현물 거래소는 인가했지만 선물 거래는 모르쇠로 일관했다. 미국을 비롯한 대다수 국가에서는 암호화폐 거래소 자체를 인가하지 않았다. 심지어 미국 정부는 암호화폐 규제를 증권거래위원회SEC와 상품선물거래위원회CFTC 중 어디에서 담당해야 할지도 정하지 못한 상태였다. 어느 기관이 미국의 암호화폐 관련 제품을 규제하는지에 따라 해당 제품이 증권과 상품 중에 무엇으로 정의될지가 달라졌다. 비트코인은 2015년 초 상품으로 규정되었기 때문에 CFTC의 규제를 받았다. FTT나 비트코인 레버리지 토큰이 증권으로 규정되면 SEC의 감독을 받을 가능성이 있었다.

2021년 초에는 양 기관이 서로 감독권을 주장하면서도 적극적인 태도를 보이지는 않았다. 아직 규정이 없는 상태에서 미국의 암호화폐 사업과 관련된 사람들은 비트코인 매매 외에 명시적으로 어떤 행위도 허가되지 않은 상태에서 소송을 당하고 벌금을 부과받을 위험에 계속해서 노출되었다. 암호화폐 관계자들은 규제 당국에 새로운 암호화폐 토큰을 판매하거나 암호화폐 보증금에 이자를 부과하거나 암호화폐 선물 계약을 체결할 수 있도록 허가해달라고 간청했지만 당국에서는 애매한 대답만 내놓을 뿐이었다. 암호화폐 시장에서 계속 밀어붙이면서 실제로 행위에 나선다면 당국은 제재를 가할 것이다. "규제 당국과 스무고개 게임을 하는 격이었지만 잘못된 질문을 하면 벌금을 내야 했다"고 샘은 설명했다.

샘은 벤처 캐피털 심사역을 실제로 겪어본 적이 없었으므로 그에게는 완전히 새로운 영역이었다. 람닉은 샘이 벤처 캐피털을 파악하고 관계를 맺어나가는 모습을 지켜봤다. 2021년 초, 전통적인 벤처 캐피털은 아닌 점프 트레이딩에서 FTX의 지분에 관심을 보였고 회사 가치를 40억 달러로 평가했다. 람닉은 "샘이 제안을 거절하면서 가치를 200억 달러로 불렀다"고 회상했다. 점프 트레이딩은 샘의 평가에 동의하는 다른 투자자를 찾아온다면 제안한 가격에 투자할 의향이 있다고 답했다. 새로운 사업에 대해 사람들이 부여하는 가치가 얼마나 임의적인지를 보여주는 일화다.

　새로운 회사의 지분을 벤처 캐피털에 매각하는 것은 소파를 판매하는 것보다는 영화 아이디어를 홍보하는 일에 가까웠다. 벤처 캐피털은 구체적인 숫자보다는 앞으로 이야기를 얼마나 흥미진진하게 풀어나갈지에 대한 설명에 더 관심을 보인다. 온종일 이야기를 듣고 그중 가장 마음에 드는 이야기를 고르는 식이며 특정 평가를 내린 데 대한 그럴싸한 이유란 없다. 또다시 영어 수업의 반복이다. 샘은 벤처 캐피털에서 듣는 이야기의 대부분에 설득력이 충분하지 않음을 간파했다. 그는 "대다수 사람들은 위조할 수 있을 정도로 하찮은 이야기를 꺼낸다"고 말했다. 이와 달리 샘과 람닉은 다음과 같이 접근했다.

　전 세계에서 거래되는 주식은 하루에 6000억 달러 규모이며 암호화폐는 하루 2000억 달러인데 그 차이가 갈수록 줄어들고 있다. 18개월 만에 FTX는 밑바닥에서 세계 5위의 암호화폐 거래소로 올라섰으며 날마다 경쟁 업체들의 시장 점유율을 가져오고 있다. 현재 암호화폐 거래소로서는 유일하게 인가를 얻어 합법화되는 것에 우선순위를 두고 있다. 또한 유일하게 미국 금융 규제 당국을 자극하지 않은 암호화폐 거래소다. 미국에서 인가를 받으면 FTX 같은 암호화폐 거래소에서 주식을 매매할 뿐 아니라 사람들이 원하는 모든 상품을 취급해 뉴욕 증권거래소 등을 위협할 수 있다. 이를 위해 샘은 이미 FTX US라는 법인을 설립했으며 고객이 SEC가 승인하지 않을 법한 거래 행위를 하지 않도록 주의를 기울이고 있다. "요지는 '우리가 얼마나 빠르게 성장하고 있고 시장이 얼마나 거대한지 보라. 게다가 우리는 신뢰할 수 있는 회사다'

라는 것이었다"고 람닉은 말했다.

이들의 접근에는 순환 논리의 오류가 있었다. 신뢰할 만한 당사자가 되기 위해서는 유명 벤처 캐피털에서 자금을 유치하는 것이 도움이 된다. 벤처 캐피털의 자금을 받으려면 신뢰할 만한 당사자가 되어야 한다. 하지만 투자 유치 과정에는 불확실성이 상존했다. 샘의 설명을 들은 한 펀드는 "숫자를 채워주시면 감사하겠다"라면서 거래 조건term sheet을 작성해달라고 요청했다. 샘이 200억 달러를 기입하자 펀드 측은 침묵했고 람닉이 전화를 하자 생각이 바뀌었다고 답했다. 헤도소피아Hedosophia라는 특이한 이름의 영국 벤처 캐피털은 전화를 걸어 샘이 요구하는 금액을 토대로 FTX 지분의 0.05퍼센트를 1억 달러에 사겠다고 제안했다. 람닉은 이 벤처 캐피털을 잘 몰랐기 때문에 전화를 걸었다. 람닉은 "이상한 일이었다"라면서 "사업에 대해 잘 알지 못하는 것 같았고 FTX US의 존재와 같은 기본적인 사항도 모르고 있었다"고 말했다.

그럼에도 헤도소피아 측은 람닉에게 거래 조건을 제시했지만 암호화폐 가격이 소폭의 조정을 거치자 마음을 바꿔 투자 의사를 철회했다. 세계 최대의 사모투자 회사인 블랙스톤Blackstone의 한 직원은 샘에게 전화해 200억 달러라는 밸류에이션이 지나치게 높다고 말하면서 150억 달러라면 투자를 고려할 수 있다고 밝혔다. "샘은 '너무 높다고 생각하면 우리 회사 주식을 200억 달러 밸류에이션에 공매도하게 해주겠다'고 말했다"고 람닉은 회상했다. "그러자 상대는 '우리는 주식 공매도를 하지 않는다'고 했고 샘은 제인 스트리트였다면 당신은 첫 주에 해고되었을 것이라고 답했다."**

197

벤처 캐피털 관계자들은 샘이 대화 중에 비디오게임을 하고 있다고 생각하지 못했겠지만 대다수는 샘이 그들의 말에 크게 개의치 않는다는 것을 알았다. 람닉은 샘이 상대방의 감정에 무심한 태도를 보이는 것이 오히려 그에 대한 관심을 높인다고 생각하게 되었다. FTX가 이익을 내고 있고 사실 자금을 유치할 필요가 없다는 점도 이를 부추겼다. 결국 2020년 여름부터 2021년 봄 사이에 네 번의 자금 유치를 실시해 6퍼센트의 지분을 23억 달러에 매각했다. 약 *150곳*의 벤처 캐피털이 투자에 참여했고 모두 (존재하지도 않는) 이사회 의석을 요구하거나 기업에 대한 다른 통제 장치를 요구했다가 거절당했다.

FTX는 샘이 구상한 훨씬 더 큰 퍼즐의 한 조각에 불과했다. 그는 알

** 물론, 이러한 벤처 캐피털 심사역들이 신기하고 낯선 암호화폐 기업가를 어떻게 바라봤는지 다른 시각도 고려해야 한다. 리빗 캐피털의 닉 샬렉은 "샘과 통화를 했었다"고 떠올렸다. "샘에게 질문을 하자 한 시간 동안 답을 했다. 두 번째 질문을 하자 또 한 시간 동안 답을 했다." 샬렉은 벤처 캐피털의 많은 사람처럼 샘이 솔직한 사람이라는 인상을 받았다. "그는 자신이 결정을 내려야 하는데 그 결정이 100만 달러짜리라면 5초 안에 결정하고, 1000만 달러짜리라면 몇 분 안에, 1억 달러짜리 결정이라면 몇 시간 동안 고민한다고 말했다. 이 사람 정말 진지한가?라는 생각이 들었는데 그런 말은 규제 당국이든 기자든 누구에게든 할 수 없는 말이다." 이 솔직한 워커홀릭은 금융 세계를 정복할 계획을 짜고 있었고 어떻게 정복할지에 대한 개연성 있는 이야기를 들려줬다. "그가 설명한 대로 기업을 키운다면 전 세계 최대의 암호화폐 거래소를 넘어 세계 최대의 금융기관이 될 것이다"라고 샬렉은 말했다. 다른 사람들처럼 샬렉도 샘이 자신이 만났던 대다수의 기업가들과 다르다는 점을 알아봤다. "샘은 쇼맨이 아니고 영업맨도 아니었다. 조직을 키우는 데 기존과는 다른 접근 방식을 취했다. 모든 것을 확률적으로 생각했고 그런 확률을 뜬금없이 끄집어냈다. 그러고는 확률을 바꾸었다. 빈백에서 잠이 들었고 이 모든 일을 홀로 해냈다. 어떤 것에도 우리 의견이 어떤지 특별히 관심을 보이지 않는 듯했다. 그것까지는 괜찮다. 하지만 우리는 그가 특이한 사람인 만큼 직접 겪어봐야 한다고 생각했다." 그런 일은 가능하지 않았다. 홍콩 정부는 코로나가 발병하자 입국자를 예외 없이 14일간 격리시켰다. 바야흐로 벤처 캐피털이 역사상 최고의 호황을 누리던 시기에 투자자들은 대부분 줌을 통해 샘을 이해하고 해석할 수 있을 뿐이었다.

라메다 리서치 지분의 90퍼센트를 가지고 있었다. 당시 알라메다 리서치는 성격이 변화하고 있었다. 여전히 퀀트 트레이딩 회사이고 성과가 좋은 달, 나쁜 달도 있었지만 트레이더들은 점점 더 많은 자금으로 새로운 방식의 매매를 수행했다. 암호화폐 세계에는 사실상 규제를 받지 않는 새로운 은행들이 탄생했다. 예를 들어 사람들은 자신의 암호화폐를 제네시스 글로벌 캐피털Genesis Global Capital이나 셀시어스 네트워크Celsius Network 같은 곳에 맡기고 이자를 받았다. 그러면 이러한 유사 은행은 알라메다 리서치 등의 트레이더들에게 암호화폐를 재대출했다. 2018년 초 효율적 이타주의 자산가들은 샘에게 연간 50퍼센트의 이자를 받았는데 3년 후 제네시스와 셀시어스는 알라메다 리서치에 수십억 달러를 기꺼이 빌려주면서 6~20퍼센트의 금리를 적용했다. 이 밖에도 알라메다 내부에는 베일에 싸여 있는 수십억 달러 규모의 자산이 잠자고 있었다. "FTX는 사람들이 생각하는 것보다 작고 알라메다는 더 크다"고 람닉은 말했다. "그것도 아주 많이."

알라메다 리서치와 FTX의 경계가 명확했던 적은 한 번도 없었다. 법적으로 분리되어 있는 회사였지만 모두 동일한 사람의 소유였다. 건물 26층의 대형 사무실을 나눠 쓰면서 빅토리아 항을 둘러싼 고층 건물의 숲을 같이 바라봤고 약 30킬로미터 떨어진 곳에는 중국이 있었다. 샘의 책상은 알라메다와 FTX 모두 쓰던 긴 트레이딩 책상의 끝에 있어 두 회사를 바라볼 수 있었다. 알라메다가 FTX의 설립 비용 500만~1000만 달러를 대는 것에 대해 누구도 이상하다고 여기지 않았다. FTX를 키우기 위해서가 아니라 알라메다 내부에서 거래하기 위해 FTX가 FTT를 팔고 자본을 사용하는 것에 대해서도 마찬가지였다. 샘은 자신이 하는 일을 숨기려 하지도 않았다. 직원들에게 보내는 메모에서는 FTT가 "(알라메다의) 지분 문제를 온전히 해결했다"고 밝혔다. 그는 알라메다 리서치의 지분 90퍼센트를 소유했고 게리가 나머지 10퍼센트를 보유하고 있었다. FTX 지분을 150곳의 벤처 캐피털에 매각한 이후에도 샘은 FTX 지분을 절반 넘게 보유했다. 3대 주주인 니샤드의 지분율은 5퍼센트에 불과했다.

이와 동시에 샘은 두 회사를 모두 운영하고 있다고도, 아니라고도 할 수 있었다. 그는 시간의 대부분을 FTX와 자신을 외부 세상에 알리는 데 썼다. FTX의 위상이 높아질수록 알라메다에서 일할 만한 사람을 찾는 일이 어려워졌다. 요건을 갖춘 사람들이 알라메다에 채용되어 출근했다가도 FTX의 성장을 확인하는 순간 FTX에서 일하는 것을 선택했다. "알라메다에서 일하려는 똑똑한 사람을 찾는 것이 거의 불가능해졌다"고 샘은 말했다. 기존 인력으로 계속 버티며 회사를 이끌어가고 있는 느낌이었다.

샘은 알라메다에서 일상적인 매매 업무를 할 수 없었고 FTX가 성장하면서 간판이라는 새롭고 낯선 역할을 해내야 했다. 알라메다 내부에는 회사를 경영할 적임자가 없다고 판단한 샘은 두 사람에게 업무를 맡겼다. 첫 번째는 샘 트라부코Sam Trabucco라는 트레이더였는데 머리는 좋았지만 사회성이 떨어졌다. 샘과는 고등학교 수학 캠프에서 만났고 1년 전까지 서스퀘해나라는 초단타 매매업체에서 일했다. 트라부코는 암호화폐 매매에 대한 헌신 측면에서 샘 뱅크먼프리드에 필적할 수 있는 사람으로 자리매김했고 홍콩 사무실에 몇 주 동안 틀어박혀 있을 수도 있었다. 하지만 샘이 그를 승진시키자마자 업무에 대한 열정이 차갑게 식었고 인생의 즐거움에 눈을 떴다. 2021년 늦여름 샘 트라부코가 충격적으로 변화한 이유를 설명하기는 어려웠지만 이는 이미 부인할 수 없는 사실이기도 했다. 알라메다의 한 직원은 "그가 알라메다의 공동 대표가 되자마자 돌변했다"고 말했다.

이에 따라 샘의 개인 헤지펀드는 또 다른 공동 대표인 캐럴라인 엘리슨의 손에 맡겨졌다. 샘은 캐럴라인에게 대표를 맡길 때 그녀가 인력을 관리하고 샘 트라부코는 매매 위험을 관리할 것으로 기대했다. 샘은 "직원들이 캐럴라인의 관리를 꽤 마음에 들어 했다"고 말했다. 2021년 가을 캐럴라인은 사실상 인력과 매매 위험 모두를 관리했고 그녀를 관리할 사람은 샘뿐이었다. 여기에서 문제가 다소 복잡해졌다. 두 사람은 은밀한 시간을 보내고 있었고 이 관계에 대해 캐럴라인은 샘보다 더 많은 신경을 썼다. 그녀는 관계를 발전시키고 외연을 넓혀나가기를 원했지만 샘은 아니었다. 홍콩으로 훌쩍 떠난 후 샘은 캐럴라인이 보낸 첫 번째 메모에 답변을 달면서 성관계의 장단점을 나열했다. 샘의 답장은 매우 설득력 있는 목록으로 시작했는데 제목은 '주장에 대한 반론'이었다.

여러 면에서 나에게는 영혼이 없으며, 특히 어떤 맥락에서는 이 점이 두드러집니다. 결국에는 나의 공감이 거짓이고 감정이 거짓이며 표정으로 보이는 반응이 거짓이라는 꽤 그럴듯한 주장도 있습니다. 나는 행복을 느끼지 못합니다. 물리적으로 행복하게 만들 수 없는 사람과의 연애가 무슨 소용일까요?

오랫동안 나는 권태와 밀실 공포증과 싸워왔습니다. 지금은 평소보다 걱정이 덜한 시기일 수 있지만 워낙 걱정이 많다 보니 다른 무엇도 중요하게 느껴지지 않습니다.

내가 원하는 바에 대해 갈등을 느낍니다. 정말 당신과 함께하고 싶을 때도 있지만 60시간 연속 일을 하고 다른 생각은 전혀 하지 않고 싶을 때도 있어요.

우리 사이의 힘의 역학이 염려됩니다.

PR 측면에서 대처를 잘하지 못한다면 알라메다가 무너질 수도 있어요.

효율적 이타주의를 둘러싼 엉망진창인 상태와 겹치면 나는 단죄를 받을 겁니다. 나는 사람들을 슬픔에 빠뜨립니다. 내가 동기를 부여하는 사람들조차 행복하게 만들지 못합니다. 내가 연애하는 사람에게는 끔찍한 일이에요. (a) 나를 행복하게 만들지 못하고 (b) 다른 사람을 존중하지 않으며 (c) 끊임없이 불쾌한 생각을 하고 (d) 시간을 내주지 못하며 (e) 많은 시간을 홀로 보내려는 사람과 함께하는 것은 정말 딱한 일입니다.

그리고 직원과 사귀는 일에는 심란한 문제가 정말 많네요.

이 목록은 보다 짧은 또 다른 목록으로 이어졌는데 제목은 '주장에 대한 동의'였다.

당신을 정말로 좋아합니다.

정말로 당신과 대화하는 것이 좋고 어떤 사람보다 당신에게 내 생각을 말할 때 걱정이 훨씬 덜합니다.

나의 가장 중요한 관심사를 당신은 이해합니다.

당신은 좋은 사람이에요.

정말 당신을 좋아합니다.

당신은 현명하고 감동을 주는 사람입니다.

훌륭한 판단을 내리고 나쁜 것으로 차 있지 않아요.

나를 있는 그대로 받아들입니다.

캐럴라인은 샘을 따라 버클리에서 홍콩으로 갔고 두 사람의 관계는 이어졌다. 2년 뒤 큰 틀에서 둘의 관계는 변하지 않았다. 샘은 캐럴라인에게 감정을 느낄 만한 이유를 보다 분명하게 알 수 있었지만 실제로 그러한 감정을 느끼지는 못했다. 캐럴라인은 평범하지 않은 사내와 평범한 사랑을 꿈꿨다. 샘은 주어진 순간에 가장 높은 기댓값을 제공하는 것이라면 무엇이든 하기를 원했다. 그에게 캐럴라인의 기댓값은 섹스 직전에 최대치가 되었다가 직후에는 곤두박질쳤다. 캐럴라인은 샘의 그런 태도가 마음에 들지 않았고 길고 사무적인 메모를 잇달아 보내면서 이를 알렸다. 2021년 7월 초 캐럴라인은 "우리의 관계에서 제가 원하는 수준까지 이르지 못했다고 생각하는 부분들이 있습니다"라고 밝혔고 글머리 기호가 이어졌다.

- 우리의 감정과 선택에 대한 소통
- 지속적인 확신/긍정적 강화
- 최소한 일부 맥락에서만이라도 우리 관계의 사회적 확인

샘은 두 사람이 잠자리를 같이하는 사이라는 사실을 사람들이 알았을 때 벌어질 온갖 나쁜 일들을 목록으로 만들 수 있었다. 캐럴라인은 샘의 목록이 그의 진짜 동기를 가린다고 생각했다. 6일 뒤 캐럴라인은 후속 메모에서 "정말 거슬리는 부분은 당신이 저를 부끄럽게 생각한다는 느낌이에요"라고 설명하고 무슨 이유에서 어떻게 거슬리는지 설명했다.

- 우리가 연애한다는 걸 사람들이 알게 되면 기쁠 거예요. 과거의 관계에서는 정말 그런 마음이 든 적이 없어요. 상대방 때문에 당황하게 되거나 연애로 인해 나를 더 나쁘게/좋게 생각하지 않을까 걱정할 뿐이었으니까요.
- 당신도 우리 연애를 사람들에게 알리는 것에 긍정적이기는 하지만 공유하는 것이 좋지 않다고 생각할 뿐이라고 느껴졌다면 이만큼 거슬리지는 않았을 겁니다.
- 다시 말하지만 내가 더 멋진 사람이었다면 사람들이 우리가 연애한다는 사실을 아는 것에 당신이 당황스러워하지 않으리라는 생각이 듭니다.

마음속 깊은 곳의 생각은 여전히 모아지지 않은 상태였다. 캐럴라인은 샘이 자신을 알라메다 리서치 CEO로 승진시켰지만 업무 성과에 만족하지 않는다고 생각했고 이런 생각을 공유했다. 그녀는 이어진 메모에서 "당신이 모든 시간을 알라메다에 쏟는 경우와 비교해보면 내가 이 회사의 관리를 제대로 하지 못하고 있다는 생각이 든다"면서 "때때로 당신이 개입하지 않는다면 내가 중요한 일을 망치고 말 것"이라고 밝혔다.

18개월 전 알라메다 리서치는 소수의 효율적 이타주의자 지인들로부터 모은 4000만 달러의 자본으로 천천히 나아갔다. 지금은 수십억 달러를 굴리고 있고 많은 자금을 유사 은행의 낯선 이들에게서 받았다. FTT와 같이 잘 알려지지 않은 암호화폐 뭉치는 누가 평가하느냐에 따라 가치가 0달러에서 800억 달러로 큰 차이를 보였다. 회사의 업무는 이전보다 복잡해졌고 캐럴라인에게는 도움이 필요한 것이 분명했다. 이번에도 그녀는 상사에게 직장을 그만두거나 두 사람의 관계를 정리하거나 아니면 둘 다 해야 한다는 생각을 전달했다.

조치를 실행에 옮기기 전에 샘은 또다시 떠났다. 2021년 8월 샘은 중국 정부가 회사를 폐쇄하는 등의 경우에 대비해 위성 사무실이나 재해 복구 센터 역할을 할 장소로 적합한지 알아보기 위해 바하마로 향했다. 그는 바하마가 무척 마음에 들었고 꽤 즉흥적으로 계속 머물기로 결정했다. 3년 사이에 두 번째로 그는 자신이 이끄는 무리에게 돌아가지 않을 것이라는 메시지를 보냈다.

7장

조직도
The Org Chart

굳이 정신과 의사가 아니라도 샘과 캐럴라인의 관계에서 패턴을 읽을
수 있었겠지만 결국 두 사람은 정신과 의사를 사이에 두고 앉게 되었
다. 의사의 이름은 조지 러너George Lerner로, 2021년 말 기준으로 효율적
이타주의자들의 정신생활에 관한 한 세계적 권위자라고 불러도 무방
한 사람이었다. 그가 자연스럽게 이 흥미로운 역할을 맡게 된 경위는
애초에 정신과 의사가 된 이유와 많이 닮아 있었다. 그는 다른 사람들
과 즉시 가까워질 수 있다는 점에 이끌려 정신과 의사가 되었다. 그는
"솔직히 다른 사람들의 이야기를 듣는 것도 멋진 일인데 그 대가로 돈
을 받기까지 한다"고 말했다. 베일러 의과대학에서는 학생들이 입학하
고 얼마 지나지 않아 희망 분야를 조사했다. 외과 지원을 받았을 때 많
은 학생이 손을 들었지만 정신과의 경우에는 조지가 유일한 지원자였
다. 그는 레지던트 근무를 위해 샌프란시스코의 캘리포니아 대학교로

옮겼고 거기에서 교수 활동을 하고 경력도 쌓았다. 조지는 러시아에서 태어났지만 열한 살에 가족과 함께 캘리포니아로 이주했다. 서로 다른 두 장소의 낯선 조합을 경험한 것이 조지를 형성했다. 그는 눈동자, 머리카락, 저녁 무렵이면 어김없이 자라는 수염까지 도스토옙스키 소설 주인공의 이미지였다. 미소를 뺀 조지의 모든 것은 어둠이었다. 나머지 부분은 찌푸리고 있어도 그의 입은 즐거움과 환호를 표현했다. 캘리포니아가 그를 끝 모를 우울함에서 건져냈지만 완결은 짓지 못한 모양새였다. 그 결과 조지의 환자들은 자신이 필요로 하는 감정이 무엇이든 그 감정을 조지의 표정에서 찾을 수 있었다.

그를 찾은 첫 번째 무리는 변호사들이었다. 상담을 받은 한 변호사가 또 다른 변호사를 추천했고 어느 순간 조지는 온종일 변호사들의 문제를 듣게 되었다. "변호사들 사이에는 뚜렷한 경계가 없어서 동료들을 자주 데려왔다"고 그는 말했다. 변호사들은 주로 관계 실패에 대해 이야기했는데 듣는 이로서는 금방 질릴 수밖에 없었다. 한바탕 변호사들의 상담을 하고 나니 그다음으로는 기술 회사 중역들이 찾아왔다. 변호사들이 업무 이야기를 할 때보다 훨씬 흥미진진했다. 조지는 "기술 분야의 사람들은 관계에 대해 별로 언급하지 않았다"면서 "더 나은 엔지니어가 되도록 내가 도와주기를 바랐다"고 말했다.

암호화폐 관계자들이 찾아오기 시작한 것은 암호화폐 붐이 시작된 2017년쯤이었다. 두 부류가 있었는데 첫 번째는 근원주의자들로, 비트코인이 오랜 종교 취급을 받던 시절부터 암호화폐에 이끌린 사람들이었다. "항상 혼자 일하고 특유의 관점이 강해 대기업에 적합하지 않은 자유의지론자들이었다"고 조지는 말했다. "친정부 견해를 강요하는 직장 동료들에게 불만이 많았다. 다소 피해망상적이며 세상을 일종의 음모로 바라봤다." 조지는 많은 근원주의자들을 관찰한 끝에 이들이 암호화폐에 빠진 것이 우연이 아님을 깨달았다. 그는 "비트코인은 이런 사람들을 끌어당기는 휘파람을 불었다"면서 이들은 "평범한 직장에서 일하지만 한편으로는 다른 관심사를 가지고 있다. 정부를 얼마나 경계하는지 말하고 싶어 하지만 많은 경우 배우자나 가족이 더 이상 그들의 푸념을 들어주지 않는다"고 말했다.

비트코인에는 귀가 없기 때문에 자기 이야기를 들어줄 사람을 찾아 조지에게 온 것이었다. 조지는 어느 정도 그런 역할에 어울렸다. 그는 다른 사람의 관점을 알아채고 공감하는 것이 얼마나 쉬운지 늘 깨닫는다. "하지만 레지던트 시절에는 환자에게서 정신병을 찾아낼 수 없어 크게 낙담했다"고 그는 말했다. "나는 환자들에게 *고용주가 전화를 엿듣는다고 생각하는 이유가 충분히 이해됩니다*라고 말하곤 했다."

비트코인 가격이 오르면서 조지의 상담 대기실에는 다른 유형의 암호화폐 관계자들이 등장했다. "두 번째 유형은 젊고 유행에 민감하며 돈 욕심이 있는 사람들이었다"고 조지는 말했다. 이 유형은 조지에게 별다른 관심이 없었고 정부가 자신의 이익에 세금을 부과하려는 데 대해 걱정할 뿐이었다.

그러다 효율적 이타주의자들이 찾아오기 시작했고 조지는 환자들에 대한 새로운 관심이 샘솟는 것을 느꼈다. 샘의 동생인 게이브 뱅크먼 프리드가 첫 환자였는데 곧이어 캐럴라인 엘리슨과 알라메다 리서치의 다른 직원들이 찾아왔다. 1년 전 샘이 찾아왔을 때 조지는 이미 스무 명가량의 효율적 이타주의자들을 만난 뒤였다. 집단 측면에서 이들은 조지가 공감 능력이 부족하다고 스스로에 대해 염려하는 부분을 불식시켰다. 평범한 사람들이 평범한 감정에 대해 토로하면 그는 이해하는 척 꾸며낼 때가 많았다. 효율적 이타주의자들에게는 그의 공감이 필요 없었다. 그들 자신조차 자기감정을 중요하게 여기지 않았다. 그들은 오로지 자기 삶의 효용성을 극대화하는 것에 관심을 쏟는 반면에 감정의 영향을 최소화하려 했다. "그들은 결정을 숫자로 요약하는 능력에 감정이 방해된다고 여기는 것처럼 보였다. 애인을 만들어야 하는가? 하고 질문하면 그들은 비용 편익 분석을 했다. 효율적 이타주의자들은 그런 접근을 즐겼다." 이러한 접근은 조지에게도 잘 맞았다. 그는 환자들의 감정을 느낄 수 없었지만 생각은 읽을 수 있었다.

하지만 조지는 효율적 이타주의자가 될 수 없었는데, 인간의 본성에서 이타주의가 작동할 수 있는지 확신하지 못했다. 하지만 효율적 이타주의자들을 존중했다. 우선 그들은 재미있고 젊었다. 마치 인생의 첫발을 떼는 아이들 같았다. "처음에는 그들이 게임을 하고 있다고 생각했다. 지능 측면에서나 세상에 접근하는 방식 면에서 모두 아웃라이어에 해당했다." 얼마 지나지 않아 조지는 그들이 게임을 하는 것이 아님을 알아차렸다. 그들은 무척 진지했다. 결과를 보고 행위의 도덕성을 가늠했으며 그 결과를 극대화하기 위한 삶을 살았다. 조지는 정부가 자신들을 감찰하고 있다는 암호화폐 마니아들의 전제를 수긍했듯 효율적 이타주의자들의 전제도 인정했다. 그는 "내 일은 내담자들과 맞서는 것이 아니다. 그들은 내부적으로 일관성을 보였고, 일관성이 있다면 수긍할 수 있다. 게다가 다소 특이한 부분이 있더라도 사실은 세상에 이로울 수도 있는 주장이다"라고 말했다.

효율적 이타주의자 집단은 자신들의 철학에 대해 대화를 원할 가능성이 높았는데 그 철학이 곧 개인의 관심사였기 때문이다. 조지에게는 다른 어떤 내담자의 문제보다 효율적 이타주의자들의 대화가 더 흥미롭게 느껴졌다. 물론 조지는 효율적 이타주의자들의 다른 문제에도 귀를 기울였고, 덕분에 새로운 환자들의 행동에서 드러나는 패턴을 읽을 수 있었다. 예를 들어 효율적 이타주의자들은 '인류애'에 대한 관심을 드러내면서도 실제 인간을 사랑하는 것에는 주저하는 모습을 보였다. 조지는 "인류애는 사람에게서 시작하는 것이 아니라 고통에서 시작한다. 고통을 방지하는 것이 중요하다. 효율적 이타주의자들은 동물에 대해서도 같은 방식으로 접근했으며 소행성이 지구와 충돌할 가능성에도 관심을 보였다. 하지만 인간과의 관계를 열망하지는 않았다"고 설명했다.

아울러 이들은 자기 행위를 논리적으로 지지하는 것에 신경을 썼다. 이들에게 일관성이란 한계가 아니라 성숙함의 방증이었다. 자녀를 낳을 것인가와 같은 감정적으로 가장 우려를 일으키는 결정을 내릴 때에도 논리와 엄격함을 적용했다. "많은 효율적 이타주의자들이 자녀를 갖지 않기로 결정했다. 자기 삶에 미치는 영향 때문이었다. 자녀를 낳으면 자신들이 세상에 영향을 미칠 가능성이 반감된다고 생각했다." 결과적으로 자녀를 낳아 효율적 이타주의자로 만들기까지 걸리는 시간에 내 자녀가 아닌 더 많은 사람을 효율적 이타주의자로 만들 수 있다고 여겼다. "그들은 아이를 낳는 것이 이기적이라고 생각했다. 효율적 이타주의자들이 주장하는 방식대로라면 자녀가 곧 행복이며 행복은 곧 생산성의 증대여야 한다. 이를 머리로 받아들이면 비로소 자녀를 낳을 것이다."

인간이 이러한 태도를 자연스럽게 취할 수 있는 것은 아니어서 사유한 바를 의식적으로 생활양식에 적용해야 한다는 점도 중요했다. "효율적 이타주의자가 되는 것은 두 부분으로 나뉘는데 첫 번째는 결과에 집중하는 것이고 두 번째는 개인적인 희생을 하는 것이다." 첫 번째 부분에서 효율적 이타주의자들은 대체로 합의를 이루지만 두 번째 부분에서는 서로 커다란 의견 차이를 보였다. 번지르르하게 말하기는 쉽지만 타인의 생명을 구하는 일을 얼마나 적극적으로 실천할 수 있는가? 자녀를 포기할 것인가? 신장을 기부할 것인가? 조지가 느끼기에 샘 뱅크먼프리드는 스펙트럼의 한 극단에 위치했다. 그는 신체적 고통에 매우 취약해 신장 기부는 포기했지만 이를 제외한 나머지 부분에서는 헌신적이었다.

캐럴라인 엘리슨은 샘과 달랐다. 자존감이 약한 사람이었다. "자아가 없었기 때문에 샘에게서 자신의 자아를 빌려왔다"고 조지는 말했다. "샘은 캐럴라인에게 내면의 힘을 불어넣었다." 조지의 효율적 이타주의자 환자 중에서 캐럴라인은 원칙을 위해 희생하는 정도를 나타낸 스펙트럼에서 샘의 정반대편에 있었다. 2018년 처음 조지를 찾아왔을 때 캐럴라인은 주의력 결핍 및 과잉 행동 장애ADHD 문제와 복잡한 감정을 일으키는 새로운 문제인 다자간 연애 방식에 대한 대화를 원했다. 그런데 첫 번째 상담 이후 줄곧 캐럴라인은 한 가지 문제에 대해서만 대화를 원했는데, 바로 샘과 관련된 문제였다. 샘은 자신을 사랑하지 않으며 그 사실만으로도 그녀는 크게 불행하다고 했다. 조지는 "캐럴라인은 예외에 속한다고 생각했다"며 "언젠가 서로 사랑하는 관계와 효율적 이타주의를 맞바꿀 가능성이 있다고 봤다"고 말했다.

조지는 샘에게 캐럴라인에 대해 설명하거나 캐럴라인에게 샘의 사랑을 갈구하는 것을 그만두라고 설득하는 것은 자신의 일이 아니라고 생각했다. "내가 캐럴라인의 치료 전문가가 아니라 친구라면 이 사내에게서는 원하는 바를 절대 얻을 수 없을 것이라고 말했을 것이다." 그럼에도 샘이 두 사람의 관계를 공개적으로 인정하기를 바라는, 갈수록 커지는 캐럴라인의 요구에 귀를 기울이는 것은 고통스러운 일이었다. 홍콩에서 2년 가까이 지내는 동안 캐럴라인은 가까운 효율적 이타주의자 동료들에게 교제 사실을 알렸다. 조지는 "그녀에게는 그러한 공개가 관계의 최고점이었다. 샘에게는 무리한 요구였지만 캐럴라인은 행복해 보였다. 공개는 관계의 확인이며 어느 정도의 약속을 보여주는 것이다. 이전에 캐럴라인은 샘으로부터 대단한 것을 받은 적이 전혀 없었다"고 말했다. 이후 샘은 바하마행 비행기에 올라 다시는 돌아오지 않았다. 몇 주 후 샘은 샌프란시스코에 있는 조지에게 전화를 걸어 바하마로 와서 FTX의 사내 정신과 의사로 일해달라고 제안했다.

회사의 내분 사태 이후 홍콩행 비행기에 오르기 직전까지 샘은 새로운 치료 전문가를 찾기 위해 애썼다. 많은 치료 전문가와 접촉했지만 그들은 샘을 있는 그대로 받아들이지 못하고 다른 누군가로 만들려 했기 때문에 도움이 되지 않았다. "이전에 만난 치료 전문가들은 나에 대해 여러 가지로 믿지 못했다"고 샘은 말했다. 예를 들어 그는 상당히 어린 나이에 아이를 절대 낳지 않겠다는 결정을 내렸고 완벽하게 합리적인 결정이라고 생각했다. 또한 감정이 없다고 말하거나 기쁨을 느껴본 적이 없다고도 했다(전문 용어로 쾌감 상실이라고 일러줬다). "그들과 앞으로 나아가야 할 길이 분명하게 보이지 않았다. 나도 내게 특이한 면이 있다는 것을 알고 있다. 그들은 그런 나를 받아들이고 나아가려고 하지 않았다." 샘을 이해하는 데 실패한 사람들 목록에는 치료 전문가들도 추가되었다.

샘은 조지가 그저 있는 그대로의 자신을 받아들이고 그의 감정을 둘러싼 의미 없는 대화에 관심을 보이지 않았다는 점에서 조지를 마음에 들어 했다. 이미 오래전에 샘은 자신의 정신생활과 그것이 다른 사람들에게 미치는 영향에 대한 논의가 무의미하다는 결론을 내렸다. 그는 "사회적인 부분은 기본적으로 해결할 수 없었다"고 말했다. 약을 처방할 누군가가 필요하기는 하지만 자신의 문제를 해결해줄 치료 전문가는 필요 없었다. 샘은 *다른 사람*들이 어떤 문제를 겪는지에 관심이 있었다. 이런 점에서 조지가 큰 도움을 줄 수 있음을 깨달았다. 예를 들어 직원 두 사람이 옥신각신할 때 조지는 샘이 분쟁을 해결할 방법을 생각하도록 도와줄 수 있었다. 거의 모든 사람에게 조지는 정신과 의사였지만 샘에게 그는 경영 컨설턴트였다(조지는 "샘은 자신에 대한 대화를 원한 적이 없다. 우리가 나눈 대화는 모두 회사에 관한 것이었다"고 말했다).

물론 캐럴라인이 두 사람의 관계와 서로에 대한 샘의 감정을 공개하자고 고집한 것이 샘이 홍콩으로 돌아가지 않고 바하마에 머물기로 선택한 주된 요인은 아니었다. 바하마로 거처를 옮기기로 한 데는 한 가지가 아닌 여러 가지 이유가 있었다. 홍콩 정부가 모든 입국자에게 14~21일의 격리 조치를 요구하면서 해외여행은 거의 불가능해졌다. 중국 정부가 영향력이 닿는 암호화폐 거래소의 대표를 수시로 잡아들이고 임의로 펀드를 동결하는 것에 FTX의 구성원 모두가 불안감을 느꼈다. 변호사들과 중국 직원들 일부는 샘에게 관련 위험을 끊임없이 상기시켰다. FTX 직원들은 중국 공안이 호출할 경우 샘과 게리를 탈출시킬 계획을 세우고 '007 작전'이라고 이름 붙였다. 만일의 경우에 뒷문으로 빠져나갈 수 있도록 사무실 정문을 덩치가 큰 사내 둘이 지켰고 어느 순간에라도 두 사람이 안전할 수 있도록 연료를 가득 채운 제트기를 대기시켰다. 하지만 샘에게 중국 공안보다 더 걱정스러운 존재는 캐럴라인이었을 것이다. 홍콩을 떠나기 직전 샘은 캐럴라인에게 "이제 이 일을 당신에게 맡기고 간다는 게 기분이 썩 좋지 않다"는 메시지를 보냈다. 이어 사무적인 메모를 남겼다.

1. 사람들이 우리가 연애한다는 사실을 아는 것이 *정말 정말* 싫으며 기본적으로 그 이유는 다음과 같음
    1. 편견에 대한 걱정 때문에 내가 관리하는 게 정말 어려워짐
    2. PR에 정말 나쁜 영향을 미칠 가능성이 있음

3. 정말 불편한 마음이 듦

4. 직장에서 당신 주변의 사람들을 불편하게 만듦

2. 사무실에서 비밀이 새어 나가는 것에 대한 대화를 할 때 정말 기분이 나빴음

1. 비밀이 새어 나가면 당신은 좋아하리라는 걸 알지만 나는 그렇지 않으며 내게는 신뢰가 깨지는 마지노선임

2. 또한 비밀의 누설을 당신이 좋아하는 것도 옳지 않다고 생각함. 이 경우의 2차 효과를 잊고 있다고 봄

3. 이는 다음과 같은 여러 상황에서 일어날 수 있음

1. 우리가 함께 있는 대규모 행사에서 특별히 당신에게 다가가 작별 인사를 하면 시선을 피하기 어려움

2. 따로 만날 방법을 찾는 것은 지각이 없는 행동임(최소한 나의 잘못 도 있음)

3. 사람들에게 밝힘

4. 관계가 내 삶을 엉망진창으로 옭아매는 덫에 빠질까 무척 걱정됨

5. 무엇보다 당신이 더 강해지기를 바라지만 일정 부분 내가 그 반대로 만들고 있는 것 같아 걱정스러움

1. 내게 깊은 인상을 남기려는 마음이 너무 큰 것 같아 우려됨

2. 나의 판단에 대한 두려움에 당신이 회피적이 될까 염려됨

그는 한 줄로 메시지를 끝맺었다. "연애를 하기에 이렇게 형편없는 사람이라 정말 미안합니다."

2021년 늦여름에 가장 고민스러웠던 질문은 홍콩을 떠날 것인지 여부가 아니라 어디로 갈지였다. 금융 규정상 명시적으로 암호화폐 선물 거래소를 허용하는 장소여야 했기에 유럽과 미국은 제외되었다. 대만은 언제든 중국이 침공할 가능성이 있어 바람직하지 않았다. 안티구아는 법적 측면에서 양호했지만 인터넷 연결이 좋지 않았다. 우루과이는 꺼림칙했다. 두바이가 괜찮을 수도 있었지만 FTX에서 상당수를 차지하고 있고 계속 증가하는 중국인 여직원들에게는 좋지 않을 듯했다. 샘은 정부가 사람들이 입을 수 있는 것과 입으면 안 되는 것을 정한다는 아이디어에 콧방귀를 뀌었다. 싱가포르, 지브롤터, 이스라엘 등 FTX가 합법성을 인정받을 수 있는 장소 목록에 여러 곳이 포함되었지만 이런저런 이유로 제외되었다. 이상한 일이지만 바하마는 초기 목록에 포함되지도 못했다. 하지만 라이언 살라메가 별장을 구입하러 들렀다가 바하마 증권위원회가 새로 도입할 암호화폐 법령을 마무리하고 있음을 알게 되었다.** 바하마는 인터넷 선이 플로리다와 해저 케이블로 연결되어 서비스가 훌륭했다. 또한 중립적인 조세제도를 채택해 개인이 다른 국가에 납부한 세금을 공제받을 수 있었다. 사무실 공간이 넉넉했고 직원 숙소로 쓸 만한 고급 콘도를 충분히 확보할 수도 있었다. 게다가 바하마는 샘이 공항에 도착했을 때 새로 선출된 총리가 그를 영접하기 위해 기다릴 정도로 기업 유치에 목말라 있었다. 총리는 "샘, 우리는 파산했소"라고 고백했다.

반면 샘은 파산 상태가 아니었다. 오히려 정반대의 상황이었다. 더이상 알라메다 리서치는 효율적 이타주의자들에게 수천만 달러를 빌리기 위해 막대한 이자를 지급할 필요가 없었다. 셀시어스와 제네시스 같은 새로운 암호화폐 대출 기관은 알라메다 리서치에게 100억~150억 달러를 최저 6퍼센트의 금리에 대출해줄 만반의 준비가 되어 있었다. 알라메다의 내부 수익률이 서서히 하락하고 있었지만 대규모 자본을 저렴하게 이용할 수 있게 되면서 매매 수익은 오히려 증가했다. 2018년에 5000만 달러였으나 2019년에는 1억 달러, 2020년과 2021년에는

** 이 부분은 각주에 해당하며, 실제 삶에서 이야기를 벗어나 기분 전환을 하는 것과 마찬가지로 페이지에서 부차적인 느낌을 준다. 하지만 기업의 정신을 이해하고 어떤 일이 벌어질지 예측하기 위해 꼭 알아야만 하는 배경과 인물들도 있다. 1970년대 바하마는 보험업 법규를 만드는 데 늑장을 부렸는데 버뮤다가 보다 발 빠르게 움직인 덕분에 재보험 산업이 호황을 누리자 막대한 경제적 기회를 놓치고 말았다. 오로지 크루즈선 관광에만 의존하는 상태가 이어지면서 바하마는 경제적 위험에 노출되고 대가를 치렀다. 특히 코로나19의 유행으로 모든 크루즈선 운항이 중단되어 경제가 큰 타격을 입으면서 위험은 현실이 되었다. 2015년 크리스티나 롤이라는 여성이 바하마 증권위원회 사무총장에 올라 금융 규제 책임자가 되었다. 롤은 거만하지 않고 조용하며 생각이 깊고 세상에 대한 호기심을 드러냈다. 무엇보다 바하마가 중산층을 늘리는 몇 가지 방안 중 하나로 금융 서비스가 제 역할을 할 수 있음을 알았다. 2018년 말 롤은 해외 콘퍼런스에서 여러 금융 규제 당국의 파워포인트 발표를 듣고 나서 모두가 암호화폐의 처리를 피하고 있다는 것을 깨달았다. 이에 지금까지 미국의 규제 당국이 하지 않은 일에 착수했다. 암호화폐 금융의 상당 부분을 합법화하는 법안 마련에 들어간 것이다. 그녀는 "기술은 사라지지 않는다"며 "그 기술은 우리가 예상할 수 없는 방식으로 금융 서비스 분야에 파괴적 혁신을 일으킬 것이다"라고 내다봤다. 물론 위험도 인지하고 있었다. 규제를 만들어 금융 활동을 허용하는 시점에서는 시장에 어떤 참여자가 모이거나 어떤 행위를 할지 전혀 예측할 수 없다. 그녀는 "염두에 둔 주체가 전혀 없었다"고 밝혔다. "누가 시장에 참여할지 알지 못했다. 처음에는 바하마가 작은 나라니까 그런 활동이 가능한지 곧 인식되지 않을 수도 있었지만 적어도 세계시장의 참여자는 될 것이라 생각했다." 그런데 2021년 늦여름, 난데없이 세계에서 가장 주목받는 암호화폐 거래소의 설립자가 찾아오면서 크리스티나 롤도 천재로 조명받았다. 그럼에도 그녀는 우려를 버리지 않았다. 2022년 초 롤은 "어느 날 아침에 눈을 떴을 때 내가 전혀 예상하지 못했던 사건이 헤드라인을 장식하지 않을까 두렵다"고 고백했다. "관망하고 있다가 '그러게 내가 뭐라고 그랬소'라고 말할 사람들이 너무나 많다. 암호화폐에 대한 회의적 시각이 팽배해 있다."

각각 10억 달러에 달했다. 이는 매매 수익만을 따진 것으로, 샘이 보유한 토큰 뭉치의 막대한 미실현 이익은 포함되지 않았다.

2020년 3월 아나톨리 야코벤코Anatoly Yokovenko라는 실리콘밸리의 엔지니어가 거래 수단 측면에서 비트코인의 최대 약점인 속도 문제를 해결할 만한 새롭고 발전된 블록체인을 선보였다. 비트코인은 초당 일곱 건의 거래만을 검증할 수 있었지만 새로운 솔라나 블록체인은 초당 6만 5000건의 처리를 약속했다. 샘은 이것의 의미를 독자적으로 평가할 능력이 없었지만 평가가 가능한 전문가에게 문의하고는 솔라나가 미래의 암호화폐가 될 수 있다고 결론 내렸다. 설사 그렇게 되지 않더라도 솔라나에 관한 주장은 다른 사람들도 샘과 같은 판단을 하기에 충분하도록 설득력을 갖추고 있었다. 18개월 후 알라메다는 솔라나 전체 토큰의 약 15퍼센트를 보유하고 있었는데 대부분 개당 25센트에 구입한 것이었다. 솔라나의 시장 가격은 249달러까지 치솟아 샘이 들인 비용 대비 1000배 가까이 뛰었다. 샘이 보유한 암호화폐 뭉치의 장부가는 120억 달러에 달했다. 토큰을 대규모로 재판매할 때의 가격은 예측하기 어려웠지만 솔라나 토큰이 거래되는 시장이 실재했고 하루 20억 달러 규모의 토큰이 매매되었다. 샘은 "거래를 경이에 찬 눈으로 지켜봤다"고 말했다.

솔라나는 당시 샘의 손을 거쳐 간 모든 것의 축소판이었다. 샘이 지지하면 그 대상의 의미가 배가 되었다. 그는 "이런 분야에서 엄청난 이점을 가지고 있다는 우리의 가설을 완벽하게 입증하는 예였다"고 말했다. "자기실현적인 효과가 있어서 우리가 큰 몫을 보유하고 있다는 사실만으로 가격이 상승했다."

샘의 보물 창고에는 이런 자산이 많았다. 예를 들어 알라메다는 FTT 토큰의 절반가량을 보유하고 있어 사실상 샘이 FTX의 간접 소유 효과를 누릴 수 있었고 샘에게는 FTX 전체 매출의 6분의 1에 대한 권리가 있었다. FTT 가격은 약 3달러에서 80달러 가까이 상승했다. 샘이 FTT 보유분을 한 번에 매각할 경우 얼마를 받을 수 있을지는 짐작하기 어려웠다. 하지만 암호화폐 대출 기관이 그가 보유한 FTT를 담보로 수십억 달러를 빌려줄 것이기 때문에 현금을 확보하기 위해 토큰을 매각할 필요는 없었다.

여기에 샘은 FTX의 지분도 가지고 있었는데 이것은 실체가 분명했다. 많은 수의 벤처 캐피털이 총 6퍼센트의 지분을 얻기 위해 23억 달러를 투자했다. 샘이 더 적은 지분을 수십억 달러 더 비싼 금액에 더 많은 집단에 매각 가능하다고 믿을 만한 근거가 충분했다. FTX가 성장일로에 있는 샘의 제국을 뒷받침하고 있었다. 실질적으로 FTX는 매출과 이익이 급격히 증가하는 기업이었다. 사실 벤처 캐피털에서 자금을 유치할 필요도 없었다(이를 분명히 하기 위해 샘은 세쿼이아 캐피털에 FTX 지분을 넘기고 유치한 2억 달러를 세쿼이아의 한 펀드에 알라메다 리서치의 이름으로 투자했다). 이제 FTX는 세계에서 가장 빠르게 성장하는 암호화폐 거래소이자 대형 전문 트레이더들이 선택하는 카지노였다. 3년이 채 안 되는 기간에 전체 암호화폐 거래에서 점유율이 0퍼센트에서 10퍼센트로 뛰었다. 2021년에는 10억 달러의 매출액을 올릴 것으로 예상되었다.

그럼에도 성장을 이어갈 여지가 충분했다. 최대 경쟁사인 바이낸스는 FTX보다 거래량이 다섯 배 많다는 점에서 매출액과 시장 가치가 각각 FTX보다 5배가 될 가능성이 있었다. 다만 부자들의 현재 가치를 추산하는 전문가들은 CZ의 자산을 평가하는 데 애를 먹었다. CZ가 바이낸스의 지분을 정확히 얼마 보유하고 있는지 누구도 알지 못했던 것이다. 2021년 〈포브스〉는 CZ의 자산을 샘보다 적게 평가했는데 샘과 FTX의 임직원 모두 발표된 숫자를 믿지 않았다. 샘은 CZ가 전 세계에서 가장 부유한 사람이리라 짐작했다. 샘에게 자본을 댄 사람들에게 CZ는 위험에 취약해 보였다. 2021년 가을 〈포브스〉는 전 세계에서 30세 이하 인구 중 샘이 가장 부유한 사람이라고 보도했다. 벤처 캐피털에서는 조만간 샘이 CZ를 제치고 세계 최고 부자로 올라설 것이라 예상했다.

이 시점에서 샘이 설명한 모든 계획을 훗날 반추한다면 훨씬 더 설명하기 어렵거나 믿기조차 어렵게 느껴질 것이다. 샘은 FTX를 세계에서 가장 통제되고 법률을 정확히 준수하며 규정을 지키는 암호화폐 거래소로 만들 작정이었다. 가능한 한 많은 나라에서 합법적이고 공개적으로 거래소를 운영할 수 있도록 최대한 많은 인가를 받을 것이다. 무법 상태의 암호화폐 시장이 법의 지배를 받게 된다는 것에 베팅할 것이다. 2021년 말 미국인의 16퍼센트가 암호화폐 거래를 한 적이 있는 것으로 나타났다. 아시아에서는 그 수치가 훨씬 더 높았다. 샘은 규제 당국이 암호화폐에 관여해 무허가 거래소를 퇴출시키는 건 시간문제라고 생각했다.

샘의 전략은 바이낸스와 정반대였다. 2019년 5월 FTX가 설립되었을 때 바이낸스는 대략 10퍼센트씩 시장 점유율을 비슷하게 유지하는 몇몇 암호화폐 거래소 중 하나에 불과했다. 그중에서 비트멕스는 "자금세탁 방지 계획을 만들어 시행하고 유지하는 것을 고의로 지키지 않아" 미 법무부의 규정을 위반했다. 비트멕스의 설립자 두 사람은 미국인과 영국인이었는데 다양한 벌금형과 보호 관찰 조치를 받고 가택 연금에 처해졌다. OKEx와 후오비의 경우 임원들이 중국 공안에 연행되고 자산이 동결된 것으로 알려졌다. CZ는 3년 전인 2017년 말 중국을 떠났는데 같은 해 중국 정부에서 단속을 실시했으며 이후에도 여러 차례 단속이 이어졌다. CZ는 처음에는 싱가포르로 옮겼다가 두바이에 정착했는데 다른 여러 장점 중에서도 특히 미국과 범인인도조약을 맺지 않았다는 점을 높이 샀다. CZ는 새로운 규정과 규제가 도입되면 일단 무시하는 반응을 보였고 당국에 조치를 취할 만한 의지나 자원이 부족하리라 기대했다.

지금까지는 현명한 전략으로 통했다. 2년 동안 바이낸스가 암호화폐 매매에서 차지한 비중은 10퍼센트에서 50퍼센트까지 뛰었다. 현지 당국이 금지하거나 아직 승인하지 않은 금융 상품을 선보였고 당국은 이렇다 할 조치를 취하지 않는 듯했다. 바이낸스의 자체 거래소 토큰인 BNB가 대표적인 사례였다. 바이낸스의 BNB는 말하자면 FTX의 FTT 같은 토큰으로, 회사의 매출에 대한 권한을 부여했다. 비트코인의 경우 증권이 아니라는 합리적인 주장을 할 수 있고 상품선물거래위원회CFTC의 규제를 받아 상품으로 분류할 수 있다. 하지만 BNB나 FTT에는 유사한 주장을 할 수 없었다. 이익을 창출하는 기업을 위해 자금을 유치할 목적으로 생성되어 투자자들에게 판매되었기 때문이다. 토큰 소유자들에게는 거래소 수수료를 낮춰주거나 토큰을 매입해 소각하는 계약을 맺는 방식으로 배당을 지급했다. 증권으로 간주하지 않을 근거가 없었다. 미국에서 미국 투자자들에게 이러한 토큰을 판매할 때 증권위원회가 간단히 모른 체하지는 않을 것이다. 하지만 바이낸스는 BNB(뿐 아니라 여러 상품)를 미국에 거주하는 미국인들에게 판매했다. 바이낸스의 *최고준법감시인*은 2018년 한 동료에게 "우리는 미국에서 망할 무허가 증권 거래소를 운영 중이야"라는 결정적인 메시지를 보냈다(이를 비롯한 몇몇 메시지가 2023년 6월 SEC가 바이낸스를 상대로 소송을 제기하는 과정에서 공개되었다).

미국 금융 규제 당국이 분노한 정도를 기준으로 암호화폐 거래소를 네 가지 범주로 나눌 수 있었다. 미국의 몇몇 소규모 거래소는 가장 오래된 코인에 속하고 SEC가 상품으로 분류하며 CFTC의 규제를 받던 비트코인과 이더만을 상장시켰다(이상하게도 오래된 코인일수록 사람들은 상품으로 인식했다). FTX가 새로 설립한 미국 거래소는 비트코인과 이더 외에 18종을 상장시켰는데 어떤 코인도 분명한 증권 투자 설명서를 제공하지 않았다. 예를 들어 FTX에 상장된 코인 중 매입 후 소각 기능이 있거나 이익을 창출하는 기업을 위해 자금을 모집할 의도를 가진 코인은 없었다. 가장 많은 미국 고객을 확보한 거래소인 코인베이스는 규제 위험을 보다 적극적으로 지려는 것으로 보였다. 약 500종의 코인을 상장시켰는데 여기에는 SEC가 명백하게 증권으로 인식하는 코인도 포함되었다. 브라이언 암스트롱Brian Armstrong CEO는 트위터에서 규제 당국의

'불완전한 행동'을 비판했다. 하지만 코인베이스는 FTT와 같은 거래소 토큰을 가지고 있지 않았기 때문에 규제를 받지 않는 자체 증권을 미국 투자자들에게 판매하는 뻔뻔한 모습을 보이지 않았다. 오로지 바이낸스만이 BNB를 통해 그런 위험을 자초했다.

바이낸스는 미국에 새로 설립한 암호화폐 거래소에서 사실상의 주식을 미국 소매 투자자에게 판매하면서 미국 규제 당국을 크게 욕보였다. 2019년 9월 바이낸스가 미국 거래소를 공식적으로 개소할 당시 BNB의 시가총액은 30억 달러에 약간 못 미쳤으나 2021년 가을에는 1000억 달러까지 증가했다. 시가총액 증가분에서 어느 정도가 미국 투자자들에게서 비롯되었는지는 짐작하기 어렵지만 샘은 200억 달러로 추산했다. 이와 비교하면 미국 규제 당국의 분노는 감내할 만한 비용으로 보였다.

이 상황을 지켜보면서 샘은 바이낸스의 전략이 지속 가능하지 않다고 결론지었다. 현명한 전략은 세계에서 가장 법규를 잘 준수하고 규제 당국이 총애하는 거래소가 되는 것이었다. 법과 규제 당국을 활용한다면 암호화폐 거래를 바이낸스에서 FTX로 대거 이동시킬 수 있었다. 아직 법이 마련되어 있지 않은 나라라면 FTX의 변호사 군단이 법안 마련에 도움을 줄 수도 있으리라. 가장 중요한 나라이자 금융 규제 당국이 불법 행위자를 국외에서도 추적하고 전 세계에서 법을 집행하는 나라에서 샘은 업계를 선도할 것이다. 암호화폐를 규제하고 신설되는 법을 위반한 자를 처벌하도록 미국 정부를 설득해 FTX가 암호화폐업계의 총아가 되도록 할 계획이었다(샘이 보기에 바하마의 가장 좋은 점은 미국과 가깝다는 사실이었다).

샘에게 미국은 성배였다. 기존에 코인베이스라는 암호화폐 거래소가 있었지만 CEO가 이미 SEC에 대한 모욕적인 트윗을 남겼다. 게다가 코인베이스는 FTX와 비교하면 따분하고 거만한 카지노였다. FTX보다 직원이 **열다섯 배는** 더 많으면서도 거래량은 FTX의 5분의 1에 그쳤다. 소매 투자자들에게 FTX보다 5~50배에 달하는 수수료를 부과하면서도 여전히 대규모 손실을 기록 중이었다. 그렇더라도 시가총액이 750억 달러가 넘는 상장사였다. FTX가 미국에서 암호화폐 선물을 거래할 수 있도록 인가를 받고 미국 투자자들을 제한 없이 접촉할 수 있다면 코인베이스의 고객 기반과 더불어 시가총액도 가져올 수 있을 것이다. 혹은 미국에서 인가를 받는 것만으로도 FTX의 가치가 밤사이에 두 배, 심지어 세 배도 뛸 수 있다고 샘은 생각했다.

이러한 계획을 실행하기에 앞서 우선 CZ를 제거해야 했다. CZ는 2019년 말 8000만 달러에 사들인 FTX 주식을 아직 보유 중이었다. 이후 바이낸스와 FTX의 관계는 폭발 직전으로 악화되었다. 말하자면 바이낸스는 일진이고 FTX는 학급의 대표적인 너드인데 둘은 특권적인 지위를 활용해 남들을 괴롭히며 즐거움을 나누던 사이였다. 바이낸스가 암호화폐 선물 거래를 시작한 것이 일례였다. 바이낸스의 내부 팀에서 암호화폐 선물 거래 플랫폼을 만드는 데 게리가 혼자 FTX를 만들 때보다 세 달이 더 걸렸다. 게다가 플랫폼이 완성되어 운영에 나섰지만 별다른 관심을 끌지 못했다. 샘은 바이낸스의 새로운 선물 계약에서 수상한 매매 흐름을 감지했다. 시장 행위가 자연적으로 발생할 때 확인되는 돌발적인 흐름과 달리 규칙적으로 틱, 틱, 틱 거래가 체결되는 것이었다. 바이낸스는 활발한 거래가 일어난다는 착각을 일으키기 위해 자체적으로 새로운 계약을 체결하는 봇을 만든 것이라 샘은 짐작했다.

자전거래wash trading라고 불리는 이 행위는 미국 거래소에서 불법이긴 하지만 샘은 이를 심각하게 받아들이지 않았다. 아시아의 많은 거래소가 대놓고 자전거래를 하는 것이 얼마나 이상한 일인가 생각할 뿐이었다. 2019년 여름 FTX는 다른 거래소의 활동에 대한 일간 분석 자료를 만들어서 발표했다. 보고서에서는 2~3등급 거래소 거래량의 80퍼센트 이상, 또 최고 등급 거래소 거래량의 30퍼센트가 허위라고 추산했다. FTX가 암호화폐 거래 활동에 대한 최초의 보고서를 발표한 직후 한 거래소의 관계자가 전화를 걸어 말했다. *우리 회사의 자전거래 팀을 해고할 겁니다. 일주일의 시간을 주면 거래량이 정상화될 것입니다.* 상위 거래소들은 가슴을 쓸어내리며 분석 보고서를 발표한 것에 감사를 표현했다. 이전까지 많은 사람이 해당 거래소의 허위 거래 비율이 30퍼센트보다 훨씬 높다고 추정했기 때문이다.

샘은 바이낸스의 자전거래 솜씨가 형편없다는 것에 놀라지 않았다. 그는 "바이낸스의 시장 조작 실력은 B- 수준이었다"고 평가했다. 바이낸스의 봇이 비트코인 선물에서 넓은 시장을 조성해놓으면 다른 바이낸스 봇이 참여해 오퍼 상단을 높인다. 간단하게 설명하기 위해 비트코인의 적정 가치가 100달러라고 가정해보겠다. 바이낸스의 첫 번째 봇이 비드를 98달러로, 오퍼를 102달러로 입력한다. 일반적인 트레이더는 거래에 응하지 않는다. 다른 거래소에서 100달러에 사거나 팔 수 있는데 98달러에 매도하거나 102달러에 매수할 이유가 없잖은가? 그런데 규칙적이고 예측 가능한 시간차를 두고 두 번째 바이낸스 봇이 시장에 참여하여 102달러에 매수한다. 그러면 서로 다른 두 당사자 간에 계약이 체결된 것으로 보이지만 실상은 그렇지 않다. 그저 바이낸스가 바이낸스의 물량을 사들인 것일 뿐이다.

샘은 이런 종류의 일을 즐겼다. 결국 제인 스트리트식 거래의 반복이었다. 이 상황에서 샘은 알라메다 리서치의 트레이더에게 더 빠른 봇을 제작하게 했다. 알라메다의 봇은 바이낸스 봇의 오퍼보다 약간 더 낮은 가격의 오퍼를 냈다. 바이낸스 봇이 비트코인 선물을 102달러에 매도하는 오퍼를 내면 또 다른 바이낸스 봇이 등장해 매수하기 직전에 알라메다 봇이 끼어들어 101.95달러를 오퍼한다. 바이낸스 봇은 다른 바이낸스 봇으로부터 부풀려진 가격에 비트코인을 매수하는 대신 알라메다 리서치에게서 마찬가지로 부풀려진 가격에 비트코인을 산다.

다른 거래소에서 100달러에 살 수 있는 비트코인을 바이낸스 봇에게 101.95달러에 매도하면 알라메다는 돈을 버는 것이었다. 그러다 바이낸스의 선물팀이 자전거래에서 돈을 잃고 있음을 눈치채고 CZ에게 불만을 전달했다. CZ가 어리둥절한 반응을 보였다는 점에서 선물팀이 CZ에게 전체 설명을 하지 않았거나 무슨 일이 벌어진 것인지 제대로 상황 판단을 하지 못했음을 알 수 있다.

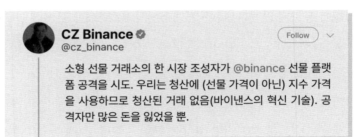

CZ Binance @cz_binance

소형 선물 거래소의 한 시장 조성자가 @binance 선물 플랫폼 공격을 시도. 우리는 청산에 (선물 가격이 아닌) 지수 가격을 사용하므로 청산된 거래 없음(바이낸스의 혁신 기술). 공격자만 많은 돈을 잃었을 뿐.

CZ Binance @cz_binance

공격자는 @binance와 거래하는 유명한 계정이며 몇 달 전 자체 선물 거래소를 시작했음. 이번은 두 번째 공격 시도. 망신이다!

오후 7:10 · 2019년 9월 15일

"그냥 전화해서 '이봐, 그만할 수 없어?'라고 말하면 될 텐데 그렇게 하지 않는 것은 무척 중국인다운 반응이다"라고 샘은 말했다. 이후 샘은 바이낸스의 CFO인 웨이 저우Wei Zhou에게 전화를 걸었다. 한 암호화폐 거래소의 CEO가 다른 거래소의 CFO에 전화해서 새로운 선물 계약에서 돈을 잃고 싶지 않다면 시장 조작 행위를 개선하라고 일러주는 이상한 대화가 이어졌다. 웨이 저우가 CZ에게 이를 알리자 CZ는 샘에게 전화를 걸었고 짧지만 비우호적인 대화가 오갔다. 통화 후 샘은 트레이더들이 실제로 벌어진 일을 여전히 CZ에게 알리지 않았다는 결론을 내렸다. CZ가 어떤 보고를 들었는지는 모르나 이전 트윗을 철회한 새로운 트윗도 처음에 올린 것과 별반 다를 바 없이 앞뒤가 안 맞았다.

FTX가 설립된 이후 18개월 동안 바이낸스와 이런 종류의 소동이 몇
번 더 있었다. 바이낸스의 세 직원은 당시 CZ가 새로운 경쟁자에 집착
하다시피 했다고 설명했다. CZ는 직원에게 FTX에 대한 정기적인 보고
를 요구했고 FTX에 대해 다른 거래소와는 다른 방식으로 말했다. 한
직원은 "CZ는 약삭빠른 사람이고 다른 거래소에 대해 일절 언급하지
않는다. 공짜로 마케팅을 해주는 것이라 여기기 때문이다. 하지만 FTX
는 경계했다. 2019년부터 CZ는 FTX에 대해서만 이야기했다. FTX가
자신의 위상을 실질적으로 위협한다고 여겼다"고 전했다. 기이하게도
CZ는 위협이 되는 회사의 지분을 샘에 이어 두 번째로 많이 가지고 있
었다.

2021년 중순 샘은 CZ가 주요 투자자의 위치에 있는 한 규제 당국과
우호적인 관계를 맺을 수 없음을 알아차렸다. 선생님의 총아가 되기 위
해서는 교실 뒷자리에 가죽 재킷을 입고 있는 말썽쟁이와 어울려서는
안 된다. 모든 규제 당국이 가장 먼저 요구하는 것이 투자자 목록과 자
세한 개인 신상이다. "규제 당국은 CZ에게 가족이 어떤 상황인지, 그가
어디에 거주하는지 물었지만 CZ는 밝히기를 원치 않았다"고 바이낸스

의 퇴사 직원이 밝혔다. 결국 샘은 CZ에게 FTX 지분을 되사들이기를 원한다고 말했다. CZ는 앞서 8000만 달러를 투자하고 얻은 지분을 되파는 대가로 22억 달러를 요구했고 샘은 승낙했다. 하지만 계약을 체결하기 직전에 CZ는 뚜렷한 이유 없이 7500만 달러를 더 요구했다. 샘은 이 역시 지불했다. CZ는 20억 달러를 횡재한 것이 얼마나 기뻤든 감정을 숨겼다. 샘은 "이후 냉전이 벌어졌다"고 말했다.

CZ의 지분을 되찾아온 것은 대대적인 홍보에 나선 가운데 벌어진 일이었다. 이제 샘은 TV에 빈번하게 출연했고 〈포브스〉 표지에도 등장했다. 하지만 브랜드를 어떻게 구축하는지에 대한 전문가 의견에 관심이 없었기에 여전히 아는 바가 없었다. 그는 내부적으로 대화를 나누고 거액을 투자하면서 어떤 방법이 효과적인지 확인하는 방식으로 브랜드를 구축했다. CZ에게 22억 7500만 달러를 지급하는 한편 FTX 내부 직원들에게 보내는 메모에서는 외국인의 입장에서 미국인들이 상품을 좋아하고 신뢰하도록 만드는 요소를 고민했다. "현재 우리는 기술과 평점 측면에서는 앞서고 있지만 인지도 면에서는 뒤처져 있다"고 그는 지적했다. "시장 참여가 저조한 5000만 명의 사용자를 코인베이스에서 FTX로 갈아타게 만들어야 하며 그러기 위해서는 강력한 동기부여가 필요하다!"

샘은 FTX에서 기대하는 효과를 낸 마케팅 캠페인이 얼마나 드문지에 주목하고 특별히 세 가지를 언급했다.

1. 우리는 할 수 있습니다Yes we can: 버락 오바마
2. 그냥 하는 거야Just do it: 나이키. 많은 운동선수가 착용했지만 오늘날의 나이키 브랜드를 만든 두 선수: 마이클 조던과 타이거 우즈
3. 다른 것을 생각하라Think different: 애플. 알베르트 아인슈타인, 존 레넌, MLK, 무하마드 알리, 로자 파크스, 간디, 엘프리드 히치콕 등

암호화폐 사용자는 청년과 남성이 압도적으로 많았으며 이들의 사랑과 신뢰를 얻기 위해서는 스포츠 스타를 활용하는 것이 당연해 보였다. 하지만 스포츠라는 한정된 세계 내에서도 사람들이 관심을 기울이는 대상에 일관성이 없음을 샘은 발견했다. 예를 들어 미국에서는 모두가 경기장에 보이는 기업 이름을 알고 관심을 보이지만 선수들의 운동복에 새겨진 기업의 이름을 알거나 관심을 보이는 사람은 없다. 이는 인간의 행동 패턴과는 무관하다. 유럽에서는 선수 운동복에 새겨진 이름을 모두가 알고 신경 쓰지만 경기장에 보이는 기업 이름에는 관심이 없다. 미국인들이 경기장 후원사의 중요성에 대해 합의를 이룬 적은 없다. 그저 그렇게 되었을 뿐이다. "무엇이 중요한지에 대해 모두가 합의를 이루고 나면 그 일이 반복되기 시작한다"고 샘은 말했다.

초기에 암호화폐 관련 자금에 대한 대중의 경계심이 쌓이면서 FTX가 프로 스포츠 경기장의 명명권을 사는 것은 다른 업계에서 살 때보다 까다로워졌다. FTX는 캔자스시티 치프스와 뉴올리언스 세인츠가 사용하는 경기장에 후원을 시도했으나 실패했다. 그러던 중 마이애미 히트의 관계자가 FTX에 9년간 1억 5500만 달러에 명명권을 매입하라고 제

안하자 샘은 기회를 잡았다. 이 거래를 NBA뿐 아니라 정부 기관인 마이애미 데이트 카운티 커미셔너 위원회의 승인도 거쳐야 했다는 점은 호재였다. 정부 기관의 거래 승인을 FTX에 대한 청신호로 풀이할 수 있었기 때문이다.

미국의 경기장에 이름이 등장하자 누구도 FTX의 후원을 거절하지 않았다. * FTX는 미국 프로 스포츠에 돈을 살포했고 오타니 쇼헤이Shohei Ohtani, 샤킬 오닐Shaquille O'Neal, 르브론 제임스LeBron James가 회사의 얼굴이 되었다. MLB의 모든 심판 유니폼에 로고를 넣는 대가로 FTX는 1억 6250만 달러를 지불했다. 샘은 심판 유니폼에 FTX 로고를 넣는 것이 선수 유니폼에 로고를 넣는 것보다 훨씬 효과적이라고 생각했다. 기본적으로 모든 MLB 게임에서 TV에 송출되는 장면마다 FTX의 로고가 시청자에게 노출된다. "NBA는 베팅 절차를 밟도록 요구했지만 MLB는 간단히 승낙했다!"고 FTX의 변호사 댄 프리드버그Dan Friedberg는 말했다.

그럼에도 샘은 단순히 유명인이 자신도 사용한다는 거짓 주장을 한다는 이유로 사용자가 특정 상품을 더 매력적으로 느낄지에 대해서는 의구심을 보였다. "구매 결정을 내릴 때 미식 축구 선수인 베이커 메

---

* 처음에 NBA 선수 스테판 커리는 후원을 거절했다가 마음을 바꿨다. 훨씬 나중에 테일러 스위프트가 FTX의 자금을 거절했다는 기사가 보도되었는데 이는 사실과 달랐다. FTX는 테일러에게 연간 2500만~3000만 달러를 지급하는 계약을 맺었지만 샘이 최종 결정을 앞두고 뜸을 들였다. 나탈리 티엔은 "테일러는 계약을 원했지만 샘이 테일러의 팀에 답변하는 것을 계속 미뤘다"고 설명했다. 스위프트와 FTX의 협상에 정통한 또 다른 관계자도 "테일러는 거절하지 않았다. 샘이 서명하기를 기다렸지만 그렇게 하지 않았다"고 전했다.

이필드Baker Mayfield나 닥 프레스콧Dak Prescott이 어떻게 생각하는지에 정말 신경을 쓰겠는가?" 샘은 자신을 대리해 이 마케팅 업무를 하고 있는 FTX 직원 몇몇에게 메시지를 보냈다. "베이커 메이필드가 특정 주택보험을 정말로 마음에 들어 하더라고 내가 말하더라도 당신들의 행동에는 영향이 없을 것이다."

샘의 관심사는 유명인이 차이를 만들어내지 못한다는 것이 아니라 그들이 협찬할 때의 효과를 예측할 수 없다는 사실이었다. 사람들과 상품 사이에는 미스터리한 상호작용이 일어나며 때때로 대중의 상상력을 파고들기도 한다. 샘은 "케빈 듀랜트Kevin Durant는 정말 훌륭한 농구 선수다! 그렇더라도 듀랜트가 어떤 차를 운전하든 사람들은 상관하지 않을 것이다. 그런데 르브론 제임스가 테슬라를 운전한다면 어떨까? 사람들이 당장 차를 사러 나가지는 않더라도 궁극적으로 테슬라의 호감도를 약간 높일 수는 있다"고 지적했다.

샘은 일부 상품에 관해서는 유명인이 마케팅에 도움이 되지 않는다고 결론 내렸다("누가 공개적으로 닛산 자동차를 지지해야 사람들이 구매에 더 관심을 가질까? 내겐 그런 인물이 떠오르지 않는다"). 다른 경우에 대해서는 정확히 누가 어떤 지지를 표현하는지가 중요했다. 샘은 "진정으로 사람들의 상상력을 움직이는 보기 드문 인물이나 요소 중 하나"를 찾아내는 것이 관건임을 깨달았다. 그는 FTX 브랜드를 홍보하기 위해 취한 모든 조치 중에서 정말 효과를 거둔 방법은 세 가지뿐이라고 판단했고, 특히 그중 한 가지가 나머지 둘을 더한 것보다 더 효과적이라고 평가했다. 그 한 가지란 바로 톰 브래디였다.

NFL 쿼터백에게 자신이 FTX를 이용했다고 말하도록 협찬한다면 그 것이 톰 브래디든 아론 로저스든 닥 프레스콧이든 효과 면에서 큰 차이가 없으리라 생각할 것이다. 샘도 처음에 그렇게 생각했다. 브래디에게 협찬을 제공하는 것이 좀 더 효과적일 것이라 생각하면서도 로저스의 효과도 브래디의 절반은 되리라 짐작했다. 그런데 샘이 어디를 가든 사람들은 브래디 덕분에 FTX를 알게 되었다고 말했다. 협찬한 다른 유명인에 대해 말하는 경우는 거의 없었다. 샘은 "누가 효과적이고 누가 그렇지 않은지가 무척 분명했다"고 말했다. "아무리 애를 써도 그 이유를 이해할 수 없었고 말로 표현할 방법도 몰랐다." 집단적 상상력 속에는 오로지 몇 사람만 존재할 뿐이라는, 현대인의 삶에 대한 이상한 진실을 또다시 마주친 순간이었다. 샘은 팀원들에게 보낸 메모에서 "FTX가 브래디를 내세운 뒤에는 코인베이스가 러셀 윌슨Russell Wilson을 대변인으로 쓰든 말든 아무도 신경 쓰지 않는다"고 지적했다.*

외부에서 보기에 FTX는 이상할 정도로 카리스마 있고 자기 자신에게만 관심이 있는 듯한 리더를 중심으로 브랜드가 구축되는 것 같았

---

* 톰 브래디를 모델로 기용하는 데 5500만 달러 이상이 들었고 추가로 1980만 달러라는, 당시로서는 크게 느껴지지 않았던 금액이 지젤 번천에게 지급되었다. 지젤을 시작으로 유명인 캠페인이 시작되었는데 한 패션 마케팅 컨설턴트가 다른 사람들의 감독을 받지 않고 자기만의 아이디어를 밀어붙였다. 샘이 앞뒤 사정을 모르는 상태에서 안나 윈투어와 줌 회의를 하고 멧 갈라를 궁금하게 여긴 상황이 벌어진 것도 이 컨설턴트로부터 시작된 일이었다. 이내 샘의 얼굴이 패션 매거진과 전국 버스 정류장에 도배가 되자 샘은 이 컨설턴트를 해고했다. 그때까지 샘의 언론 홍보를 진행하던 나탈리 티엔은 "지젤과 맺은 유명인 계약의 일환으로 추진된 사업이었는데 무척 민망했고 샘을 비롯해 FTX의 모두가 그 컨설턴트의 아이디어를 마음에 들어 하지 않았다"고 말했다.

다. 진실은 그보다 더 이상했다. FTX는 앞서 경험을 쌓은 전문가의 조언 없이 상품을 마케팅할 방법을 그때그때 직접 부딪쳐 터득하면서 큰 돈을 지출했다. 한편으로는 이러한 접근법이 분명한 효과를 냈다. FTX는 미국 소비자의 뇌리에 더욱 각인되었고 샘 뱅크먼프리드는 점점 유명해졌다. 또 한편으로 이 접근법은 앞뒤가 맞지 않았다. 미국 소비자에게는 FTX가 별로 소용이 없었기 때문이다. FTX는 미국에 소규모 거래소를 열었는데 여기에서 미국 투자자들이 할 수 있는 투자란 매우 제한적이었다. 거래소의 가장 중요한 상품인 암호화폐 선물을 미국인에게 판매하는 것은 불법이었다. 일어날 수도 있고 그렇지 않을 수도 있는 사업에 거액의 돈을 지출한 셈이었다.

정신과 의사와 변호사 한두 사람을 제외하고는 FTX에 자기 일에 전문적인 경력을 쌓은 사람은 없었다. 그저 FTX를 위해 업무를 하면서 경험이 쌓였을 뿐이었다. 건축가라고 해서 예외는 아니었다. 라이언 살라메는 자선단체를 위한 기금 마련 목적으로 미국을 횡단하는 자전거 여행을 하던 중 20대 후반인 알피아 화이트Alfia White라는 건축가를 만났다. 알피아가 미처 깨닫기 전에 라이언과의 만남은 또 다른 인연으로 이어졌는데 그는 발리에 지을 자신의 별장을 설계해달라고 알피아에게 부탁했다. 샘이 회사의 전 직원에게 자신을 따라 바하마로 와달라고 요청하자 라이언은 깜짝 놀라서 급히 사옥 마련에 나섰다. 영구적으로 사용할 만한 공간을 도저히 찾지 못한 그는 알피아에게 FTX의 새로운 본사 설계를 맡겼다. 물론 알피아는 그런 일을 해본 경험이 전무했다.

이에 도움을 얻기 위해 건축학교에서 만난 이언 로젠필드라는 지인을 데려왔다. 이언 역시 사무실 건물을 설계한 경험이 없었는데, 그에 관해 흥미로운 점은 샘과 고등학교 시절 같은 반이었다는 것이었다. 이언은 샘 뱅크먼프리드가 세계에서 가장 부유한 사람 중 하나일 뿐 아니라 다른 인간과 함께 일하고 심지어 누군가를 관리하기까지 한다는 사실에 충격을 받았다. 여전히 이언의 기억 속에서 이 비상한 친구는 누구의 이해도 받지 못한 채 크리스털 스프링스 업랜드 고등학교의 돌길 위에서 바퀴 달린 백팩을 끌며 쿵쿵 소리를 내는 사람이었다.

알피아와 이언은 바하마로 가서 FTX 회의실에 자리를 마련하고 할 일을 파악했다. 샘은 라이언에게 수표장을 주면서 비용은 걱정하지 말고 사무실 공간과 최대한 많은 직원이 머물 수 있는 숙소를 가능한 한 빨리 구하라고 했다. 비용을 걱정하지 않는 면에서는 라이언만큼 유능한 사람이 없었다. 몇 주 만에 그는 올버니라는 값비싼 신축 리조트의 1억 5300만 달러짜리 콘도를 포함해 2억 5000만~3억 달러 규모에 달하는 부동산을 구입하고, 임시 본사로 사용하기 위해 10여 채의 작은 빌딩으로 구성된 음울한 상업지구를 확보했다. 건물 단지는 4000제곱미터 크기의 아스팔트 바닥 위에 조성되었는데 과학자나 부동산 개발업자는 아열대림이라 부르고, 그 안에 갇힌 사람은 정글이라고 부를 만한 빽빽한 숲에 둘러싸여 있었다.[*]

---

[*] FTX는 60대가량의 차량도 구매했다. 라이언은 "샘에게 BMW를 사줬지만 반납하라는 말을 들었다. '당신의 몸값이 400억 달러는 되는 데다 이곳은 도로 표면이 거칠어요'라고 했지만 상관하지 않았다"고 말했다.

또한 라이언은 새로운 본사를 짓기 위해 웨스트 베이의 좁은 해안가에 있는 2만 제곱미터에 달하는 정글을 450만 달러에 매입했다. 그는 젊은 건축가들에게 토지와 수백만 달러의 예산을 맡기고는 "원하는 대로 하세요"라고 주문했다. 그런 규모의 프로젝트를 진행하려면 프로젝트 관리자와 소유자의 대리인, 현장 경험이 많은 다양한 일꾼이 필요하지만 라이언은 두 명의 젊은 건축가에게 알아서 처리하라고 맡겼다. 이언은 "미니 도시를 설계해야 했다"고 말했다.

FTX 본사가 들어설 공간을 설계하기 전에 회사의 구조와 의례적인 절차, 습관을 파악할 필요가 있었다. FTX의 건축가가 되려면 FTX를 연구하는 인류학자가 되어야 하는 셈이다. 이언은 고등학교 시절 샘을 잘 알지 못했는데 이제는 알피아와 함께 샘이 만든 회사를 파악해야 했다. 두 사람은 곧 샘을 알려는 노력은 사실상 소용이 없음을 깨달았다. 이언은 "샘은 시간이 없다"고 말했다. "모든 일을 다른 사람에게 맡긴다. 처음부터 샘과 소통하려고 노력했지만 그는 응하지 않았다. '건축가는 당신들이고 나는 아이디어가 없다'고 했다."

미니 도시의 고안자에게는 답이 꼭 필요한 질문들이 있다. 예를 들어 "이 도시에 몇 사람이 거주할 것인가?" 또는 "샘은 어떤 모습의 미니 도시를 원하는가?"와 같은 질문이다. 하지만 샘은 두 사람의 질문에 관심이 없었고 바하마에 도착했을 때는 라이언 역시 같은 태도를 보였다. 라이언은 새 애인의 의회 입성을 돕기 위해 미국으로 돌아갔다. 결국 건축가들은 니샤드 싱의 여자친구인 클레어 와타나베Claire Watanabe에게 도움을 요청하기에 이르렀는데 그녀는 라이언을 대신해 바하마의 지원팀을 관리하고 예산을 사용하는 역할을 맡았다. 이언은 "직원들 목록을 비롯해 무엇이든 정보를 달라고 요청했다"고 말했다. "클레어는 '이상하게 생각되겠지만 직원 숫자는 물론이고 그런 목록이 없다'고 답했다."

임원들로부터는 길을 찾을 수 없자 건축가들은 임시로 세운 정글 오두막에서 일하는 FTX 직원들을 관찰하기 시작했다. 때때로 이 무심한 직원들에게 접근해 이전에 홍콩 사무실을 어떻게 사용했는지 물었다. "직원들은 자신은 인터뷰할 필요가 없다면서 원하는 대로 설계하라는 말을 반복했다"고 알피아는 말했다. 직원들의 요구는 분명 어리석었다. 생활할 공간에 대해 신경 쓰지 않는다던 사람들도 실제로는 신경을 쓰며, 때로는 자신이 신경을 쓴다는 사실도 인지하지 못한다. "직접 보기 전에는 어떤 모습일지 관심을 두지 않는다"라고 알피아는 말했다. 예를 들어 과거 홍콩의 사무실에서는 정문의 위치를 두고 직원들이 계속 논쟁을 벌였다. 이언은 "한 여성은 풍수에 따라 문을 없애야 한다고 했지만 남성 직원은 자신은 그 문이 좋다면서 맞서 논란이 이어졌다"고 전했다. 한 직원을 만족시키기 위해 홍콩 사무실의 출입구를 없애고 다른 직원을 위해 또 다른 출입구를 만드는 과정에서 무려 100만 달러가 들었다. 이언은 "100만 달러짜리 문이었던 셈이다"라고 말했다.

건축가들은 직원들을 관찰하고 대화를 엿들으며 그들을 파악했다. 리더와 마찬가지로 FTX 사람들은 기본적으로 사무실에서 살았다. 홍콩에서 샘은 책상 옆에 있는 빈백 소파에서 자는 것으로 유명했으며 니샤드도 책상 밑에 침대를 만들었다. 샘처럼 성공하기 위해서는 샘과 같이 살아야 한다고 생각하던 평범한 직원들은 거의 잠을 자지 않았고 업무 공간에서 건강을 해치는 방식으로 살았다. 한 직원은 홍콩 사무실에서 30일 내내 지내기도 했다. 사무실에는 샤워와 취침을 위한 공간이 필요했고 휴식 시간을 최소화할 수 있도록 음식, 옷, 기타 물건도 가능한 한 편리하게 구비해야 했다. 이언은 "직원들은 원하는 모든 것을 얻을 수 있었는데 자기 책상으로 직접 전달받았기 때문에 아마존 택배 보관실은 거의 사용되지 않았다"고 말했다. 직원의 절반이 동아시아인이라는 점도 고려해야 했다(모든 것이 풍수의 영향을 받았다). 이와 동시에 일반적인 범위를 한참 벗어난 너드들의 요소도 중요하게 고려할 사항이었다. 알피아는 "직원들은 모든 장소에 전기 콘센트가 있기를 바랐다"고 말했다. 건물에 창문을 낸다면 빛이 컴퓨터 화면을 어둡게 만들지 않도록 블라인드를 설치해야 한다. 이언은 "직원들은 블라인드를 치는 편을 선호했다"고 전했다. 그들은 자기 책상에 덩그러니 혼자 있거나 커다란 회의실에 모두 모여 너드들의 레크리에이션을 즐겼고 양극단 사이에 해당하는 활동은 하지 않았다. 직원들은 건축가들에게 라이브 액션 롤 플레이를 즐길 수 있는 넓은 공간이 필요하다면서도 사실은 어디서 플레이를 해도 무방하다고 덧붙였다.

직원들은 장식이나 아름다움에 완전히 무관심한 대표의 특성을 꽤 닮았고 그런 말을 많이 듣기도 했다. "다른 IT 회사 직원들도 만나봤지만 이들은 달랐다"고 이언은 말했다. "미학과 편의 시설에도 별 관심이 없었다." 오로지 FTX 직원들이 원하는 자리는 대표의 시선이 닿는 자리였다. 회사 내부의 지위는 샘과의 거리로 측정되었다. 정글 오두막에서조차 사람들은 샘이 보이는 자리를 차지하려 했다. 이에 건축가들은 유리벽과 중이층을 설계에 반영해 예상치 못한 방향에서도 샘을 볼 수 있도록 했다. "직원들이 어느 자리에 앉든 샘의 시선을 받을 기회를 주었다"고 이언은 설명했다.

이 새롭고 특이한 회사를 이해하기 위해 건축가들은 여러 사람을 괴롭혔고 마침내 처음에 요구한 질문에 대한 답을 누군가로부터 받았다. 샘 뱅크먼프리드가 자신의 기업 미니 도시에 관해 원하는 목록이었다. 이언은 "요구 사항은 세 가지뿐이었다"고 밝혔다. 샘은 린든 핀들링 국제공항에서 착륙할 때 비행기에서 내려다보는 사람들을 위해 건물이 F 모양이기를 바랐다. 또한 건물 옆면은 제멋대로 헝클어진 그의 머리 스타일로 장식되기를 원했다. 어렵게 들리긴 하지만 충분히 구현 가능한 아이디어라고 이언은 생각했다. CNC 가공 알루미늄을 사용하면 '샘의 유대인식 아프로 파마Jewfro'를 닮은 모양을 낼 수 있다. 이언은 "사실 나쁘지 않은 아이디어였다"고 평했다.

세 번째이자 마지막인 샘의 요구 사항은 텅스텐 큐브였다. 텅스텐 큐브가 건축가들에게는 다소 어리둥절한 요구 사항이었지만, 알고 보니 전 세계 암호화폐 시장 참여자들을 사로잡은 물건이었다. 텅스텐은 지구에서 가장 유행하는 밀도 높은 금속이라고 했다. 암호화폐 시장 참여자들은 '밀도의 강도'를 밈으로 유행시켰다. 미국 중서부의 한 회사가 세계 최대의 텅스텐 큐브를 제작한 것으로 알려졌다. 한 변이 약 35센티미터인 큐브의 가격이 5만 달러이며 무게는 약 907킬로그램에 달했다. 샘은 그런 큐브를 주문해 바하마로 옮긴 다음 미니 도시의 주춧

돌에 전시하기를 원하는 것으로 보였다. 건축가들은 샘의 밀도 높고 값비싼 큐브를 본 적은 없었지만 설계에 반영했다. 이언은 "큐브를 위한 공간을 설계했다"고 밝히며, 도시의 메인 건물에 있는 대형 아트리움에 공간을 마련했다. 텅스텐 큐브는 글로벌 암호화폐 제국을 방문하는 사람들이 처음으로 보게 될 물건이었다. 추상적 개념이 가득한 바다에서 지구에서 가장 밀도 높은 물체가 떠오른 모습일 것이었다.

샘의 목록 외에는 별도의 지침이 없었다. 건축가들이 내리는 결정은 고정불변의 성격을 지니므로 혼란스러운 상황이 아닐 수 없었다. 결국 이들이 짓는 것은 건물이다. 일단 세운 후에는 건물의 기댓값에 대해 샘이 새로운 아이디어를 떠올린다고 하더라도 그 생각을 반영할 수 없다. 3년 사이에 두 번째로 샘은 회사 전체를 1만 4000킬로미터 넘게 떨어진 곳으로 옮겼다. 이 미니 도시는 글로벌 금융 제국의 본사 역할을 하겠지만 FTX가 글로벌 금융 제국을 세우는 가장 유력한 방법은 미국의 규제 당국으로부터 미국에서 사업을 할 수 있는 허가를 받는 것이었다. 허가를 받는다면 샘은 회사를 미국으로 옮길 가능성이 높으며 이 미니 도시는 위성 사무실로 전락할 것이다. 이언은 "직원이 600명이든 열 명이든 편안함을 느낄 수 있어야 한다"고 조심스럽게 말했다.

건축가들에게 주어진 것은 지침이 아니라 기한이었다. 2만 제곱미터에 달하는 정글을 개간하는 한편 대대적인 발표 행사를 위해 건물 디자인을 담은 슬라이드 쇼를 준비해야 했다. 놀랍게도 2022년 4월 25일에 모든 준비가 완료되었지만 허가를 받지 않은 상태에서 정글을 개간했고 회사 측의 도움 없이 설계도를 그렸다. 이제 막 개간한 2만 제곱미터의 허허벌판 옆에 미니 도시의 사진과 FTX의 슬로건 'FTX: 언제나 진행형인 성장'을 붙인 게시판을 세웠다. 바하마의 언론사들이 모였고 신임 총리가 수행단을 이끌고 도착했다. 많은 FTX 임직원이 착공식을 위해 (아마도 인생 최초로) 삽을 들고 등장했다. 차에서 FTX의 COO인 콘스탄스 왕과 함께 샘이 내렸는데 카고 반바지에 구겨진 티셔츠, 축 늘어진 흰 양말을 신은 모습이 마치 쓰레기 처리장에서 온 것 같았다. *저 녀석, 변한 게 없네*라고 이언은 생각했다.

그날 이후 이언은 프로젝트에 본격적으로 돌입했고 멀리서 샘을 관찰했다. 샘을 볼 때마다 어떻게 저렇게 충격적일 정도로 고등학교 시절과 달라진 것이 없을까 하는 생각이 들었다. 고등학교 같은 반의 괴짜가 전 세계 최고 부자가 되면 그 괴짜가 분명 달라졌을 것이라 가정하게 된다. 샘은 변한 것이 없었다. 샘 주변의 세상이 변했을 뿐이었다.

착공식 전에 샘이 연설을 할 예정이었다. 이언은 샘에게 도움이 필요할 것이라는 생각이 들어 연설 전에 샘에게 다가갔다.

설계를 보고 무슨 생각이 들었어? 이언이 물었다.

아무것도 못 봤어. 샘이 말했다.

도면이라도 봤을 거 아냐?

전혀.

맙소사, 이언은 생각했다. 새로운 미니 도시에 대해 아는 바가 없다면 어떻게 연설을 하겠는가?

무슨 말을 할 건데?

*그냥 나오는 대로*라고 샘은 말했다.

그러고는 정말 그렇게 했다. 다만 주제를 바꾸었다. 샘은 그런 경험이 많았다. 답변하고 싶지 않거나 어떻게 답해야 할지 모르는 질문을 받으면 그저 즐겁게 답할 수 있는 질문으로 바꾸었다. 그날 그가 답하고 싶었던 질문은 "미니 도시가 무엇이고 왜 저런 모습인가?"가 아니라 "바하마에 온 이유가 무엇인가?"였다.

어느 순간 건축가들은 샘이 자신들의 설계에 대해 아는 바가 없거나 자신들이 설계를 했는지조차도 모르고 있음을 깨달았다. 수억 달러가 투입될 FTX의 새 본사에 관해 건축가들이 내린 모든 결정에는 비용을 지불하는 사람의 생각이 전혀 반영되어 있지 않았다. 곧 샘의 요구 사항이라고 전달받은 목록조차 샘이 작성한 것이 아니며 샘 본인은 그런 요구 사항 목록이 있다는 사실도 모른다는 것을 깨달았다. 목록은 샘이라면 새로운 사무실 건물에 무엇을 원할지 상상한 FTX 내부인의 작품이었다. 샘은 자신의 머리카락 모양이 건물 옆면을 장식하기를 원하지 않았다. 목록을 만든 사람이 '건물 옆면의 아프로 스타일 장식'을 보고 샘이 즐거워하리라 상상한 것이다. 텅스텐 큐브는 멋진 아이디어였지만 샘이나 다른 누군가가 1톤 무게의 큐브를 구입해서 바하마로 운반할 가능성이 있을까? 큐브가 존재한다면 건축가들이 왜 못 봤을까? 건물에서 큐브의 배치를 설계한 이언은 "실제로 구입했는지 여부도 알 수 없다"고 말했다. 이런 일이 'FTX'라는 맥락에서는 이상하게 느껴지지 않았다. "모든 사람이 항상 샘을 위해 의사 결정을 내리고 있었다"고 이언은 전했다.

착공식이 끝난 후에도 샘은 잠시 자리에 머물렀다. 이언은 그 기회

243

를 놓치지 않고 몇 달 동안 물으려던 질문을 직접 했다.

이 건물에 업무 공간을 제외하고 바라는 공간이 하나 있다면 뭐야?

처음으로 샘은 답을 고민하더니 *배드민턴 코트*라고 답했다.

몇 개가 필요해? 이언이 물었다.

세 개. 답을 마친 샘은 자리를 떴다.

"샘에게 한 최초이자 유일한 질문이었다"고 이언은 말했다.

사람들의 애로사항을 듣는 것은 정신과 의사 조지 러너의 업무였고 실제로 그는 들으려고 시도했다. 2022년 봄, 정글 오두막 한 곳에 작은 업무 공간을 마련했다. 간소한 책상과 그 건너편에 빨간색 소파를 놓고 모퉁이에는 하늘색 빈백 소파를 배치했는데 모두가 소파는 샘의 자리라고 생각했다. 조지의 사무실 문은 대화를 원하는 누구에게나 열려 있었는데 오래 지나지 않아 그는 얼마나 많은 사람이 무슨 이유로 대화를 원할지 걱정이 되기 시작했다. 그는 "바하마에는 불행한 사람이 많았다"고 말했다. 아시아의 남성들은 연애할 아시아 여성들이 더 많기를 바랐다. 아시아 여성들은 주변의 아시아 남성들을 마음에 들어 하지 않았다. 그는 "모두가 연애할 기회가 없다는 것에 불만을 토로했다"면서 "효율적 이타주의자들은 예외였다. 그들은 상관하지 않았다"고 말했다.

효율적 이타주의자가 아닌 사람들은 효율적 이타주의자들이 스스로를 더 똑똑하다고 여긴다고 생각했다. 많은 사람이 샘이 관리에 대해 지나치게 불간섭주의적으로 접근하는 것에 불만을 품었다. 특히 아시아인들은 회사에 조직도가 없다는 것에 당황했다. 샘에게 직접 보고하게 되어 있는 사람들이 상당히 많았지만 그들은 곧 샘이 보고받는 것을 별로 좋아하지 않는다는 사실을 알게 되었다. 조지는 "샘이 피할 만한 사람이 많았다"고 말했다. "사람들은 나를 거치면 샘과 연결될 것이라 생각했고 어떤 이들은 샘에게 직접 이야기할 수 없다고 나에게 말하기도 했다. 무척 짜증스러운 일이었다."

바하마에서는 조지에게 의사면허증을 주지 않았기 때문에 그에게 선임 전문 감독이라는 직책이 주어졌다. 실제로 그가 샘을 위해 하던 역할이었다. 샘은 다루기 어려워서 논의 자체가 무의미하다고 생각하는 심리적인 문제보다는 회사의 문제에 관해 대화하기를 좋아했다. 이제 바하마에서 조지는 경영 컨설턴트라는 새로운 역할을 맡았다. 직원 치료 세션을 통해 자신이 조언하는 CEO의 회사에 대한 정보를 수집했다. 직원들의 불만은 샘이 관리해야 할 직원을 관리하지 않거나 관리를 안 하고 있다고 봐도 무방할 정도로 관리가 형편없음을 암시했다. 조지는 "샘에게 보고하는 사람이 지나치게 많다는 생각이 들었다"고 말했다.

새로운 역할을 맡은 지 몇 달 만에 조지는 300여 명의 FTX 직원 중 100명과 이야기를 나눴다. 그는 기업의 구조를 가장 정확하게 파악할 수 있는 위치에 있었다. 투자자, 고객, 직원, 심지어 회사를 만든 사람도 조지만큼 명확하게 회사를 파악할 수 없었다. 조지는 "샘은 사람들에게 직무 기술서가 주어지는 것을 좋아하지 않았다"면서 "그가 조직도를 싫어한다는 것을 모두가 알았다"고 말했다. 또한 자신들이 중요한 일을 하는 것처럼 보이는 직책을 원하지만 샘이 직책을 싫어한다는 사실 역시 모두가 알고 있었다. 샘은 '직책에 대한 생각'이라는 메모에서 그 이유를 설명했다. 메모는 "지난 몇 년간 직책이 FTX의 직원들에게 매우 나쁜 영향을 미친다는 것을 발견했다"라는 말로 시작되었다. 이어 샘은 몇 가지 이유를 들었다.

a) 직책이 부여되면 사람들은 직책이 없는 사람들의 조언을 들으려 하지 않는다.
b) 직책이 부여되면 자신이 관리하는 사람들의 기본적 업무를 잘해낼 방법을 찾는 노력을 기울이지 않을 가능성이 높다. 그러면 자신이 할 수 없는 일을 하는 사람을 관리하게 되어 상황이 악화된다.
c) 직책이 부여되면 자아와 회사 사이에 큰 갈등이 생길 수 있다.
d) 직책이 부여되면 동료를 화나게 만들 수 있다.

그럼에도 조지는 자신의 환자들이 조직에서 어느 위치에 있는지 알아야 한다고 생각했다. "다양한 관계를 이해하지 못했는데 이해할 필요성이 있었다. 많은 사람이 갈등을 겪는다는 이유로 나를 찾아왔기 때문에 그들이 하는 말이 맞는지 알 수 있어야 했다." 샘은 조직을 퍼즐로 만들었고 샘의 정신과 의사는 그 퍼즐을 맞춰야 했다.

결국 조지는 샘의 무질서한 창조물을 정리해 FTX에서 유일무이한 내부 조직도를 그려냈다(표지 안쪽을 보라). 조직도를 완성하자 여러 흥미로운 점이 보였다. 예를 들어 샘에게 직접 보고해야 한다고 생각하는 사람이 스물네 명에 달했다. 이 집단에는 샘의 아버지인 조와 어릴 적

친구인 맷 나스가 포함되었다. 샘은 나스가 만든 스토리북 브롤이라는 게임을 모종의 이유로 사들였다. 이 집단에는 최고재무책임자는 포함되지 않았는데 FTX에는 최고재무책임자가 없었기 때문이다. 최고위험 책임자나 인사 담당자도 마찬가지였다. 사내에는 그런 직책이 없었다. "기업보다는 클럽 회관처럼 보였다"고 조지는 말했다.

게리 왕이 최고기술책임자를 맡고 있기는 했지만 그는 사회적으로 격리되어 있다시피 했고 게리에게 보고하는 직원도 없었다. "게리는 자기만의 작은 상자 속에 떨어져 있었다"고 조지는 말했다. 일반적인 기술 회사라면 다수의 프로그래머가 최고기술책임자에게 보고한다. FTX에서는 모두가 니샤드 싱에게 보고하는 것으로 보였다. 바하마를 수시로 들락거리는 라이언 살라메는 회사와 거의 소통하지 않는 듯했지만 해외 사업 전체를 총괄하는 CEO였고 스물일곱 명의 직원이 그에게 보고했다. 람닉 아로라의 공식 직책은 여전히 제품 책임자였지만 제품과는 무관한 업무를 하는 것이 분명했다. 그는 거액의 자금을 유치하고 투자하는 소수의 담당자들을 이끌었다. 조지는 람닉을 '벤처'라고 표시한 작은 상자에 넣었다. 회사 전체의 절반가량은 샘이 홍콩에 도착해서 처음 채용한 콘스탄스 왕과 젠 찬Jen Chan이라는 젊은 여성들에게 보고했다. 조지는 이들의 대다수가 동아시아 여성들이라는 사실을 확인했다.

여기에 더해 캐럴라인 엘리슨이 있었다. 캐럴라인은 외견상 알라메다 리서치에서 일하는 스물두 명의 트레이더와 개발자들을 홀로 이끄는 것처럼 보였는데, 이 가운데 절반은 샘을 따라 홍콩에서 바하마로 옮겨 온 직원이었다. 이 부분에서 조지는 다소 놀랐다. 그는 "캐럴라인은 알라메다에 대해 아무것도 말하지 않았다"면서 "샘도 마찬가지였는데 여기에 대해 생각하지 **않기를** 바란 것이 분명했다"고 말했다.

2022년 2월 6일 '생각'이라는 제목의 메모에서 캐럴라인은 샘과의 관계를 개선시킬 대여섯 가지의 아이디어를 나열했다. 2번 '관계를 정리할지 여부를 결정할 시점을 선택하기'와 4번 '앞으로 더 나은 소통을 위해 노력하기' 사이에 3번 '조지와의 커플 상담'이 있었다. 캐럴라인이 샘을 따라 바하마에 왔을 때 두 사람의 관계는 일반적일 때보다 더 좋지 않게 흘러가고 있었다. 새로운 본사 건물의 착공식을 열흘 앞둔 4월 15일 저녁, 두 사람은 마주 앉아 미래에 대해 이야기했다. 다음 날 캐럴라인은 샘에게 보내는 메모에 전날의 대화를 요약했다.

- 캐럴라인의 계획
  알라메다를 그만두고 미국으로 귀국
- SBF의 계획
  관계 정리, 친구로 남기, 극적인 사건을 최소화하도록 노력

그날 밤 두 사람은 캐럴라인이 인생에서 다른 시도를 하지 않고 샘의 개인 헤지펀드 겸 보물 창고를 계속 관리하는 것이 좋을지 어떨지에 대해 논의했다. 캐럴라인은 "알라메다를 운영하는 것은 내게 그다지 이익이라거나 적합한 일이라는 생각이 들지 않는다"라고 썼다. "내가 그다

지 잘하지 못하는 많은 일을 해야 한다는 생각도 든다. 물론, 알라메다 운영의 기댓값이 매우 크고 내가 선택할 수 있는 차선책보다 훨씬 더 크다는 사실에도 일리는 있다. 대안적인 옵션과 기댓값에 대해 충분히 생각하기 전에는 알라메다를 그만둘 생각을 하면 안 된다고 생각한다."

당장 캐럴라인이 고려한 조치는 샘과 더 이상 자지 않는 것이었다. 하지만 그녀는 라이언이 3000만 달러를 주고 구입해 니샤드와 게리를 포함한 여덟 명의 다른 효율적 이타주의자들과 공유하던 펜트하우스에서 나가고 싶지 않았다. 그래서 샘이 같은 단지에 있는 더 작은 콘도로 조용히 거처를 옮겼다. 회사 내부에는 캐럴라인이 관계의 비밀을 나눈 몇몇 효율적 이타주의자를 제외하고는 FTX의 CEO와 알라메다 리서치의 CEO가 사귀었다는 사실을 아는 사람이 없었다. 샘은 "적극적으로 찾지 않으면 사람들은 절대 찾지 못한다"고 말했다. 이제 사람들은 두 사람의 연애가 끝났다는 사실도 알아차리지 못했다. 관계를 숨겨온 샘은 관계가 깨졌다는 사실과 더불어 모두가 그의 거처로 알고 있는 곳이 아닌 다른 장소에서 생활한다는 점도 숨겼다. 샘이 기묘한 방식으로 두 가지 거짓말을 하던 시점은 공교롭게도 거짓말 같은 일이 현실이 되기 직전이었다. 암호화폐 가격이 폭락하고, 때마침 내가 등장한 것이다.

GOING INFINITE

3부

8장

용의 보물 창고
The Dragon's Hoard

샘 뱅크먼프리드를 만났을 때 받은 첫인상은 그의 주의력이 너무나 쉽게 분산된다는 것이었다. 2022년 4월 말의 이른 아침엔 누구라도 샘의 정글 오두막에 곧장 들어와서 원하는 사람을 만나거나 물건을 얻을 수 있었다. FTX의 임시 글로벌 본사를 지키는 경비 초소에는 아무도 없었다. 주차장의 차단 시설은 길이가 진입로의 절반도 안 되어서 실제로 차단효과 없이 그저 차단하겠다는 아이디어를 구현한 것에 가까웠다. 샘이 일하는 27호 정글 오두막의 문은 열려 있었고 안내 직원의 책상은 비어 있었다. 정신과 의사의 조직도 상단에 있는 다른 사람들에게 물은 동일한 사전 질문을 곧 니샤드 싱에게도 할 계획이었다. "미래 시점에 와 있고 회사는 이미 무너졌다고 가정한다면 어떤 일 때문일지 설명해 달라"고 물으면 니샤드는 곧바로 "누군가가 샘을 납치했기 때문"이라고 답할 것이다. 안전에 대한 샘의 안일한 태도로 제국이 무너지는 악

몽은 곱씹을 필요도 없었다. 당시에는 다른 어떤 위험보다 샘의 안전을 더 걱정해야 할 이유가 충분해 보였다. 샘은 잘 알려진 인물이었고 손쉽게 추적할 수 있는 부자인 데다 수십억 달러 가치가 있는 각종 암호화폐를 보유하고 있으면서도 경호원 없이 혼자 다녔다. 그가 가진 모든 암호화폐가 교환가치로서 유용한 것은 아니더라도 몸값으로 요구하기에는 충분했다. 니샤드는 "암호화폐에 접근할 수 있는 사람들은 주요 납치 표적이다"라면서 "납치가 더 자주 발생하지 않는 이유가 이상할 정도"라고 말했다.

이 납치에서 유일하게 까다로운 부분은 샘이 어느 오두막에 있는지 알아내는 것이다. FTX의 본사는 10여 채의 동일한 작은 건물로 구성되어 있는데 갈색의 단층 건물에 밀크 초콜릿 색상의 금속 지붕이 얹혀 있었다. 누가 지었든 장식이나 매력이라는 아이디어는 포기한 상태에서 시작한 것이 분명했다. 겉모습만 봐서는 어느 건물에 납치할 만한 사람이 머물고 있는지 알 수가 없었다. 물론 오전 7시에는 건물에 사람이 거의 없으니 중요한 문제는 아닐 수도 있었다. 모든 건물을 통틀어 샘이 유일한 인간일 가능성도 충분했다. 납치범은 표적을 발견할 때까지 이 오두막에서 저 오두막까지 찾아다니면 되었다. 샘은 속수무책의 상태에서 물리적 위험을 피하지도 못하고, 심지어 위협이 다가온다는 사실을 알아차리지도 못하고 당할 가능성이 컸다.

하지만 내가 도착했을 때 샘은 거기에 없었다. 니샤드가 출근해 있었는데 내가 샘의 책상에 다가가 그의 옆에 앉았는데도 거의 눈길을 주지 않았다. 책상에는 자잘한 물건들이 산더미처럼 쌓여 있어서 책상 옆에 있는 빈백 소파로 흘러넘칠 정도였다. 니샤드가 타이핑을 할 동안 나는 물건들을 훑어보면서 목록을 만들었다.

몰튼 소금 큰 통 하나

새 휴대전화가 든 아이폰 상자 하나

구겨진 1달러 지폐 한 장

피젯 스피너 네 개

카드 한 덱

베개 하나와 담요 한 장

반쯤 개봉된 틈으로 마이애미 히트 저지가 보이는 큰 상자 두 개

커터 칼 한 개

뚜껑이 열린 상태로 비닐에 밀봉된 무향 모기퇴치제 한 병

샘의 서명을 기다리는 회사 기밀문서가 담긴 서류철 네 개

리프트마스터 자동 차고 문 개폐 리모컨 한 개

휴대전화가 든 또 다른 새 아이폰 상자

마이애미시의 프랜시스 수아레즈Francis Suarez 시장이 샘 뱅크먼프리드에 게 수여한 기념 메달

FTX: 새로운 결제 세상에 오신 것을 환영합니다라는 메시지가 새겨진 용도가 불분명한 직사각형 플라스틱 상자 열두 개

챕스틱 세 쌍

리츠칼튼 호텔 객실 카드 키 한 장

가이아톱 휴대용 선풍기 한 개

모든 카드가 흰색인 비정상 루빅 큐브 한 벌

목록을 절반쯤 만들었을 때 샘이 나타났다. 난장판 상태인 침실을 구경하다가 방 주인인 10대에게 들킨 기분이었다. 샘이 내가 자신의 사무실에 들어온 연유나 책상의 물건을 살펴보고 있는 이유를 궁금하게 여기는지는 알 수 없었다. 그저 새로운 일이 일어났을 뿐인 건지도 몰랐다.

샘의 인생을 지배하는 규칙이 있다면 절대 지루하면 안 된다는 것이다. 래퍼 카니예 웨스트와 시간을 보낸 적이 있던 사람은 "샘은 카니예 같다"면서 "어디를 가든 온갖 소동이 벌어진다"고 말했다. 내가 책상 앞에 앉아 물건을 살피던 그날에도 한바탕 소동이 벌어졌다. 일론 머스크가 트위터 인수를 추진 중이었고 샘은 머스크의 자문인인 이고르 쿠르가노프Igor Kurganov와 통화를 했다. 쿠르가노프는 러시아 태생으로 프로 포커 선수 출신이었는데 머스크가 50억 달러가 넘는 자산을 기부하는 일을 그에게 맡긴 것으로 알려졌다. 또한 자칭 효율적 이타주의자였다는 점에서 이야기가 더 흥미진진했다. 두 사람은 샘이 트위터 인수를 지원할 가능성에 대해 대화를 나눴다. 이미 샘은 트위터 지분에 1억 달러를 투자했으며 나머지 지분도 매수하려는 계획을 은밀히 세웠다. 지분의 대다수는 주당 33달러에 매수했는데 머스크가 회사 전체를 인수하기 위해 지급하기로 합의한 금액보다 주당 21.2달러 낮은 가격이었다.

샘은 매입할 만한 새로운 자산이 있을 때 람닉, 니샤드와 대화를 나누는 것이 도움이 된다는 사실을 알아차렸다. 둘 다 샘이 이해할 수 있는 지적인 방식으로 현명한 조언을 해줬다. 또한 둘 다 호들갑을 떨거나 샘이 자신들의 말을 들어야 한다고 압박하지 않으면서 샘과 상반되는 의견을 제시할 수 있는 신기한 능력을 지니고 있었다. 두 사람과 대화를 나눈 뒤에야 샘은 실제 그랬는지 여부와 상관없이 자신의 판단을 충분히 평가했다고 확신할 수 있었다. 이제 샘은 두 사람을 정글 오두막의 회의실 공간으로 불렀다. 거기에는 의자와 소파가 하나씩 있었는데 샘은 가슴에 피젯 스피너를 얹어놓은 상태에서 소파에 맨발을 걸쳤다. 람닉과 니샤드는 바닥에 양반다리를 하고 앉았다. 세 사람 모두 반바지 차림이었고 한동안 방에는 잠시도 가만히 있지 못하는 1학년 학생들을 위한 낮잠 시간과 같은 분위기가 흘렀다. 그러다 샘이 생각하는 바를 설명했다. 머스크가 트위터를 인수할 계획인데 금액을 혼자 부담하기를 원하지 않는다는 것이었다. 머스크는 인수에 드는 440억 달러의 일부를 함께 부담할 지원군을 찾고 있었다. *머스크는 우리가 투자에 참여하기를 바라는데, 답을 보내기까지 세 시간밖에 남지 않았습니다.*

니샤드는 "우리가 투자에서 얻는 게 뭔가요?"라는 타당한 질문을 제기했다.

샘은 "이것저것이죠"라면서 가장 중요한 점은 머스크와 새로운 협력 관계를 맺는다는 것이라고 설명했다. 트위터는 암호화폐의 주무대였으며 머스크는 트위터에서 가장 영향력이 큰 사용자였다. 한 번의 트윗만으로 암호화폐 트레이더들을 코인베이스에서 FTX로 대거 옮길 수 있고 그 반대의 일도 얼마든지 일어날 수 있었다. 또한 그는 세계 최대 규모의 민간 기금을 굴리고 있고 이고르 쿠르가노프를 영입한 것은 기금의 일부를 효율적 이타주적 목적으로 사용하려는 의도에서였다.

람닉은 "얼마를 생각 중입니까?"라고 물었다.

"10억 정도요"라고 샘은 답했다. 람닉의 얼굴에 불안감이 스쳤다가 사라졌다.

"2억 5000만 달러는 넘을 겁니다"라고 샘은 부연했다. 그렇다면 큰 돈은 아니다. 기존에 트위터 주식 매수에 든 1억 달러에 추가로 1억 5000만 달러를 더한다는 조항을 계약서에 포함시킬 수 있을 것이다.

니샤드가 "일론과 대화할 수 있습니까? 자금이 정말 효율적 이타주의를 위해 쓰이는지 말입니다"라고 물었다.

샘은 "그는 이상한 사람이에요"라고 말하면서 천장을 응시했다. 한 손으로는 스피너를 만지작거리고 한 손으로는 챕스틱을 빙빙 돌리면서 발랐다. 샘의 뒤에 있는 벽은 커다란 창이었고 밖에서는 야자나무가 맥없이 바람에 휘청대고 있었다. 그 뒤로는 아스팔트 공터에서 젊은 엔지니어들이 앞뒤로 오가며 걸음을 세고 있었다. "자금을 유치하는 것이 목적이라면 돈을 댈 만한 사람이 많아요"라고 샘은 말했다. "일론이라면 일주일 안에 인수단을 만들 수 있겠죠. 문제는 금액이 아니라 누가 그의 마음에 들었는지 아닌지예요."

바닥에 앉은 니샤드는 수상쩍은 표정을 지었다. 그 옆의 람닉은 표정을 읽기 어려웠다.

샘은 "이번 투자로 우리의 위상이 더 올라갈 겁니다"라고 설명했다.

그러자 니샤드는 "위상이 *더* 올라가서 우리에게 유리할 상황이 있나요?"라고 캐물었다.

샘은 분명히 그렇다고 생각했다. 그는 트위터에 매료된 상태였다. 샘과 같은 사람이 대중과 소통할 수 있는 최고의 방법이었다. 트위터에서는 그가 일대일 만남에서 겪는 모든 문제가 사라졌다. 샘은 "트위터는 그 어떤 방법과 비교해도 시장을 다섯 배 더 움직였다"면서 "무척 특별한 브랜드"라고 말했다.

니샤드는 "7500만 달러라고 한다면 실례가 될까요?"라고 재차 물었다.

"트위터의 하루 활성 사용자가 2억 3000만 명입니다"라고 람닉이 말했다. "그중에서 8000만 명이 가령 월 5달러를 내는 유료 사용자가 된다면 한 달 매출액이 4억 달러가 되죠." 람닉은 종종 이런 일을 해냈다. 개인적으로는 샘의 주장이 마음에 들지 않더라도 그의 주장에 필요한 근거를 제시해줬다.

니샤드는 "웃기는 역학 관계예요"라는 말로 생각이 꼬리를 물고 이어지지 않도록 차단했다. "머스크는 우리를 대리 투자업체처럼 취급하고 있어요."

논의는 약간 더 이어졌고 전체 대화 시간은 15분을 넘지 않았다. 어느 시점에서 샘은 주제에 관해 다룰 만한 모든 생각을 나누기에 충분한 시간이었다고 판단하고 두 사람에게 투표를 청했다.

니샤드는 "반대합니다"라고 답했다.

람닉은 "반대하지만, 한다면 아주 소액이요"라고 말했다.

이것으로 회의는 끝났다. 나는 모르고 있었지만 이 시점에서 니샤드와 람닉은 두 사람의 반대에도 샘이 일론 머스크에게 거액을 투자할 여지가 있다고 체념한 상태였다. 샘이라면 투표를 요청하고는 그 결과를 간단히 무시할 가능성이 충분했다. 아니나 다를까 샘은 머스크의 트위터 인수에 자문을 제공하고 자금 마련을 지원하는 모건스탠리에 그의 FTX 지분을 담보로 트위터에 투자할 10억 달러를 대출해줄 의향이 있는지 독자적으로 확인했다. 또한 머스크의 한 금융 자문인에게 연락해 트위터를 블록체인으로 옮기면 50억 달러를 투자할 의사가 있다는 메시지를 보냈다. 다른 소셜 미디어 플랫폼과 마찬가지로 트위터도 다른 플랫폼과 연계 없이 독립적으로 운영되었다. 블록체인으로 옮긴다면 모든 소셜 미디어 플랫폼이 연결될 수 있다. 머스크가 거절하자 샘은 흥미를 잃었고 투자하지 않기로 결정했다. 6개월 후 샘은 여전히 1억 달러 규모의 트위터 주식을 보유하고 있는지 아니면 주식을 일론 머스크에게 매각했는지 기억하지 못했다.

샘이 자금을 활용해 만든 퍼즐의 전체 모습은 누구도 알지 못했다. 그나마 람닉이 가장 많이 알았을 텐데 그조차도 일부분만 알고 있었다. 3년 동안 샘은 300개의 서로 다른 투자로 구성된 포트폴리오에 50억 달러를 투자했다. 사흘에 한 번꼴로 새로운 투자 결정을 내린 셈이었다. 트위터에 10억 달러를 투자할지 여부를 고민하는 데 20분밖에 들이지 않은 것은 그가 낼 수 있는 시간이 20분밖에 되지 않았기 때문이다. 너무나 많은 투자가 의사 결정을 기다리고 있었다. 샘은 솔라나 같은 신생 암호화폐 토큰뿐 아니라 전통을 자랑하는 투자회사인 앤서니 스카라무치Anthony Scaramucci의 스카이브리지SkyBridge에도 투자했다. 그는 일본의 암호화폐 거래소인 리퀴드Liquid처럼 FTX와 분명한 연관성이 있는 기업뿐 아니라 스토리북 브롤을 개발한 스튜디오처럼 암호화폐와 뚜렷한 연관성이 없는 회사도 인수했다. 거의 대부분의 경우 자금은 FTX가 아니라 람닉을 비롯한 모두가 샘의 개인 펀드라고 여기는 알라메다 리서치에서 나왔다. 람닉이 매수에 깊이 관여하는 경우도 종종 있었지만 샘의 투자 사실을 사후에 알게 되는 경우도 많았다. 샘은 인공지능 스타트업인 앤스로픽Anthropic에 5억 달러를 투자했는데 사전에 투자에 대한 의견을 누구와도 나누지 않았다. 람닉은 "샘이 투자한 이후 '이 회사에 대해 아는 정보가 하나도 없다'고 말했다"고 전했다. 트위터에 더 많은 돈을 투자할지 결정을 내려야 하던 시기에 샘은 바하마에 모듈로 캐피털Modulo Capital이라는 두 번째 암호화폐 퀀트 매매 펀드를 만들기 위해 제인 스트리트 트레이더였던 릴리 장Lily Zhang에게 4억 5000만 달러를 건넸다. 람닉이 아는 바로는 샘은 자금을 건네기 전에 아무에게도 이를 말하지 않았다. 앞서 3월에 샘은 할리우드 에이전트에서 투자 심사역으로 변신한 마이클 키브스Michael Kives에게 *50억 달러*를 투자하겠다고 약속했는데 만난 지 불과 몇 주 만에 일어난 일이었다. 샘은 키브스에 대해, 심지어 이름을 어떻게 발음해야 하는지도 몰랐다.

샘이 전혀 모르는 인물에게 50억 달러를 건네려 한다는 소식을 듣고 람닉과 다른 FTX 내부자들은 크게 놀랐다. 람닉과 니샤드는 FTX 변호사들의 도움을 얻어 50억 달러를 5억 달러로 줄여야 한다고 주장했고 적어도 두 사람은 샘이 동의했다고 생각했다. 많은 시간이 흐른 후 람닉은 샘이 키브스가 운용하는 여러 투자 펀드에 30억 달러를 언제나처럼 내키는 대로 투자했음을 알게 되었다. 람닉은 "샘은 사람을 지나치게 잘 믿는다"면서 "너무 이른 시기에 큰 신뢰를 보낸다"고 말했다.

샘의 세계에서 일어난 많은 일은 일반적인 견제와 균형 장치가 없는 상태에서 벌어졌다. 외부 세계에 있는 다른 이들은 두드러지게 불만을 제기하기 어려운 분위기였다. 거래 자금은 오로지 샘의 주머니와 관련된 것으로 보였다. 그렇다면 샘이 자신이 원하는 대로 투자를 하지 못할 이유가 있을까? 그럼에도 인류 역사를 통틀어 20대에 샘과 같이 막대한 자금을 투자하면서 성숙한 감독이나 기업의 일반적인 규정에 크게 제한을 받지 않는 경우는 드물었다. 샘은 "실질적인 이사회를 구성해야 하는지 불분명하다"면서도 "이사회가 없으면 의심의 눈초리를 받기 때문에 세 명으로 구성된 이사회를 만들었다"고 말했다. 앞서 언급한 트위터 회의 직후 샘은 이렇게 말했지만 다른 두 사람의 이름은 기억하지 못했다. "구성원이 바뀌었을 수도 있다. 직무의 주요 요건은 새벽 3시에 도큐사인DocuSign에 서명하는 데 개의치 않는 것이다. 도큐사인 서명이 주요 업무다."

이와 더불어 CFO 문제도 있었다. 지난 18개월 동안 FTX 투자에 참여한 여러 벤처 캐피털은 샘에게 전문성 있는 '어른'을 회사의 CFO로 세워야 한다고 계속 당부했다. 샘은 "사람들은 CFO의 기능을 맹목적으로 믿는 경향이 있다"면서 "하지만 'CFO가 왜 필요한가?'를 물으면 CFO가 어떤 일을 하는지 단 한 가지도 설명하지 못하는 사람들도 있다. 그저 '자금을 계속 추적한다'거나 '예측을 한다'고 답한다. *나는 온종일 무슨 일을 한다고 생각하는 건가? 회사에 자금이 얼마나 있는지 내가 모를 거라고 생각하는 것인가* 묻고 싶다"고 말했다.

263

분열 사태의 기억이 아직 생생하던 홍콩 시절 샘은 회사에 '어른'을 두면 도움이 될 수도 있다는 생각을 잠시 했었다. "몇몇 어른을 영입하려고 시도해봤으나 그들은 아무 일도 하지 않았다"고 그는 말했다. "마흔다섯 살이 넘는 모두에게 해당하는 말이다. 그들은 오로지 걱정만 할 뿐이었다. '어른'들이 보인 전형적인 행태를 꼽아보자면, 중국 정부가 홍콩의 암호화폐 시장을 단속할까 봐 전전긍긍한 것이었다. 문제가 심각하지 않은데도 문제를 진지하게 파고드는 것이 그들의 일이었고 정작 중요한 문제는 알아보지 못했다. 규제 당국과 세금도 두려워했다! 세금을 안 내겠다는 것은 아니지만 결과적으로 너무 많은 세금을 내고 말았다. 다음 해에 손실이 났지만 이미 세금을 낸 후였다." 샘이 세금을 최대한 줄이기를 원하지 않았다거나 중국이 불시에 들이닥쳐 샘을 연행하고 감금할 가능성을 부인한 것이 아니다. 나쁜 일이 벌어질 가능성은 낮고 문제를 고민하느라 시간이 낭비된다는 것을 말하려던 것뿐이다. "그들은 전혀 뜬금없는 우려를 잇달아 제기했는데 무척 강한 어조로 말하던 우려의 대부분이 사실은 크게 부풀려진 것이었다"고 샘은 말했다. "그들을 진정시키는 유일한 방법은 또 다른 걱정거리가 나타나 다른 걱정으로 시선을 분산시키는 것이었다."

진실을 말하자면 어른들은 샘을 지루함에 빠뜨렸다. 그들은 샘의 움직임을 더디게 할 뿐이었다.

몇 달 뒤인 2022년 7월 말, 노던 캘리포니아에 있는 민간 비행장의 타맥 포장 구역 인근에서 샘을 만났다. 샘은 그의 자금을 어떻게 사용할 것인지에 대해 효율적 이타주의 지도자들과 함께 논의하는 짧은 회의를 마치고 돌아오는 길이었다. 언제나처럼 그는 늦었다. 마침내 모습을 드러낸 샘은 검은색 차에서 발을 내디딘 것이 아니라 굴러떨어지다시피 했다. 여행 가방 대신 묵은 세탁물로 보이는 뭉치를 들고 있었다. 가까이 다가오자 세탁물이 파란색 정장과 단추가 달린 브룩스 브러더스Brooks Brothers 셔츠라는 것을 알 수 있었다. 그는 머쓱해하며 "D.C.에서 입는 정장인데 보통은 D.C.에 두고 다닙니다"라고 설명했다. 여섯 시간 뒤 샘은 상원의 소수당 원내대표인 미치 매코널Mitch McConnell과 저녁 식사를 함께 할 예정이었고, 반바지 차림으로 만나면 매코널이 불쾌하게 여길 것이라는 언질을 받은 상태였다. 전용기 계단을 오르면서 샘은 "매코널은 상대의 옷차림에 정말 신경을 쓰는 사람이에요"라고 말했고, 기내에 들어와서는 정장 뭉치를 빈 좌석에 풀썩 내려놨다. "매코널을 '원내대표님'이나 '매코널 원내대표님'이라고 불러야 한다더군요. '친애하는 영도자'라고 말실수를 하지 않도록 예행연습까지 했어요."

샘이 가져온 옷 뭉치를 찬찬히 살펴봤다. 주름은 오래전에 생긴 것으로 깊이 파여 있었고 시간과 정성을 쏟아야만 펴질 모양새였다. 과연 이런 상황에 입는 것이 도움이 될지 알 수 없을 정도였다.

"허리띠가 있습니까?" 내가 물었다.

샘은 비건 스낵이 담긴 바구니에 다가가 팝콘 한 봉지를 집어 들고는 좌석에 앉으면서 "저는 허리띠가 없어요"라고 말했다.

"구두는요?"

"아, 구두도 없네요"라고 그는 답했다.

"정장을 가져 오세요"라는 한 줄의 명확한 안내만 받은 것 같았다. 누가 안내를 했는지 몰라도 "착용하기 적합한 정장이어야 하며 미치 매코널 의원이 만찬 상대에게 원하는 공식적인 옷차림에 적합하도록 갖춰 입으세요"라는 설명을 빼먹은 모양이었다. 그 덕분에 샘은 제대로 갖춰 입기 위해서는 정장 외에 무엇이 필요한지 애써 고민하지 않았다. 그도 이미 이런 종류의 일을 많이 겪었다. 7개월 전에 하원 금융서비스위원회에서 암호화폐 규제에 관해 증언을 한 적이 있었다. 누군가가 책상 밑에 드러난 샘의 구두를 클로즈업했는데 새로 산 구두의 끈이 상자에 담겨 있을 때와 같은 모습으로 칭칭 감겨 한쪽으로 쏠려 있었다. 누가 구두를 건네면서 "신발을 신고 끈을 묶으라"고 알려주는 것을 잊은 게 분명했다.

어쨌든 정장 하나만으로도 워싱턴 D.C. 출장은 다른 모든 출장과 다른 모양새가 되었다. 그는 D.C.에 갈 때만 정장을 챙겼는데 만나는 상대의 중요성을 감안하면 희생을 감내할 수 있었다. 최근 수십 년 동안 미국의 법은 유권자, 심지어 기업도 선거 캠페인과 슈퍼 팩Super Pac, 미국의 민간 정치자금 단체에 사실상 무제한의 후원금을 기부할 수 있도록 완화되었다. 하지만 미국의 일반 대중은 자산가들이 어디에 무슨 이유로 기부하는지 이유를 알지 못한다. 막대한 자금을 손에 넣은 샘은 부유층과 기업이 새로운 정치 환경에 적응하는 속도가 얼마나 느린지를 보고 깜짝 놀랐다. 미국 정부는 태양이 비추는 거의 모든 대상, 심지어 태양 너머의 공간에까지 막대한 영향력을 행사했다. 4년의 임기 동안 대통령은 의회와 협의를 통해 약 15조 달러를 지출했다. 하지만 2016년에 대통령 선거와 총선에 출마한 모든 후보가 지출한 돈은 65억 달러에 불과했다. 샘은 "정치권에 자금이 충분하지 않은 듯하다"고 말했다. "사람들은 최선을 다하고 있지 않다. 워런 버핏이 연간 20억 달러를 기부하지 않는 것은 이상한 일이다."

샘은 미국 정치권 내에서 또 다른 자본의 퍼즐을 만들고 있었다. 각종 벤처 캐피털 투자에 수십억 달러를 쏟아부은 후에도 공공 정책에 영향을 미치도록 수억 달러를 추가로 지출할 의향이 있었다. 나중에 그가 한 모든 일이 그 당시보다 더 회의적으로 해석되겠지만, 당시에도 많은 사람이 샘에 대해 의문을 품고 있었고 그중 많은 질문은 요점을 벗어난 것이었다. 샘의 정치적 지출은 대략 세 개의 바구니로 나뉘었다. 가장 크기가 작은 첫 번째 바구니는 구체적으로 사업상의 이해관계와 연관되어 있었다. 미국 이외의 지역에서 외국인들이 FTX에서 거래를 하듯 미국 내에 거주하는 미국인들도 FTX에서 암호화폐 계약을 거래할 수 있도록 허용하는 법안을 통과시키기 위해 그는 수백만 달러를 정치인과 이익단체에 기부했다. 이 과정에서 그는 어른들의 세계와 관련한 이상하고 납득이 가지 않는 또 다른 특징을 발견했다. 미국은 빈곤층과 취약 계층이 불리하게 조작된 주 발행 복권, 카지노, 기타 게임에 참여할 기회를 얼마든지 허용하면서 증권 또는 증권으로 해석될 가능성이 있는 상품에 대해서는 예외를 적용한다. 하지만 이 역시 새로운 게임의 규칙이기에 샘은 그 규칙의 변경 가능성에 대한 의문에도 불구하고 다른 암호화폐 거래소처럼 규칙을 간단히 무시하는 대신 규칙을 바꾸려고 노력하기로 결심했다.

흥미롭게도 샘이 더 많은 돈을 벌기 위해 사람들에게 후원한 자금은 다른 사람들이 추적하기 가장 쉬운 돈이었다. 별다른 노력을 기울이지 않아도 출처를 샘이나 FTX 또는 암호화폐 이익단체의 기부로 파악할 수 있었다. 보다 출처 파악이 어려운 자금은 구체적으로 샘의 재정적인 이해와 거의 무관한 나머지 두 바구니의 후원금이었다. 세상은 변화가 필요한 곳이라는 생각에서 실제로 세상을 변화시키기 위해 벌이는 활동은 그의 사업과 무관했다. 하지만 다른 사람들이 그의 기부를 암호화폐 법안 마련을 위한 의도로 여기지 않도록 기부 활동을 숨겨야 했다. 부당하게도 '암호화폐'를 '범죄'와 동일시하는 사람들도 있었다. "문제는 기부 사실이 알려지면 모두가 암호화폐 자금이라고 가정한다는 것이었다"고 샘은 말했다. 암호화폐 자금을 기부하는 것은 쉽지 않았다. 암호화폐 자금을 기부받는 것이 어떻게 비칠지 정확히 모르면서도 정치인과 이익단체는 관련 자금으로 후원을 받기를 꺼리곤 했다. 샘은 그들이 "사실에 의거해 판단하지 않고 그저 불편하게 여기기만 했다"고 말했다. 이러한 불편은 예상치 못한 결과로 이어졌다. "어느 한 단체는 '정말 감사하지만 FTX에서 후원을 받는 것이 바람직해 보이지 않기 때문에 받을 수 없다. 마침 다른 후원자를 찾았다'고 말했는데 다른 후원자란 다름 아닌 내 동생 게이브였다."

샘이 보기에 자신의 자금은 암호화폐 자금이 아니었다. 암호화폐를 통해 얻게 된 효율적 이타주의 후원 자금이었다. 그는 동생과 함께 세상을 관찰한 결과 효율적 이타주의와 관련된 두 가지 목적을 위해 돈을 쓰는 것이 보다 합리적이라고 결론 내렸다. 이와 동시에 거액의 자금을 은밀하게 지원해야만 했다.

둘 중에 상대적으로 덜 은밀한 첫 번째 목적은 전염병 예방이었다. 인류의 존재에 위협을 가하는 요인 중에서 전염병은 특별한 위치를 차지했다. 소행성 충돌 등과 달리 위협이 실제적으로 느껴졌고 정치인들이 관심을 갖도록 설득할 수 있었다. 또한 100만 명의 미국인이 새로운 병원체에 목숨을 잃었는데도 기후변화와 달리 전염병 문제의 해결에 대해 논의하거나 진지하게 고민하는 사람은 거의 없었다. 인공지능이 인류를 상대로 벌이는 전쟁을 예방하는 것과 달리 전염병 예방과 관련해서는 위험을 완화하기 위해 값비싸지만 분명한 조치를 취할 수 있었다. 예를 들어 기후 예측을 위한 글로벌 시스템을 닮은 질병 예측을 위한 글로벌 시스템을 만드는 일에 누군가가 앞장서야 했다. 샘은 여기에 1000억 달러가 들 것으로 예측했는데 이는 그의 능력을 넘어서는 범위였다. "필요한 자금 규모가 10분의 1 수준이라면 혼자서도 할 수 있을 것"이라고 그는 말했다. "FTX가 지금보다 여섯 배 더 큰 규모로 성장한다면 기부 가능한 금액을 다시 계산해야 한다." 전염병 예방 시스템을 마련하기 위한 조치를 당장 혼자서 취할 수는 없더라도 미국 정부가 나서도록 설득할 자금은 있었다. 미치 매코널과의 저녁 식사에서는 더 거창한 문제도 거론되었지만 이 전염병 예방 체계도 다뤄졌다. 두 사람은 보건복지부 내 생물의약품 첨단 연구개발국Biomedical Advanced Research and Development Authority에서 전염병 대응을 위한 연구에 100억 달러를 배분하는 계획을 논의했다. 매코널은 공화당원이었기 때문에 이론상 정부의

269

대규모 지출에 반대하는 입장이었다. 하지만 샘은 정치인들이 표면상의 정체성보다 훨씬 더 복잡한 의사 결정체라는 사실을 이미 알고 있었다. 샘은 "매코널은 소아마비를 극복한 사람이기 때문에 이 문제에 관심이 있을 것이라 생각했다"고 말했다.

선출된 공직자가 전염병에 관심을 갖도록 압박하는 것이 샘의 첫 번째 전략이었다면, 두 번째 전략은 새로운 전염병 전사들을 의회에 입성시키는 것이었다. 샘의 정치 활동 조력자들은 총선거보다 예비경선primary에 자금을 쓰는 것이 훨씬 효과가 크다는 사실을 파악했다(혹은 파악했다고 생각했다). 총선거보다 예비경선에서 더 크게 유권자들을 흔들수 있었다. 예비경선에서 설득 작업의 대부분은 지명이 차지했는데 광고를 집행해 영향력을 행사하면 될 일이었다. 또한 이들은 100만 달러를 박빙의 의원 예비경선에 지출할 경우 지지하는 후보가 당선될 가능성이 20퍼센트라고 파악했다(혹은 파악했다고 생각했다). 문제는 영향을 미칠 수 있는 다섯 개의 예비경선을 미리 파악할 방법이 없다는 것이었다. 이에 전염병 예방에 대한 예산 지출을 지지할 총선 후보를 최대한 많이 발굴해 대대적으로 선거에 자금을 지원하는 한편 후원금과 암호화폐의 관련성을 숨기는 전략을 채택했다.

물론 지지 후보가 당선될 가능성이 20퍼센트라는 것은 다른 네 곳의 예비경선에서 패배할 수 있음을 뜻했다. 샘의 정치 포트폴리오는 그의 벤처 캐피털 포트폴리오와 닮아 있었다. 사후적으로 판단해보면 비정상적인 보상을 추구하면서 비정상적인 위험을 진 것이다. 샘의 후원금은 정치적 조작 역사상 매우 짧은 기간에 가장 극적인 실패를 거둔 사례가 되었다.

캐릭 플린Carrick Flynn의 사례가 대표적이다. 샘은 선거 정치에 신인이던 캐릭 플린을 우연히 알게 되었다. 워싱턴 D.C.의 중요한 정책을 빈틈없이 꿰고 있는 인물로, 이전에는 파란색 정장을 입고 벽을 등지고 앉아 있는 무명의 보좌관 중 하나였으며, 중요 인사 뒤에 있다가 이따금씩 일어나 귓속말로 정책을 일러주는 역할을 했다. 샘이 보기에 캐릭 플린의 가장 중요한 특징은 전염병 예방에 대한 전문성과 의지가 두드러진다는 점이었다. 플린은 효율적 이타주의자이기도 해서, 혼란스러운 감정보다는 수학적 계산을 따를 것이라 기대할 수 있는 인물이었다. 플린은 편의를 위해 워싱턴 D.C.에서 오리건 포틀랜드 외곽에 위치한 하원의원 선거구로 옮겼는데 좌파 성향이 강한 지역이었다. 비교적 손쉽게 당선될 수 있다는 기대감에 플린 외에 무려 열다섯 명의 후보자가 선거전에 뛰어들었다. 플린은 다른 효율적 이타주의자들에게 자신의 의원 출마에 대한 생각을 물었다. 선거 후보자로서 플린에게는 분명한 약점이 있었다. 워싱턴의 내부자에 가까운 뜨내기 출마자인 데다 대중 연설을 겁내고 비난에 민감했다. 자신의 성향이 '매우 내향적'이라고 표현할 정도였다. 하지만 효율적 이타주의자들은 그가 도전해서는 안 될 이유를 찾지 못했고 결국 플린은 출사표를 던졌다. 플린은 효율적 이타주의와 관련된 여정 중에 샘을 알게 되었다. 플린은 샘이 자신을 후원해 줄 수도 있겠다는 생각이 들었지만 그것이 의미하는 바는 이해하지 못했다. 데이브 웨이겔Dave Weigel 기자는 〈워싱턴포스트〉 기사의 앞머리에 플린이 샘의 후원을 알게 된 순간을 묘사했다.

아내인 캐스린 메크로 플린Kathryn Mecrow Flynn과 함께 인터뷰에 응한 플린은 "유튜브에서 어떤 영상을 아내와 같이 보고 있었을 때였다"고 말했다. 앞서 지난주 플린은 미 상공회의소에서 민주당 의원 후보들을 대상으로 교외 범죄에 관한 발표를 위해 열린 조찬 모임에 참석한 바 있었다. "갑자기 '캐릭 플린'이라는 목소리가 들렸다"고 메크로 플린은 말했다.

플린은 "손에는 생수를 들고 있었는데"라고 말하자 메크로 플린이 "마운틴 듀"라고 정정했다.

플린은 보다 자신 있는 목소리로 "다이어트 마운틴 듀였을 것이다"라고 부연했다.

어떤 음료를 마셨든 갑자기 유료 정치 광고에서 자신의 이름을 들은 플린은 당황해서 쏟고 말았다. 마치 공격 개시일에 연속 사격을 하듯 첫 광고를 시작으로 대대적인 지원이 이어졌다. 샘의 정치 후원팀은 샘에게 실탄 *1000만 달러*를 받아 바주카포에 가득 채우고선 포틀랜드 외곽에 쏟아부었다. 소규모 예비경선이 오리건 역사상 가장 값비싼 선거전으로 변했다. 미국 전체의 하원의원 민주당 예비경선으로는 세 번째로 비쌌다. 캐릭 플린을 당선시키려는 샘의 시도는 정치 캠페인보다는 지역 주민의 감각에 대한 공격에 가까웠다. 민주당의 경쟁 후보 선거팀 소속이었던 테스Tess Seger는 "예비선거가 마치 정치 드라마 〈부통령이 필요해Veep〉의 한 에피소드처럼 진행되었다"고 전했다. "트레일 블레이저스Trail Blazers, 포틀랜드를 연고지로 둔 프로 농구팀의 보도를 하던 기자들조차 캐릭 플린 광고가 너무 많다는 불만을 제기할 정도였다. 모든 진행 방식이

어설프기 짝이 없었다."

　정치 분야에서 날것의 솔직함이 어떤 효과를 거두는지 예측할 순 없지만 이후 벌어진 일은 일견 이해가 간다. 사람들은 캐릭 플린의 모든 광고를 집행한 자금이 어디에서 흘러왔는지 알아냈다. 예비경선에 참여한 다른 민주당 후보 여덟 명이 힘을 모아 캐릭 플린을 맹비난하고 나섰다. 한 후보자는 플린을 '미스터 오싹한 펀드Mr. Creepy Funds'라고 불렀다. 또 다른 후보자는 "바하마의 억만장자가 오리건의 의석을 매수하려 한다"고 표현했다. 그 말은 사실이었다! 샘은 의회가 인류의 존재 위험을 완화하는 조치에 나설 수 있도록 의석을 매수하려는 시도를 했다. 그러나 오리건 유권자들이 그러한 시도를 환영하기는커녕 유권자의 상당수가 캐릭 플린을 싫어하게 되었다. 게다가 캐릭 플린은 유권자의 비난을 감내할 수 있는 사람이 아니었다. 토론에서 다른 후보자들의 공격을 받은 그는 토론 도중 자리를 뜨기도 했다. 플린은 공식 발표에서 자신의 재정 후원자들이 엉뚱하고 어리석다고 비판하기 시작했다. "사람들에게 모진 말을 듣자 플린은 큰 상처를 받았다"고 샘은 말했다. "언젠가 그는 오리건에 거대한 올빼미 관련 선거구가 있는 것을 모르고 올빼미에게 모욕적인 말을 했다."*

---

* 팟캐스트에서 플린은 '목재 연합'이라는 알트라이트(alt-right, 극단적 백인 우월주의에 기반한 미국의 보수 세력)가 멸종 위기에 처한 북부 얼룩 올빼미의 서식지에서 벌어지는 경제활동을 과도하게 제한한다는 불만을 옹호했다. "도시에 '와, 올빼미다. 멋지지 않아?'라고 말하는 사람들이 있다. '이 올빼미는 소중하니까 지역 공동체의 생계를 무너뜨리고 말겠어.' … 마치 '동물 보호구역의 전시가 당신이 아는 모든 사람보다 마음에 든다'고 말하는 격이다." 언급된 도시의 많은 시민이 플린의 선거구 유권자였던 것으로 나타났다.

결국 2022년 5월 17일에 캐릭 플린은 일반 투표의 19퍼센트를 득표해 2위라는 나쁘지 않은 성적을 냈다. 하지만 37퍼센트의 득표율을 기록한 안드레아 살리나스Andrea Salinas와의 격차가 컸다. 캐릭 플린이 얻은 한 표당 샘은 1000달러에 약간 못 미치는 돈을 지출했다. 사실 샘은 크게 신경 쓰지 않았다. 아무리 돈을 쏟아부어도 당선될 수 없는 선거 후보가 있다는 교훈을 얻었기 때문이다. "돈으로 살 수 있는 것에는 한계가 있다"고 샘은 말했다.

샘 입장에서는 캐릭 플린에게 쓴 돈은 두 번째 바구니 속 자금의 극히 일부에 불과했다. 다른 의회 선거에서는 더 나은 성과를 냈다. 또한 샘에게는 더 유망한 다른 바구니도 있었다. 정치적 지출을 위한 마지막 바구니는 다른 두 바구니보다 그 속을 들여다보기 더 어려웠다. 마지막 바구니는 유권자가 자금의 출처를 알지 못하도록 주로 미치 매코널과 그의 지인들이 관리했다. 위장이 합법적일 수 있도록 샘과 매코널은 바구니의 자금이 어떻게 쓰이는지 논의하지 않기로 했다. 그렇더라도 이 바구니는 샘이 만찬에 참석한 주된 이유였다. 매코널이 인류의 존재를 위협하는 또 다른 요인인 도널드 트럼프에 대해 샘 못지않게 우려하고 있음을 알아챘기 때문이다. 샘이 보기에 트럼프가 정부와 미국 선거의 무결성을 공격하는 행위는 전염병, 인공지능, 기후변화처럼 인류를 위협하는 요인에 해당했다. 전국의 공화당 예비선거는 트럼프가 대선 결과를 탈취당했다는 듯이 행동하는 후보자들로 인해 어수선했다. 이들은 트럼프를 지지하는 시늉이라도 해야 한다고 압박감을 느끼는 다른 후보자들과 맞섰다. 매코널의 선거팀은 이미 누가 어느 편인지 파악했으며 트럼프의 강경 지지자들에게 패배를 안길 계획이었다. 샘은 "매코널이 이미 작업을 마쳤다"면서 "실제로 통치를 하려는 후보와 정부를 훼손시키는 후보를 구분하는 작업"이라고 덧붙였다.

당시 샘은 미국 상원의원 선거에서 트럼프 지지 후보들을 낙선시키기 위해 매코널에게 1500만~3000만 달러를 후원할 계획이었다. 이와는 별개로 도널드 트럼프가 대선에 출마하지 않도록 직접 자금을 전달하는 것이 합법인지 알아보고 있다고 워싱턴 D.C.에 착륙하는 중 내게 말했다. 샘의 정치 후원팀은 트럼프 관계자들과 비밀 접촉을 시도했고 트럼프가 50억 달러가량에 출마 포기를 고려할 수 있다는 그리 나쁘지 않은 소식을 전해 들었다.

돌아보면 샘의 사고방식이 도널드 트럼프를 이해하는 데 꽤 적합하다는 사실이 흥미롭게 다가온다. 당시 샘의 팀은 트럼프에게 출마 포기라는 생각의 씨앗을 심기 위해 은밀한 연락망을 가동했다. 미주리에서는 에릭 그레이튼스Eric Greitens라는 트럼프 과격 지지자가 트럼프 지지에 큰 열의를 보이지 않던 에릭 슈미트Eric Schmitt와 접전을 벌이고 있었다. 슈미트는 통치를 원한 반면에 그레이튼스는 파괴를 원했다. 트럼프는 선거에 대한 의견을 내지 않았는데 그의 지지가 표심을 그레이튼스에게 유리하게 움직일지 모른다는 우려가 일었다. 샘의 정치 후원팀은 한 가지 아이디어를 냈는데 바로 관심이 트럼프에게 집중되게 만드는 것이었다. 트럼프가 어떤 에릭인지 밝히지 않은 채 "에릭을 지지합니다!"라고 말하도록 설득하자는 아이디어였다. 어차피 트럼프는 누가 승리할지에 관심이 없었다. 그의 관심사는 오로지 자신이 승자를 지지

한 것으로 비쳐지는 것이었다. 트럼프가 에릭을 지지한다고 말하면 어떤 에릭이 승리하든 공로를 인정받을 것이다. "에릭을 지지합니다!"는 구체적인 지지를 할 때보다 트럼프에게 관심이 쏠리게 할 텐데, 트럼프는 관심을 무엇보다 중요시하는 사람이었다. 샘은 "무척 트럼프다운 전략"이라면서 "밈meme이 되었다"고 말했다.

이 일화를 소개하면서 샘은 어설픈 레이업 슛을 연상시키는 뜬금없는 동작으로 팝콘을 입안에 던져 넣었다. 슈팅 성공률은 60퍼센트였고 득점에 실패한 팝콘이 사방으로 튀었다. 견과류가 든 접시를 잡으려고 했지만 이륙 중에 접시가 손을 벗어나 내용물이 샘 주변으로 흩어졌다. 머릿속에서 정치 세계의 질서를 바로잡는 동안 주변 공간은 혼돈에 빠졌다. 마침내 비행기가 착륙하자 샘은 주변 정리를 누군가의 몫으로 남긴 채 서둘러 식사 장소로 향했다.

나는 샘이 자금을 대고 게이브가 운영하는 전염병예방위원회Guarding Against Pandemics 본부가 있는 국회의사당 뒤편의 타운하우스에서 샘과 모레 아침에 만나기로 약속했다. 그는 역시 늦었다. 이번에도 자동차 뒷좌석에서 굴러떨어지듯 내렸는데 워싱턴 D.C.의 일반 택시를 타고 온 것이 지난번과 달랐다. 이번에도 샘의 손에는 총체적 난국인 정장이 들려 있었다. 다만 차에서 내릴 때 갈색 구두를 들고 내렸는데 그나마 한 짝이 도로에 떨어졌다. 구두에 손을 뻗는 동안 손에 들려 있던 나머지 한 짝도 바닥으로 떨어져 택시 밑으로 굴러 들어갔다. 정장 색상이 바뀌었다는 사실을 그때 알아차렸다. 누군가가 샘이 들고 왔던 구겨진 정장 대신 다림질된 다른 정장을 줬고 먼저 가져왔던 정장은 세탁물로 변해 손에 들려 있었다. 나는 샘이 빈 타운하우스에 들어가 옷장을 열고 옷걸이에는 눈길을 주지 않은 채 세탁물을 옷장 바닥에 놓는 것을 지켜봤다. 우리는 공항으로 이동해 바하마행 비행기를 탔다.

이틀 후 트럼프는 트루스 소셜Truth Social, 도널드 트럼프 전 미국 대통령이 설립한 소셜 미디어 벤처의 게시물을 통해 미주리 상원의원 선거에서 지지할 후보자 이름을 공개했다. "에릭은 내가 완벽하고 완전하게 지지하는 후보입니다!"*

효율적 이타주의자들이 자금을 어떻게 쓸지 논의하러 모였을 때 올버니 리조트는 한창 태양빛을 받고 있었다. 공식 행사를 위해 옷을 갖춰 입은 부자들처럼 정박지를 둘러싼 건물들은 어둑어둑할 때 가장 아름다워 보였다. 한낮의 태양 아래에서는 온통 흰색으로 서로 분간하기 어려운 거대한 건물 일곱 채가 비로소 적나라한 모습을 드러냈다. 해가 지고 인공조명을 받으면 비로소 각 건물 이름의 의미를 알 수 있었다. 허니콤Honeycomb이라는 건물의 정면은 육각형이 이어진 벌집을 연상케 했다. 큐브Cube는 직사각형이 제멋대로 뒤죽박죽 섞인 모습이었다. 바다에 가장 가까워 탁 트인 시야를 자랑하는 오키드Orchid는 보다 섬세한 모양이었다. 난초를 닮은 구석은 전혀 찾을 수 없지만 패턴이 열대

---

* 즉시 에릭 그레이튼스와 에릭 슈미트 모두 트럼프의 지지를 받았다고 주장하면서 트럼프의 영향력은 무효화되었다. 결국 에릭 슈미트가 예비경선과 총선거에서 승리했고 미국 상원에서 활동했다.

277

꽃을 연상시키는 알루미늄 시스로 덮여 있었다. FTX 새 본사의 옆면에 샘의 아프로 스타일을 연상시키는 장식을 계획했던 것과 동일한 기법이었다. 저녁에는 보라색 조명이 펜트하우스를 비춰 매혹적으로 보였고 시샘에 익숙한 사람들조차 선망할 정도였다. 캐럴라인이 샘을 쫓아내기 전까지는 이 펜트하우스에 효율적 이타주의자들이 다 같이 모여 살았다. 게리, 니샤드, 캐럴라인, 샘의 대학교 시절 절친인 애덤 예디디아가 거의 비슷한 모양의 방을 하나씩 차지했고 캐럴라인을 제외한 나머지 모두는 연인과 함께였다.

　물질에 쉽사리 마음을 빼앗기는 사람이라면 오키드 펜트하우스의 인테리어에 더 큰 감동을 받았을 것이다. 약 1000제곱미터의 대리석 바닥을 채운 각종 장식품은 이 공간에 거주하는 부자들이 비용을 치르기 위해 충분히 희생을 감당할 만큼 호화로웠다. 문제는 현재 이 펜트하우스에 살고 있는 부자들이 일반적이지 않다는 것이었다. 효율적 이타주의자들은 내부 장식을 망치다시피 했다. 늘어선 컴퓨터가 벽 한 면을 가리고 있었고 기기에 달린 전선은 마치 밀림의 덩굴이 뻗어 나가듯 대리석 바닥 위를 뒤덮었다. 이케아 분위기의 싸구려 책장에는 효율적 이타주의자들이 좋아하는 갤럭시 트러커, 윙스팬, 세븐 원더스, 체스판 세트 여러 개로 가득 찼다. 거실은 거대한 비디오게임 모니터가 차지했다. 펜트하우스의 인테리어 소품으로 크리스털과 은으로 만든 차츠키_{작은 장식 소품} 옆에는 샘이 저자들에게 증정받았으나 한 번도 읽은 적 없는 책들, 샤킬 오닐이 서명해 샘에게 선물한 미식축구 공, 여러 프로 스포츠 리그에서 보낸 팬 용품 등 귀찮은 효율적 이타주의자들이 생각 없이 올려둔 물건이 마구잡이로 널려 있었다. 이들은 3000만 달러짜리 콘도를 여관으로 만들었다. 가장자리가 휘어진 6층의 발코니에서는 환상적인 경관을 감상할 수 있었지만 이들은 거기엔 거의 눈길도 주지 않았다. 발코니 바로 아래로는 사유지나 다름없는 해변이 펼쳐졌는데 톰 브래디가 발코니에서 샤킬 오닐의 미식축구 공을 던질 수 있을 정도로 거리가 가까웠다. 니샤드 싱은 바하마에서 새로운 삶을 시작한 지 1년이 다 되어 갔는데도 해변에 발을 담근 건 친척들이 방문했을 때 한 번뿐이었다. 그마저도 샘보다 많은 횟수였고 게리도 마찬가지였을 것이다.

캐럴라인은 와인 한 잔을 들고 나타났는데 이들 무리에서는 쾌락주의적인 행동이나 다름없었다. 다시 회의가 시작되었는데 FTX의 수익 창출 부문에서는 캐럴라인, 샘, 게리, 니샤드가 참석했고, 기부 부문에서는 FTX 자선사업팀의 직원 네 명이 참석했다. 직원들 역시 기댓값에 따라 인생의 중대한 결정을 내리는 대표의 습관을 체득했으며 각자의 기댓값 계산이 낳은 결과는 한결같이 놀라운 것이었다. 2020년 아비탈 발비트Avital Balwit는 로즈 장학생으로 선정되었으나 거절했다. 처음에는 캐릭 플린의 의회 선거 캠페인을 위해서였지만 나중에는 FTX의 기부 사업을 위해서였다. 레오폴드 아셴브레너Leopold Aschenbrenner는 열다섯 살에 컬럼비아 대학교에 입학하고 4년 뒤 졸업생 대표로 졸업했지만 새로운 자선사업을 위해 예일 대학교 로스쿨 입학을 포기했다. 이들의 상관이자 옥스퍼드 대학교의 철학자였던 닉 벡스테드와 더불어 효율적 이타주의자들의 영적 구루인 윌 매캐스킬도 자리를 함께 했다. 어떤 면에서 매캐스킬은 참석자들을 그 자리에 있게 만든 사람이었다.

2012년 가을 매캐스킬이 샘에게 베풀기 위해 번다는 신념을 처음 전한 이후 효율적 이타주의 운동도 변화했다. 살아 있는 인명을 구하는 것에 관심이 줄어든 대신 미래의 인류를 구하는 데 대한 관심이 커졌다. 2020년 초, 이 운동의 창시자인 토비 오드가 《사피엔스의 멸망》을 펴냈다. 이 책에서 오드는 현재 자신(과 펜트하우스에 모인 모두)이 생각하는 바를 설명했다. 그는 인류의 존재를 위협할 여러 가능성을 대략적으로 추정했다. 항성 폭발의 가능성은 10억분의 1, 소행성 충돌 가능성은 100만분의 1로 제시했다. 핵폭탄과 기후변화라는 인간이 만든 위험이 지구상의 모든 생물체를 멸절할 가능성은 1000분의 1로 추산되었다. 자연적으로 발생한 질병이 아니라 인간이 만든 병원체로 멸망할 위험은 30분의 1이었다. 오드에 따르면 인류에게 가장 큰 위험은 통제 불가의 인공지능이며, 인공지능으로 인한 인간의 멸망 가능성은 10분의 1이라고 밝혔다. 샘은 "그 일이 벌어지면 우리 모두가 사라지는 것"이라고 말했다. "생물학적 위험이 갈수록 커진다 하더라도 인공지능처럼 낙오자를 처단하는 지능적인 방식을 띠지는 않을 것이다."

오드의 계산에 대해 자기만의 괴상한 공상 과학이라는 반응도 있다. 오드가 언급한 사건이 실제로 일어날 가능성은 아무도 알 수 없으며 숫자로 표현하려는 순간 해당 주제에 대한 신뢰성이 높아지기보다는 낮아지기 마련이다. 그럼에도 이 모든 사건이 일어날 가능성은 *존재한다*. 가능성이 *존재한다면* 얼마나 될지 계산해보지 않을 이유가 무엇인가? 구체적인 수치에 대해 트집을 잡는 것은 자유다. 하지만 일단 논쟁에 참여해보면, 미미한 수준이라도 미래 인류가 실존적 위협을 당할 가능성을 줄이는 경우의 기댓값이 현재 살아 있는 사람들의 생명을 구하기 위해 조치를 취하는 경우의 기댓값보다 훨씬 더 크다는 논리에서 벗어나기 어렵다. 샘은 "미래는 가능성이 무한하다는 것이 주장의 요지"라면서 "숫자로 표현할 수 있겠지만 분명한 건 승수 효과가 매우 크다는 것이다"라고 설명했다.

훗날 효율적 이타주의를 연구하는 역사가는 이 신념이 시간에 따라 얼마나 변화했는지 보고 놀랄 것이다. 효율적 이타주의는 유혈사태나 충분한 논쟁도 거치지 않고 간단히 살아 있는 사람들에게 등을 돌렸다. 아프리카의 빈곤 아동을 위해 명예와 부를 희생한 사람들은 구호의 초점을 아프리카 빈곤 아동으로부터 미래에 다른 우주에서 살아갈 아동에게로 옮긴 것에 반발했으리라는 생각이 들 것이다. 하지만 그런 일이 벌어지지 않았다는 사실은 이 운동에서 평범한 인간적 감정이 어떤 역할을 하는지 엿보게 한다. 그들에게 인간적 감정은 중요하지 않다. 오직 중요한 것은 숫자다. 감정적인 동기 측면에서 효율적 이타주의는 기존의 일반적인 자선 활동과 확연히 구분된다. 효율적 이타주의는 언제나 가장 논리적인 방식으로 선한 삶을 살겠다는 냉철한 욕망에 이끌렸다.

샘의 거실에 모여 샘의 돈을 어디에 사용할지 논의한 사람들은 아프리카 아동의 말라리아 감염을 예방하기 위해 모기장을 구입하는 방안을 고민하지 않았다. 실존적 위험을 보다 현명하게 완화할 방식을 모색했다. 기부할 수 있는 총 금액은 급격하게 증가할 것이라고 이들은 예상했다. 2021년 3000만 달러를 기부한 데 이어 2022년에는 3억 달러를 기부할 것으로 예상되었고 2023년에는 10억 달러를 기부할 계획이었다. 이날 논의를 하기 얼마 전 니샤드가 내게 "궁극적으로는 선행에 대한 논의를 중단하고 실천에 나설 것"이라고 말했다.

과거에 어떤 일을 완료했는지, 또는 어떤 일을 할 것인지 목록을 만드는 것이 완전히 무의미해지는 순간이 곧 닥칠 것이다. 하지만 돌아보면 이 일화는 여러 이유에서 흥미롭다. 한동안 이들은 제안받은 프로젝트를 지원할지 여부를 논의했다. 예를 들어 스탠퍼드의 한 경제학자는 인공지능과 바이오 분야에만 집중하는 새로운 대학교를 설립하고 개발도상국의 저소득층과 중산층의 청년들을 선발하기 위해 지원을 요청했다. 재난 위험 연구에 특화된 한 싱크탱크의 엔지니어는 911이 무력화될 경우 긴급 서비스를 제공할 수 있는 백업 채널 역할을 할 통신위성을 쏘아 올리기를 바랐다. 아폴로 학문 연구라는 집단에서는 FTX의 자금을 활용해 특정 주제에 대해 전문가들이 어떤 합의를 이루고 있는지 신속하게 확인하는 장치를 마련했다. 신기하게도 경제학에서만 이러한 도구를 갖추고 있었다. 이 집단에서 떠올린 첫 번째 질문은 소행성과 지구가 충돌할 가능성이 얼마인가였고 그 가능성은 낮은 것으로 확인되었다. 아비탈은 "걱정거리가 하나 줄어든 셈"이라고 말했다.

이러한 작업을 1년밖에 진행하지 않았지만 이미 2000건에 가까운 프로젝트가 접수되었다. FTX는 일부 프로젝트에 자금을 지원했지만 이 과정에서 기존의 자선사업이 멍청한 짓이라는 결론을 내렸다. 앞으로도 이러한 지원 요청이 많을 텐데 상당수는 평가할 역량이 부족한 사업이기 때문에 대응하는 데 많은 직원과 비용이 필요할 터였다. 자선사업 자금의 많은 부분이 결국 관료 조직에서 낭비되고 말 것이다. 이에 따라 얼마 전 새로운 접근법을 채택했다. 직접 자금을 후원하는 대신 전 세계에서 특정 주제에 관한 전문가를 찾는 것인데, 이 전문가들은 자금 분배 방식에 대해 더 나은 아이디어를 가지고 있을 가능성도 있었다. 지난 6개월간 FTX는 전염병 예방과 인공지능에 관한 심도 있는 지식을 가진 100명의 전문가에게 이메일을 보냈다. *저희에 대해 모르시겠지만, 여기 100만 달러가 있고 조건은 없습니다. 여러분이 할 일은 가능한 한 효율적으로 자금을 사용하는 것입니다.* 2021년 초 설립된 FTX 재단은 후원을 받은 사람들이 100만 달러를 어떻게 사용했는지 추적하기는 했지만 그 목적은 오로지 추가 지원이 필요한지 판단하는 것이었다. 샘은 "일단 자금을 지원한 후에는 지나친 판단을 하지 않으려 했다"고 하면서도 "추가로 지원을 하지 않을 수는 있다"고 말했다. 자금을 어떻게 사용해야 할지를 현장에 있는 사람만큼 잘 아는 집단은 없으며 현장에 자금 배분에 관해 천재성을 지닌 사람이 있을지 모른다는 기대에 따라 새로운 접근 방식을 취한 것이다. 샘은 "아무 일도 하지 않으려는 인간의 기본 성향을 알기에 이를 극복하고 나아가려는 시도"라고 설명했다.

효율적 이타주의자들의 첫 번째 회의는 자정이 되어서야 끝났다. 이들은 이튿날 저녁에도 만나서 새벽 1시까지 대화를 나눴다. 니샤드와 샘이 주로 발언을 했고 캐럴라인은 와인 잔을 들고 말을 아꼈으며 게리는 전혀 말이 없었다. 샘처럼 이들도 빠르게 움직였다. 샘은 "자금의 4분의 1이 비용으로 낭비되더라도 나머지 자금의 효율성을 세 배 높인다면 결국에는 승리하는 것"이라고 말했다.

한편으로는 또 다른 게임이 진행되고 있었다. 샘, 니샤드, 게리, 캐럴라인이 수천억 달러를 벌어서 위대한 실험이 실패할 가능성을 줄이는 데 사용하는 게임이었다. 샘이 즐기는 모든 게임과 마찬가지로 이 게임에도 시간제한이 있었다. 그는 자신을 비롯한 주요 인물이 마흔 이후에 중요한 일을 할 가능성은 낮다고 판단했다. 샘이 잠을 안 자거나 운동을 안 하거나 식사를 제대로 챙기지 않고, 언제나 행동하지 않는 것보다 행동하는 편을 선택하는 이유가 여기에 있었다. 그는 빨리 움직여야만 했다. 인생 후반에는 기댓값이 큰 활동이 있을 것 같지 않았다. 인류를 구하는 위업에서 본분을 다할 수 있는 시간은 10년, 길어야 15년일 것이라고 그는 예상했다.

돌아보면 샘에게 남은 시간은 5주였다.

2022년 10월 말에는 완전히 녹초가 될 때까지 정글 오두막을 뒤지더라도 뭔가 잘못되어 간다는 느낌을 전혀 받을 수 없었을 것이다. 27호 정글 오두막을 향해 수천 평의 아스팔트 공터를 가로질러 가는 길에 람닉과 그의 아내 말리카 촐라Mallika Chawla를 마주쳤다. 비트코인 가격이 하락하기는 했지만 람닉은 날마다 날아갈 듯한 기분이었다. 그는 샘의 돈, 혹은 샘의 것이라고 여긴 돈을 사용해 암호화폐 금융에서 새롭고 흥미로운 역할을 해내고 있었다. 2017년 붐이 시작된 이래 2022년 6월까지 암호화폐는 기존의 금융 관행을 재편했지만 기존 금융에 적용되는 규정과 규제, 투자자 보호 장치는 존재하지 않았다. 암호화폐 시장에도 중개인, 자체 은행, 암호화폐 예탁금에 대한 보험을 제공하지는 않더라도 암호화폐 이자를 지급하는 일종의 은행이 생겼다. 은행은 이 예탁금에 높은 금리를 적용해 암호화폐 헤지펀드에 대출했지만 이러한 헤지펀드가 자금을 어떻게 운용하는지는 아무도 몰랐다. 암호화폐 거래소는 암호화폐 매매를 촉진할 뿐 아니라 고객의 자금을 보관했다. 마찬가지로, 거래소의 이러한 활동이 어떻게 이루어지는지 면밀하게 감독하는 규제 기관은 없었다. 심지어 미국 달러에 가치를 고정시킨 스테이블코인stablecoin, 가격 변동성을 최소화하도록 설계된 암호화폐도 등장했다. 비트코인과 같이 블록체인상에 존재하는 디지털 화폐지만 비트코인과 달리 달러를 담보로 발행된다. 1달러 가치를 갖는 스테이블코인마다 연방예금보험공사FDIC가 보장하는 은행에 예치되어 있는 달러 실물이 존재하는 것이다.

암호화폐 시장 전체가 엄청난 신뢰에 기대고 있는 셈이었다. 하지만 10월 말 그 신뢰는 무너졌고 암호화폐는 과거 금융위기보다 훨씬 더 큰 위기를 맞았다. 6월 말 알라메다 리서치에 이어 두 번째로 큰 헤지펀드인 3ACThree Arrows Capital가 파산했다. 은행과 유사 은행은 운영난에 시달리다가 무너졌다. 기존의 금융위기와 달리 정부가 개입해 시장 참여자들을 진정시키는 일은 일어나지 않았다. 2008년 금융위기는 각국 정부가 은행의 구제금융을 약속한 후에야 진화되었다. 2022년 암호화폐 위기가 일어났을 때는 이러한 장치가 작동하지 않았다. 암호화폐 시장에는 정부가 아닌 샘이 있었다. 아니, 정확하게는 람닉이 실패한 암호화폐 회사 중에서 살릴 곳과 방치할 곳을 부지런히 평가했다. 사정에 정통한 관계자는 "신뢰의 붕괴를 의미하는 사건"이라면서 "이제 시장은 샘을 신뢰한다"고 말했다.

샘을 신뢰한다는 말은 곧 람닉을 신뢰한다는 의미였다. 당시 람닉은 보이저 디지털Voyager Digital과 블록파이BlockFi라는 파산한 암호화폐 은행을 인수하기 위한 마무리 작업을 진행 중이었다. 시장이 한창 호황일 때 두 회사의 가치는 총 70억 달러에 가까웠지만 람닉이 인수한 가격은 2억 달러에 불과했다. 푼돈이었다.

아니, 푼돈으로 보였다. 얼마 전 람닉은 샘에게 인수에 사용 가능하다고 가정할 수 있는 금액이 얼마인지 물었는데 샘은 *10억 달러가 필요할 때 알려달라*고 답했다. 2년 전 람닉은 아침에 걸어서 출근하기를 바라는 사내였는데 지금은 암호화폐판 J. P. 모건의 오른팔 역할을 하고 있었다. 아내 앞에서 그는 자신이 이룬 성취가 안겨준 기쁨과 자긍심으로 밝게 빛났다.

27호 정글 오두막을 향해 같이 걸어가는 도중 람닉의 아내에게 "남편분이 이 모든 일을 처리할 방법을 어떻게 알고 해내시는지 모르겠네요"라고 말했다.

그러자 그녀는 밝은 목소리로 "저는 알아요!"라면서 "저도 항상 *당신은 어떻게 아나요?* 하고 물어보는데 그냥 안다고 그러더군요"라고 답했다.

9장

증발
The Vanishing

일주일 정도 자리를 비웠을 뿐이었다. 돌아갔을 때는 람닉을 비롯해 조직도 전체의 상당 부분에 해당하는 임직원이 이미 섬을 떠나고 없었다. 회사 차량의 상당수는 키가 꽂혀 있는 상태로 바하마 공항 주차장에 방치되어 있었다. 공항에서는 진풍경이 펼쳐졌다. 꽃무늬 셔츠에 플립플롭을 신은 관광객 인파 사이로 패닉에 빠진 FTX와 알라메다 리서치의 직원들이 탈출하기 위해 걸음을 재촉했다. 직원들이 터미널을 통과하는 동안 공항 높은 곳에 걸린 대형 화면에서는 *지금 FTX 앱을 다운로드해 무료 암호화폐를 언제 어디서나 얻으세요*라는 메시지가 지나갔다. 11월 11일 금요일, 내가 바하마에 도착했을 당시에는 암호화폐 광고가 공항 벽을 요란하게 장식하고 있었지만, 이미 그날 새벽 4시 30분에 샘이 미국 정부에 FTX의 파산을 신청하는 도큐사인 문서를 전송한 후였다.

오후 늦게 나탈리가 현지 채권단에게 아직 압류되지 않은 회사 차 몇 대 중 하나를 몰고 공항에 나를 태우러 왔다. 전날 저녁 나탈리는 홍보 담당 겸 샘의 인생 관리자 역할에서 물러났다. 다음 날 오전 몇 가지 소지품만 챙겨서 바하마를 떠날 계획이었지만 무슨 일이 일어난 것인지 아직 어리둥절한 상태였다. 다만 다른 직원들처럼 나탈리도 뒤늦게 알게 된 사실이 있었다. FTX에 안전하게 보관되어 있어야 할 암호화폐 트레이더의 예탁금 80억 달러 이상이 사실은 알라메다 리서치에 있었다는 것이다. 80억 달러의 행방은 묘연했고 이는 좋은 소식이 아니었다. 이 소식을 접한 나탈리는 눈물을 흘렸고 "FTX에는 알라메다가 원하는 대로 위험을 질 수 있도록 허용하는 버튼이 있었던 것"이라고 말했다. 대다수의 FTX 직원들처럼 나탈리도 개인 자금을 거래소에 맡겼는데 모두 휴지 조각이 되었다. 나탈리가 꾼 꿈은 벌써 흐릿해져 갔고 기억하려면 애를 써야만 했다. 정말로 농구 선수 빈스 카터Vince Carter의 이웃이었던 적이 있었던 것일까?

일요일에서 수요일 사이에 효율적 이타주의자 이너서클은 샘의 방에 모여 회사를 구하려 애썼지만 실패했다. 나탈리는 그들의 소재나 분위기에 대해 아는 것이 거의 없었다. 수요일에 조지 러너는 니샤드가 자살을 시도할 위험이 있다고 판단하고는 바하마를 떠나 샌프란시스코의 부모님에게 가야 한다고 진단했다. 회사가 파산 절차를 밟는 동안 아시아를 여행 중이던 캐럴라인은 묘한 심경으로 여행지에 머물렀다. 캐럴라인의 정신과 의사뿐 아니라 대화를 나눴던 사람들은 그녀가 안도감과 만족감 사이에 있는 것 같다고 느꼈다. 캐럴라인 역시 보스턴 지역에 거주하는 부모님에게 돌아가고 있는 것으로 알려졌다. 게리는 언제나처럼 침묵했고 생각을 읽을 수 없었지만 바하마에 머물고 있는 것은 확실했다. 나탈리는 샘이 (감정이 있다면) 어떤 감정일지, 어디에 머물고 있는지 알지 못했다. 샘을 찾는 일은 더 이상 나탈리의 업무가 아니었다.

공항에서 올버니 리조트까지 가는 길에 FTX의 사무실을 지나쳤다. 나탈리는 내가 회사를 보고 싶다고 하자 불안한 기색을 보였다. 회사에 차량을 압류하는 사람들이 있을까 봐 경계한 것이다. 그래도 회사를 지나가면서 속도를 늦췄다. 경비 초소는 비어 있었고 장애물이 세워져 있기는 했지만 그 어느 때보다도 경계가 허술했다. 아스팔트 공터에서는 생물체의 흔적을 찾을 수가 없었다. 자동차들은 사라졌고 정글 오두막도 완전히 버려진 듯했다.

그때 공터 건너편에서 누군가가 오두막 뒤편을 돌아 나오는 모습이 보였다. 샘이었다. 빨간색 티셔츠에 반바지 차림으로 홀로 무너진 제국을 돌아보는 중이었다. 거리가 멀었지만 샤워 시설과 면도 기구를 사용할 수 있다고 알려줄 수 있을 정도였다. 샘은 마치 우리를 기다리고 있었던 듯 차를 향해 다가와 올라탔다. 집에 가려면 차가 필요했던 것이다. 문득 애초에 그가 회사에 어떻게 무슨 이유로 나와 있었는지 궁금했다.

"어떤 이상한 생각이 드는지 아십니까?" 회사를 벗어나자 샘이 말했다. "토요일 말입니다. 토요일만 해도 모든 것이 정상이었어요."

나는 지난 몇 년 동안 무슨 일이 일어났는지 따지기에 앞서 지난 몇 주 동안 무슨 일이 일어난 것인지 재구성하기 위해 온 힘을 기울였다. 샘과 CZ는 또다시 설전을 벌였는데 옥신각신할 당시에는 그리 중요한 사건으로 보이지 않았다. 10월 말 샘은 자금 모집을 위해 중동을 방문했고 동반구에서 FTX의 두 번째 근거지로 삼기에 적합한 곳을 찾았다. 2022년 10월 24일 저녁 샘은 사우디아라비아의 수도 리야드에서 열린 콘퍼런스에 참석했다가 CZ와 마주쳤다. 두 사람이 한 공간에서 마주한 것은 거의 3년 만의 일이었다. 짧게나마 어색한 대화를 나눈 이유는 차라리 그렇게 하는 편이 나았기 때문이었다. "5분 동안 대화를 했지만 의미 있는 정보는 전혀 오가지 않았다"고 샘은 말했다. "친한 척하는 느낌이었다. 그 자리에 함께 참석했다는 것을 인정하는 예의는 생략했다." 다음 날 샘은 두바이로 이동해 금융 당국 관계자들을 만났다. 당시 금융 당국은 FTX가 두바이에 동반구 본사를 설립하기를 바랐다. 나중에 샘은 두바이 측에 전하려던 메시지를 보냈다. 글은 "두바이가 정말 마음에 듭니다"로 시작했다.

하지만 바이낸스와 같은 지역에 있을 수는 없습니다. 두 가지 이유 때문인데, 우선 바이낸스는 FTX를 공격하기 위해 회사의 많은 자원을 지속적으로 쏟아붓고 있습니다. 둘째로, 바이낸스는 어디에 있든 그곳의 평판을 악화시킵니다. 이 점은 아무리 강조해도 모자랄 겁니다. 대체로 다른 관할권/규제 당국 등에 대해서는 훌륭한 이야기가 들려오지만 두바이와 UAE(아랍에미리트연합)에 대해서는 한 가지 예외가 적용됩니다.

시장에서는 **바이낸스를 받아들인 관할권이라는 점에서 그들의 기준을 믿을 수 없다**라는 평가가 끊임없이 들려옵니다.

두바이에서 CZ와 바이낸스를 내보내기로 결정할지, CZ가 거주하기를 원하는 나라에서 샘을 받아줄지 샘은 확신할 수 없었다. 이 숲에서 CZ는 대장 곰이었고 샘은 의도적으로 그를 자극하는 것으로 보였다. 두바이는 작은 도시로, 마치 휴스턴을 무슬림 지도자sheikhs들이 다스리는 모양새였다. CZ를 집 없는 도망자로 만들려는 샘의 시도는 부메랑으로 돌아올 수밖에 없었다. 하지만 샘은 도발을 멈추지 않았다. 10월 30일 바하마로 돌아온 샘은 CZ가 미국에 암호화폐 규제 장치를 마련할 수 없다는 점을 비웃는 트윗을 올렸다. "그가 아직 워싱턴 D.C.에 갈 수 있는 거 맞죠?"

사흘 뒤인 11월 2일 암호화폐 뉴스 사이트인 코인데스크CoinDesk가 흥미로운 문서에 관한 기사를 게재했다. 알라메다 리서치의 내부인 혹은 알라메다 리서치에 자금을 대출해준 누군가가 유출한 문건으로 보였는데 공식적인 대차대조표는 아니었다. 감사를 받은 재무표라거나 알라메다 리서치를 온전히 나타낸다고 여길 만한 근거가 없었고 진위 여부도 알 수 없었다. 문서에는 2022년 6월 30일 기준으로 알라메다 리서치의 자산이 146억 달러, 부채가 80억 달러로 기재되어 있었다. 코인데스크의 기사가 관심을 가진 대목은 자산에서 3년 전 FTX가 발행한 토큰인 FTT가 3분의 1 이상을 차지한다는 부분이었다.

FTX 내부에서는 이 기사가 자극적인 관심에 지나지 않는다고 여겼다.[*] 그들은 기고자 중 한 사람이 캐럴라인 엘리슨이 제인 스트리트에 다닐 때 사귀었던 전 애인 에릭 매네스의 현재 애인이라는 것을 알아차렸다. 앞서 10월에 이 연인은 바하마를 방문해 올버니에서 알라메다 리서치 직원들과 시간을 보냈다. 이때 정보가 회사 내부에서 새어 나간 것일까? 용의 보물 창고를 엿본 대목에서는 전율이 일어날 법했다. 하지만 FTX 내부에서는 누구도 경보음을 울리거나 놀라지 않았다. 사실상 FTT는 FTX 매출의 3분의 1에 대한 권리가 부여된 주식과 같았다. FTX는 2021년 10억 달러의 매출을 올렸고 암호화폐 가격이 급락했어도 2022년 매출이 전년과 같은 수준을 유지할 것으로 전망되었다. 2019년에 FTT 가격이 급등한 이후 샘은 애초에 FTT를 만들어서 판매한 것이 가장 후회된다는 말을 여러 번 했다. 내내 그는 알라메다 리서치에서 후회를 계속 삼켜야 했다.

11월 6일 일요일 오전 CZ는 7300만 명의 팔로어를 대상으로 트윗을 게시했다.

CZ ◆ Binance ✓
@cz_binance

지난해 바이낸스는 FTX 주식을 매각하면서 21억 달러 상당의 대금을 받았다(BUSD 및 FTT). 최근 새로운 사실이 알려짐에 따라 남은 FTT를 장부에서 청산하기로 결정했다. 1/4

오후 3:47 · 2022년 11월 6일 – Twitter for iPhone

---

[*] 정보를 가진 외부인들조차 별로 놀라지 않았다. 샘의 자산을 평가하는 작업을 맡았던 〈포브스〉의 스티브 에를리히 기자는 기사를 읽고선 2년 전 자신이 알았던 것을 비로소 발견한 이들에게 축하한다는 혼잣말을 했다고 전했다.

CZ는 여전히 5억 달러 규모의 FTT를 보유하고 있었는데 2021년 중순에 22억 7500만 달러를 받고 지분을 매각하면서 회수한 대금 중 일부였다(어마어마한 매각 대금의 대부분은 비트코인과 달러로 받았으나 4억 달러는 처음에 지분을 사기 위해 활용한 바이낸스의 토큰인 BNB로 돌려받았다). 샘은 코인데스크의 기사에 신경을 쓰느라 CZ의 트윗에는 별 관심을 두지 않았다. 11월 5일 토요일에 샘과 동생 게이브는 라이언 살라메와 함께 팜비치에서 론 드산티스Ron DeSantis 플로리다 주지사를 만났다. 회의를 한 특별한 목적은 없었다. 미국 정치와 금융 분야에 속한 모두가 그렇듯 드산티스 주지사도 샘을 만나고 싶어 했다. 샘 역시 언젠가 자신에게 자금 지원을 요구할 가능성이 있는 인물에게 관심이 생겼다. 샘은 "합리적인 사람과 트럼프 사이에서 어디에 위치하는 사람인지 궁금했지만 알아낼 수가 없었다"고 말했다. 회의를 마친 후에는 탬파로 이동해 다음 날 있을 톰 브래디가 속한 탬파베이 버커니어스와 로스앤젤레스 램스의 경기를 관람할 예정이었다. 브래디가 또다시 막판에 터치다운을 성공시켜 역전에 성공한 명경기였지만 게이브와 라이언 살라메만 관람했을 뿐 샘은 그 시간에 바하마에 있었다. 또 다른 게임을 끝내기 위해서였다.

경기장 못지않게 FTX 내부 상황도 긴박하게 돌아갔다. 거래소의 고객 예탁금은 150억 달러였다. 정확히 말하자면, 150억 달러 규모의 법정화폐나 비트코인을 보유해야 했다. 일반적인 날에는 약 5000만 달러가 거래소에 들어오거나 빠져나갔다. 그런데 11월 1일에서 5일 사이에는 하루에 2억 달러씩 인출되었다. 대규모 인출이 일어난 여섯째 날인 일요일 밤에는 시간당 1억 달러가 빠져나갔다. FTX 고객들은 이날 총 20억 달러를 인출한 데 이어 월요일에 추가로 40억 달러를 인출하려 했다. 돈을 돌려달라는 고객이 점점 늘어가는 상황에서 화요일 오전까지 총 50억 달러가 빠져나가자 거래소가 요구에 응할 수 있는 충분한 현금을 마련할 수 없다는 사실이 분명해졌다. 공식적으로 인출을 막지는 않았지만 고객에게 돈을 보내는 것을 사실상 중단했다.

대규모 인출이 빠르게 일어난 것보다 더 흥미로운 점은 뱅크런을 촉발한 계기였다. 물론 CZ의 트윗이 출발점이기는 했지만 그게 다가 아니었으며 뱅크런의 가장 결정적 요인도 아니었을 것이다. 일요일 오전에 캐럴라인은 CZ에게 답했다.

Caroline
@carolinecapital

@cz_binance 본인이 FTT 매각을 할 때 시장에 미치는 영향을 최소화하고 싶다면 오늘 알라메다에서 기꺼이 22달러에 모두 인수하죠!

오후 4:03 · 2022년 11월 6일 · Twitter Web App

분명 다른 동기가 있음에도 패기 있게 간단한 문장으로 포장하는 말투는 샘과 꽤 닮아 있었다. 트윗은 캐럴라인이 직접 작성한 것이었는데 사실 캐럴라인과 샘은 CZ가 거래를 받아들일 것이라 예상하지 못했다. CZ는 FTX에 미치는 피해를 극대화하기를 바랐기 때문에 최대한 불확실성을 키웠다. 캐럴라인은 특정 금액에 토큰을 인수하겠다는 구체적인 제안을 하면 CZ의 입을 막고 시장을 안정시킬 수 있으리라 기대했다.

그런데 반대의 효과가 나타났다. 이후 어떤 일이 벌어졌는지는 여러 암호화폐 토큰의 가격 변동을 연구한 건틀릿Gauntlet이라는 위험 분석 회사가 가장 정확하게 알 것이다. 캐럴라인이 트윗을 게시하고 20초 안에 FTT를 사기 위해 대출을 받았던 투기자들이 앞다퉈 FTT 매도에 나섰다. 이러한 패닉은 하나의 가정에서 출발한 것이었다. 단일 기관으로는 FTT를 가장 많이 보유한 알라메다 리서치가 상당량의 FTT를 22달러에 살 의향이 있다고 과시한 데는 곧 시장 가격을 22달러로 유지해야만 하는 이유가 있을 것이라는 가정이었다. 이에 대한 가장 설득력 있는 설명은 알라메다 리서치가 FTT를 담보로 타인에게 달러나 비트코인을 빌렸다는 추측이었다. 건틀릿의 타룬 치트라Tarun Chitra CEO는 〈블룸버그 뉴스〉와의 인터뷰에서 "특정 가격이 유지되어야 한다는 확신이 있지 않은 이상 22달러라는 가격을 굳이 언급할 필요가 없었다"고 말했다. 월요일 저녁에 FTT 가격은 22달러에서 7달러로 급락했다. CZ는 5억 달러가량의 자산을 소각하겠다고 밝혔는데 큰 맥락에서 바라보면 적은 돈에 불과해 이 돈에 관심을 갖는 이가 거의 없었다.

화요일이 되자 상황은 4학년 수학 수준으로 단순해졌다. 위기가 시작되기 전 FTX는 약 150억 달러의 고객 예탁금을 보유하고 있어야 했다.* 50억 달러가 이미 고객에게 지급되었기 때문에 FTX 내부에는 100억 달러가 남아 있어야 했지만 그렇지 않았다. 남은 자산이라고는 알라메다 내부에 있는 용의 보물상자 속 거대한 FTT 더미, 상당량의 솔라나 토큰, 그보다도 매각이 더 어려운 각종 암호화폐 토큰, 3억 달러 규모의 바하마 부동산 외에 샘이 한 번도 매각하지 않은 트위터 지분 등 엄청난 규모의 벤처 캐피털 투자가 있었다. 아직 고객에게 돌려주지 않은 경화硬貨, 국제 금융상 환 관리를 받지 않고 금이나 각국 통화로 늘 바꿀 수 있는 화폐와 비트코인이 최대 30억 달러 규모였지만 보물상자에 든 보석의 대부분은 판매할 만한 시장이 없었다. FTX에서 뱅크런이 일어난 뒤 2~3일 동안 캐럴라인과 샘이 한 일을 짚어보겠다. 캐럴라인이 홍콩 사무실에서 화상 회의에 접속하면 샘은 두 사람이 매입했던 많은 자산의 목록을 훑어 내려가면서 각 자산을 매각하는 데 얼마나 걸릴지 물었다. 답은 '상당히 오래 걸린다'였다.

11월 6일 밤 샘은 람닉에게 전화를 걸어 자금을 마련할 방법을 논의하기 위해 올버니의 자기 숙소로 와달라고 요청했다. 샘은 20분 간격으로 무려 두 번이나 전화를 했다. 이전까지 샘이 두 번 전화하는 법은 없었다. 한 시간 뒤 람닉은 3중으로 혼란을 느꼈다. 그는 샘이 플로리다에서 톰 브래디와 미식축구를 관전하고 있다고 생각했다. 또한 샘이 오키드 펜트하우스에서 다른 효율적 이타주의자들과 지낸다고 생각했기에 제미니 동의 1층에서 혼자 사는 줄 몰랐다(FTX의 거의 모든 사람과

---

* 약간이나마 간단하게 설명하고자 한다. FTX는 선물 거래소였기 때문에 고객이 베팅을 하는 데 돈을 대출해줬다. 어느 순간에도 고객이 예치한 모든 돈을 즉시 현금화하리라 기대할 수 없다. 하지만 2019년 FTX는 어느 고객에게 대출할지 결정할 수 있도록 도박을 평가할 더 나은 방법을 찾았다며 홍보했고 실제로 그러한 방법을 찾았다. 홍보한 대로라면 고객에게 대출한 자금에서 손실이 나서는 안 되었다.

마찬가지로 람닉도 샘과 캐럴라인의 관계를 눈치채지 못했다). 무엇보다 람닉은 샘이 급하게 돈을 필요로 하는 이유를 몰랐다. 람닉은 자금이 FTX에서 빠져나가고 있다는 것은 알았지만 대수롭지 않게 여겼다. 고객들이 공포에 사로잡혀 돈을 전부 인출할 수도 있지만 패닉에 빠질 이유가 없다는 것을 알게 되면 고객과 더불어 자금도 회복될 것이라 생각했다.

람닉은 항상 걸어서 출근하기를 바랐고, FTX에서 그 꿈을 이뤘다. 자신의 거처인 큐브 1B에서 나와서 올버니 정박지에 잠자고 있는 대형 요트를 지나 주변을 거닐었다. 요트에는 스페셜 K Special K, 파이프 드림 Pipe Dream, 판타 시 Fanta Sea와 같은 은밀한 농담이나 시시한 말장난에서 따온 이름이 붙어 있었다. 주변에는 신기할 정도로 사람이 거의 없었다. 낮에도 사람보다 배가 더 많았으며 밤이 되면 리조트 전체가 텅 빈 느낌이었다. 부자들은 이곳에서 필요하지도 않은 집을 사들였다. 진짜 부자란 그런 것이기 때문이었다.

제미니의 샘 숙소에 들어간 람닉은 효율적 이타주의자들만 모여 있는 것을 발견했다. 니샤드는 거실에, 캐럴라인은 비디오 화면 속에 있었고 샘은 침실에 누워 있었다. 샘이 앞뒤가 안 맞는 말을 할 만한 상태는 아니었지만 선뜻 말을 걸기가 어려웠다. 니샤드는 샘에게 짜증이 난 상태였는데 람닉이 이제까지 한 번도 보지 못했던 모습이었다. 어느 순간에는 샘에게 분통을 터뜨리며 외쳤다. "그 망할 스토리북 브롤 좀 그만할 수 없어요?!" 람닉은 이들이 하는 말을 하나도 이해할 수 없었다. 캐럴라인은 알라메다 리서치를 이끌고 있었지만 돈이 어디에 있는지 전혀 모르는 듯했다. 화면에 등장해서는 마치 최초의 과학적 발견을 해낸 양 2억 달러를 찾았다, 4억 달러는 저기에 있더라고 말했다. 바하마의 델텍이라는 은행 관계자는 람닉에게 *아, 그런데 은행에 3억 달러를 예치하셨더군요*라고 말했다. 그 말에 모두가 깜짝 놀랐다!

궁극적으로 람닉은 그들이 모아서 메워야 할 부족액이 70억 달러라고 집계했다(처음 며칠 동안은 구체적인 숫자가 수시로 바뀌었다). 이 시점에서 그는 당연히 의문을 품을 수밖에 없었다. 애초에 부족액이 왜 생겼을까? 샘과 니샤드, 캐럴라인은 모호한 답을 할 뿐이었고 게리는 혼자 떨어져 침묵을 지켰다.

람닉은 사무실에서 6개월 동안 게리 옆자리에 앉았다. "그는 출근해서 자리에 앉아 업무를 시작하면 12시간을 내리 일했다. 도중에 말 한마디조차 듣지도 내뱉지도 않았다"고 람닉은 말했다. 게리는 보통 점심때쯤 출근했는데 어느 날 11시에 사무실에 나왔다. 람닉은 이를 소재로 대화를 시도했다.

"오늘 일찍 나오셨네요"라고 람닉이 말했다. "11시밖에 안 되었는데요."

그러자 게리는 "게다가 오전이고 말이죠"라고 덧붙였다.

그것이 두 사람이 유일하게 나눈 대화였고 게리는 소통을 더 이어가기를 바라는 것으로 보이지 않았다. 샘은 언제나처럼 대화를 독차지했다. 당시에 람닉에게 샘이 무엇을 알고 무엇을 모를 것이라 생각하는지 물었다면 그는 사실상 샘이 무슨 일이 벌어졌는지 몰랐으리라고 답했을 것이다. 이 부분에서 람닉은 깜짝 놀랐다. *이 사람들이 회사에 돈이 부족해질 위험이 있다는 걸 알았다면 왜 얼마를 가지고 있는지 알아보지 않았을까? 이들은 아무런 조치도 취하지 않았잖은가* 하는 의문이

들었다.

다음 날 점심 이후에 캔 선Can Sun이라는 FTX 변호사가 등장했다. 샘은 람닉과 같은 이유에서 캔을 호출했다. 투자자들에게 70억 달러를 유치하는 데 도움을 받기 위해서였다. 캔 역시 당황했다. "그들은 돈이 어디로 갔는지 직접적으로 답하지 않았다"고 캔은 말했다. "내가 그들을 만났을 때는 자금이 잘못 관리되었다는 것을 아무도 인정하지 않았다. 돈은 모두 회사에 있고 청산이 문제였다." 샘, 캔, 람닉과 나머지 모두는 국부펀드, 사모펀드, 아시아의 암호화폐 거래소 등 70억 달러를 신속하게 제공할 만한 모두에게 전화를 걸었다. 70억 달러가 왜 필요한지 설명하지 못하는 상대에게 사람들은 순순히 돈을 주지 않았다. 게다가 그 돈이 지금 당장 필요하다면 받아내기는 더더욱 어려워진다. 많은 사람이 샘과 캔, 람닉과 대화를 원했지만 결국에는 모두가 같은 질문을 던졌다. *고객 예탁금이 어디에 있습니까?* 이 질문에 답하지 못하면 70억 달러의 여윳돈이 있는 모든 사람은 흥미를 잃었다.

그만한 여유 자금이 있는 사람들의 세계에서 자금을 내줄 의향이 있다고 나설 만한 사람은 단 한 사람, 바로 CZ뿐이었다. CZ는 샘이 가장 마지막 순간까지도 전화를 걸어 돈을 구걸하고 싶지 않은 사람이었기에 샘은 화요일까지 전화를 하지 않았다. 샘은 "결국 CZ에게 전화를 했는데 그가 짜증을 냈다"고 말했다. "그래서 나는 비굴하게 부탁했고 3시간 후 투자의향서LOI에 서명할 수 있었다." 계약은 채무를 변제해주는 대가로 FTX 미국 법인을 제외한 회사 전체를 바이낸스에 넘기는 내용이었다. 계약을 체결함에 따라 바이낸스는 FTX와 알라메다 리서치

의 장부를 검토할 권한을 얻었다. CZ는 지구상의 외부인으로서는 처음
으로 용의 보물 창고를 들여다보고 FTX와 알라메다 리서치에서 정확
히 무슨 일이 벌어진 것인지 아는, 또는 아는 것으로 보일 수 있는 위치
에 섰다.

다음 날인 11월 9일 수요일 저녁 CZ는 열람한 내용으로 인해 생각이
바뀌었다고 말했다. 샘은 그 소식을 트윗으로 접했다.

아직 움직이지 않고 회사에 남아 있던 모든 직원이 공항으로 달려간
것도 이때였다. 저마다 절박함을 느낀 나름의 이유가 있었다. 니샤드
는 자살을 더 빈번하게 입에 올렸다. 캔의 아내는 캔에게 지금 당장 떠

나지 않으면 이혼 소송을 낼 것이라고 말했다. 자신이 외부 세상에는 보이지 않는 막후의 실력자라고 생각했던 람닉은 살해 위협을 받았다. 그는 FTX 내부에 있어야 할 자금이 사실은 알라메다에 있었다는 말을 들은 적이 없다는 사실에 안도했다. 아내가 자신을 구했다는 생각이 들었다. 람닉에게 말하면 곧 아내의 귀에도 들어간다는 사실을 모두가 알았기 때문이다. 효율적 이타주의자들은 자신의 무리에 한 사람은 몰라도 두 사람을 끌어들이지는 못한 것이라며 그는 안도했다.

수요일 저녁이 되자 효율적 이타주의자 이너서클에서도 신뢰가 사라졌다. 캐럴라인은 낙관적인 태도를 유지하면서도 샘에게 이유를 설명하려 애썼다. 일요일에 그녀는 샘에게 "오늘 같은 일에 대해 점점 두려움이 커져서 한동안 나를 짓눌렀는데 이제 그 일이 실제로 일어나고 보니 어떻게든 극복해야 한다는 마음이 들어 후련하네요"라는 메시지를 보냈다. 바하마 시간으로 화요일 자정 무렵에 캐럴라인은 또 다른 메시지를 보냈다. "지긋지긋한 두려움을 털어버리니 무척 홀가분해요. 오랜 기간 두려움에 시달렸기에 어깨에서 큰 짐을 던 기분이에요." 다음 날 CZ가 FTX 인수에 대한 마음을 바꿨다는 트윗을 올리기 4시간 전, 캐럴라인은 홍콩 사무실의 직원들에게 말했다. 그녀는 긴장된 웃음을 보이며 "앞으로 어떤 말을 할 텐데 질문이 있으면 자유롭게 하시기 바랍니다?"라고 입을 열었다.

캐럴라인 자신은 마침표로 문장을 마무리했다고 생각했지만 실제 발언에는 느낌표와 물음표가 섞여 있었다. 회사가 파산했다는, 잔인할 정도로 간단한 메시지임에도 캐럴라인은 문장 끝에 불확실성을 더했다. 파산에 이르게 된 경위를 자세히 말하지는 않았지만 알라메다가 앞서 6월에도 최대 암호화폐 대출 기관에서 자금 회수를 요청하면서 손실을 경험한 적이 있다고 덧붙였다. 그때는 FTX에서 '대출하여' 대출 기관의 돈을 갚았다. 이제 (캐럴라인이 아는 한) 회사가 CZ에게 매각되었기 때문에 알라메다는 청산하게 될 가능성이 높았다. "우선은 미안하다는 말을 하고 싶습니다?" 캐럴라인이 말했다. "무척 안타까운 일입니다. 여러분들에게는 정말 불공평한 일이에요." 그녀는 정리가 필요한 뒤죽박죽인 상황을 직원들이 남아서 도와주고 싶어 하지 않으리라 생각하면서도 "남고 싶은 분들에게는 추후 회사에서 기회를 드릴 수도 있습니다"라고 말했다. CZ와의 거래를 떠올리며 희망적인 말로 마무리를 지었다. "채권단에 모든 채무를 변제하고 알라메다가 파산하지 않았다면 좋았겠죠?"

그녀가 말을 마치자 자리에 있던 한 트레이더가 물었다. "부족금이 얼마인지 말해줄 수 있습니까?"

캐럴라인은 말하지 않는 편이 낫겠다고 답했다.

"10억 달러와 60억 달러 중 어느 쪽에 가깝습니까?" 트레이더는 포기하지 않았다.

"어, 후자에 가깝네요?" 캐럴라인이 답했다.

공지를 마친 후 캐럴라인이 한 여직원에게 다가가 밝은 목소리로 말했다. *남아서 도와준다면 정말 고마울 거예요!*

그러자 그 직원이 말했다. *꺼져요.*

캐럴라인이 기꺼이 자신의 유죄를 인정하는 동안 니샤드는 자신의 결백을 입증할 증거를 찾기 위해 전전긍긍했다. 위기가 시작되자 니샤드가 가장 우려한 부분은 효율적 이타주의의 꿈이 무너지는 것과 자신을 비롯해 FTX에서 돈을 빌린 사람들이 빚을 갚을 자산이 사라진 상태에서 여전히 회사에 채무를 갚아야 하므로 곧 파산하게 된다는 것이었다. 월요일 새벽 4시에 니샤드는 캐럴라인에게 *이 사태가 효율적 이타주의에 미친 영향을 생각하면 마음이 아프다*라는 메시지를 보냈다. 11월 9일 수요일이 되자 니샤드는 법적 위험에까지 생각이 미쳤다. 그는 샘에게 "정말 이기적으로 들리겠지만 그게 많은 사람이 꾸며낸 일이 아니라는 걸 그들이 알아야 할 수도 있습니다"라는 메시지를 보냈지만 '그것'과 '그들'이 가리키는 바를 구체적으로 언급하지는 않았다. 그러고는 또 다른 메시지를 보냈다. "사람들이 비난하고 있는 당신과 게이브가 한 일이라고 말해주면 안 되겠습니까?" 이어 세 번째 메시지를 보냈다. "제인에게 이런 일이 조직되고 있는지 몰랐다고 말해야 할 것 같습니다."

그날 저녁 니샤드는 게리와 샘에게 만나자고 요청했다.

세 사람이 한 공간에 모이자 니샤드는 물었다. *법 집행 기관이나 규제 당국에서 연락이 오면 어떤 일이 벌어지는 겁니까?*

무슨 말입니까? 샘이 물었다.

우리가 죄수의 딜레마에 처하는 상황에서 서로 협력한다고 어떻게 확신할 수 있죠? 모두가 다른 사람들은 잘못이 없다는 주장을 할 것이라고 어떻게 확인할 수 있냐는 말입니다.

이에 샘은 우리 중 누구라도 범행 동기를 가지고 있다고 볼 이유가 없다고 생각합니다라고 말했다.

니샤드는 그렇지 않아요. 그것으로는 충분하지 않습니다. 그들에게 니샤드는 전혀 모르고 있었다고 말해야 합니다라고 말했다.

나라고 그걸 어떻게 알겠어요? 샘이 물었다. 내가 알지 못하는 것에 대해 당신도 아는 것이 없다고 말하라는 것인데 그게 가능한 일입니까? 말이 안 됩니다.

하지만 나는 몰랐어요. 니샤드는 대꾸했다.

그럼 그렇게 이야기하세요. 샘이 답했다.

내 말이 먹히지 않을 겁니다. 내가 한 일의 증거가 코드로 남아 있으니까요.[*] 니샤드는 말했다.

그 주 내내 그랬듯, 대화의 처음부터 끝까지 게리는 지켜보기만 했고 한 마디도 하지 않았다. 마치 자신이 할 말의 기댓값을 계산해보고 말하지 않기로 결정한 듯했다.

금요일에 니샤드는 떠났다. 마침 바하마 경찰이 남은 지도부를 체포할 준비를 하고 있었다는 점에서 시점이 절묘했다. 이날 오후 약 4억 5000만 달러의 암호화폐가 FTX 내부의 지갑에서 사라졌다. 해커가 누

---

[*] 내가 이 모든 일화를 대체 어떻게 알고 있는지 궁금할 것이다. 샘의 말을 빌리자면 '여기서 무엇이라도 사실일 확률이 얼마나 되는가?' 기술된 대화 내용은 대화가 오간 직후 샘이 기억해낸 것이다. 위기와 관련된 나머지 이야기는 샘의 숙소에 있던 다른 사람들에게 확인했다. 이것이 진위의 확률을 계산하는 데 어떠한 영향을 미칠지는 알 수 없지만, 적어도 일어났을 것으로 생각되지 않는 이야기는 포함시키지 않았다. 대화가 *의미하는* 바는 별도로 다룰 문제다.

구인지 아는 사람은 없었다. 그저 내부인의 소행일 것이라고 모두가 짐작했는데 많은 사람이 샘과 게리를 의심했다. 그날 저녁 샘은 캐럴라인에게 전화했지만 연락이 닿지 않았고 그녀는 그 이후로도 영영 답이 없었다.

드라마의 모든 주인공을 바하마에 모은 책임이 있는 여성이 사건의 한복판에 끼어들었다. 바하마의 최고 재무 규제 담당관 크리스티나 롤은 샘을 중심으로 구축된 금융 생태계가 순식간에 무너지는 것을 보고 크게 놀랐다. 이 생태계에는 샘 덕분에 성공을 거둔 기회주의자들이 가득했는데 이제 이들은 정확히 샘이 무슨 일을 했는지 알지 못하는 채로 그에게서 등을 돌렸다. 샘이 모두에게 돈을 나눠줄 때 사람들은 그를 사랑했고 누구도 귀찮게 질문을 하지 않았다. 그러다 샘이 돈을 잃자 그에게 반기를 들었고 그에게 던진 질문에 대한 답을 들으려 하지 않았다. 규제 담당관은 이들이 어떤 일을 했는지 알지 못하는 상태에서 경찰이 체포할 준비를 하자 당황했다. 샘이나 FTX 및 알라메다의 다른 지도자들과 대화를 나눈 당국도 없었다. 모두가 알고 있는 정보라고는 트위터에서 읽은 게시물뿐이었다. 누구를 무슨 죄로 기소해야 하는지 증거도 없었다. 바하마에서는 사기죄가 성립하려면 의도가 있어야 하는데 이 사건은 의도가 불분명했다. 명백하게 죄를 저지른 것으로 확인되기 전에는 체포를 하더라도 짧은 기간 구금을 할 수 있을 뿐이다.

롤이 샘과 게리의 체포를 원치 않았던 또 다른 이유는 정확히 어떤 일이 벌어졌는지 파악하는 데 두 사람의 도움이 필요했기 때문이었다. 샘은 그 주 내내 롤의 전화에 회신하지 않았다. 수요일 오후에야 라이언 살라메와 FTX 미국 법인의 변호사인 라인 밀러Ryne Miller와 줌 회의를 할 수 있었다. 아직 FTX의 공동 CEO였던 라이언 살라메는 톰 브래디의 경기를 본 후 미국에 머물고 있었다. 두 사람은 자금이 FTX에서 알라메다로 이동했지만 어떻게 혹은 무슨 이유로 그런 일이 벌어졌는지는 몰랐다. "CEO라는 사람이 회사에서 벌어진 바람직하지 않은 일을 그 정도 수준으로 이해하고 있다는 것은 이상한 일이었다"고 롤은 말했다.

묘한 순간이었다. 갑자기 FTX 내부의 모든 사람은 아는 것이 실제보다 더 적은 것으로 보이기를 원했다. 반면에 FTX 외부의 사람들은 이들이 실제보다 더 많은 것을 알고 있다고 짐작했다. 트위터에서는 순식간에 루머가 사실로 굳어졌고 사실은 이야기로 각색되었으며 이야기는 상황을 설명하기 시작했다. 샘이 미국과 범인인도조약을 맺지 않은 두바이나 다른 지역에 있다는 소문이 돌았다. 샘으로 추정되는 남성이 부에노스아이레스 거리를 활보하는 동영상을 올린 사람도 있었다. 크리스티나 롤은 샘이 도망갈 것이라거나 수십억 달러를 숨기고 있다고 생각하지는 않았다. 롤의 가장 큰 걱정은 샘에게 질문했을 때 솔직한 답변을 하지 않는 것이었다. 그녀는 "사람들이 그를 신뢰하지 않는 이유를 샘은 모르는 듯하다"라면서 "보드게임에서처럼 사람들이 그의 게임에 놀아난 것을 발견하기는 어렵지 않다"고 말했다.

목요일에 롤은 FTX의 자산을 동결하고 바하마에서는 파산에 해당하는 청산 절차를 개시했다. 내가 바하마에 도착한 금요일에 샘의 아버지 조는 바하마의 청산인을 만나러 가는 샘을 옛 FTX 사무실로 데려다

주었다. 세 시간 후 그날에 예정된 회의는 끝났다. 롤은 샘에게 다음 날 경찰청으로 출석해달라고 말했다. 게리에게도 질문할 것들이 있었지만 청산인들이 게리가 거래소 자산을 확보해야 한다고 말했기 때문에 게리와 롤의 만남은 다음 주 월요일로 미뤄졌다. 여러 시간 동안 샘을 몰아붙인 후 롤은 모든 과정을 지켜봤던 보좌관과 함께 차에 올랐다. 보좌관은 눈물을 흘리면서 "이 남자가 체포되도록 두시면 안 됩니다"라고 부탁했다. 롤은 샘을 체포하지 않았다. 대신 경찰에게 샘과 게리의 여권을 압수하라고 설득했다. 그런 연유로 내가 나탈리와 함께 FTX의 주차장에 진입했을 때 샘이 혼자 큰 원을 그리면서 부지를 거닐고 있던 것이었다.

11월 11일 금요일 저녁이 되자 이제 무대에는 앞으로 그 무대를 차지할 다른 사람을 위해 자리를 떠나야 할 사람이 둘밖에 남지 않았다. 한 사람은 제인 태킷이었다. 나는 제인이 아직 주변에 있으며 다음 날인 11월 12일에 만날 수 있을지 모른다는 소식을 들었다. 제인은 누구도 하지 않은 일을 했다. 총격이 시작되자 도망가는 대신 싸우기 위해 적진을 향해 달려든 것이다. 전주 일요일에 그는 리스본에서 열린 암호화폐 회의에 참석한 후 FTX가 후원하는 포뮬러 원 경주가 열리는 아부다비로 이동할 계획이었다. 12일, 제인은 올버니의 한 건물 대리석 바닥을 오가는 중이었는데 건조기에 돌린 빨래를 가방에 넣으면서 손에 든 럼주를 마셨다.

처음부터 제인은 샘과 그가 건설할 제국에 매료되었다. 하지만 맹목

308

적으로 대의를 위해 참전한 것은 아니었다. FTX에 합류하기 전 제인은 암호화폐 시장의 옛 지인들에게 조언을 구했고 그중에는 CZ도 있었다. "샘에 대해 이야기한 사람은 CZ였다"고 그는 회상했다. "CZ는 '당신에게 정말 좋은 선택지가 될 것이다'라고 말했다. 사람들은 내게 '어떻게 그 정도로 샘을 신뢰하게 되었는가?'를 물었다. CZ가 그 출발점이긴 했지만 샘에 대해 나쁜 말을 한 사람이 없었다." 제인은 마을에 정착해 멋진 집을 짓고 법을 준수하는 사람들과 생활하자는 설득을 당한 총잡이였다. 암호화폐 시장의 많은 투기꾼이 제인을 믿고 FTX에 돈을 맡겼다.

물론 이 사람들도 지난 2주 동안 의심을 품었고 트위터를 확인했다. 하지만 일요일에 상황이 손을 쓸 수 없이 악화되자 제인은 샘에게 어떤 조치를 취해야 할지 물었다. 샘은 제인에게 모두를 안심시키라고 당부했다. "샘에게 '피해 대책을 마련해야 하나요?'라고 묻자 '엡'이라고 그가 답했다." 그러자 제인은 세 가지 질문을 담은 메시지를 보냈다. "첫째, 회사는 파산 상태입니까? 둘째, 고객의 돈을 알라메다에 빌려줬습니까? 셋째, 제가 알아야 하지만 묻지 않은 질문이 있습니까?" 샘은 답하지 않고 침묵했다. 크리스티나 롤에게 그랬듯 제인에게도 무대응으로 일관했다.

그럼에도 제인은 FTX가 심각한 상태일 리 없다고 생각했다. 말이 되지 않았다. 애플의 주가가 애플의 아이폰 판매에 영향을 미치지 않듯 FTT 가격은 거래소의 가치에 영향을 미치지 않는다. 오히려 반대다. 거래소의 매출이 FTT의 가치를 끌어올렸다. "FTT 가치가 0이 된다 해도 무슨 문제가 있겠는가?"라고 제인은 물었다. 이 상황이 말이 되지 않는 또 다른 이유는 FTX의 수익성이 매우 높았다는 것이다. "우리가 어느 정도의 매출을 벌었는지 알고 있다. 매월 2500억 달러의 2베이시스 포인트(0.02퍼센트)였다"고 제인은 말했다. "우리는 조폐기 위에 앉아 있는 셈인데 그런 일을 왜 했겠는가?"

월요일 밤늦게까지 제인은 지인들에게 전혀 문제가 없다고 말했다. 거래소에서 빠져나간 돈은 아무 감정도 없는 사람들의 것이고, 남아 있는 자금에서 최소한 일정 부분은 좋을 때나 좋지 않을 때나 나의 편을 지킨다는 제인의 기본적인 신념을 공유한 사람들의 돈이었다. 제인은 "그 나쁜 놈은 내가 나서서 편을 들어주는데 어떻게 말을 안 할 수가 있지?" 하고 분통을 터뜨렸다. 그는 샘에게도 직접 "내가 사람들에게 나가서 네놈을 위해 거짓말을 하게 놔두다니, 뒈져버려"라고 말했다.

제인은 효율적 이타주의자들과 달랐다. 샘이 고민하는 '밥을 어떻게 바라봐야 할까'라는 문제에는 관심이 없었다. 만약 밥이 제인의 친한 친구이고 제인에게 밥이 미궁에 빠진 살인 사건을 저질렀다는 증거가 없다면 제인은 밥을 이전과 동일한 방식으로 바라봐야 한다고 주장했을 것이다. 제인은 밥의 편을 들어주고 그가 당한 일로 기분이 나쁘지 않도록 비상한 노력을 기울였을 것이다. 하지만 뒷마당에서 밥이 피묻은 칼을 묻고 있는 장면을 목격한다면 밥에 대한 확률을 수정하기 위해 사고를 멈추는 대신 그 자리에서 밥을 쏴 죽였을 것이다. 적어도 내가 생각하는 제인은 그런 사람이다.

제인은 화요일에 그만두었다. 마이애미행 비행기를 타기는 했지만 이후의 행선지는 아직 정하지 못했다. 어떤 길을 선택하더라도 샘이 왜 그런 일을 저질렀는지 궁금해하며 시간을 낭비하는 일은 없을 것이다. 제인에게는 중요한 문제가 아니었다. 그는 오로지 한 질문에만 골몰했다. 샘이나 샘을 아는 다른 사람들이 이런 사태가 벌어질 것을 예상하지 못한 이유가 무엇인가? 제인은 답에 이를 수 있는 실마리를 찾았다. "샘이 별난 사람이라는 것"이 문제였다고 그는 말했다. "샘의 기이한 면에 천재성이 어우러지면서 사람들은 많은 걱정을 내려놨다. '왜'를 궁금하게 여기는 질문이 사라진 것이다."

샘과 다른 이들에게 누가 법적 판결을 내릴 것인가, 누가 어지러운 상황을 정리할 것인가 하는 문제도 남았다. 바하마는 샘이 미국에 파산을 신고하는 서류에 서명하기 전날 FTX를 청산하는 결정을 내렸다. 알라메다 리서치와 미국의 소규모 거래소의 법인이 델라웨어에 설립되었다. 규모가 더 크고 매매의 대부분이 일어난 FTX의 해외 암호화폐 거래소는 홍콩에 설립되었다. 메인 암호화폐 거래소는 법인을 안티구아에 설립했으며 본사는 바하마에 있었다. FTX는 미국 시민들의 거래소 이용을 금지했으며 이를 지키기 위해 상당한 노력을 기울였다. 만약 거래소를 이용한 미국인이 있다면 속임수를 통해 거래에 참여한 것이었다. 샘에 대한 법적 판단과 FTX의 청산을 바하마에서 해야 한다는 정당한 주장이 제기되었다. 하지만 미국의 파산 변호사들은 이 사건으로 큰돈을 벌기 위해 모든 자산과 이 자산을 관리하는 사람들을 미국으로 옮겨야 한다는 부당한 주장을 제기하고 나섰다. 샘은 제3의 의견을 내놨는데, 어느 곳에서 법적 절차를 진행하더라도 게리가 있는 곳에서 해야 한다는 주장이었다. 게리는 회사를 관리한 코드를 설명할 수 있는 유일한 사람이었다. 제인이 떠난 날 샘은 "가장 중요한 것은 관할지에 대한 결정 요인이 게리라는 것"이라고 말했다. "게리는 컴퓨터 사용 방법을 아는 유일한 사람이다."

게리는 마지막으로 떠난 사람이었다. 그는 오키드 펜트하우스에서 샘에게 다가가더니 짧게나마 말을 했다.

변호사랑 이야기했는데 떠나야겠어요. 게리가 말했다.

회사에서 알아야 할 중요한 사항이 있습니까? 샘이 물었다.

변호사가 떠나라고 했고 지금 가야겠습니다. 게리는 말했다.[*]

그게 다였다. 게리는 언제 떠날지, 어떻게 떠날지 전혀 말하지 않았는데 바하마 정부가 그의 여권을 가지고 있었기 때문에 이는 중요한 문제였다. 그는 일요일 저녁 아무에게도 말하지 않고 오키드 펜트하우스를 은밀하게 빠져나갔다. 게리를 중간에서 가로챈 변호사는 두 번째 여권을 발급받을 수 있도록 미국 당국과 협의해 바하마 정부가 무슨 일이 벌어졌는지 알아차리기 전에 그를 미국으로 밀출국시켰다. 크리스티나 롤은 게리와 대화할 기회를 얻지 못했다.

---

[*] 나는 이 장면을 목격했는데 마치 기적의 현장을 보는 느낌이었다.

10장

만프레드
Manfred

도망가야겠다고 생각한 사람들이 모두 달아난 후의 올버니 리조트는 허리케인 카트리나가 할퀴고 간 지 일주일 후의 뉴올리언스 모습을 연상시켰다. 사람은 없는데 물건이 사방에 흩어져 있었다. 적막함은 마치 깊은 곳의 혼돈을 가리고 있는 듯했다. 열 곳의 고급 콘도 중 어느 곳에 들어가더라도 머물 공간뿐 아니라 음식과 옷가지도 찾을 수 있을 터였다. 가장 호화로운 허니콤이나 큐브 동의 침실 다섯 칸짜리 객실을 마음대로 이용할 수 있으며 산더미처럼 쌓인 중국 과자를 맛보고 각종 행사를 위한 의상을 입어보고 해적선을 침몰시키기에 충분한 양의 술도 즐길 수 있었다. 샘의 부모가 바하마로 와서 모든 절차가 끝날 때까지 샘의 정신과 의사와 함께 오키드의 펜트하우스에 머물렀다. 댄 챕스키Dan Chapsky라는 FTX의 기술자가 머물렀지만 예외적인 사례였다. 그의 직책은 최고데이터과학자지만 샘은 댄이 누구이고 어떤 일을 했으

314

며 왜 남았는지 알지 못했다. 댄 자신도 남은 이유를 설명할 수 없었다. 파산이 선고된 금요일에 댄은 공습을 받은 사람처럼 겁에 질린 모습으로 고급 콘도를 빠져나와 조지 러너를 찾았다.

"내가 여기 왜 있는 겁니까?" 댄이 물었다.

조지는 한참 동안 그의 눈을 바라보더니 "떠나야 합니다"라고 말했다.

이유가 무엇이든 댄은 떠나지 않았고 얼마 안 있어 미국과 바하마의 파산팀 모두에게 고용되었다. 그는 회사의 남은 자산을 차지하기 위한 양국의 쟁탈전의 접점에 있었다. 미국과 바하마 모두 FTX의 데이터베이스 내용을 파악하는 데 도움을 줄 사람이 필요했다. 댄은 남은 인력 중에서 컴퓨터를 사용할 줄 아는 유일한 사람이었다.

회사가 한창 잘나갈 때 올버니에는 최대 70명의 직원, FTX와 알라메다 리서치의 손님들이 묵었다. 11월 14일 월요일에 올버니 리조트에서 FTX와 관련된 유일한 움직임이 샘의 숙소인 오키드 바로 뒤에 있는 콘치 섁Conch Shack이라는 주택에서 감지되었다. 라이언 살라메가 매입한 부동산 중 최고였는데 올버니에서는 드물게도 침실이 여섯 칸인 멋진 주택이었고 주변 환경과 완벽한 조화를 이루었다. 라이언은 이 주택을 구입하는 데 1500만 달러를 들였으며 샘이 거주할 것으로 생각했다. 샘은 둘러보다가 일부 침실이 다른 침실보다 더 큰 것을 보고는 오키드 펜트하우스에 머물기로 결정했다. 거기에서는 다른 효율적 이타주의자들과 거의 동일한 조건으로 지낼 수 있었다.

콘치 섁은 콘스탄스 왕의 차지가 되었다. 샘의 효율적 이타주의자 무리를 제외하면 바하마의 FTX 직원들 중 가장 오래 근무한 직원이었다. 2019년 4월 1일에 입사한 그녀는 FTX 최초의 중국인이자 모든 인종을 통틀어 여덟 번째 직원이었다. 거래소가 파산할 시점에도 여전히 최고운영관리자를 맡고 있었으며 FTX 디지털 마켓의 CEO를 겸하고 있었다. 모든 동료가 비행기를 타고 떠났지만 콘스탄스는 콘치 색에 두 마리 고양이와 함께 남았다. 그녀의 발목을 붙잡고 있는 고양이들의 이름은 러키와 머니였다. 고양이를 중국으로 데려가기 위한 허가를 받는 데 몇 주일이 걸렸으며 허가를 받더라도 항공사에서는 한 마리의 고양이만 탑승을 허용했다. 굳이 선택을 해야 한다면 러키를 고르겠지만 머니를 남겨두고 간다는 생각은 차마 할 수 없었다. 그러던 차에 고민할 필요가 없게 되었는데 친한 친구인 퀸 리Quinn Li가 남아서 도와주기로 약속했기 때문이었다. 나탈리 티엔, 제인 태킷과 더불어 퀸은 조지의 조직도에서 콘스탄스의 아래에 위치한 마흔 여덟 명 중 하나였다. 콘스탄스는 "퀸이 나를 위해 남았다"면서 "고양이를 고향으로 데려가려면 퀸의 도움이 필요했다"고 말했다.

반려동물을 위해 위험을 감수하는 사람들의 모습을 처음 본 것은 아니었다. 허리케인 카트리나가 강타했을 때도 그런 일이 일어났다. 하지만 러키와 머니가 콘스탄스가 남은 유일한 이유라고 할 수는 없었다. 반려묘를 동반하는 여행증명서가 나온 지 꽤 되었기 때문이었다. 샘은 거래소를 살릴 수 있다는 희망을 아직 버리지 않았다. 그가 희망을 품게 된 것은 모종의 방안을 가지고 찾아온 중국 태생의 암호화폐 억만장자 저스틴 선Justin Sun 때문이었다. 블록체인인 트론Tron을 만든 저스틴은 남은 자산을 얻는 대가로 자체 암호화폐인 트로닉스Tronix를 FTT 채권단에 제공하는 방안을 제안했다. 표준 중국어를 구사할 수 있는 사람이 필요해지자 샘은 콘스탄스에게 머물러달라고 부탁했다. 콘스탄스는 저스틴 선의 계획에는 큰 관심이 없었지만 "샘이 혹시나 자살을 시도하지 않도록 확인하고 싶었다"고 말했다. "때로는 내가 책임질 일이 아니라는 생각을 하지만요."

하지만 무엇보다 콘스탄스는 무슨 일이 벌어진 것인지 알고 싶었다. FTX의 최고운영관리자가 구금이나 체포 위험을 무릅쓰고 바하마에 남은 가장 중요한 이유였다. 그녀는 FTX가 어떻게 운영되고 있는지 몰랐다는 것을 견딜 수 없었다. 콘스탄스는 "문제를 파악하고 싶다"면서 "알아내지 못한다면 정말 괴로울 것이다"라고 말했다.

회사가 파산한 후 월요일 아침에 콘치 섁의 부엌에서 두 명의 젊은 중국 여성을 만났다. 이미 콘스탄스는 FTX와 알라메다 리서치의 기밀 문서 뭉치를 입수했다. 퀸은 FTX 직원들이 살던 주택과 아파트를 다니며 신선한 야채를 가져오려 했으나 실패하고 빈손으로 돌아왔다(이미 주택과 아파트가 잠겨 있었고 지키는 사람들도 있었다). 두 사람은 자녀가 조사를 마치기 전까지 집에 돌아가지 않겠다는 사실에 넋이 나간 샘의 부모를 각각 상대하고 있었다. 언론에서 FTX의 상황을 요란하게 다루었고 중국에서도 모두가 샘과 FTX에 대해 이야기했다. 콘스탄스는 "FTX가 유명해졌다"면서 "이는 문자 그대로 FTX에서 원하던 것인데 파산하면서 목표를 달성했다!"고 말했다. 두 사람 모두 부모들을 말리기 위해 온갖 수단을 동원했다. 퀸은 어머니에게 샘의 부모가 바하마에 머물고 있는데 위로할 사람이 아무도 없다고 말했다. "어머니에게 '샘의 부모님이 나이가 많은데 돌보는 사람이 없다'고 전하자 어머니는 '나도 나이가 들었단다!'라고 말했다." 어머니가 계속 전화해 고함을 치고 인생의 이 중요한 시기를 마무리할 여유를 주지 않는다면 슬픔을 억누르지 못해 살아나갈 수 없을 것이라는 말로 콘스탄스는 입막음을 했다. 이 전략이 효과를 발휘하는 것을 놀라면서 지켜본 퀸은 자신의 어머니에게도 같은 방식으로 말했다. "어머니에게 '지금도 정말 슬픈데 더 큰 슬픔에 빠뜨리기를 원하나요? 한 마디만 더 하시면 죽어버릴 거예요'라고 했지만 효과가 없었다. 어머니는 '나는 너를 충분히 불쌍하게 여겼다. 내내 일만 하고 여전히 애인도 없다니!'라고 말할 뿐이었다."

콘스탄스는 조사를 주도하면서 퀸과 주로 의견을 나눴다. 혼란스러워질수록 설명할 순 없지만 의욕이 샘솟았다. 콘스탄스는 FTX를 만들기 전부터 샘을 알았는데 당시 그는 암호화폐 트레이더였고 아시아에서 전혀 이름이 알려지지 않은 상태였다. 2018년 말 콘스탄스가 후오비의 싱가포르 사무소에서 일할 때 거래소에서 알라메다 리서치의 자금을 동결하거나 잘못 인식하는 일이 있었다. 콘스탄스는 "알라메다 직원들은 중국어를 하지 못했고 거래소의 고객 지원팀은 영어를 못 했다. 알라메다에서 나를 찾았는데 내가 문제를 해결할 마법 지팡이 같은 역할을 해준 셈이었다"라고 설명했다.

샘은 암호화폐 거래소를 직접 만들기로 결정한 후 후오비에서 일하던 콘스탄스를 영입했다. 그는 중국어로 진행되는 회의에 참석할 때마다 콘스탄스와 함께 갔다. "샘은 말 그대로 무명이었고 누구도 그를 중요하게 대하지 않았다"고 그녀는 회상했다. 회사 초창기에 열린 회의에서 샘이 심하게 다리를 떠는 바람에 탁자가 흔들리자 콘스탄스는 그를 진정시키기 위해 손을 뻗어 무릎에 올려놨다. 샘은 콘스탄스를 바라보고 고개를 끄덕였고 다리 떨림도 잦아들었다. 종종 그녀는 샘이 완전히 낯선 상대에게도 가감 없이 솔직한 모습을 보이는 것에 불안감을 느꼈다. "초창기에 샘에게 *그 정도로 솔직할 필요는 없다. 암호화폐 시장에서는 모두 허세를 부린다*라고 말하곤 했다. *샘은 언제나 나의 마지막 패를 보여주겠다*는 식이었다."

당시 암호화폐 시장은 아직 좁았다. "콘퍼런스에 몇 번 가보고 직접 주최도 하면 기본적으로 모두를 알게 되는 정도였다"고 콘스탄스는 말했다. 사람들에게 알리기 위해 그녀는 샘을 댄스파티에도 데려가("샘은 뛰었다 내려오는 한 가지 동작을 했다") 새벽 3시까지 머물렀다. 오전 9시에 회의가 있었는데 6시에 깬 콘스탄스는 숙취에 괴로워하며 샘에게 회의를 연기하자고 문자를 보냈다. 그러자 즉시 답이 왔다. "샘은 절대 잠을 안 잔다. 어떻게 하면 행복을 느끼는지를 물었더니 그는 '행복은 중요하지 않다'고 말했다."

4년 뒤 콘치 색의 부엌에서 그녀는 자신이 찾아낸 기밀문서를 자세히 살폈다(문서를 어떻게 찾았는지에 대해서는 파악할 수 없었다). 문서에는 샘이 남들보다 더 깨어 있는 시간에 무슨 일을 했는지가 일부 설명되어 있었다. 첫 번째 문서는 FTX의 홍보비를 정리한 내부 스프레드시트였다. 조지가 그린 조직도에서 콘스탄스는 FTX의 마케팅을 총괄하는 것으로 나와 있었지만 그때까지 그녀는 FTX의 주요 마케팅 비용에 대해 모르고 있었다. 숫자를 보니 기절할 노릇이었다. 코첼라 뮤직 페스

티벌, 스테판 커리, 메르세데스의 포뮬러 원 팀을 각각 3년간 후원하는데 2500만 달러, 3억 1500만 달러, 7900만 달러를 썼다. MLB와의 5년 계약에는 16억 2500만 달러가, 비디오게임 개발사인 라이엇게임스와의 7년 계약에는 10억 5000만 달러가 들었다(콘스탄스는 "샘이 리그오브레전드를 좋아한다는 이유에서였다"라고 설명했다). 목록은 길게 이어졌고 아래로 갈수록 금액 규모가 작아졌는데 사실 그렇게 작은 금액도 아니었다. 예를 들어 〈샤크 탱크〉의 출연자인 케빈 오리어리Kevin O'Leary에게는 "20시간, 소셜 미디어 게시물 20건, 가상 점심 1회, 서명 50건"에 1570만 달러를 지급했다.

가상 점심이라니! 물론 콘스탄스도 샘의 씀씀이가 헤픈 것은 알고 있었지만 워낙 돈이 많으니 케빈 오리어리에게 얼마를 주든 큰 문제가 아니라고 생각했다. 그녀는 "질문을 하려고도 해봤는데 알라메다에서 발생하는 수익을 사용하고 있거나 샘의 투자에서 큰돈을 벌고 있다고 생각했다"고 말했다.

꾸러미의 다음 문서는 알라메다 리서치의 대략적인 대차대조표였는데 회사 전체를 붕괴시킨 것으로 지목되고 있는 코인데스크의 기사에서 인용된 대차대조표와는 달랐다. 샘이나 캐럴라인 또는 두 사람이 함께 급하게 만들어낸 것으로 보였다. 이 대차대조표를 처음 확인한 것은 지난 화요일에 FTX가 고객에게 예탁금 반환을 중단할 때였다. "문서를 처음 봤을 때 팀원들에게 외부의 질문에 대응하지 말라고 말했다. 직원들의 명예와 평판을 해치길 원하지 않았기 때문이다." 자산 목록에는 지난 2년 동안 샘이 한 수백 건의 개인 투자가 포함되었고 총 47

억 1703만 200달러였다. 부채에는 나머지 모두를 합한 것보다 훨씬 더 중요한 항목이 포함되어 있었다. 바로 101억 5206만 8800달러의 고객 예탁금이었다. FTX가 관리하고 있어야 할 100억 달러 이상의 예탁금이 어떻게 된 영문인지 샘의 개인 매매 펀드에 들어가 있었다. 문서에는 유동자산, 즉 달러로 즉시 바꿀 수 있는 암호화폐나 미 달러화가 30억 달러에 불과한 것으로 나와 있었다. 그녀는 "*빌어먹을*이라는 소리가 절로 나왔다"면서 "*대체 왜?*라는 질문을 할 수밖에 없었다"고 말했다. 제인의 머릿속에 떠오른 것과 똑같은 질문이었다. "회사는 수익성이 뛰어난 사업을 하고 있었고 이익률이 40~50퍼센트에 달했다. 지난해에는 무려 4억 달러를 벌었다."

콘스탄스가 개인적으로 손에 넣은 두 건의 문서는 자금이 어떻게 사용되었는지 확인하는 데 도움이 되었다. 나머지 문건에는 궁극적으로 누가 이 돈을 댔는지가 나와 있었다. 이제 그녀는 FTX의 채권자 상위 50곳의 목록을 살펴봤다. 소유주가 암호화폐 거래소에서 자금을 빼내지 못한 주요 계좌가 손실 규모 순으로 나열되어 있었다. 파산 시점에서 FTX 계좌 소유자는 1000만 곳으로, 98억 달러를 예치했다. 40억 달러가 넘는 손실이 50개 계좌에 집중되었다. FTX나 알라메다 관련사를 제외하고 가장 큰 손실을 입은 곳은 초단타 매매업체들이었다. 상위에 점프 트레이딩(2억 616만 600달러)이, 하위에는 버투 파이낸셜 싱가포르(1009만 5336달러)가 있었다. 목록의 절반은 실명이 가려져 있었다. 목록의 타이 모 산 유한회사Tai Mo Shan Limited는 사실 점프 트레이딩의 계열사였다. 다수의 위장 계좌가 FTX 직원들의 것이었다. 콘스탄스 본인도 약 2500만 달러를 잃었다. 이전 직장에서 모은 8만 달러가 아직 일반 은행 계좌에 남아 있었는데 이 돈이 아니었다면 전 재산을 잃을 뻔했다.

콘스탄스는 영업팀도 관리했기 때문에 목록에 있는 이름 대부분을 알고 있었고 특히 초단타 트레이더들의 이름이 낯익었다. 그렇지 않아도 모두가 FTX와 알라메다 리서치의 관계에 대해 강한 의혹을 품고 있었다. 콘스탄스는 "모든 트레이더가 이 문제에 관심을 보였다"면서 "날마다 가장 먼저 받는 질문이기도 했다"고 밝혔다. 알라메다 리서치가 비공개 정보를 사전에 활용하는 프런트 러닝을 하고 있습니까? 알라메다 리서치가 다른 사람들의 매매 내역을 확인합니까? 알라메다는 지연이 짧습니까? 다시 말해 초단타 트레이더들이 나스닥과 뉴욕 증권거래소에서 하듯 알라메다가 FTX에서 불공정한 매매 이익을 누리는지 물은 것이다. 이상하게 들리겠지만 그런 일은 없었다. 대신 FTX는 알라메다에 초단타 매매업체의 예탁금을 통째로 빌려줬을 뿐이다. 그것도 무료로!

또한 FTX는 초단타 매매업체와 나머지 모두의 자금을 위험에 노출시키는 다른 일들도 했다. 알라메다는 다른 모든 트레이더에게 적용되는 위험 관련 규정에서 제외되었다. FTX의 모든 트레이더가 하는 거래는 손실이 담보 이상으로 발생하는 순간 청산된다. 어떤 트레이더도 큰 손실을 감수하며 거래소와 다른 트레이더를 위험에 빠뜨릴 수 없었다. 하지만 알라메다 리서치에는 예외가 적용되었다. 샘의 개인 투자 회사는 매매가 청산되기 전에 사실상 무제한의 손실을 입을 수 있었다. 콘스탄스는 "청산에 대해서 물은 사람은 아무도 *없었다.* 또한 '우리 돈이 실제로는 알라메다에 있습니까?'라고 물은 사람도 *없었다*"고 말했다. 샘이 옳았다. 적극적으로 찾지 않는 사람은 절대 찾을 수 없다.*

　이 시점까지 콘스탄스는 그래도 침착함과 초연함을 유지했다. 전혀 모르는 사람의 의료 기록을 보면서 사망 원인을 조사하는 듯했다. 그런데 마지막 문서에 이르자 분위기가 바뀌었다. FTX 주주 전체의 목록이 있었는데 각 주주가 보유한 주식 숫자가 기재되어 있었다. 그녀뿐 아니라 FTX 직원들은 연말마다 보너스의 일환으로 FTX 주식을 일정 수준까지 매수할 수 있었다. 자사주가 최상의 투자 수단이라는 데 모두가 동의했다. 회사가 무너지기 직전까지도 세계에서 가장 유명한 벤처 캐피털의 심사역들이 FTX의 주식 매수를 원하면서 직원들이 매수한 가격보다 더 비싼 가격을 불렀다. 콘스탄스는 "샘은 각 직원이 몇 주를 매수할 수 있는지 정했다"며 "대부분의 직원이 허용된 최대치를 매수했다"고 말했다. 그녀도 최대치를 사들였지만 그것이 무엇을 의미하는지는 알지 못했다. 마지막 문서를 살피는 동안 자연스럽게 자기 이름 옆에 있는 숫자에 눈이 갔다. 0.04퍼센트였다. 4퍼센트도 아니고 1퍼센트의 10분의 4도 아니고 1퍼센트의 *100분의* 4였다. 물론 연말 보너스 차원에서 자신에게 몇 주가 할당되었는지, 몇 주를 싸게 살 수 있도록 허

---

* 샘은 내게도 상당히 비슷한 말을 한 적이 있었다. 그는 "아무도 위험 엔진에 대해 물은 적이 없다"면서 "누군가 물었다면 어떤 조치를 취했을지 모르겠다. 두 가지 중 하나를 했을 텐데 다른 질문에 답을 하거나 뒤죽박죽인 말을 내뱉었을 것이다"라고 말했다.

용되었는지 알고 있었다. 하지만 자신의 소유분이 회사의 주식에서 정확히 얼마의 비중을 차지하는지, 남들은 얼마를 가지고 있는지 생각해본 적은 없었다. 샘이 60퍼센트, 게리와 니샤드, 다른 주요 주주들이 23퍼센트를 나눠 가지고 있다는 사실은 게시되기 때문에 알고 있었다. 이 주식 덕분에 〈포브스〉는 샘뿐만 아니라 게리와 니샤드도 억만장자 목록에 포함시켰다.

자신을 비롯한 나머지 FTX 직원들에 대해서 콘스탄스는 아무것도 모르고 있었다. 이제 자신의 숫자를 조지의 조직도 상단에 있는 다른 임원들과 비교해봤다. 람닉은 그녀보다 몇 배는 많은 주식을 가지고 있었고 브렛 해리슨Brett Harrison도 마찬가지였다. 작디작은 FTX US의 CEO를 지냈던 해리슨은 2021년 5월에 입사했다가 16개월 만에 사임했다. 그녀와 비슷한 직급에 있는 나머지도 마찬가지였다. 콘스탄스는 잠재 투자자들과 지난 3년 동안 했던 대화를 떠올려봤다. 몇몇 투자자가 FTX의 캡 테이블cap table, 주요 지분을 가진 주주의 목록을 봤다면서 콘스탄스의 이름이 없는 것에 놀랐다는 말을 했다. 그 당시에 그녀는 대수롭지 않게 생각했다. "샘이 나를 공정하게 대우할 것이라고 믿어 의심치 않았다"고 그녀는 말했다.

샘에 대한 감정이 변화한 것은 그때였다. 자신이 실제로는 어떤 대우를 받고 있었는지 똑똑히 확인한 것이다. 지분율을 확인하기 전까지는 그저 슬플 뿐이었다. 전주 화요일 정글 오두막 27호의 마지막 날 그녀와 퀸은 끌어안고 울었다. 모든 것을 잃어버렸다. 하지만 그때 느낀 감정은 상실감이었지 억울함이 아니었다. 하지만 샘이 다른 사람들에

비해 자신에게 얼마나 적은 주식을 주었는지 알게 되자 분노를 참을 수 없었다. 화가 잔뜩 난 그녀는 오키드 펜트하우스로 달려가 샘 앞에 섰다. "샘은 '그럴 리가 없다. 최소한 100만 주는 가지고 있다고 생각했다'고 말했다." 하지만 실제로 그녀가 가진 주식은 4분의 1도 안 되었다. "샘은 내게 '그런 일을 당하게 할 의도는 전혀 아니었다'고 말했고 나는 '당신의 의도 같은 건 상관없어요!'라고 말했다."

이날의 발견이 이후 한 달 동안의 기류를 바꿨다. 콘스탄스는 계속 남아서 FTX를 소생시키기 위한 샘의 어리석은 계획을 계속 도왔다. 거의 매일 샘과 만나서 중국어 소통을 돕고 심지어 저녁을 해주기까지 했다. 하지만 그녀가 한 것은 샘이 정확히 무슨 일을 했는지를 파악하려는 시도였다. 결국 미 법무부가 콘스탄스를 찾아냈고 그녀는 정부가 샘을 상대로 제기하는 소송에서 증인이 되는 데 동의했다. 하지만 그에 앞서 콘스탄스는 샘에게 직접 몇 가지를 물을 작정이었다. 샘에게 직접 본인 행동에 대한 설명을 듣고 허점이 있는지 판단해 잘못을 실토하도록 유도할 것이다. 최소한 샘의 이야기에서 허술하거나 모순되는 부분을 찾을 수 있을지 모른다.

샘이 콘스탄스에게 들려준 이야기는 이렇다. FTX 내부에 동결되어 있어야 했지만 결국 알라메다의 부주의한 손으로 자금이 이동한 경로는 두 가지였다. 첫 번째는 알라메다의 일반적인 매매 행위였다. 다른 트레이더처럼 알라메다도 FTX 거래소에 담보를 제공하고 대출을 받았다. 알라메다는 담보로 FTX의 주식과도 같은 토큰인 FTT를 주로 맡겼다. FTT 가격은 FTX와 함께 무너졌다. 담보의 가치가 사라졌기 때문에 일부 대출은 미상환 상태로 남았다. FTX의 모든 트레이더에게 손실이 담보 가치를 넘어설 경우 거래를 청산한다는 규정이 적용됨에도 알라메다는 면제되었던 이유도 샘의 이야기에서 찾을 수 있었다. 2019년 FTX가 설립되었을 당시 알라메다는 최대 트레이더였다. 처음에는 알라메다가 FTX에서 발생하는 대다수 거래의 상대방으로 참여했다. 알라메다가 때때로 손실을 입으면 거래소의 시장이 보다 원활하게 작동했다. 예를 들어 FTX가 다른 트레이더의 손실 포지션을 청산한 후 시장에 개입해 해당 포지션을 인수했다.

샘의 설명에 따르면 FTX는 거래소의 매력을 높이기 위해 알라메다의 위험 한도를 없앴다. 이 당황스러운 정책으로 인해 발생한 손실은 대단치 않은 정도였다. FTX가 알라메다에 일반적으로 제공한 거래 관련 대출은 고객에게 입힌 손해에 비교하면 미미한 수준이었고 그 자체로는 문제를 일으킬 정도는 아니었다. FTX 내부에 보관되어 있었어야 하지만 알라메다에 있던 88억 달러의 고객 예탁금은 fiat@라는 이름으로 관리되었다.

fiat@ 계정은 2019년 FTX의 신규 고객들이 보내는 달러와 기타 법정화폐를 수취하기 위해 설정되었다. 알라메다 리서치는 FTX가 자체 은행 계좌를 보유할 수 없게 되자 해당 계정을 만들었다. 2019년 미국에서는 어떤 은행도 새로 설립된 해외 암호화폐 거래소에 서비스를 제공하려 하지 않았다. 알라메다 리서치처럼 은행 기능을 하는 암호화폐 법인은 일반적으로 암호화폐와의 연관성을 부인했다. 미국 최대의 암호화폐 거래소인 코인베이스는 실리콘밸리 은행을 설득해 기적처럼 계좌를 얻어냈다. 덕분에 미국 달러를 수취하고 암호화폐 거래 고객에게 미국 달러를 송금할 수 있었다. 미국의 은행 계좌가 코인베이스에는 막대한 혜택을 주었는데 해당 계좌를 얻게 된 경위는 다른 날을 위해 남겨두겠다. 여기에서는 FTX가 달러를 주고받을 미국 은행을 찾지 못했다는 점에 주목해야 한다. 2019년 봄에 설립된 이후 2021년 7월에 실버게이트 캐피털이라는 샌디에이고 은행을 설득해* FTX 명의로 계좌를 개설하기 전까지 FTX는 달러 예치금을 받을 수 있는 직접적인 방법이 없었다.

샘의 이야기에 따르면 알라메다 리서치 내부에 쌓인 고객의 달러는 옮겨진 적이 없다. 2021년 6월까지는 FTX에 미국 달러 은행 계좌가 없었기 때문에 보관할 다른 장소가 없었다. FTX의 고객 예탁금 대시보드에 기록되었지만 이 돈은 알라메다의 은행 계좌에 있었다. 또한 샘은 최소한 2022년 6월까지 이 사실에 관심을 두지 않았다고 말해 다른 이들을 충격에 빠뜨렸다. 알라메다 리서치를 관리한 것은 자신이 아니라 캐럴라인이라는 것이다. 2021년 말이 되자 고객들은 달러를 미국 은행을 통해 곧바로 FTX에 예치할 수 있었으므로 fiat@ 계좌에 새로 유입되는 달러는 없었다. 당시 알라메다 리서치의 순자산 가치는 1000억 달

---

* 암호화폐 은행과 손을 잡은 기관은 결국 막대한 대가를 치렀다. 2023년 봄 파산한 네 곳의 미국 지역 은행 중에서 세 곳(실리콘밸리 은행, 실버게이트 캐피털, 시그니처 은행)이 초기에 암호화폐와 거래한 은행들이었다. 나머지 한 곳인 퍼스트 리퍼블릭 은행은 암호화폐 금융 생태계에서는 중요한 은행이 아니었지만 샘 뱅크먼프리드 명의의 계좌에 20만 달러가 예치되어 있었다.

러였는데 물론 이 숫자는 알라메다가 매각을 시도할 경우 존재하지 않을지도 모르는 여러 암호화폐의 시장 가치를 단순 계산한 것이라 있는 그대로 받아들이기 어려웠다. 하지만 샘이 때때로 머릿속으로 계산을 했듯 알라메다가 보유한 자산의 가치를 보다 엄격하게 계산하더라도 300억 달러는 되었다. 알라메다 리서치에 있어서는 안 되었던 88억 달러가 적은 돈은 아니었다. 하지만 큰 관심을 기울일 만한 정도도 아니었을 것이다. 샘은 "나는 '우리한테 달러가 얼마나 있나' 묻지 않았다. 알라메다에는 무한 달러가 있는 것처럼 느껴졌다"고 말했다.

2022년 늦봄이 되자 이러한 느낌에 변화가 찾아왔다. 4월초부터 6월 중순 사이에 비트코인 가격이 4만 5000달러에서 1만 9000달러로 급락한 것이다. 여름이 가까워질수록 알라메다에 있던 88억 달러의 중요도가 크게 높아졌다. 하지만 샘의 주장에 따르면 알라메다 리서치 내부의 관리를 하는 사람은 샘이 아니라 캐럴라인이었다. 그 시점에 샘과 캐럴라인은 서로 대화를 거의 나누지 않았기 때문에 캐럴라인은 자신이 관리하는 위험에 대한 걱정을 샘에게 직접 말하지 않았을 가능성이 높다.

2022년 10월까지 샘은 알라메다 내부에 쌓여 있고 알라메다가 점점 의지하게 되었으나 제대로 설명된 적이 없는 다른 투자자들의 막대한 돈과 관련해 두 가지 사건을 경험했다고 한다. 첫 번째는 정말 이상한 사건이었는데, 6월 중순 캐럴라인이 fiat@ 계좌가 88억 달러에서 160억 달러로 크게 증가한 것을 보고 깜짝 놀라는 일이 있었다. 그녀는 걱정되는 부분을 샘이 아닌 니샤드에게 이야기했고 니샤드가 샘과 게리에게 전했다. 결국 게리는 소프트웨어에 버그가 있었던 것을 발견했다. fiat@ 계좌에 있는 숫자는 변함없이 88억 달러였다.

세 달 뒤인 9월에 캐럴라인은 니샤드에게 다가가 알라메다의 시장 노출이 갈수록 걱정된다고 말했다. 니샤드는 샘을 오키드 펜트하우스 발코니로 데리고 나가 이 메시지를 전했지만 fiat@ 계좌를 명시적으로 언급하지는 않았다. 이 시점에서 샘은 알라메다가 문제에 봉착했을지 모른다는 생각이 들었다고 한다. 그는 직접 계좌를 조사해 문제를 파악 하기로 했다. 10월이 되자 샘은 분명한 그림을 그릴 수 있었는데 이 시 점에야 88억 달러의 고객 자금이 알라메다의 것인 양 운영되어 왔음을 깨달았다. 하지만 조치를 취하기에는 너무 늦은 시점이었다.

콘스탄스는 샘의 말을 끝까지 들었다. 그의 이야기를 경청했지만 믿 을 수는 없었다. 그녀는 샘이 크고 중요한 사실을 빼먹고 있다고 의심 했다. 예를 들어 알라메다 리서치에 갑작스럽게 매매 손실이 발생하자 그가 적극적으로 고객의 자금에 손을 뻗어 알라메다로 옮긴 것이 아닌 가 하는 의혹이었다. 그녀는 "미친 짓이다. 샘은 내가 회계 오류로 생각 하도록 유도했다"고 말했다. 샘이 어떻게 혹은 무슨 이유에서 의도적 으로 고객의 자금을 자기 돈처럼 썼는지는 몰랐지만 그가 그렇게 한 것 이라고 확신했다. "샘이 돈을 옮겼다고 분명하게 말하지 않은 것에 항 상 실망감을 느낀다"고 그녀는 말했다.

콘스탄스는 회사의 내부 문서를 직접 확보했듯 무슨 일이 일어난 것 인지 알아보기로 결심했다. 샘이 경계심을 늦추고 있을 때 이런저런 질 문을 던졌다. 샘이 자신에게 전체 이야기를 하지 않았다는 증거를 찾기 위해 댄 챕스키가 FTX의 컴퓨터 코드를 조사할 때 어깨너머로 관찰했다. 하지만 한 달이 지나도록 소득이 없었다.

콘스탄스가 샘이 속임수에 걸려 고백하기 직전까지 갔다는 느낌을 받은 적이 딱 한 번 있었다. 그녀는 샘에게 그의 이야기를 대중에게 어떻게 전달할지에 대해 말했다. "샘에게 '자금을 옮긴 이유를 설명해야만 한다'고 말했는데 그는 부인하지 않았다."

하지만 자신이 돈을 옮겼다고 직접 말을 한 것은 아니었다. 샘의 이야기는 믿기 어렵게 들렸음에도 오류를 입증하기가 무척 어려웠다. 콘스탄스가 FTX에서 일하면서 겪었던 경험도 별 도움이 되지 못했다. 예를 들어, 일하는 동안 거래소에서 시장을 유지하기 위해 알라메다 트레이더들에게는 FTX의 위험 규정을 면제해야 한다는 말을 들었더라도 그녀는 크게 놀라지 않았을 것이다. 거래 상대와 시점, 거래 대상을 가리지 않고 거래에 임하는 알라메다의 의지가 FTX의 성공에 얼마나 큰 역할을 했는지 확인한 터였다. 암호화폐 거래소가 내부 거래팀을 운영하는 것이 수상쩍은 일이라는 생각도 못 했다. 그녀는 "대부분의 거래소가 그렇게 했고[*] 모든 중국 거래소도 마찬가지였다. 그저 내부 거래팀의 규모가 얼마나 크고 무슨 거래를 하느냐의 문제였다"고 말했다. 콘스탄스는 fiat@ 계좌에 대한 샘의 엉터리 같은 설명에도 오류를 입증

---

[*] SEC는 세계 최대 규모의 암호화폐 거래소인 바이낸스를 상대로 제기한 소송에서 특히 거래량을 조작하고 고객의 돈 수십억 달러를 메리트 피크 유한회사(Merit Peak Limited)라는 CZ 소유의 매매 회사로 옮겼다는 혐의를 내세웠다.

할 수 없었다. 2021년 말 콘스탄스는 개인 자금을 은행 계좌에서 FTX로 옮길 때 FTX로 바로 송금하지 못하고 알라메다 리서치가 소유한 여러 계좌로 보내야 했다. fiat@에 있는 달러의 일부는 콘스탄스의 돈이었다.

그달 대부분의 날에 나는 콘스탄스가 샘을 만나고 집으로 돌아가는 것을 목격했다. "캐묻고 있고 매번 캐물을 때마다 샘이 조금씩 더 많은 말을 하고 있다"고 그녀는 말했다. 하지만 그가 해준 어떤 말로도 자신이 처한 상황이 납득되지 않는다고 털어놨다. 12월 초 어느 날 저녁 콘스탄스는 주방에 퀸과 함께 서서 지난 한 달간 샘 뱅크먼프리드에 대해 알아낸 것이 있다면 무엇인지 곱씹었다. 딱 한 가지 중요한 사실을 발견했다고 그녀는 결론지었다. 샘을 만날 때마다 그녀는 샘에게 가장 충성했던 바로 그 사람들에게 샘이 고통을 안겨준 것이라는 점을 일깨웠다. CZ와 FTX 임원을 지낸 몇몇 서양 백인 남성과 같은 소수의 개인들만 FTX를 만나기 전보다 더 부자가 되어 떠났다. 대부분의 FTX 직원들은 평생 모은 저축을 잃었다. 어떤 사람들은 배우자, 집, 친구, 평판을 잃었다. 홍콩의 FTX에서 일하던 대만 직원들은 집으로 돌아갈 비행기 표를 살 돈이 없어서 홍콩에 머무르고 있는 실정이었다. "샘에게 '이런 일을 할 때 이 일이 사람들을 다치게 할지 생각해봤는지, 처음에 기댓값을 계산할 때 사람들이 받을 상처도 계산에 넣었는지' 물었다."

하지만 그 순간에도 콘스탄스의 진심은 샘에게 전달되지 못했다. 그는 자신이 허락도 받지 않고 다른 사람들을 큰 위험에 노출시켰다는 것을 깨닫지 못했다. 또한 샘은 자신이 타인에게 어떤 피해를 입혔는지 콘스탄스보다도 더 이해하지 못하는 것으로 보였다. "샘에게는 공감 능력이 전무하다. 그 점을 몰랐다는 사실을 분명히 깨달았다. 그는 아무것도 느끼지 못하는 사람이다."

콘스탄스에게 그 말을 들은 다음 날 아침 콘치 색의 주방을 다시 찾았는데 손으로 쓴 메모가 보였다.

"왜 샘은 사랑하지 못하는 것일까? -퀸"

내게는 다른 의문점이 있었다. 파산이 선고된 순간부터 대체 돈이 어디로 간 것일까 하는 질문이 머릿속을 떠나지 않았다. 사라진 돈에 무슨 일이 벌어진 것인지 분명하지 않았다. 효율적 이타주의자들이 얼마의 돈을, 어떻게 잃어버렸는지도 모르는 채로 고객 자금으로 활동한 이유를 밝히는 것은 쉽지 않을 것이다. 파산 며칠 후 나는 세상에서 가장 조악하다고 말할 법한 재무제표를 작성해봤다. FTX와 알라메다 리서치를 '샘의 세계'라는 하나의 법인으로 취급했다. 한쪽 열에는 2019년 4월 샘의 세계가 설립된 이후 들어온 모든 자금을 나열했다. 두 번째 열에는 샘의 세계에 존재하는 모든 자금을 열거했다. 연도는 생략했으며 FTX가 설립되기 전 알라메다에 드나든 금액은 상대적으로 미미하기 때문에 제외했다. 당연히 모든 숫자는 대략적인 추정치다. 일부는 샘에게 들은 숫자지만, 내게 거짓말할 이유가 없는 내부자 출신이 모든 수치를 확인해줬다. 이런저런 과정을 거쳐 극도로 소박한 자금 입출입표를 다음과 같이 완성했다.

들어온 돈:

순 고객 예탁금: 150억 달러

벤처 캐피털 투자 유치: 23억 달러

알라메다의 매매 이익: 25억 달러

FTX 거래소 매출액: 20억 달러

암호화폐 대출 기관(주로 제네시스와 블록파이)으로부터 받은 대출의
미상환 잔액: 15억 달러

FTT 판매 금액: 3500만 달러

총: 233억 3500만 달러

나간 돈:

11월 인출 사태 당시 고객에게 반환: 50억 달러

CZ에게 지불: 14억 달러(지급액 중 현금 지급 금액. 샘이 함께 지급한 5
억 달러 규모의 FTT는 발행에 비용이 들지 않았으므로 고려하지 않음.
또한 CZ가 처음 지분을 투자할 때 받은 8000만 달러 규모의 BNB 토큰
도 셈에 넣지 않았음. 샘이 CZ의 지분을 되사오면서 돌려줄 당시 BNB
의 가치는 4억 달러)

샘의 개인 투자: 44억 달러(전체 포트폴리오는 47억 달러지만 3억 달러
규모의 투자 1건 이상에 대해 샘은 FTX 주식으로 지불. 다른 계약에서
도 같은 방식의 거래를 했을 가능성이 있으며 이 경우 개인 투자액 추정
치는 실제 투자액보다 클 수 있음)

샘에게 대출: 10억 달러(정치 후원과 효율적 이타주의 기부에 사용. 변호사가 샘에게 대출을 받는 것이 세금을 내야 하는 주식 배당보다 유리하다고 조언한 이후 대출을 활용)

동일한 이유로 니샤드에게 대출: 5억 4300만 달러

후원 계약: 5억 달러(톰 브래디 등에게 FTX는 현금이 아닌 FTX 주식으로 후원을 했기 때문에 실제보다 수치가 클 수 있음)

거래소 토큰인 FTT 매입 후 소각: 6억 달러

비용(급여, 점심, 바하마 부동산): 10억 달러

총: 144억 4300만 달러

물론 세계적 회계법인 언스트앤영의 방식으로 작성된 표는 아니다. 하지만 샘과 캐럴라인이 그동안의 활동을 요약하기 위해 만들었던 목록과 내 목록은 크게 다르지 않았다. 앞서 3년 반 동안 샘의 세계에 들어온 돈은 나간 돈보다 90억 달러가 더 많았다. FTX가 11월 8일 화요일에 고객 예탁금 반환을 중단했을 때는 30억 달러가 아직 남아 있었다. 따라서 사라진 돈은 총 60억 달러로 줄어든다(해커에게 약 4억 5000만 달러를 도난당한 것은 사흘 뒤의 일로, 이 계산과 무관하다).

사라진 돈에 대한 몇 가지 가능성이 제기되었다. 하지만 깊이 생각할수록 설득력이 떨어진다. 예를 들어 알라메다 트레이더들이 60억 달러를 도박에서 날렸다는 추측이다. 하지만 이것이 사실이라면 어떻게 모두가 마지막까지 회사의 수익성을 굳게 믿을 수 있었을까? 나는 많은 직원과 대화를 나눴는데 그중에는 제인 스트리트 출신도 있었다. 이들은 바보가 아니었다. 모두 알라메다의 트레이더당 수익이 제인 스트리트보다 많다는 것에 들떠 있었고 다소 자랑을 하기도 했다. 알라메다가 매매 과정에서 큰돈을 잃었을 수도 있지만 손실이 어떻게 발생했는지는 파악하기가 쉽지 않다. 세간에 회자된 이야기 중에 암호화폐 가격이 급락하면서 자금이 샘의 세계 바깥으로 빠져나갔다는 추측도 있는데 가장 앞뒤가 맞지 않는 생각이다. 샘이 보유한 막대한 솔라나와 FTT, 그 외에 가치가 더 불확실한 다른 토큰들 가격 역시 폭락한 것이 사실이다. 2021년 말에는 가치가 이론상 1000억 달러에 달했지만 2022년 11월에는 사실상 제로가 되었다. 그러나 샘은 이러한 토큰에 들인 돈이 거의 없다. 취득하기 위해 현금을 지불한 투자라기보다는 대부분 공돈에 가까웠다. FTT는 샘이 비용 없이 직접 만들어낸 토큰이다. 솔라나 토큰 전체에 들인 돈은 1억 달러에 못 미쳤다. 하늘 높이 뭉게뭉게 피어오르던 재산이 일순간 사라졌지만 거액의 달러가 어디로 사라졌는지 설명하지는 못했다.

11월 14일 저녁 오키드 펜트하우스에 홀로 남아 있는 샘을 만났다. 〈뉴욕포스트〉는 이곳에 머물던 효율적 이타주의자들 집단을 '폴리큘polycule, 다애인 관계'이라고 묘사했다. 외부 세계에서는 샘의 이너서클에 대한 충격적인 공상을 가공하는 수준에 이르렀다. 아니나 다를까 효율적 이타주의자들이 일부일처제에 대해 일관되게 반대 입장을 취했다는 말이 흘러나왔다. 그러자 이들이 새로운 방식으로 서로 성관계를 맺는 방법을 궁리하며 오키드 펜트하우스에서 반나절을 보냈다는 소문이 퍼졌다. 사실 대부분의 시간에 이들이 함께 즐긴 것은 보드게임이었다. 한껏 달아오른 체스 경기에서는 최대한 많은 조합과 위치를 궁리했다. 그 외에는 함께 한 활동이 많지 않았다. 그렇더라도 혼란이 일어난 것은 이해할 만했다. 총기를 다루는 방법이 궁금하지도 않으면서 사냥 허가를 받은 격이었다. 대체 누가 그런 짓을 하겠는가?

FTX가 붕괴하고 몇 주 뒤에도 오키드 펜트하우스에는 진열장을 깨고 물건을 훔쳐간 범죄 현장의 분위기가 남아 있었다. 각 침실은 방 주인이 떠나던 순간 그대로의 상태였다. 방에는 개인 물품뿐 아니라 당시의 마음 상태도 보존되어 있었다. 캐럴라인의 방은 새로운 남자친구와 휴가를 떠나며 들떠서 한바탕 어질러놓은 상태였다. 짐에 넣지 않기로 한 옷가지가 침대에 널려 있었다. 니샤드의 방은 흐트러짐 없이 깨끗했다. 바하마를 떠나기 위해 설득 작업을 벌였기 때문에 체크인을 기다리는 호텔 방처럼 정리할 시간 여유가 있었다.

샘이 쓰게 된 게리의 방은 특별하고 복잡한 사연을 담고 있었다. 짐이 가득 찬 가방 세 개가 구석에 남아 있었다. 게리는 짐을 싸기로 결심했다가 가방을 두고 떠났다. 하지만 모든 짐을 싼 것은 아니었다. 세탁할 옷가지가 아직 방 안에 여기저기 널려 있었다. 책상에는 기름에 튀긴 면이 반쯤 먹다가 남긴 상태로 포장지에 담겨 있었다. 칫솔도 세면대에 그대로 있었다. 떠날 준비를 하다가 마음을 바꿔 며칠 더 머무른 뒤 떠난 듯했다. 가지 않기로 했다가 생각이 바뀌자 최대한 빨리 짐을 정리한 모양새였다. 버려진 물건을 구경하고 있는데 샘이 "두려움에 사로잡힐 때 사람들이 보이는 반응이죠"라고 설명했다. "남은 자취는 사람들이 어떻게 무슨 이유로 떠났는지를 알려줍니다. 고민하고 짐을 쌀 시간이 한 시간 더 있었다면 어땠을까요? 그는 여기에 *며칠*을 더 머물렀어요. 며칠을 있었는데 왜 한 시간은 더 머물 수 없었을까요? 처음에 '떠날 때까지 106시간이 남았다'고 말하고 106시간을 기다렸다가 떠나야 했던 것이 아니에요." 샘은 잠시 말을 멈췄다가 다시 이어갔다. "변호사가 그에게 이곳에 머무르면 형사 고발을 당할 것이라고 이야기하지 않았을까 짐작합니다."

샘을 만날 때마다 나의 질문 목록은 한 모금 마시면 저절로 채워지는 마법의 음료수 잔처럼 느껴진다. 샘이 답을 하면 언제나 또 다른 질문이 생기는 것이다. 이 순간 가장 묻고 싶은 질문은 *60억 달러에 무슨 일이 일어난 겁니까?*였다. 콘스탄스가 발견한 문서는 많은 궁금증을 자아냈지만 이 질문보다는 중요하지 않았다. 그 사소한 질문 중 하나를 털어내기로 했다.

"케빈 오리어리와의 가상 점심에 돈을 지불하셨나요?" 내가 물었다. "정말 돈을 냈어요?"

샘은 게리의 침대에 발을 뻗으며 "큰돈은 아니었어요"라고 말했다. 이제 샘은 올버니의 객실 청소 비용을 낼 수 없기 때문에 방이 정돈되지 않은 상태였다. 올버니 리조트에서는 이제 수도와 전기도 차단할 수 있다고 통보했다. "1년에 200만 달러였을 겁니다"라고 그는 설명했다.

"1년에 500만 달러씩 3년 계약이었죠." 내가 정정했다. 트윗을 게시하고 서명을 해주는 대가로 오디션 프로그램 〈샤크 탱크〉 출연자에게

준 돈이었다. 심지어 가장 유명한 출연자도, 아니 두 번째로 유명한 출연자도 아니었는데 말이다.

"샴푸 같은 유형의 상품이 있죠. 샴푸 같은 유형은 고객이 샴푸를 원하면 사는 겁니다. 샴푸에 대해 트윗을 올리지 않죠. 금융 상품은 다릅니다. 사람들이 왜 온라인 증권사 로빈후드Robinhood에서 거래를 할까요? 지인들이 거기서 거래를 하기 때문입니다. 의식적인 의사 결정이 일어나죠"라고 샘은 말했다.

샘은 자신에게 가장 자연스러운 모드로 돌입했는데 나로서는 *멍청이에게-인내심을-가지고-설명하는* 모드로 느껴졌다. 그는 고등학교 물리 교사가 되었어도 잘했을 것이다.

나는 "케빈 오리어리에게 1500만 달러를 지급하기로 하셨어요"라고 말했다.

그는 내 말을 무시하고 "사람들을 FTX로 어떻게 유치할까요?"라며 말을 이어갔다.

"투자는 소셜 네트워크입니다. 말이 안 되지만 사실이 그렇습니다. 케빈 오리어리는 소셜 미디어의 인플루언서예요. 이 소셜 네트워크에서 영향력을 미치는 사람들을 살펴보면 그 수가 많지 않습니다."

샘은 금융 분야에서 인플루언서로 부를 만한 사람들을 열거했다. 케빈 오리어리는 목록의 상위권에 이름을 올리지도 못했다. 원래 샘은 〈매드 머니〉의 짐 크레이머Jim Cramer, 전직 헤지펀드 매니저이자 기업가이며 CNBC의 〈매드 머니〉 프로그램의 진행자와 계약을 원했으나 실패했다고 한다.

"그래서 케빈 오리어리와 계약을 했군요!" 외침에 가까운 말이 나왔다.

"누가 그의 말에 귀를 기울입니까?" 샘이 물었다. 그는 케빈 오리어리에 대해 협찬 계약을 맺은 다른 사람들과 비슷한 방식으로 생각했다. "아무도 그의 말을 듣지 않는 게 아닙니다. 100만 명의 사람이 그를 팔로하고 있어요. 그 사람들은 재무 자문을 위해 그를 팔로합니다. 충격적이지만 사실입니다. 기하급수적으로 성장하는 이 네트워크를 키우는 노력에는 가치가 있습니다. 케빈 오리어리가 핵심적인 인물이라고 말할 수는 없지만 그런 역할을 할 사람이 또 누가 있을지 모릅니다. 재무 자문 서비스를 제공하려는 사람들 중에 트위터 팔로어가 100만 명인 사람이 몇 명이나 있을까요? 그리 많지 않습니다. 서른 명이에요. 그중 스무 명은 여러 이유를 들어 협찬 제안을 거절할 겁니다. 케빈 오리어리는 수락했죠. 그게 그와 계약한 첫 번째 이유입니다."

"두 번째 이유는 무엇입니까?" 내가 물었다.

"그가 우리에게 접근했다는 것이 두 번째 이유입니다."

마침내 다른 퍼즐에 단서를 제공할 만한 질문에 도달했다. 돈은 어디로 갔습니까? 앞으로도 이 질문을 하게 될 것이다. 콘스탄스가 그랬듯 나도 샘에게 이리저리 찔러보는 질문을 했지만 항상 들어야 할 답을 제대로 못 들었다는 느낌을 가진 채 헤어졌다. 그런데 그날 저녁 샘은 이 퍼즐에 조각 하나를 끼워줬다. FTX가 큰돈을 해커에게 빼앗겼다는 것이었다. 다른 해커들을 자극할까 싶어 도난 사실을 밝히지 않았다고 했다. 가장 큰 해킹 사건은 2021년 3월과 4월에 발생했다. 한 트레이더가 FTX에 계정을 만들고는 거래량이 적은 비트맥스BitMax와 모바일코인MobileCoin이라는 토큰을 매점하기 시작했다. 이로 인해 두 토큰의 가격이 크게 뛰었다. 튀르키예에서 활동하던 것으로 보이는 이 트레이더는 모바일코인을 특별히 유망하게 여겨서 사들인 것이 아니었다. FTX 위험 관리 소프트웨어의 맹점을 발견했기 때문이었다. FTX는 트레이더들이 보유한 모바일코인과 비트맥스의 가치를 토대로 비트코인과 다른 매도가 용이한 암호화폐의 대출을 허용했다. 이 트레이더는 모바일코인과 비트맥스의 가치를 한껏 부풀려놓고 FTX에서 이 토큰들을 담보로 실질적인 가치를 지닌 암호화폐를 빌렸다. 원하던 것을 손에 넣은 그는 사라졌고 FTX에는 가치가 폭락한 토큰과 6억 달러 규모의 암호화폐 관련 손실이 발생했다.

이 해킹은 규모 면에서 예외적이었다고 샘은 설명했다. 이전까지는 탈취로 인한 손실을 모두 합쳐도 10억 달러 남짓이었다. 모든 경우에 게리가 조용히 문제를 바로잡고 가던 길을 계속 갔기 때문에 도난범들이 노획물을 그대로 차지할 수 있었다. "게임을 하는 사람들"이라고 샘은 표현했다(정말이지 샘은 무언가를 뺏기가 쉬운 사람이었다).

해킹 사건이 사실이라면 사라졌으나 설명 불가능한 금액은 50억 달러로 줄어든다. 샘은 이 차이를 좁히는 데 더 이상 도움이 되지 않았다. 돈이 어디로 사라졌는지 정말 모르거나 말하고 싶지 않았던 것이리라. 그는 가장 명쾌한 설명에 대해서는 가능성을 일축했다. 알라메다가 2022년 암호화폐 폭락장에서 대규모 매매 손실을 봤다는 설명이었다. FTX의 파산은 리플이 증발했던 사건과 닮은 구석이 있었지만 규모가 훨씬 컸다. FTX에서 사라진 돈의 행방을 찾는 데는 리플 사건 때보다 더 많은 시간이 걸릴 것이다. 게다가 이 답을 찾는 데 가장 적임자인 인물이 곧 떠나게 될 터였다.

12월 12일 월요일 저녁 콘스탄스와 퀸은 취두부를 주제로 한 재미있는 유튜브 영상을 시청한 뒤 저녁 식사를 소화시킬 겸 오키드까지 짧은 산책을 나갔다. 그러다 오키드 앞에 제복을 입은 남성들이 서 있는 것을 발견했다. 〈CSI〉의 한 장면 같았다. 두 사람은 샘의 건물 인근 보도에 서 있는 남성들에게 다가가 찾아온 이유를 물었다. 그들은 답하지 않았지만 *올라가서 직접 알아봐도 됩니다*라고 말했다. 제복을 입은 사람들이 일반적으로 하는 말은 아니었기에 두 사람은 위로 올라갔다.

두 사람이 이 일을 목격하기 조금 전에 올버니 공무원, CSI처럼 보이는 사람들, 몸집이 무척 큰 바하마 경찰 한 사람으로 구성된 무리가 엘리베이터에서 내려 펜트하우스로 진입했다. 엘리베이터에서 거실까지 긴 복도가 이어졌다. 거실로 향하면서 거구의 경찰이 물었다. "샘 뱅크먼프리드 씨 계십니까?" 경찰은 영장으로 보이는 종이를 읽었다. 조지가 거실에 있는 의자에서 일어나자 경찰이 다가가 물었다. "샘 뱅크먼프리드입니까?"

처음에는 샘이 보이지 않았다. 알고 보니 게리의 화장실에서 휴대전화로 검색을 하고 있었다. 약 한 시간 전에 변호사들이 그에게 전화해 미국으로 돌아갈지 아니면 바하마에 남아서 체포될 것인지 한 시간 내에 결정하라는 미국 정부의 명령을 전달했다. 샘은 FTX 파산에 대해 조사를 준비 중이던 하원 금융서비스위원회에 서면 증언을 제출하기 위해 서둘렀다. 그는 미국 당국에 구금되는 일 없이 직접 출두할 수 있도록 협의하길 바랐으나 그런 일은 일어나지 않았다. 샘은 전송 버튼을 누르려다 증언에 포함된 발언을 놓고 어머니와 실랑이를 벌였다. 증언은 "제가 일을 개판으로 만들었습니다"라는 문장으로 시작했다. 바버라는 *미국 의회 위원회를 대상으로 '개판'이라는 말을 써서는 안 된다고* 주장했다. 샘이 증언을 마무리하기 전에 바하마 경찰이 샘에게 수갑을 채우면서 어머니의 조언은 의미가 없어진 듯했다.[*] 바버라와 샘은 의회를 상대로 어떤 말을 할 수 있는지에 대한 논쟁을 중단하고 이제 교도소에 갈 때 어떤 옷을 입어야 하는지를 놓고 옥신각신하기 시작했다. 그녀는 아들이 긴바지를 입기를 바랐지만 샘은 카고 반바지를 그대로 입고 가겠다고 주장했다.

경찰이 혐의를 설명하고 영장을 집행하는 사이 콘스탄스와 퀸이 들어와 거들고 나섰다. 게리가 두고 간 오물 위에 샘의 세탁물이 한 겹 추가되었다. 두 사람은 퇴적층 사이에서 샘이 교도소에 가지고 갈 만한 옷을 찾았다. 경찰이 샘을 방에서 데리고 나가는 사이 퀸은 *양말이 필요하겠지*라고 생각했다. *양말 갈아 신기를 좋아하는 사람이니까, 아직 데려가면 안 돼요. 양말을 아직 못 찾았단 말이에요.* 조지도 방에 들어와 샘에게 필요할 물건을 찾기 시작했다. 그러다 기념품 상자를 발견했다. 상자를 열었더니 안에 든 물건이 거의 없었다. 고등학교 수학 경시대회에서 받은 메달 몇 개, 샘이 커버 모델인 〈포브스〉 잡지 한 부, 제

---

[*] 전혀 의미가 없는 것은 아니었다. 기자들이 서면 증언을 입수해 위원회에 전달했고 위원회 소속의 의원들이 샘의 증언을 확인한 것이다. 의원들은 바버라의 조언에 동의했다.

인 스트리트 캐피털에서 만든 명함 한 상자가 들어 있었다.

콘스탄스의 시선을 끈 것은 만프레드였다. 만프레드는 샘이 태어나서부터 줄곧 함께한 봉제 인형이었다. 인형도 곧 서른한 살이 되는 셈이었다. 콘스탄스가 처음 만프레드를 본 것은 홍콩에서였다. 샘은 버클리에서 그 인형을 데려왔다. 홍콩에서도 만프레드는 무척 낡고 해져서 종을 분간하기 어려웠다. 개일 수도 있고 곰일 수도 있었다. 홍콩을 거쳐 바하마까지의 여정을 함께한 만프레드가 이제 교도소에 가겠구나, 콘스탄스는 생각했다. 샘은 언제나 만프레드와 동행하길 즐겼다. 콘스탄스와 퀸은 샘의 어린 시절 친구가 어떤 의미일지 생각해봤다. 샘은 살아 있는 동물에는 관심이 없었다. 그가 비건이 된 이유는 감정 때문이 아니라 기댓값 계산 때문이었다. 퀸은 샘이 "누구와도 만프레드를 공유할 필요가 없기" 때문에 만프레드를 가까이 두는 것이 아닐까 생각했다. 콘스탄스는 다른 시각으로 만프레드를 바라봤다. "샘에게는 이 감정적 유대가 무척 중요한가 봅니다."

11장

진실의 세럼
Truth Serum

설리번 앤드 크롬웰Sullivan & Cromwell의 변호사에게 큰 사건을 맡게 될지 모르니 자리를 뜨지 말라는 메시지가 왔을 때 존 레이John Ray는 그 사건이 무엇일지 짐작조차 하지 못했다. 다만 자신에게 오는 것이라면 시체가 분명하다고 생각했다. 그는 암호화폐나 그 시장의 문화에 대해서는 문외한이었다. 비트코인을 설명할 수 있기를 바라지도 않았다. 당연히 FTX에 대해서는 아는 것이 없었고 설리번 앤드 크롬웰 로펌의 변호사가 'SBF'라고 할 때 그 사람 혹은 그것이 무엇인지도 몰랐다. "소형 포드small box Ford를 의미하는 건가 싶었다"고 레이는 말했다. 11월 8일 화요일 저녁에 통화한 이후 설리번 앤드 크롬웰 변호사에게서는 소식이 없었다. 마침내 수요일 오전에 메시지가 하나 왔다. *정말 미친 일이에요. 나중에 연락드리겠습니다.* 그러고는 11월 11일 금요일 0시 33분까지 다시 침묵이 이어졌다. 연락을 주고받을 성싶지 않은 시간에 설리번 앤드 크롬웰 변호사는 존 레이에게 메시지를 남겼다. *그쪽에서 당신이 이 일의 적임자인지 여부를 아직 고민 중이라고 합니다.* 두 시간 뒤에 다시 메시지가 왔다. *SBF가 묵묵부답이네요.* 존 레이의 마음 한구석에서 이 게임을 하기에는 이제 나이가 많이 들었다는 속삭임이 들려왔다.

하지만 이 게임에는 존 레이가 필요했다. 미국 기업 파산의 거칠면서도 매력적인 세계가 갈수록 대형 로펌의 무대가 되었지만 레이처럼 무분별한 채굴자 역할을 하는 독립적인 활동가들도 일부 남아 있었다. 로펌이 이러한 채굴자들을 파산한 회사의 CEO에 앉히면 CEO로 변신한 채굴자들은 로펌과 계약을 맺었다. 법적으로 2022년 11월 11일 금요일 새벽 4시 30분에 샘 뱅크먼프리드는 FTX의 파산을 신청하는 도큐사인 문서에 서명하고 존 레이를 FTX의 새로운 CEO로 지명했다. 실질적으로는 설리번 앤드 크롬웰이 샘을 대신해 존 레이를 FTX의 CEO에 앉혔고 존 레이는 설리번 앤드 크롬웰을 대형 파산 사건의 변호인으로 선임했다.[*]

설리번 앤드 크롬웰은 모두가 샘을 사랑할 때 그를 위해 여러 업무를 처리했다는 이유로 한자리를 차지했다. FTX 측이 미국 규제 당국에 출석해 'FTX와 알라메다 리서치 간에 이해상충이 있는가?'와 같은 질문

---

[*] 처음 7개월 동안 지출한 수수료만 2억 달러에 달했는데 설리번 앤드 크롬웰이 수수료를 가장 많이 챙긴 것으로 드러났다. 게다가 이는 시작에 불과했다. 한 채권자의 조사에 따르면 파산 절차가 모두 끝난 뒤에 이 과정에 관여한 여러 자문인이 10억 달러의 수수료를 챙겨 갈 것으로 추산되었다.

에 답할 때 FTX의 변호인 역할을 했던 것도 설리번 앤드 크롬웰 로펌이었다. 샘은 존 레이에 대해 들어본 적이 없으며 파산 신청서에 서명하고 싶지도 않았다. 사실 11월 11일 오전에 두 시간 정도는 서명할 의향이 있었다. 이전까지 샘은 설리번 앤드 크롬웰의 변호사와 아버지의 조언을 들었는데 여기에는 어른이 무엇을 하든 따르라고 말하는 어른들에 대해 그가 품고 있던 회의와 무관심이 뒤섞여 있었다. 그들은 문서에 서명하지 않으면 여러 야만적인 국가에서 파산에 처할 것이라고 말했다. 샘과 FTX는 다른 관할권보다 미국에서 더 안전할 것이라고 했지만 샘은 그게 사실인지 확신할 수 없었다.

샘이 주저하는 사이 존 레이는 샘과 그가 만든 회사에 대해 알아봤다. "이게 대체 뭔가?' 싶었다"고 레이는 말했다. "지금은 실패했지만 한때는 제 기능을 하던 회사였다. *이 사람들이 무슨 일을 했는가? 어떤 상황인가? 이렇게 빨리 파산한 이유가 무엇인가?*에 대해 알아봤다." 잠시 레이는 *해킹을 당했다든지* 하는 무고한 이유로 파산에 이르렀을 가능성을 따져봤다. "그러고는 그 아이에 대해 찾기 시작했다." 샘이라는 아이다. "그의 사진을 보고는 *어딘가 정상적이지 않다*고 생각했다." 레이는 자신의 빠른 판단력을 자랑했다. 누군가를 10분 동안 관찰하면 어떤 사람인지 알 수 있으며 자신이 판단을 내린 내용은 재고할 필요가 전혀 없다고 생각했다. 그는 판단하는 대상을 '좋은 놈' '순진한 놈' '사기꾼'이라는 세 가지 바구니 중 하나에 넣었다. 샘이 좋은 놈에 해당하지 않는다는 것은 분명했다. 또한 레이는 샘이 순진하게 보이지 않는다고 판단했다.

샘은 누가 CEO로 오든 사라진 돈을 찾는 데 도움을 얻기 위해 최소한 자신을 자원으로 활용할 것이라고 생각했다. 그런 일은 일어나지 않았다. 1990년대에 파산 분야에 첫발을 내디딘 레이는 고생 끝에 한 가지를 깨달았다. 레이에게 자리를 물려준 어떤 사람은 그와 대화를 하더니 나중에 오고 간 대화에 대해 거짓말을 했던 것이다. 레이에게 회사를 넘기는 내용의 서명을 한 뒤 며칠 동안 샘은 *안녕하세요 존, 대화를 하고 싶습니다*라는 측은한 이메일로 여러 번 연락을 했지만 레이는 한 번 열어보고는 *어림도 없는 소리*라고 생각할 뿐이었다.

레이가 어떤 방식으로든 샘과 소통하지 않으려고 고집을 피우면서 샘이 어떤 일을 했고 왜 그렇게 했는지를 파악하는 데 대한 어려움이 가중되었다. "퍼즐 조각이 든 상자를 꺼냈는데 일부 조각이 사라진 것과 마찬가지였다. 게다가 이 퍼즐을 만든 사람과 대화를 나눌 수도 없었다"고 레이는 비유했다. 샘의 이너서클에 속하는 다른 구성원들과는 짧게 대화를 나눴지만 됨됨이를 파악하기 위한 것뿐이었다. 니샤드는 순진한 놈으로 보였다. 레이는 "니샤드의 관심사는 오로지 기술, 기술, 기술로 좁다. 그가 해결하지 못할 문제란 없다. 그는 돈을 훔칠 사람이 아니며 잘못을 저지를 사람이 아니다. 하지만 주변에서 어떤 일이 벌어지는지에 대해 아무 생각이 없다. 스테이크를 주문하면 소 엉덩이를 관찰할 사람이다"라고 말했다. 파산팀은 레이가 FTX의 신임 CEO가 된 후 토요일에 전화로 캐럴라인 엘리슨에게 연락했다. 그녀는 암호화폐를 보관하는 지갑의 일부가 어디에 숨겨져 있는지 설명할 수 있는 인물이었을 뿐 그 외에는 별로 쓸모가 없었다. "얼음장처럼 차가운 여자"라고 레이는 말했다. "모음 하나당 값을 쳐줘야 하는 완전한 별종이다."

캐럴라인과 통화하는 동안 레이는 그녀가 어디에 있을지 파악하려 했다. 그녀는 보스턴에 있다고 주장했지만 레이는 그 말이 사실이 아님을 알고 있었다. 그는 순진한 척하면서 가벼운 대화를 시도했다. 홍콩에서는 비행이 오래 걸렸습니까? 계신 곳의 날씨는 어때요? FBI가 캐럴라인을 추적하고 있었고 레이는 수색을 도울 생각이었다.[*]

레이의 임무는 구체적이고 명확했다. 가능한 한 많은 돈을 찾아내서 채권단에게 돌려주는 일이었다. FTX의 새 CEO가 되자마자 그는 첫 번째보다는 다소 모호한 두 번째 임무를 맡았다. 미국 검찰이 샘 뱅크먼 프리드를 기소하는 데 조력하는 것이었다. "태생이 범죄자인 사람들이 있고 범죄자가 되는 사람들이 있다"고 레이는 말했다. "샘은 범죄자가 된 경우라고 생각한다. 어떻게 무슨 이유로 범죄자가 되었는지는 모른다. 알려면 이 아이와 부모를 살펴봐야 할 것이다."

그야말로 혼돈 상태였다. 샘은 파산 신청 서류에 서명하고 8분 뒤에는 생각이 바뀌었다고 밝혔다. 하지만 설리번 앤드 크롬웰은 샘에게 일단 파산을 신청하고 나면 번복이 불가능하다고 전했다. 이로써 레이가 FTX에 대해 보고를 받을 방법이 마련되었다. 레이는 FTX가 서른 곳의 암호화폐 거래소를 소유하고 있음을 파악했다. 바하마와 미국뿐 아니

---

[*] 캐럴라인은 뉴햄프셔에 있는 부모님의 별장을 급습하여 찾아냈다. 그녀는 바하마의 수도인 나소에서 뉴햄프셔주 남부의 내슈아로 곧장 이동했다.

라 튀르키예와 일본 등에도 거래소가 있었다. FTX는 암호화폐 거래가 대규모로 일어나는 곳이라면 어디든 거래소를 설립하고 해당 지역 정부에 인가를 요청했다. 각 거래소에는 자금이 유입되었고 이론상 고객이 로그인해 예탁금을 인출할 수 있었다. 하지만 레이가 제한적인 지식으로 이해하기로는 자금이 이동하지 않았다. "은행 계좌 정보가 있는 종이 한 장을 못 봤다"고 그는 말했다. FTX, 알라메다 또는 회사가 소유한 100여 곳의 법인 중 한 곳은 달러와 기타 법정화폐를 수십 곳의 소규모 은행과 각지의 암호화폐 거래소에 보관하고 있었다. 또한 일부는 아마존 서버에 보관했는데 암호화폐가 든 가상 지갑에 접근하려면 암호가 필요했다. 레이는 "지갑이 클라우드에 있었다. 암호를 잃어버리면 돈을 잃는 것"이라고 말했다.

돈을 찾는 일이 어려운 것은 FTX 내부에서 (레이가 대화할 의향이 있는 사람 중) 어느 누구도 자금을 추적하는 업무를 하는 사람이 없었다는 점이 한몫했다. 레이는 "구조라는 게 존재하지 않았다"면서 "직원 명단도,* 조직도도 없었다"고 말했다. 새 임무를 맡은 지 엿새 뒤 레이는 델라웨어주 파산 법원에 보고서를 제출했다. "지금껏 한 번도 이런 정도로 기업 통제에 실패하고 여기처럼 신뢰할 만한 금융 정보가 전무한 경우는 본 적이 없다"고 그는 밝혔다.

혼돈을 야기한 사람들을 심문하는 대신 레이는 빈틈없는 조사관들

---

* 직원 명단이 있기는 했지만 조지가 만든 조직도처럼 알아보기 어려웠다. 나탈리는 명단을 내게 건네면서 기밀문서를 전달하는 양 목소리를 낮췄다.

로 구성된 팀에 조사를 의뢰했는데 다수는 이전에도 레이와 함께 일한 적이 있었다. 그는 팀원들에 대해 "진지한 어른들"이라고 표현했다. 이들이 소속된 나르델로The Nardello라는 회사에는 FBI 출신들이 대거 활동하고 있다(회사 모토가 *우리는 찾아낸다*이다). 암호화폐 추적 업체인 체이널리시스Chainalysis는 레이도 처음 알게 된 회사였다. 레이는 조사관들에게 "모든 FTX 직원들과 줌 면담을 진행하고 면담 시간을 잡지 않는 직원은 해고하라"고 주문했다. 그런 방식으로 80명의 직원이 스스로 해고되었다. 또한 줌 면담을 마친 직원들도 모두 해고되기는 마찬가지였다. 손을 들고 숲 밖으로 걸어 나오더라도 총을 맞은 것이다. "그는 미국 밖에 있는 사람은 모두 범죄에 가담한 것처럼 굴었지만 정작 범죄가 무엇인지도 모르는 사람이었다"라고 한 FTX 직원은 설명했다. 파산 전날 일어난 4억 5000만 달러의 미스터리한 해킹에 대해 파악하기 위해 줌에서 단체 회의가 진행되었고 샘이 등장했다. *샘, 왔군요!* 레이가 샘의 쾌활한 말투를 흉내 내며 말했는데 아이러니하게도 샘의 말투 자체가 쾌활함을 흉내 낸 것이었다. 레이는 "어떤 망할 일이 벌어지고 있고 누가 해킹을 했는지 알아내려 했다"고 말했다. "샘은 해킹에 대해 아는 것이 없었다. 계속 '게리에게 물어보라'고 말하더니 뜬금없이 '시스템에 접속할 수 있으려면 비밀번호가 필요하다'고 말했다. 나는 *당연히 안 된다*고 답했다."

몇 주 사이에 레이는 FTX와 알라메다 리서치 내부에서 벌어진 일에 대해 많은 것을 알고 있는 직원의 상당수를 해고했다. 레이의 기억으로는 한 사람이 예외였는데 "지금도 그 정신과 의사에게 급여를 주고 있을 것”이라고 말했다.

　그게 2023년 초의 일이다. 4월 말 존 레이는 경계의 끈을 늦추지 않고 사태를 주시했다. 그는 “실사 촬영을 하는 것처럼 매시간 사건이 끊이지 않고 일어났다”고 말했다. 어느 날에는 모르는 암호화폐 거래소에서 연락이 와서 *당신들 계좌에 1억 7000만 달러가 있는데 돌려받기를 원합니까?*라고 물었다. 또 어느 날에는 FTX의 한 직원이 뜬금없이 전화해서 회사에서 200만 달러를 빌린 적이 있는데 상환하고 싶다고 말했다. 레이가 알기로는 그런 기록이 없었다. 당연히 한 직원의 대출건에 대해 듣게 되면 알지 못하는 다른 사례는 얼마나 많을까 의문을 품게 된다. 레이는 샘의 세계에 있는 자금을 추적하면서 손주들과 하던 부활절 계란 찾기 놀이가 떠올랐다. “마지막에 계란을 세는데 다섯 개를 찾지 못했다. 그러면 아이들이 가서 찾다가 여섯 개를 가지고 돌아오는 것이다.” 추가된 계란은 전년도에 미처 찾지 못해 황변이 일어난 유물이었다. 10대의 손주들은 레이에게 *할아버지가 새로 맡은 일 같네요!*라고 말했다. 아이들의 말이 맞았다! 존 레이는 계란의 숫자를 세지도 않고 숨겨놓은 이상한 부활절 계란 찾기를 하고 있었다. 찾고 있는 계란이 몇 개인지 몰랐으며 게임이 언제 끝날지도 알 수 없었다.

　계란 찾기가 몇 달 진행되자 레이의 조사관들은 “누군가가 거래소에서 4억 5000만 달러를 훔쳐갔다”는 사실을 발견했다. 2022년 11월에 발생한 단순한 해킹이 아닌 2021년 봄에 일어난 비트맥스와 모바일코인과 관련된 6억 달러 규모의 복잡한 해킹이었다(도난당한 암호화폐의 가격 변동에 따라 달러 가치도 바뀌었다). 이들은 해커가 튀르키예가 아닌 모

리서스에 있다는 것을 알아냈다. "자기 집을 드나드는 사진을 찍었다"
고 레이는 말했다. 그는 탈취된 자금을 대부분 되돌려받을 수 있으리라
자신했다. "이런 건이 훨씬 많을 것이라 생각한다"고 그는 말했다. 결국
레이가 처음부터 샘과 대화를 했다면 뒤늦게 샘에게 듣게 된 해킹 사건
들로부터 10억 달러가량을 회수할 수 있었을 것이다. *

   적극적으로 찾지 않으면 절대 찾을 수 없다는 샘의 말이 옳았다. 또
한 조사관들은 찾아야 할 것이 무엇이든 찾아내는 데 재능을 가진 것도
사실이었다. 존 레이는 범죄의 증거를 찾기를 바랐다. 나와 만날 때 레
이는 항상 옴짝달싹할 수 없는 새로운 증거를 가지고 나타났다. 한번은
알라메다 리서치가 2021년 미국 당국에 제출한 납세 신고서를 찾아냈
는데 이해에 30억 달러 이상의 손실을 보고한 것으로 나와 있었다. 사
실이라면 내가 대차대조표에서 찾아낸 구멍을 설명하는 데 도움이 될
것이었다. 하지만 30억 달러는 더 크고 복잡한 퍼즐의 일부였다. 2021
년 알라메다 리서치는 FTT를 숏셀링하고 관계사를 통해 동일한 양의
FTT를 매입했다. FTT 가격이 급등했다. 알라메다 리서치는 수십억 달
러의 매매 손실을 입었지만 관계사는 정확히 같은 금액의 이익을 얻었

---

* FTX 퇴사 직원들은 레이의 조사관들에게 회의적이었다. 샘의 세계에서 관리하던 가상 지
  갑이 무척 많았고, 무엇을 찾는지 알아야 그 대상을 찾을 수 있었다. 한 퇴사 직원은 "조사관
  들은 지갑들에 무엇이 들어 있는지 아는 게 없었다"면서 "5년이 지나도 모를 것"이라고 말했
  다. 이 관계자는 권태로운 유인원 요트 클럽(Board Ape Yacht Club)의 NFT(대체 불가능 토큰)
  101개를 예로 들었다. 이 NFT는 샘이 2021년 9월 경매에서 2억 4400만 달러에 산 것인데 레
  이의 회수 자산 목록에 없었다. 홍콩에서 근무했던 직원은 이처럼 파악되지 않은 자산이 많
  을 것이라 생각했다.

다. 알라메다 리서치의 회계 규정은 미실현 손실을 세금 공제 가능한 손실로 보고할 수 있도록 허용한다. 반면 FTT를 매수한 법인의 회계 규정에서는 미실현 이익을 알라메다와 동일한 방식으로 보고하도록 요구하지 않았다. 샘의 아버지를 포함한 알라메다의 세무 전문 변호사들은 미실현 손실이 당기의 이익을 상쇄할 수 있으니 세금 손실을 인식하자고 주장했다. 한 변호사는 이를 '가짜 손실'이라고 표현했다.

2022년 6월 니샤드 싱은 사람들이 FTX의 돈을 가로채기 위해 저지르는 각종 기만적인 행태에 대해 알려줬다. 일부 직원들은 입사 후 업무에 부적격한 것으로 드러나 해고되었다. 이들은 암호화폐업체 갈취에 일가견이 있는 로펌을 찾아갔다.* 니샤드는 해고된 직원들이 제기한 각종 고발이 날조되었다는 것은 차치하고 관련된 모든 사람이 FTX가 근거 없는 비난을 뒤집는 비용을 감내하느니 차라리 수백만 달러를 지급하는 편을 선택할 것을 알았다는 사실에 더 분통을 터뜨렸다. 그는 "미국인 직원들이 문제"라면서 "중국인 직원들은 이런 짓을 하지 않는다"고 말했다. 결국 FTX는 따뜻한 담요 작전이라는 전략을 세웠다. 갈취에 관여하는 로펌을 확인해 이들에게 법적인 업무를 맡겨 관계를 유지함으로써 FTX에 소송을 걸지 못하도록 하는 작전이었다. 당시에는 절묘한 작전으로 보였다. 하지만 2년이 지나지 않아 존 레이는 문서를

---

* FTX를 한 번 이상 단속하는 데 기여한 카일 로슈 변호사는 실제로는 잘못이 없는 암호화폐 업체들을 어떻게 갈취했는지 설명하는 동영상을 만들었다가 해고되었다. 그는 속아서 약물을 먹고 진술을 하게 되었다고 주장했다. 나중에 다른 지면에서 다룰 또 다른 이야기다.

흔들면서 샘이 내부고발자의 고소 문제를 해결하기 위해 입막음에 돈을 썼다고 주장했다.

존 레이는 부활절 계란 찾기 같은 일이라고 했지만 내게는 그가 지금까지 알려지지 않은 문명을 발견한 아마추어 고고학자처럼 보였다. 그는 문명이나 언어에 대해 배우지 못한 상태에서 땅을 파기 시작했다. 발굴 작업에서 출토된 유물을 나름대로 해석했지만 정작 그 유물을 만들고 사용한 원주민들을 아리송하게 만드는 해석이었다. 그럼에도 어떤 유물이든 상관없이 파 내려가는 것에 레이는 기쁨을 느꼈고 그러한 감정은 전염성이 강해서 나는 "찾아낸 것이 염두에 두신 것과 동일한 것인지 확실하지가 않네요" 또는 "그게 무엇인지 제가 아는데 생각하시는 그것이 아닙니다"라고 말할 용기가 나지 않았다. 예를 들어 레이의 조사팀은 알라메다 리서치의 홍콩 자회사인 코튼우드 그로브Cottonwood Grove가 막대한 FTT를 사들였다는 것을 발견했다. 순진한 고고학자가 보기에는 샘의 세계에서 인위적으로 FTT의 가치를 부풀린 증거였다. 레이는 FTX가 매출액의 3분의 1을 토큰을 사들여 소각하는 데 써야 하며 코튼우드 그로브가 그 업무를 처리하는 법인이라는 사실을 몰랐던 것이다.

발굴 현장을 옆에서 내려다보다가 최근 발견된 사항에 대한 나의 추측을 작업하는 인부에게 이따금씩 큰소리로 말하면 인부가 고개를 들어 나를 측은하다는 듯 바라보는 셈이었다. 그의 눈에는 분명 내가 순진한 놈으로 보였을 것이다. 회의 중에 레이는 물었다. "제인 해킷Zane Hacket에 대해 들어본 일이 있습니까?" 그의 이름을 잘못 발음하기는 했지만 제인이 파산 몇 주 전 수천 달러 규모의 암호화폐를 거래소에서 인출한 것으로 확인되었다. 그건 사실이었다! 하지만 제인은 회사가 무너진 일요일에도 거래소에 150만 달러 규모의 암호화폐를 예치했다. 이를 증명할 명세서도 가지고 있었다. FTX가 무너지면서 제인의 재산 상당 부분도 사라졌다. 제인의 문제는 사기를 친 것이 아니라 지나치게 믿은 것이었다. 이는 FTX의 직원 대부분에게도 해당하는 말이다. 많은 직원이 전 재산을 날렸다. 사라진 문명은 냉소가 아닌 신뢰 위에 건설되었다.

이를 간파할 수 있는 사전 정보가 없는 고고학자들에게는 어려운 작업이었다. 샘과 이너서클에 대한 레이의 첫인상은 샘의 세계 대부분에 씌워진 프레임의 출발점이었다. 알라메다 리서치의 수백 건에 달하는 개인 투자가 그 예다. 2023년 초 처음 만났을 때 레이는 이 회사의 모든 것이 얼마나 수상한지 말했다. 샘이 왜 그런 방식으로 돈을 물 쓰듯 했는지에 대해 레이는 나름의 이론을 세웠다. 샘이 돈으로 친구들을 샀다는 것이었다. "그의 인생에서 처음으로 모두가 샘이 완전 별종이라는 사실에 눈을 감았다"고 레이는 말했다. 그러면서 샘이 인공지능 업체들에 투자한 금액을 예로 들었다. "샘은 앤스로픽이라는 곳에 5억 달러를 줬다"고 말했다. "여러 사람이 아이디어 하나만을 가지고 있는 아무것도 아닌 회사다." 몇 주 뒤 구글, 스타크 캐피털과 몇몇 다른 기업이 앤스로픽에 4억 5000만 달러를 투자한다고 밝혔다. 이러한 발표로 샘이 5억 달러에 사들인 지분 가치가 8억 달러로 뛰었다. 지분을 잘게 쪼개서 천천히 매도했다면 충분히 10억 달러를 회수할 수 있었을 것이라고 복수의 투자자가 말했다.

레이의 조사관들은 셈을 마친 후 FTX가 고객들에게 갚아야 할 돈이 아직 86억 달러 남았다고 결론 내렸다. 상환할 돈을 찾을 수 있는 경로는 세 개 이상이었다. 하나는 부활절 계란 찾기 활동으로, 은행과 암호화폐 거래소에 잠자고 있을지 모르는 회사 자금을 찾아내는 것이다. 둘째는 앤스로픽의 지분뿐 아니라 수백 건의 개인 투자와 어마어마한 양의 무명 암호화폐 등 용의 보물 창고에 든 모든 내용물을 매각하는 것이다. 셋째는 샘이 지인들에게 준 자금을 되찾아 오는 것이다. 다른 사람의 펀드에 투자한 금액, 정치 후원금, 심지어 자선 기부까지 돌려받을 작정이었다.

샘이 쾌척한 돈을 찾아오려면 존 레이가 두 가지를 입증해야 했다. 첫째는 FTX가 돈을 지불하고 그에 상응하는 가치를 얻지 못했다는 사실이다. FTX 배수관의 막힌 곳을 뚫고 정당한 보수를 받은 배관공으로부터 돈을 되찾아올 수는 없다. 하지만 절대 막히지 않는 배수관을 고안하는 대가로 FTX에게 돈을 받은 연구원들에게서는 되돌려받을 수 있다. 하지만 건넨 돈에 상응하는 가치를 얻지 못했다는 주장만으로 돈을 돌려받을 수는 없다. 레이는 샘이 건넨 돈이 그의 것이 아니었음을 입증해야 했다. 그 돈이 샘의 돈이 아닐 수 있는 유일한 방법은 샘이 돈을 지급하던 순간에 FTX가 지불 능력이 없거나 그와 유사한 상태였음을 밝히는 것이다. 자금을 회수하기 위한 레이의 다양한 시도는 그의 팀이 아직 지능적으로 대답하지 못한 흥미로운 질문을 부각시켰다. 샘의 세계 전체에 있는 돈이 FTX 내부에 있었어야 하는 돈에 미치지 못한 시점이 언제인가? 정확히 언제 FTX는 파산한 것인가?

레이는 질문에 답하는 대신 샘이 자금을 건넨 많은 사람을 대상으로 기습적인 소송을 제기했다. 관련 자료의 내용은 정말 흥미진진하다. 법적인 문서이긴 하지만 행간에 의미가 숨어 있는 읽을거리다. 또한 레이는 언론의 관심을 끌도록 글을 썼다. 레이는 "이야기를 전달해야 한다"고 말했다. "X달러가 Y로 이체되고 어쩌고저쩌고 하는 글은 아무도 읽고 싶어 하지 않는다. 이런 글을 쓸 때는 어린아이와 같은 상상력이 필요하다." 8개월 반 동안 그는 아홉 건의 자금 환수 소송을 제기했다. 주로 샘, 샘의 부모, 캐럴라인, 니샤드 등 내부인들이 대상이었고 샘이 자신을 대신해 투자하도록 거액을 건넨 사람들도 포함되었다.* 내가 보기에 가장 흥미로운 표적은 FTX의 변호사 댄 프리드버그였다.

50대 초반인 댄 프리드버그는 샘의 세계에서 유일하게 중요한 '어른'이었다. 샘의 아버지의 간청으로 프리드버그는 샘이 가는 곳이면 어디든 따라가기 위해 연간 100만 달러를 챙기던 펜윅 앤드 웨스트Fenwick & West 로펌을 떠났다. 프리드버그는 FTX의 법무 자문위원이자 유모였다. 유모가 돌봐야 하는 아이는 부모를 겁먹게 하는 한편 의사 결정을 내리기도 했다. 프리드버그는 샘을 따라 홍콩으로 갔다가 바하마까지 따라갔다. 거기서 그는 대부분의 시간을 어울리지 않게도 버뮤다 반바지무릎 바로 위까지 오는 긴 반바지 차림으로 보냈다. 샘이 무의미한 일에 대해 걱정해야 한다고 다그치는 어른에 대해 불평할 때 주로 떠올리는 대상이 바로 프리드버그였다. 관계가 좋을 때도 프리드버그가 샘과 업무에 미치는 영향은 제한적이었고 여러 공식 문서에 프리드버그의 이름이 있었지만 그의 역할에는 한계가 있었다. 그는 FTX의 고객에게 예탁금을 받는 은행 계좌를 만들 때나 따뜻한 담요 작전을 실행할 때 도움을 줬다. 하지만 FTX가 파산을 맞던 주에 직원들 중 가장 먼저 배를 버리고 떠났으며 곧장 미국 금융 규제 당국과 FBI로 향했다. 그때에도 프리드버그는 FTX와 알라메다 사이에서 정확히 무슨 일이 벌어진 것인지 모른 채 그저 상황이 좋지 않다는 것만 알 뿐이었다. 프리드버그는 완전히 무너져버렸다. 그는 효율적 이타주의자들의 열정에 압도되어 있었

---

* 레이는 마이클 키브스에게 샘이 K5 그룹 펀드에 투자한 7억 달러를 돌려 달라고 소송을 제기하면서 2022년 2월 11일 키브스가 주최하고 샘이 참석한 만찬을 언급했다. 그는 키브스는 "'인맥왕'이라는 명성에 걸맞게 만찬 참석자에는 대선 후보자 출신, 유명 배우와 음악가, 리얼리티 TV 스타, 여러 억만장자들이 포함되어 있었"고 기록했다. 이어 샘이 작성한 메모를 인용했는데 메모에서 샘은 키브스를 "우리가 활용해야 할 인맥을 한 번에 얻을 수 있는 통로"이자 '무한한 인맥'의 제공자라고 표현했다. 사실 나도 샘과 그 만찬에 참석했지만 우리 둘 다, 그리고 샘의 동료 모두가 누가 키브스인지 몰랐다. 만찬 초대장은 초대 손님 목록에 대한 힌트와 함께 갑작스럽게 전달되었다. 샘은 어쨌든 로스앤젤레스에 갈 계획이었기 때문에 (늘 그렇듯) 막판에 목록이 사실인지 확인하기로 했다. 그는 주최자의 이름을 어떻게 발음해야 하는지 고민하기도 했다(샘은 '카이브스'일 것이라 추측했지만 '키브스'로 확인되었다). 직원들은 초대가 샘을 납치하기 위해 베벌리 힐스의 주택으로 그를 유인하는 계략이 아닌지 걱정했다. 애덤 제이콥스는 소규모 팀과 함께 샘의 차를 미행했고 도움을 외치는 소리가 들리면 샘을 구조하기 위해 급습할 준비를 했다. 이런 가운데 샘 역시 카고 반바지 차림으로 전혀 모르는 이의 집으로 들어갔지만 뒷마당으로 안내되었고 거기서 앞서 도착한 60명가량의 손님이 있음을 발견했다. 손님 중에는 힐러리 클린턴, 레오나르도 디카프리오, 크리스 록, 케이티 페리, 케이트 허드슨, 올랜도 블룸, 제프 베이조스, 더그 엠호프, 네 명 이상의 카다시안이 있었다. 마치 문화 전쟁에 대한 자신들의 주장을 극적으로 표현하기 위해 〈폭스 뉴스〉가 구성한 연극이 진행 중인 것처럼 보였다. 그러다 우리는 강경한 공화당원이자 댈러스 카우보이스의 구단주인 제리 존스와 로스앤젤레스 램스의 구단주로 트럼프의 취임식 비용으로 100만 달러를 기부한 '은둔의 스탄' 크론케를 발견했다. 샘은 휴대전화를 꺼내더니 제이콥스에게 문자를 보냈다. *진짜였네.*

359

고 "샘처럼 되고 싶었다"고 말할 정도였다.

프리드버그가 저지른 최악의 범죄는 파산 이후에 일어났다고 개인적으로 판단한다. FTX에 합류한 이후 그는 코인베이스의 본인 계좌에 있던 100만 달러 규모의 암호화폐를 FTX US로 옮겼다. 파산 과정에서 자신이 저지른 일의 증거를 은폐하려던 그는 다른 채권자들이 설리번 앤드 크롬웰이 파산 절차를 관리하는 것을 막기 위해 소송을 제기하자 여기에 관여했지만 결국 실패했다. 누구도 댄 프리드버그에게 파산 법원에 연락하라고 요청하지 않았음에도 그는 독단적으로 델라웨어 파산 법원에 파산 신청서를 제출했다. 신청서에 담긴 문학적인 에너지는 존 레이를 능가하는 수준이었다. 신청서에 따르면 그는 FTX US의 법무 자문위원을 맡기 위해 2020년 말 설리번 앤드 크롬웰의 라인 밀러라는 파트너를 고용했다. 밀러는 프리드버그에게 설리번 앤드 크롬웰로 돌아가고 싶다는 의사를 밝힌 바 있으며, 향후 돌아갈 직장을 위해 FTX의 법무 작업을 최대한 설리번 앤드 크롬웰에 맡겼다고 프리드버그는 설명했다. 이후 FTX는 설리번 앤드 크롬웰에 1000만~2000만 달러의 수수료를 지불했다. 또한 프리드버그는 설리번 앤드 크롬웰이 FTX에 650만 달러를 청구한 일이 있었는데 사실은 훨씬 더 적은 금액을 청구했어야 한다고 밝혔다.

FTX의 파산이 확실시된 주에는 회사의 변호사들이 앞으로 어떻게 해야 할지에 대해 논의했다. 다른 모든 변호사와 함께 프리드버그도 사임했다. 밀러 홀로 남아서 샘에게 파산 서류에 서명하라고 압박하고 설리번 앤드 크롬웰이 파산 절차를 관리하도록 요구했다. 또한 밀러가

FTX US가 완전히 별도의 법인이고 지불 능력이 있는 것으로 보였음에
도*FTX US를 파산에 포함시키도록 요구했다고 프리드버그는 밝혔다.
그는 밀러가 두 가지 이유에서 이러한 조치를 취했다고 설명했다. 첫
째는 큰돈을 벌 수 있는 파산 절차가 바하마 등이 아닌 미국에서 진행
될 근거를 강화하기 위해서였다. 둘째는 설리번 앤드 크롬웰에 수임료
를 지급하는 데 사용할 수 있는 2억 달러를 FTX US에서 관리했기 때문
이었다. 신청서 말미에 프리드버그는 "S&C(설리번 앤드 크롬웰)의 행보를
심각하게 우려하고 있는 FTX 퇴사 직원은 나뿐만이 아니다. 전·현직
직원 모두가 S&C의 보복이 무서워 문제를 제기하는 데 주저하고 있다"
고 썼다.

　미국의 파산 제도에는 파산관재인 역할을 하는 사람이 있는데 남을
좌절시키기도 하고 본인이 좌절감을 겪기도 한다. 미국 법무부가 선임
하는 관재인은 파산으로 이익을 보는 내부인들(과 형사사건의 증거를 관
리하는 자들)을 감독하는 역할도 한다. 하지만 법에서 관재인에게 부여
한 유일한 권한은 통상 파산 변호사 출신인 파산부 판사에게 불만을 늘
어놓는 것이다. FTX 사건을 맡은 파산관재인 앤드루 바라Andrew Vara는
존 T. 도시John T. Dorsey 판사에게 강한 어조로 설리번 앤드 크롬웰이 파
산 절차를 관리해서는 안 되며 독립적인 조사 기관이 절차를 감시해야

---

* 존 레이는 프리드버그의 주장이 사실과 다르다고 말했지만 증거를 제공하지는 않았다. 2022
　년 11월 초 이 문제를 조사한 소규모 팀에 일했던 FTX US의 한 직원은 내게 "미국 법인의 대
　차대조표를 계산했을 때 지불 능력이 있었다"고 말했다.

한다고 밝혔다. 도시는 바라의 요청을 기각했다. 댄 프리드버그의 요구도 받아들이지 않았다. 설리번 앤드 크롬웰이 파산 절차를 관리할 수 있을지 여부를 결정하는 심리에서 증인들은 직접 또는 줌을 통해 출석할 수 있었다. 프리드버그는 초대받지 않았음에도 줌에 접근해 선서를 하고 증언하려 했으나 도시 판사가 허락하지 않았다.

미국 법정 밖에서 프리드버그는 샘의 세계에서 벌어진 일과 거기서 설리반 앤드 크롬웰이 어떤 역할을 했는지에 대해 가장 잘 알고 있는 사람 중 하나였다. 하지만 법정 안에서 댄 프리드버그의 경험은 큰 관심을 받지 못했다. 중요하지 않은 듯 다뤄졌다. 재고될 여지란 없어 보였다. 미국의 파산부 판사들은 사건에서 인정할 증거를 결정하는 데 절대적인 영향력을 행사한다.

그러다 6월 말 존 레이가 댄 프리드버그에 소송을 제기하면서 파산 법정에서 프리드버그가 주목을 받기 시작했다. 라인 밀러와 댄 프리드버그 사이에 벌어진 분란에 대한 레이 나름의 대응이었다. 그는 밀러는 '순진한 놈'으로, 프리드버그는 '타고난 범죄자'로 여겼다.

댄 프리드버그가 형사 고발되지는 않았다. 그는 법무부의 조사에 성실하게 협조했다. 레이는 프리드버그를 형사 고발할 권한이 없었다. FTX가 댄 프리드버그에게 지불한 모든 돈을 환수하려는 소송에서 레이는 프리드버그가 한 일 중에서 나쁜 일을 열거했다. 대부분의 돈이 단일 항목에 해당되었다. 레이는 "2020년 7월 FTX 그룹은 프리드버그가 2020년 솔라나 재단이 만든 디지털 화폐인 세럼 토큰 1억 232만 1128개를 부여받도록 했다. 원고의 파산 신고 당시 세럼의 가치는 토큰당 0.33달러로 추정되었으므로 프리드버그가 보유한 세럼의 가치는 3376만 5972.20달러"라고 밝혔다.

이 부분을 읽기 전까지 레이는 세럼, 솔라나, FTT를 '샘 코인' 또는 '쓰레기 코인shitcoins'으로 불렀다. 그가 암호화폐를 바라보는 시각은 사람을 바라보는 것과 비슷했다. '좋은 쓰레기'와 '나쁜 쓰레기'로 나뉠 뿐이었다(순진한 쓰레기는 없었다). 나는 레이와 논쟁을 벌이려 하지 않았는데 일부분은 그의 말에 일리가 있다고 생각했기 때문이다. 그럼에도 레이는 시도하지 않았으나 토큰을 구분할 만한 가치는 충분히 있다고 생각한다. FTT는 FTX의 견고한 매출 덕분에 실제적인 현금 흐름을 얻을 수 있었기 때문에 기업의 주식에 가까웠다. 솔라나는 비트코인보다 초당 수만 배 많은 거래를 처리할 수 있었으므로 사토시가 처음 품었던 비전을 이루고 거래 수단으로 사용되는 데 비트코인보다 더 적합한 면이 있었다. 상당수의 사람이 솔라나의 가능성을 신뢰했기 때문에 솔라나 토큰이 거래되는 실질적인 시장이 있었고 샘이 모은 솔라나도 가치가 있었다.

반면 세럼 코인은 수상한 구석이 있었다. 세럼은 샘이 머릿속에서 놀이를 중단한 적 없는 비밀 보드게임의 화폐와 같았다.

세럼은 샘이 뉴욕 증권거래소나 FTX 등을 대체할 블록체인에 베팅한 결과물이었다. 블록체인은 누가 무엇을 언제 소유하게 되었는지에 대한 기록을 공동으로 관리했다. 어느 거래도 추적할 수 있는 장점이 있으며 이론상으로는 모든 금융 거래를 추적하는 것도 가능하다. 프리드버그가 지급받은 세럼 토큰은 소유자에게 거래 시 할인 혜택을 주고

의결권을 부여하며 솔라나 블록체인에서 발생하는 모든 금융 거래에 부과되는 수수료의 일부를 지급했다. 그야말로 환상적인 토큰이었다. 문제는 솔라나 블록체인에서 일어나는 금융 거래가 상대적으로 매우 적었다는 점이었다. 샘은 솔라나의 창시자들과 즉흥적으로 아이디어를 교환한 다음 100억 개의 세럼 토큰을 주조해 대부분의 토큰을 혼자 보유했으며 일부는 임직원들에게 급여로 지급했다.

샘이 프리드버그와 같은 임직원들에게 지급한 세럼 토큰의 가격은 파산 당시 0.33달러로 추정되었지만 실제 가치는 분명치 않았다. FTX 직원들의 세럼 토큰은 '록업lock-up' 상태였다. 즉, 해제되기 전까지 직원들은 토큰을 매도할 수 없었는데 록업을 해제할 수 있는 사람은 샘이었다. 처음에는 토큰의 록업이 첫해 말부터 7년에 걸쳐 점진적으로 해제되었다. 직원들은 7분의 1의 토큰을 첫해 말에, 또 다른 7분의 1을 이듬해 말에 매도하는 등으로 보유량을 줄일 수 있었다.

하지만 세럼을 주조한 직후부터 토큰 가격이 치솟았다. 분명 샘이 예상하지 못했던 변수였다. 그는 모든 직원이 일순간 엄청난 부자가 되었다고 느꼈다(이론상 댄 프리드버그가 보유한 세럼의 가치는 2021년 9월 기준으로 10억 달러가 넘었다). 샘이 보기에 모든 직원이 열네 시간 일할 동기가 사라진 것이다. 그래서 무척 샘다운 조치를 취했다. 직원들이 보유한 세럼에 대한 조건을 변경한 것이다. 직원들의 세럼 계약에 자신이 록업 기간을 연장할 수 있는 조항을 세부조항에 넣었다. 샘의 직원들은 그가 언제라도 규정을 변경할 수 있는 게임을 좋아한다는 것을 알고 있었다. 그리고 샘이 한 번 규정을 변경했다면 또다시 변경할 가능성도 충분하다고 생각했다. 그러자 세럼에 대한 관심이 크게 줄었다. 람닉은 자신이 FTX에 합류하기 전에 공개 시장에서 직접 매수한 토큰에 샘이 록업을 적용하는 것을 짜증스럽게 지켜봐야 했다. 그는 "세럼을 가지고 있는 것인지 아닌지 무척 불분명했다"고 말했다. "7년 뒤에는 알 수 있을 것이다."

일반적인 세럼 토큰의 시장 상황도 녹록지 않았다. 댄 프리드버그가 1억 200만 개의 세럼 토큰을 명시된 가격에 팔 수 있는 가능성은 전무했다. 7년간 사실상 소유했다고 볼 수 없는 데다 그 이후에도 소유를 주장할 수 있을지 불분명한데 감히 누가 가치를 가늠할 수 있을까? 가치가 없다고 봐야 하지 않을까? 〈포브스〉가 샘의 자산을 평가할 때 세럼의 가치가 치솟고 있었는데도 그 가치를 인정하지 않은 이유가 여기에 있었다. 〈포브스〉는 록업 상태의 세럼 토큰을 존재하지 않는 양 취급했다.

그럼에도 존 레이의 장부에선 록업 상태의 세럼이 좋은 쓰레기로 분류되어 있었다. 마치 와인처럼, 빈티지가 최상인 시기에 주조된 암호화폐는 세련된 취향을 가진 신사들의 차지다. 누가 알겠는가? 언젠가 프리드버그의 세럼도 그렇게 될 날이 올 수 있다. 하지만 세럼이 가치 있는 토큰이었다면 샘 뱅크먼프리드와 그가 만든 세계는 다른 시각으로 바라봐야 한다. 세럼 가격이 정점일 때 샘이 보유한 세럼의 시장 가치는 670억 달러였다. 2022년 11월 7일 샘이 대부분 록업 상태로 보유하고 있던 세럼의 '가치'는 여전히 수십억 달러에 달했다. 록업 상태인 세럼도 그 정도 가치를 지녔다면 FTX는 파산 당시 지불 능력이 있었던

365

것이라 판단할 수 있다. 그렇다면 존 레이는 샘 뱅크먼프리드가 세럼을 뿌린 많은 행운아들로부터 자금을 회수할 근거가 없다.

부활절 계란 찾기가 6개월 차에 접어들자 FTX가 파산할 당시 샘이 보유한 세럼의 가치가 없다손 치더라도 충분한 지불 능력이 있었다는 근거 있는 주장이 제기되었다. 계란 찾기는 샘의 동기나 방식에 대해 배경지식이 거의 없는 사람이 기대한 것보다 더 나은 성과를 냈다. 2023년 6월 말 존 레이는 자신이 수집한 계란에 대해 보고했다. "지금까지 채무자들은 유동자산 70억 달러가량을 회수했으며 추가적인 회수를 기대하고 있다"고 그는 기록했다. 정확하게 말하자면 73억 달러다. 또한 이 금액에는 세럼이나 다른 대규모 회수, 모리셔스의 도난범에게 회수한 금액, 앤스로픽 지분, 기타 개인 투자 금액의 대부분이 포함되지 않은 상태였다. 남은 포트폴리오의 경매에 참여하기를 바라는 한 투자자는 분별력 있게 매각하기만 한다면 20억 달러 이상을 받을 것으로 예상했다. 그렇다면 총 회수 금액은 93억 달러가 된다. 그마저도 CZ에게 FTX에서 받아간 22억 7500만 달러를 되돌려받기 전의 금액이다. 레이는 파산한 날부터 내가 계속 되묻던 질문에 대한 답에 점점 다가가고 있었다. 그 많은 돈이 다 어디로 갔을까? 답은 '아무 데도 가지 않았다'이다. 돈은 계속 회사에 있었다.

캐럴라인은 처음으로 유죄를 인정하고 검사가 어떤 거래를 제안하든 받아들이기로 동의했다. 게리와 니샤드도 곧 뒤를 이었다. 샘의 세계에서 정확히 무슨 일이 일어났는지 몰랐던 모든 사람은 이제 알아야 할 모든 사실을 알았다고 생각했다. 그중 상당수가 FTX에서 시종일관 명백하게 범죄가 벌어졌다고 여겨졌지만 사실은 그렇지 않았다. 암호화폐업체에 서비스를 제공한 미국 은행의 주식을 공매도한 헤지펀드 매니저들은 FTX와 같은 은행의 암호화폐 고객에 대해 지저분한 소문을 수시로 퍼뜨렸다. 이들 중 누구라도 FTX에 대해 들은 내용이 있다면 떠들고 다녔을 것이다. 하지만 그들은 그렇게 하지 않았다. 샘이 숨기고 있던 하나의 단순한 진실, 즉 *FTX 내부에 있어야 할 고객 예탁금이 사실은 알라메다 리서치에 있다*는 것을 누구라도 알았다면 전했을 텐데 샘이나 FTX에 대한 의혹을 퍼뜨리던 사람들조차 그런 소문을 내지는 못했다.

바하마 당국은 샘을 구속했고 으레 그렇듯 샘이 자초한 복잡한 많은 일을 거쳐 미국에 그를 인도했다. 미국 뉴욕 남부 지방법원의 공소장에서 미 법무부는 샘에 대해 여러 건의 형사 고발에 대한 보석금으로 2억 5000만 달러를 책정했다. 샘은 보석금을 지불할 수 없었다. 샘의 부모는 집을 담보로 제공하고 샘이 보석 조건을 어길 시 위험을 지겠다고 나섰다. 샘이 보석 조건을 어기면 샘의 부모가 2억 5000만 달러를 미국 정부에 갚아야 하는 것이다. 샘의 부모에게도 2억 5000만 달러는 없었지만 검사들은 부모의 요청을 받아들였다. 그들은 그저 언론에서 샘 뱅크먼프리드가 여전히 2억 5000만 달러 이상을 가지고 있다고 보도하는 것에 관심이 있어 보였다. 보석이 허용되자 정확히 알아보는 대신 일단 말부터 내뱉는 습관에 빠진 사람들이 트위터에, 샘이 2억 5000만 달러를 지불할 능력이 있다는 것을 보고 그의 유죄를 확신하게 되었다고 앞다퉈 올렸다. 하지만 대부분의 사람들은 일련의 과정을 지켜볼 인내심도 없었다. "네 아들은 더럽고 추악하고 이기적이고 탐욕스러운 범죄자 유대인이다." 자신의 이름을 J. 레빅J. Revick이라고 밝힌 사람은 FTX가 파산을 신청한 날 조 뱅크먼에게 이메일을 보냈다. 뱅크먼프리드 가족들 모두에게 이런 메시지가 쏟아졌다. 조는 "레빅도 유대인 이름 아닌가요?"라는 답장을 보냈다.

이제 군중이 모여들었고 여론이 급격하게 악화되었다. 멀리서 바라보면 샘이 자신의 입장을 법정에서 밝히기 전인데도 샘의 세계에서 일어난 일에 대해 쉽사리 판단을 내릴 수 있었다. 멀리서 보면 샘이 저지른 범죄의 본질에 대해 다른 목소리를 내는 것도 금기시되었다.* 가까이 다가가서 보면 의문점을 갖지 않을 수가 없다. 샘과 회사에 가까이 다가갈수록 더 많은 의문점을 품게 된다. 예를 들어 제인 태킷은 2021년 말 샘이 왜 암호화폐 은행에서 대출을 받아 알라메다 리서치에 있던 고객 예탁금을 대체하지 않았는지 이해할 수 없었다. 당시 알라메다는 큰 문제 없이 250억~300억 달러를 빌릴 수 있었다. 왜 대출을 받아 88억 달러의 고객 돈을 FTX에 돌려놓지 않았을까? 그랬다면 알라메다와 같이 무너진 건 FTX가 아니라 암호화폐 은행이었을 것이다. 람닉에게는 또 다른 의문점이 있었다. 그와 샘은 알라메다의 자금 수십억 달러를 투자했지만 그는 샘이 알라메다가 질 위험에 관심을 갖는 것을 본

---

* 사실상 아무도 의문을 제기하지 않았지만 놀랍게도 한 사람, 케빈 오리어리는 예외였다. 그의 영향력에 대해 어떤 의견을 가지고 있든 그가 대담한 면모를 가진 것만은 부인할 수 없다.

일이 없었다. 샘의 관심은 언제나 다른 곳에 있는 듯했다. 람닉이 샘에게 하고 싶은 질문은 "지난해에 왜 그 많은 시간을 망할 스토리북 브롤을 하는 데 썼는가?"였다.

물론 나도 묻고 싶은 질문들이 있다. 첫 번째는 경제적 유인과 관련이 있다. 이 금융 드라마에서는 어떤 인물도 금융시장의 인물들에게 기대되는 대로 행동하지 않았다. 게리는 알라메다 리서치의 지분을 일부 가지고 있었지만 FTX의 지분 가치가 훨씬 더 높았다. 니샤드는 FTX의 지분을 많이 소유한 반면 알라메다 리서치의 지분은 없었다. 알라메다 리서치를 운영하던 캐럴라인도 마찬가지로 FTX의 지분만 가지고 있었다. 이들 중 누구도 FTX의 자금을 알라메다 리서치로 옮겨 FTX가 곤경에 빠질 경우 이득을 보지 않았다. 오히려 그 반대로 그들 자신의 자금이 옮겨진 것이나 마찬가지였다. 또한 2022년 늦봄에 암호화폐 가격이 급락하기 시작한 이후 상당 기간 동안 누구도 자신들의 재산이 위험에 노출된 것에 불만을 표시하지 않았다. 왜 그랬을까?

또한 샘의 재판에서 중점적으로 제기될 의문점도 있다. 다만 재판이 열리는 경우에 물을 수 있는 질문이다. 2022년 미국 정부에 기소된 사람의 90퍼센트가 거래를 받아들이고 유죄를 인정했다. 무죄를 선고받은 사람은 1퍼센트 미만이었다. 정부를 상대로 소송을 벌이는 것은 막대한 자원과 심리적 우위를 누리는 상대와 원정 경기를 치르는 것과 같다. 샘은 속이려는 의도가 없었다고 주장하면서 소송을 치를 작정이었다. 하지만 그의 결백을 주장하려면 가장 가까웠던 세 명의 동료가 기꺼이 유죄를 인정하고 있는 이유를 설명해야 했다. 누가 범죄를 저지르지 않았는데 저질렀다고 말하겠는가? 왜 그들은 자신이 범죄를 저질렀다고 *믿는* 것으로 보이는가?

이제 샘에게는 생각할 시간이 많이 생겼으며 대부분의 시간을 이 생각을 하는 데 쓰고 있다. 인간의 본성은 언제나 그에게 퍼즐과 같은 것이었지만 퍼즐은 결국 풀린다. 그는 앉아서 캐럴라인에게 답장을 쓸 때처럼 메모를 써 내려갔다. 며칠 뒤에는 연방 검찰의 요청에 따라 그의 사건을 담당하는 루이스 A. 캐플런Lewis K. Kaplan 판사의 공표 금지령이 적용되었다. 하지만 그전까지는 자신의 생각을 공유할 수 있었다. 샘은 "사람들은 사회적 규범과 거리가 있는 *생각*을 표현하기를 어려워하는 것 같다. *그 생각을 실제로 말할 필요가 전혀 없는 경우에도 그렇다*"고 기록했다. 이어 업무 메모와 같은 방식으로 흥미로운 전제를 정리했다.

1. 널리 인정받는 생각이라도 쉽사리 비난의 대상이 된다. 완벽한 것은 없으며, 대체로는 좋은 것에 대해 나쁜 면을 지적한다고 해서 처벌받지 않는다.
2. 사회적으로 칭송받는 것을 칭찬하기는 쉽다.
3. 사람들을 구속의 위험보다 *더* 두려움에 빠뜨리는 것은 *자신을* 사회에서 비난하는 사람의 예라고 마음속으로 인정하는 것 같다.

이어 샘은 "때때로 사람들은 타인에게 알려진다면 혹독한 비난을 받을 만한 생각을 은밀하게 품느니 공개적으로 악당이 되는 편을 더 쉽게 받아들인다. 다시 말해 때로는 용기 있게 행동하는 것보다 대담한 생각을 품는 것이 더 어렵다"고 적었다. 사회적 압박이 어느 지점에 이르면 사람들은 자신의 진정한 정체성을 지키기보다는 그 압박에 순응하는 편을 선택한다.

그는 어릴 때 쓰던 방에 혼자 앉아 이 메모를 작성했다. 돌고 돌아 결국 제자리로 왔다. 그가 시작한 곳으로 돌아왔지만 전자발찌와 독일 산 셰퍼드와 함께였다. 보안 비용을 감당할 수 없었던 그의 부모는 몸집이 무척 큰 산도르라는 개를 대신 구입했다. 산도르는 독일에서 온 개인데 명령을 받으면 살상을 할 수 있도록 훈련받았다. 다만 명령을 독일어로 내려야 하는데 샘의 부모는 독일어를 배웠지만 샘은 배우지 않았다.

개는 샘을 지키기 위해 방 안에 있었지만 샘은 조금의 관심도 보이지 않았다. 조는 《개의 사생활》이라는 책을 사서 읽었지만 샘은 여전히 독서란 멍청한 짓이고 블로그 게시물로 압축하는 편이 낫다고 생각했다. 게다가 그는 산도르의 사생활에는 관심이 없었다. 샘이 방 안에 개와 함께 있을 때면 언제나 모종의 사건이 일어나기를 기다리는 듯한 느낌이 들었다. 샘이 다른 사람들과 겪었던 오해처럼 말도 안 되는 오해가 분명했다. 그런 사건이 일어날 확률은 당연히 예측하기 어렵다. 소행성이 충돌할 가능성보다는 낮지만 인공지능이 목줄을 끊고 인류를 지구에서 멸종시킬 가능성보다는 높을 것이다. 그렇더라도 자신을 지키는 개에 잡아먹힌다면 무척 샘 뱅크먼프리드다운 사건이 아닐까.

종결

    파산을 신청하고 모두가 도망간 그 주 후반, 조지 러너가 회사에 들렀다. 회사를 둘러보던 그의 발걸음은 정글 오두막 27호에 있는 샘의 책상으로 향했다. 책상에서 러너는 킹이 쓰러져 있는 것을 발견했다. 누군가가 사무실의 체스 판에 있는 기물을 가져다가 샘의 키보드 옆에 놓아둔 것이었다. 조지는 기물만 치우고 다른 물건은 그대로 두었다.

    6개월 후에도 사무실은 떠날 때의 상태 그대로였다. 그사이 바하마 청산인들이 사무실을 차지하고 자금이 떨어질 때까지 자체 사무실로 사용했다. 하지만 직원들은 성인의 묘지를 보존하라는 지시라도 받은 듯 물건에 손을 대지 않았다. 스테판 커리의 저지를 보관한 액자도 벽에 아직 걸려 있었다. 차츠키와 커피 머그잔, 심지어 떠나간 직원이 쓰던 안경까지 화산이 분출했을 당시 놓여 있던 그대로 자리를 지키고 있었다. 선반에는 건강에 좋지 않은 비건 스낵이 가득했고 냉장고에는 FTX 맥주가 채워져 있었다. 캔 옆면에는 '해적을 위해 해적이 양조한 맥주'라고 쓰여 있었다.

    바하마에 머물렀던 많은 이들에게는 지난 일이 한바탕 꿈으로 느껴지기 시작했다. 여기서의 경험은 그 이전의 삶과 너무나도 달랐기 때문에 겪었던 일이 실제로 일어났던 것인지 믿기가 점점 더 어려워졌다. 모두들 머리를 세차게 흔들어 정신을 맑게 하고 잠들기 전의 삶으로 돌아가기 위해 애썼다. 이런 일이 실시간으로 벌어지고 있었다. 마법의 섬을 떠나기 전부터 콘스탄스 왕은 꿈을 꾸기 전의 삶에 맞춰서 미래 계획을 세우는 연습을 시작했다. 그녀는 내게 "목표가 필요할까요?"라고 물었다. "샘은 내게 목표가 필요한 것처럼 느끼도록 만들었어요. 이제는 목표가 필요한지, 어떤 목표를 세워야 하는지도 모르겠네요."

모두가 사라진 후 나는 찾을 것이 있어 사무실로 돌아갔다. 정글 오두막을 샅샅이 뒤졌으나 결국에는 그것이 상상력의 산물에 지나지 않는다는 다른 사람들의 조언을 받아들일 수밖에 없었다. 포기하기 직전에 아직 확인해보지 않은 한 곳이 생각났다. 누구도 살펴보지 않은 낡은 창고였다. 창고는 샘이 올버니 리조트와 정글 오두막 사이를 매일 오가던 도로에서 약간 떨어진 곳에 있었다. 맨눈으로 보기에는 가치 있는 물건을 보관할 만한 장소가 아니었다. 정글 속에 길이 파여 있었고 길옆으로는 지붕에 금속판을 댄 쓰러져 가는 건물들이 늘어서 있었다. 그런데 내가 찾던 물건이 바로 거기, 따로 표시가 없는 FTX의 헛간 열 곳 중 한 곳에 있었다. 나무 상자에는 수신인이 라이언 살라메라고 쓰여 있었다. 상자를 더 안쪽으로 옮기기에는 너무 무거웠는지 문 앞쪽에 던져놓고 간 모양새였다. 바로 텅스텐 큐브였다.

후일담

'샘'에 대한 생각

처음에 샘 뱅크먼프리드의 행적을 쫓기 시작했을 때에는 그 끝이 어디에 가닿을지 짐작조차 하지 못했다. 재정적인 파국을 바로 옆에서 관찰하게 되리라고 생각하지 못했던 것은 물론이다. 이 사건에 대한 이론은 고사하고 나름의 관점이나 입장이 있었던 것도 아니다. 그저 샘이라는 인물과 그가 처한 특이한 상황에 호기심이 일었을 뿐이었다. 3년 만에 샘은 상위 중산층 수준의 은행 잔고를 가지고 있지만 사회적으로나 정서적으로나 고립되어 있던 스물다섯의 청년에서 수학 천재들이 모인 특수 부대의 지도자로 변모했다. 《포브스》에 따르면) 샘은 전 세계 서른 살 미만의 인구 중에서 최고 부자일 뿐만 아니라 인류 역사상 가장 빠른 속도로 부를 축적한 인물로 기록될 전망이었다. 미국 공화당과 민주당 지도부에서는 샘의 후원과 관심을 갈구했다. 월가 대형 은행의 수장들은 샘을 궁금해했으며 실리콘 밸리의 주요 벤처 캐피털 심사역들은 샘에게 투자할 수 있기를 바랐다. 톰 브래디는 샘과 함께 시간을 보냈고 테일러 스위프트는 샘의 암호화폐 거래소를 홍보하는 계약을 협상했다. 샤킬 오닐은 샘과 손잡고 바하마의 노숙자 문제를 해결하기를 꿈꿨고 올랜도 블룸은 샘에게 영화 출연을 제의했다. 친구가 없었던 소년은 우정이라는 기술을 연마할 틈도 없이 어느 순간 너무나 많은 친구를 거느린 어른이 되어 버렸다.

이 가운데 어떤 이야깃거리가 있을지, 그 이야기는 어떤 내용일지 명확하게 떠오르는 바가 없었지만 일단 샘 뱅크먼프리드의 삶 속에 발을 담그고 나면 무슨 일이라도 일어나고 이야기가 저절로 모습을 드러내리라 기대했다. 그리고 그 기대는 어긋나지 않았다.

책의 첫머리를 쓰면서 이 책은 비극적 결말로 끝을 맺는 희극이 되리라는 생각이 들었다. 집필을 시작한 2023년 1월 말은 샘이 바하마에서 미국으로 인도되어 스탠퍼드 캠퍼스에 있는 부모님 집에 가택 연금된 지 한 달쯤 되는 시점이었다. 탈고를 한 것은 같은 해 7월 말이었는데 불과 일주일 전에 샘이 캐럴라인 엘리슨의 연애편지를 〈뉴욕타임스〉에 흘려 사건을 맡은 루이스 카플란 판사를 분노하게 만드는 일이 벌어졌다. 판사는 당장 보석을 철회하고 샘을 뉴욕 브루클린의 메트로폴리탄 구치소에 구금하라고 명령했다. 10월 초, 양장본이 출간된 날에는 로어 맨해튼의 연방 법원에서 진행될 샘의 재판에 배석할 배심원들이 선정되었다. 원고를 마무리 짓기 전인데도 연방 검사들이 출판사 측에 원고 확인을 요청했을 정도로 책에 대한 세간의 관심이 뜨거웠다(출판사에서는 원고를 아직 받지 못했다고 사실대로 답변했다). 재판이 시작되자 (역시 책을 확인하지 못한) 피고 측 변호인들이 카플란 판사에게 책의 일부분을 증거로 인정해 달라고 요청했지만 판사는 받아들이지 않았다.

375

적어도 저자로서 품은 모종의 목적을 달성하기에 더없이 완벽한 환경이었다. 주인공은 우리 집에서 한 시간 거리에 가택 연금된 상태였고 사법 당국은 내가 샘을 접견할 수 있도록 허락했는데 평범한 상황에서는 맞이하기 어려운 기회였다. 접견에서 집필을 위한 목적을 달성하자 이번에는 샘이 구치소로 옮겨져 그가 언론에 더 이상 이야기를 흘릴 수 없게 되었다. 책은 재판이 시작되기 전날 출판되어 사건에 개입하지 않으면서도 조명을 받는 효과를 누릴 수 있었다. 놀랍게도 출간 전 엠바고가 잘 지켜져서 초고가 유출되는 일도 벌어지지 않았다. 검수자가 원고를 검토하는 작업이 정상적으로 진행되면서도 원고가 변호인이나 배심원의 손에 들어가는 불상사는 없었던 것이다.

책이 판결에 영향을 미칠 것이라고는 기대하지 않았다. 어느 편에서도 사건에 대한 온전하고 종합적인 이야기에는 관심이 없었기에 서로 자신들의 목적에 부합한다고 판단하는 부분을 발췌하여 왜곡하지는 않을까 불안한 마음이 들기는 했다. 하지만 아무래도 좋았던 부분은 사실상 독자들을 배심원석에 앉힐 수 있다는 점이었다. 서술 논픽션에 적용되는 증거 기준은 연방 형사 재판보다 느슨하다. 이야기에는 배심원들이 절대 접할 수 없고, 법적 판단에는 아닐지라도 폭넓은 도덕적 판단을 내리는 데 중요한 것으로 간주되는 세세한 우여곡절이 담겨 있다. 예를 들면 주요 인물들의 동기를 이해할 수 있다. 또는 어떤 일에 대해 규제하거나 조사하거나 심지어 진지한 질문을 하지는 못했지만 영향력 있는 어른들의 세상에서 가능해지고 조장된 과정을 알 수 있다. 혹은 샘 뱅크먼프리드의 가까운 동료들이 재판에서 발언한 내용 외에 재판 전에 내게 샘에 대해 말했던, 정서적으로 미성숙하고 주의력이 상당히 결핍되어 있으며 부주의하고 방심하고 쉽사리 관심사가 바뀌지만 인류의 운명에 중요한 역할을 할 수도 있다는 등의 의견이 담겨 있다. 사실은 FTX에서 타인의 자금 수십억 달러가 증발한 것이 아닐 가능성도 제기한다. 샘이 보물 창고에 모아둔 뭉치를 활용하면 고객의 자금을 모두 돌려주고도 남을 가능성이 있다는 것이다.

어찌 됐든 사건을 보다 종합적으로 설명하면 독자가 간단하게 '유죄' 혹은 '무죄'로 단정하는 대신 촘촘한 평결을 내릴 수 있을 것이라는 생각이 들었다. 모든 독자가 동일한 평결에 도달할 것을 기대했다는 의미가 아니다. 이야기의 묘미는 읽는 이들이 제각각 다른 결론에 이르는 데 있다. 이 사건은 양자택일의 결정을 내리기에는 너무나 복잡했다.

아이러니하게도 재판 절차는 그리 복잡하지 않았다. 중요한 여러 사실에 대해 이미 양측이 합의에 이르렀기 때문이었다. 가령 양측은 알라메다 리서치가 일일 매매 활동에서 꾸준히 이익을 냈다는 사실을 인정했다. 또한 FTX가 2019년 약 2000만 달러에서 2021년에 약 10억 달러로 영업수익이 증가하는 등 실체가 있던 기업이라는 점에 동의했다. 아울러 FTX가 사업을 시작했을 때 자체 은행 계좌를 개설할 수 없었으며, 그런 이유로 고객의 예탁금을 알라메다 리서치가 관리하는 은행 계좌로 보냈다는 사실을 인정했다(다만 세계에서 가장 뛰어난 매매업체를 비롯한 고객들이 FTX가 자금을 엉뚱한 곳으로 보낸 것에 대해 왜 불만을 제기하지 않았는지에 대해서는 누구도 설명하지 않았다). 알라메다 리서치가 FTX에서 자금을 사실상 무제한 빌릴 수 있는 권한을 가지고 있었다는 점에는 누구도 이의를 제기하지 않았다. 이러한 두 가지 토대를 바탕으로 FTX 고객이 거래소에 맡긴 150억 달러약 20조 원의 대부분이 샘의 개인 매매회사로 흘러간 것이다. 또한 양측은 고객 예탁금과 샘의 돈이 꽤 오랫동안 뒤섞여 있었음에도 FTX와 알라메다 리서치의 경영진이 이 사실을 대수롭지 않게 여겼다는 점에도 공감한 듯했다. 알라메다 리서치는 대부분의 존속 기간에 FTX의 자금 유출에 대응하기에 충분한 유동자산을 확보하고 있었다. 즉, 모든 예탁자들이 한 번에 몰려와서 돈을 돌려달라고 요청하더라도 요구에 응할 수 있었던 것이다.

양측은 2022년 6월 중순에 상황이 달라졌다는 점에도 동의했다. 한 달간 암호화폐 가격이 급락하자 시장은 공포감에 휩싸였고 알라메다 리서치는 큰 손실을 입었다. 아니, 더 정확하게 말하자면 샘이 푼돈을 주고 사들였던 암호화폐 토큰(솔라나, 세럼, FTT)의 막대한 미실현 이익이 손실로 돌아섰다. 이런 가운데 암호화폐 시장에서는 규제 밖에 있던 (제네시스 등의) '은행'에 암호화폐를 맡겼던 투자자들이 자금을 인출하기 시작했다. 앞서 암호화폐 은행은 100억 달러가량의 고객 자금을 알라메다 리서치에 대출하면서 샘이 보유한 토큰을 담보로 제공받았다. 6월 중순에 은행들은 알라메다에 대출금 상환을 요구했다. 당시 샘은 대출금의 상당 부분을 일론 머스크의 스페이스X, AI 기업 앤스로픽, 비트코인 채굴 회사, 카다시안 일가가 소유한 주류 회사, 수백 곳의 비상장사와 같은 기상천외한 자산에 투자한 터였다. 이러한 자산의 한 가지 공통점은 빠르게 매각하기 어렵다는 것이다. 알라메다 리서치는 암호화폐 대출 기관에 상환할 돈이 없자 FTX 고객의 자금을 동원했다. 두 말할 나위 없이 그래서는 안 되는 일이었다. 회사는 2019년에 FTX 고객 예탁금을 알라메다 리서치 내부에 보관하기 시작하면서 넘지 말아야 할 선을 넘기 시작했다. 그 고객 예탁금을 위험에 노출시키기까지 하면서 선을 한참 넘고 말았다. 2022년 6월 말에 FTX 고객이 모두 몰려와서 예탁금 인출을 요구했다면 FTX는 돈을 되돌려주지 못했을 것이다. 80억 달러가량의 예탁금이 샘의 개인 투자처나 알라메다 리서치의 다른 매매에 묶여 있다시피 했기 때문이다. 사실 샘 뱅크먼프리드는 수익성이 좋은 암호화폐 거래소를 수익성 있는 개인 투자 회사와 엮어서 중간 규모의 은행으로 탈바꿈시킨 셈이었다. 샘의 은행에는 몇 가지 기이한 특징이 있었다. 일반적으로 은행이 매입하는 것보다 훨씬 위험한 자산에 투자하면서도 전혀 규제를 받지 않았다. 통상 고객에게 제공되는 예금 보호나 기타 보호 장치도 없었다. 게다가 돈을 맡긴 사람들은 배후에 이러한 은행이 존재한다는 사실조차 알지 못했다.

문제는 무슨 일이 벌어졌느냐보다는 어떤 이유에서 어떤 과정에 따라 문제가 벌어졌느냐다. 샘 뱅크먼프리드는 언제 무엇을 알고 있었는가? 샘 뱅크먼프리드가 고객 예탁금을 가지고 의도적으로 한 일은 무엇이며 그렇게 한 이유는 무엇인가? 이 지점에서 피고와 원고의 주장이 엇갈리며 양측은 접점을 찾지 못했다. 샘의 변호인들은 피고가 주의력이 극도로 산만하여 자신의 개인 매매회사에 다른 사람의 돈이 100억 달러가량 섞여 있다는 사실을 전혀 알지 못했으며, 그 사실을 알았더라도 자금을 원하는 대로 투자할 권리가 있다는 말로 배심원들을 설득했다. 연방 검사 측은 샘이 자금의 행방을 처음부터 알고 있었고

FTX는 매우 부정직한 개인이 자금을 탈취하기 위해 만든 복잡한 범죄 조직이라고 주장했다.

어느 쪽의 주장이 더 설득력 있는지는 의심할 여지가 없었다(재판이 시작되기 전 샘은 자신이 승소할 확률을 10퍼센트로 예상했다). 재판 초기에 존재하던 일말의 긴장감은 FTX의 최고기술책임자였던 게리 왕이 증언대에 서면서 흔적조차 없이 사라졌다. 게리가 입을 열자 그의 지인들 모두가 충격에 빠졌다. 얼마나 빠른 속도로 증언을 했는지 변호사들이 천천히 발언해 달라고 요청할 정도였다. 게리는 검사 측에서 실토를 바라던 범죄를 낱낱이 자백하기 시작했다. 그러고는 자금이 엉뚱한 곳에 가 있다는 사실을 샘이 처음부터 알고 있다고 분명히 밝혔다. 게리가 임무를 완수하자 이번에는 캐럴라인 엘리슨이 증언대에 올라 검사들의 최종 목적을 달성시켜 주었다.

캐럴라인은 재판에서 가장 중요한 증인이었다. 알라메다 리서치의 CEO였기 때문에 기왕에 벌어진 사건의 책임이 샘에게 있지 않다면 그 책임은 캐럴라인에게 있을 것이었다. 따라서 책임이 샘에게 있는 것으로 드러날 때 가장 큰 이익을 볼 사람은 캐럴라인이었다.

앞서 나는 일 년 반 동안 캐럴라인을 여러 번 인터뷰했으며 그녀가 샘과 함께 있는 모습을 지켜보기도 했다. 캐럴라인은 관심을 부담스러워하면서도 자신의 생각을 밝히는 데 거침이 없는 사람이었다. FTX와 알라메다 리서치의 모든 경영진에게 물었던 질문을 2022년 4월 말에 캐럴라인에게도 물었다. *2년 뒤에 FTX가 망한다고 가정한다면, 회사가 망한 이유가 어디에 있을까요?* 캐럴라인은 이미 질문에 대한 생각이 정리되어 있는 상태였다. *모두가 동시에 암호화폐가 무가치하다는 판단을 내리고 비트코인 가격이 제로가 되었기 때문이겠죠.* 캐럴라인은 그런 일이 일어날 가능성을 20퍼센트로 점쳤다. 그보다 앞서 2022년 4월 16일 캐럴라인은 기나긴 사내 연애편지를 샘에게 보낸 터였다. 내용의 상당 부분은 캐럴라인이 얼마나 업무에 흥미를 못 느끼는지, 업무를 대할 때의 기분이 샘과의 성적인 관계에 얼마나 크게 좌우되는지에 관한 것이었다.

- 현재 알라메다에 관심이 가지 않음
- 지난번에 우리 관계가 깨졌을 때에는 사귀던 때와 비교해 알라메다에 대한 관심이 크게 줄었음
- 알라메다/업무가 당신과 나를 고통스럽게 하는 방식으로 얽혀 있기 때문이 아닐까?

법정에서는 샘과 캐럴라인의 관계가 크게 조명되지 않았고 사내 연애편지는 언급조차 되지 않았다. 배심원들은 두 사람이 사귀었다는 것은 알았지만 그 이상의 정보는 없었다. 증인석에 선 캐럴라인은 샘에게 보낸 편지나 동료들 혹은 나와 소통할 때 보였던 것과 전혀 다른 모습이었다. 자신의 삶을 살기 위해 회사를 당장 박차고 나가기 직전의, (충분히 그럴 만하게) 불만이 가득하던 여자 친구의 모습은 온데간데없었다. 그녀는 상사에게 해고당할까 겁을 내며 잔뜩 웅크리고 있던 부하 직원으로 변신해 있었다. 미국 정부 검찰은 캐럴라인의 증언을 십분 활용해

배심원들을 그녀가 인생의 가장 중요한 결정에 직면했던 2022년 6월의 결정적 순간으로 이끌어갔다. 암호화폐 대출 기관의 100억 달러 상환 요구를 무시할지, 아니면 FTX 고객의 자금을 동원할지를 결정해야 하는 순간이었다.

> Q. 모든 상황을 종합하여 고객 자금을 알라메다의 대출을 상환하는 데 쓰기로 결정한 이유가 무엇입니까?
>
> A. 샘이 제게 그렇게 하라고 말했고, 알라메다가 대출을 상환하지 못하면 당장 파산하는 불상사가 벌어질 것이라 생각했기 때문입니다. 고객 자금을 사용한다면 적어도 어떻게든 상황을 바로잡을 기회가 있고 샘이 대출금을 갚을 돈을 마련할 수 있으리라 생각했던 것입니다.
>
> Q. 당시에 본인이 하려는 일이 그릇된 것인지에 대해 어떤 생각이 들었습니까?
>
> A. 잘못된 일이라고 생각했습니다.

캐럴라인은 배심원들에게 암호화폐 대출 기관에서 알라메다 리서치의 재무 상태를 개괄적이고도 빠르게 확인할 수 있는 자료를 요청한 과정을 설명했다. 그러면서 6월 18일에 샘의 지시에 따라 정직한 정도가 서로 다른 여덟 종류의 대차대조표를 작성하여 샘에게 건넸으며 그는 가장 많이 날조된 버전을 대출 기관에게 제출했다고 밝혔다.

Q. 피고와 일하는 중에 그가 거짓과 절도에 관한 윤리를 언급한 적이 있습니까?

A. 네. 샘은 자신이 공리주의자라고 했는데, 공리주의에서 거짓말하지 않고 훔치지 않는다는 등의 규칙을 정당화하는 방식이 효과가 없다고 생각했습니다. 그는 무슨 방법을 쓰더라도 효용을 극대화하여 최대 다수가 최대 행복을 누리는 것이 유일하게 중요한 도덕률이라고 생각했습니다.

이제 검사 측은 샘의 도움을 받을 필요가 없었다. 그럼에도 샘은 변호사들이 한 조언을 무시하고 직접 증언에 나서서 굳이 도움을 주었다. 샘은 자신은 전혀 경험해 본 바 없는 복잡한 분야에서 잔뼈가 굵은 전문가들을 만날 때마다 으레 전문가들의 조언을 무가치한 것으로 경시했으며 자기만의 방식으로 복잡한 분야를 이해하려 했다. 그러한 접근법이 주효할 때는 큰 효과를 발휘했지만 그렇지 않을 때는 정반대의 효과를 냈다. 이번에는 후자였다. 샘이 증언대에 선 지 40초 만에 그가 스스로도 무슨 말을 하고 있는지 제대로 알지 못한다는 사실이 분명해졌다. 예를 들어 샘은 자신의 삶에 대해 묻는 검사의 질문에 아무것도 기억이 나지 않는다고 답하는 것이 좋은 전략이라고 판단한 듯했다. 2022년 슈퍼볼에 전용기를 타고 갔는지, 빌 클린턴과 바하마 총리와 따로 저녁을 먹었는지 등 일반인이라면 절대 잊을 수 없는 사건에 대해서도 샘은 기억이 나지 않는다는 태도로 일관했다.

직접 샘 뱅크먼프리드를 만나 보면 놀라울 정도로 설득력 있는 사람이라는 인상을 받는다. 그토록 많은 최고의 전문 투자자와 트레이더가 그에게 수십억 달러를 맡겼을 때는 이유가 있는 법이다. 반면 증언석의 샘 뱅크먼프리드는 정말이지 믿음이 안 가는 모습이었기 때문에 배심원들은 대체 어떤 멍청이가 그에게 약간의 암호화폐라도 맡겼는지 어리둥절했을 것이다. 나중에 카플란 판사는 "그는 명백한 거짓말을 하지 않을 때는 얼버무리고 꼬투리를 잡고 질문을 회피하기 일쑤였다. 또한 검사들이 질문을 하면 사실을 대답하지 않고 덜 불리하다고 판단되는 답변을 할 수 있을 때까지 질문을 바꿔서 묻도록 유도했다. 이 일을 30년 가까이 했지만 그런 광경은 처음이었다"라고 말했다.

판사는 재판이 시작되고 5개월 후, 법정에서 샘에게 판결을 내리면서 이러한 의견을 밝혔다. 판결은 재판이라기보다는 서스펜스 영화의 한 장면에 가까웠다. 샘이 저지른 짓을 가장 친절하게 해석하더라도 약 110억 달러의 타인 자금을 동의를 구하지도 않고 위험에 노출시켰으며 87억 달러의 고객 예탁금이 증발한 사건으로 요약할 수 있었다(판사는 FTX 고객들이 자금을 돌려받을 가능성을 시사하는 어떠한 증거도 채택할 생각이 없어 보였다). 배심원이 유죄가 아닌 다른 선택을 할 가능성은 기대하기 어려웠다. 샘의 사건에서 유일하게 미결 상태로 남아있던 것은 사람들이 그 사건에 대해 어떻게 생각하는가, *샘에* 대해 어떻게 생각하는가였다.

1984년 미국 양형위원회는 중죄 이외의 모든 범죄에 대한 지침을 마련한 바 있다. 매우 정확하고 상당히 체계적으로 들리는 조치이지만, 사실은 사건에 대해 과도하게 고민하지 않으려는 판사들에게 환영받는 지침이었다. 카플란 판사는 샘의 사건을 파고들기를 즐기는 것이 분명해 보였고 양형위원회의 지침은 법정 밖으로 던져놓고 시작했다. 이제 판사는 샘에게 사형 선고를 내리는 것 외에 무엇이든 원하는 대로 할 수 있었다. 샘을 평생 격리시킬 수도 있었다. 샘을 어떻게 처리할지에 관한 판사의 결정을 통해 그가 샘을 어떻게 생각하는지를 엿볼 수 있을 것이었다.

미국 연방 양형 심리는 피해자들이 나서서 발언할 수 있는 기회를 준다는 중요한 의미를 지닌다. 따라서 2024년 3월 28일, 적어도 이론상으로는 약 200만 명이 연방 법정에서 발언하기 위해 줄을 설 수 있었다. 하지만 법정에 출석한 것은 단 한 사람, 수닐 카부리Sunil Kavuri라는 런던에 사는 암호화폐 투자자였다. 특이하게도 그는 자신의 분노를 샘 뱅크먼프리드가 아닌 FTX의 신임 CEO 존 레이에게 쏟아냈다. FTX의 자산을 실제 가치와 비교해 훨씬 헐값에 팔아치운다는 사실에 분통을 터뜨렸다. 판사는 그의 발언을 중단시키고선 자신이 면전에서 직접 발언할 수 있도록 샘에게 일어서라고 명령했다.

두 시간 전 샘은 카키색 수감복 차림에 고개를 숙이고 등 뒤로 깍지 낀 모습으로 법정에 들어왔다. 샘이 입장하기 전 경비원들은 그가 원래는 수갑을 차야 한다면서 그렇게 보이는 자세를 취하라고 요청했다. 전형적으로 샘 뱅크먼프리드다운 순간이었다. 당국은 그에게 수갑을 채워야 한다는 사실을 깨달았지만 이미 때는 너무 늦었고, 샘은 당국의 제재를 이렇다 할 반항 없이 순순히 따랐다. 이제 그는 손을 앞으로 모으고 자신의 운명에 귀를 기울였다.

루이스 카플란 판사는 수천 장에 달하는 재판 증언에서 고르고 고른 샘 뱅크먼프리드의 이야기를 들려주기 시작했다. 판사가 수행한 의식은 내가 샘 뱅크먼프리드에 대한 책을 쓰기 위해 했던 활동과 크게 다르지 않았다. 다만 판사의 버전은 읽는 데 10분 걸렸을 뿐이지만 내 버전은 (오디오북 출판사에 따르면) 9시간 가까이 걸렸다. 물론 내게는 이야기로 풀어낼 만한 자료가 훨씬 더 많았다. 일이 벌어진 경위를 눈으로 직접 지켜봤고 상황이 좋을 때와 나쁠 때 가리지 않고 주요 인물뿐 아니라 수십 명의 조연들까지 모두 인터뷰했다. 반면 판사는 법정에서 자신이 들은 내용 위주로 판결문을 작성해야 한다.

판사는 샘의 유년기부터 시작했는데 주인공에 대해 판사는 나와는 다른 곳에 관심을 보였다. 나는 샘이 어릴 때 얼마나 사회적으로 고립되고 독특하게 자랐는지에 주로 관심이 있었다면 판사는 샘이 얼마나 많은 특권을 누렸는지에 주목하고 이렇게 덧붙였다.

> 게다가 그는 자폐를 앓았는데, 자폐는 사람마다 크게 다른 증상이 발현되는 경우가 많다. 그는 상당한 고기능 자폐인으로 보이며, 이는 특히 대단한 성취를 이룰 수 있음을 의미한다. 또한 그는 사회성이 떨어지는 모습을 빈번하게 보이며 사람들과의 소통이 일반적이지 않고 때로는 호감을 갖기 어려운 방식으로 이루어진다. 이를 사실로 간주한다.

혹여 샘에게 자폐 스펙트럼 장애가 있다면 어떤 상태인지, 판단은 독자들에게 맡기겠다. 나로서는 지금도 확신이 들지 않는 부분이다. 샘이 특이한 버릇을 보이는 것은 사실이다. 다리를 떨고 사람들과 대화할 때 시선이 끊임없이 이동하며 완전히 몰입할 수 있는 주제를 발견하는 행운이 따르지 않는 한 한꺼번에 세 가지를 생각하는 것으로 보였다. 하지만 그가 자폐 진단을 받은 것은 2023년 여름이며 그마저도 동정을 사기 위한 목적에서였다. 게다가 훌륭한 풍자 감각을 비롯해 그가 보이는 특징은 일반적으로 자폐 증상과 연관되지 않는다. 훗날 인간의 두뇌를 더 잘 이해하게 되었을 때 누군가가 샘의 사건을 들춰보고선 "그를 자폐로 생각한 이유가 이해는 되지만 사실 그는 *이 질환*을 앓고 있던 것"이라고 말하는 순간이 오지 않을까 상상할 뿐이다.

아무튼 판사의 말이 이어질수록 샘이 어떤 문제에 처해 있는지는 그의 관심사가 아니라는 점이 분명해졌다. 요점은 샘이 법을 어겼으며 상당한 고통을 유발했고 뉘우치는 기색이 없으며 심지어 위증을 했다는 것이었다. 판사는 샘의 동기가 돈을 노리는 일반적인 동기와 다르다고 판단했다. "그는 이 나라에서 정치적으로 매우, 매우 영향력 있는 사람이 되고 싶었기 때문에 그런 일을 저질렀다"라고 말했다. 선고를 하기에 앞서 판사는 잠시 사건이 발생한 보다 근본적인 원인을 짚었다. 판사는 캐럴라인 엘리슨의 증언을 들으면서 중요한 사실을 발견했다면서 캐럴라인의 증언 속기록을 낭독했다.

Q. 피고와 일하는 동안 피고가 위험 부담에 대해 어떻게 접근하는지 설명한 적이 있다면 무엇이라고 말했습니까?
A. 자신은 진정으로 위험 중립적이라고 말했습니다. 대부분의 사람들은 위험 회피적이어서 위험을 질 필요가 없다면 그렇게 하지

않거나 위험을 피한다는 겁니다. 하지만 자신은 EV가 양으로 판단되는 한 기꺼이 위험을 진다고 말했습니다.

Q. 양의 EV가 무엇입니까?

A. EV는 기댓값expected value을 의미하며 매매할 때 자주 쓰는 용어입니다. 양의 EV는 투자액을 전부 날리거나 상당한 손실을 입을 가능성이 꽤 존재하더라도 큰돈을 벌 수 있는 가능성도 크기 때문에 평균적으로 큰 보상을 기대할 수 있다는 뜻입니다.

Q. 피고가 위험 부담에 대한 자신의 접근법을 예를 들어 설명한 적이 있습니까?

A. 네. 그는 뒷면이 나오면 1000만 달러를 잃지만 앞면이 나오면 1000만 달러보다 약간 더 많은 돈을 얻을 수 있는 동전 던지기처럼 큰 위험을 지는 상황에 대해 이야기했습니다.

Q. 동전 던지기에 관한 다른 예도 들었습니까?

A. 네. 세계를 위한 선에 대해 고민하는 맥락에서 동전 던지기를 언급했습니다. 뒷면이 나오면 세계가 멸망하지만 앞면이 나오면 선이 두 배로 증가한다면 동전을 기꺼이 던지겠다고 말했습니다.

판사는 "즉 피고가 지구상의 생명체와 문명의 존속이 달려 있더라도 재앙을 모면할 확률이 미세하게 높을 뿐인 동전 던지기를 기꺼이 할 사람이라는 것이 이 사건에 반복적으로 나타나는 주제다. 그에게는 게임일 뿐인 동전 던지기는 제인 스트리트 시절부터 시작되어 최후의 순간까지 이어졌다. 이러한 게임을 즐기는 것이 그의 본성이다"라고 말했다. 무모한 게임을 즐기는 것이 샘의 본성이기 때문에 기회가 주어진다면 그가 이전에 했던 것과 같은 일을 몇 번이고 반복하리라는 것이 판사의 결론이었다. 판사는 "이 사람은 미래에 매우 바람직하지 않은 일을 할 위치에 설 위험이 있으며, 그것은 결코 사소한 위험이라고 할 수 없다"라면서 "따라서 선고에는 일정 부분 그를 무력화하기 위한 목적이 있다"라고 말했다. 이어 가석방 없는 징역 25년형을 선고했다.

몇 분 뒤 샘은 충실하게 뒤로 깍지를 끼고선 법정을 빠져나갔다.

인간에게는 과거의 불확실성을 잊는 재주가 있다. 최근 일어난 행운이나 불행이 얼마나 우발적으로 일어난 것인지, 그 발생 가능성이 얼마나 낮게 보였는지 상관없이 시간이 지나면 결국 일이 그렇게 될 수밖에 없었던 것으로 기억된다. 이야기가 펼쳐지고 나면 이전에는 누구도 예상하지 못했던 사건이라도 충분히 예측 가능했던 일로 느껴진다. FTX가 무너진 순간부터 복잡다단한 여러 사실이 삭제되는 과정이 시작되었다. 샘의 재판이 열린 시점에 정부는 샘에 대해 그의 가까운 동료들이 전혀 동의하지 못할 법한 특징을 부여했다. 예를 들어 샘의 겉모습 하나하나가 사람들을 속이기 위해 세심하게 조작된 것이라고 암시했다. 정부 측은 캐럴라인 엘리슨의 증언을 활용해 그러한 판단을 부추겼다.

Q. 2022년 피고의 외모를 어떻게 표현할 수 있을까요?
A. 겉모습에 큰 노력을 기울이지 않는 것처럼 보이려는 듯했습니다. 너저분한 옷차림을 했고 이발을 자주 하지도 않았고요.

Q. 자기 외모에 대해 언급한 적이 있다면, 뭐라고 말하던가요?

A. 자신의 머리카락이 무척 귀하다고 했습니다. 제인 스트리트에 들어간 후 머리카락 때문에 더 많은 보너스를 받았으며 머리 스타일이 FTX의 서사와 이미지에 중요한 부분을 차지한다고도 생각했습니다.

샘 뱅크먼프리드의 외모가 정말로 꾸며낸 것이라면 그는 평생 연극을 한 것이나 다름없다. 샘이 억만장자가 되고 나서 그를 만난 동창들은 단번에 "예전이랑 똑같잖아"라고 말했다. 그의 '겉모습'에는 거짓이 없었다고 단언할 수 있다. 그는 자신의 외모뿐 아니라 타인의 외모, 나아가 예술, 자연, 대부분의 사람에게 감정을 자극하는 아름다움의 원천에 관심이 없다시피 했다. 뜻하지 않게 공인이 되고 나서 어느 시점에는 남들이 자신의 겉모습에 매력을 느낀다는 사실을 분명 알아챘을 것이다. 그러한 깨달음은 외모에 변화를 줘야 한다는 압박에서 그를 자유롭게 했을 것이다. 자신의 무표정이 다른 사람들을 불편하게 만든다는 사실을 인식하고선 표정 짓기를 연습한 것과 마찬가지의 깨달음이다. 하지만 이는 남들을 속이기 위해 일부러 꾸며낸 인격을 만들어내는 것과는 다르다. 그보다는 챗 GPT가 사용자들이 질문의 답변에 웃음을 터뜨리자 '이런 답변이 농담이군' 하고 판단하는 상황에 가깝다.

재판은 샘 뱅크먼프리드가 든 상자를 선반 위에 '사기'라고 표시된 같은 모양의 상자 옆에 놓아 누구도 그에 대해 진정한 관심을 보이지 않도록 만들었다. 하지만 내게 샘은 재판이 끝난 후에도 여전히 흥미로운 인물이다. 평범한 상자에 구겨 넣기에는 샘의 사건에 복잡하게 얽힌 요소가 너무나 많다. 예를 들면, 그가 대형 사기를 칠 수 있는 구조가 마련되었음을 알고 있었다면 많은 시간과 에너지를 쏟아 미국 금융 규제 당국에 암호화폐를 규제해야 한다고 설득한 이유가 무엇인가? 샘이 회사의 부정행위를 발견할 가능성이 높은 금융 규제 당국의 규제를 굳이 받으려 했던 것으로 보이는 이유가 무엇인가? 회사가 불안정한 토대 위에서 운영되고 있음을 알았다면 가장 강력한 경쟁자인 CZ의 적대감을 불러일으키는 노력을 왜 기울였을까? 샘과 캐럴라인이 FTX 고객의 요청에 응할 자금이 부족하다는 사실을 걱정했다면 회사에 얼마의 자금이, 심지어 어디에 있는지도 파악하지 않았던 이유는 무엇인가? (이는 람닉 아로라가 물었던 질문이기도 하며(본문 299쪽 참고) 샘이 유죄 판결을 받은 후에도 여전히 유효한 질문이다.) 샘은 왜 자신만의 비밀 계정에 돈을 숨겨두지 않았을까? 수상한 다른 암호화폐 거물들처럼 두바이로 도망가지 않은 이유는 무엇인가? 이러한 질문에 대한 답은 그가 법정에서 받은 처분에 영향을 주지 못했다. 그저 사람들이 그에게 덧입히려는 단순한 그림을 복잡하게 만드는 방해물일 뿐이었다.

선고가 내려지고 몇 주 뒤에는 이 퍼즐에 들어맞지 않는 이상한 모양의 조각이 등장했다. 2024년 5월 7일 존 레이는 미국 델라웨어주 파산 법원에 87억 달러의 고객 예탁금이 사라졌지만 현재 FTX가 145억~163억 달러를 확보했다고 보고했다. 정확한 액수가 얼마이든 예탁금을 맡긴 고객과 다른 여러 채권자들에게 달러당 118센트 이상 돌려줄 수 있는 금액이다. 즉, 2022년 11월에 돈을 잃었다고 생각한 모두가 원금에 이자까지 더해* 돌려받을 수 있게 된 것이다. 레이의 팀은 FTX의 모든 부채를 상환하고 5억 달러 이상을 챙긴 후에도 수십억 달러의 돈방석에 앉게 될 가능성이 높다. 몇십억 달러인지는 당장 답할 수 없지만, FTX가 잘나가던 시절에 뿌린 자금을 되찾기 위해 존 레이가 제기한 여러 소송이 환수에 기여한 정도는 미미하다.** 거의 대부분의 금액이 샘 뱅크먼프리드의 보물 창고에 있던 물건을 급히 처분하여 마련되었다.

파산의 성공적인 결말은 분명 사건에 관계된 변호인들을 깜짝 놀라게 하는 한편 경각심을 불러일으킬 만했다. 샘 뱅크먼프리드의 회사를 넘겨받고 몇 달 후 존 레이는 인계한 회사의 가치가 얼마나 초라했는지를 애써 강조했다. 다소 특이하게도 그는 채권자들에게 상환하기 위해

---

* 파산일에 모든 암호화폐에 대한 권리가 달러화되었다. 예를 들어 FTX에 1비트코인을 맡긴 고객에게는 2022년 11월 11일 특정 시점의 비트코인 가격인 16,871.63달러를 요구할 권리가 있다. FTX에 돈을 맡긴 일부 고객은 파산일 기준 달러 가치로 환산하는 대신 암호화폐의 현재 가치로 돌려받아야 한다고 주장했지만 이는 앞뒤가 안 맞는 말이다. 그사이에 비트코인 가격이 0으로 폭락했다면 FTX에 비트코인을 맡긴 고객들은 돌려받을 돈이 없는 것일까? 그렇더라도, 환수된 자금을 비트코인으로 상환할 여력이 전혀 없는 것인지는 분명하지 않다. 전체 고객 권리의 약 4분의 1인 20억 달러만 암호화폐였고 나머지는 달러 또는 달러에 가치가 연동된 스테이블코인이었다.

** 샘 뱅크먼프리드를 금융 범죄로 유죄 판결을 받은 다른 인물들, 특히 버니 메이도프와 비교해 보겠다. 메이도프의 회사가 파산하고 16년이 흐른 시점에서 피해자들은 달러당 91센트를 돌려받았다. 대부분의 자금이 폰지 사기를 거꾸로 추적하여 마련되었다. 즉, 메이도프가 초기 투자자들에게 지급한 금액을 환수하여 나중에 투자한 사람들에게 돌려준 것이다. FTX도 알라메다 리서치도 폰지 사기가 아니었다. 아무도 요청하지 않았지만 혹시라도 내게 샘 뱅크먼프리드와 가장 유사한 금융 범죄자가 누구인지 고르라고 한다면 마이클 밀켄을 꼽겠다. 두 사건은 모두 원대한 목적을 이루기 위한 구원자적 노력의 일환으로 벌어졌다. 또한 머리카락이 나름의 역할을 했다는 공통점이 있다.

처분해야 하는 자산의 가치를 낮춰 말했다. 샘이 AI 업체인 앤스로픽의 지분 20퍼센트를 인수한 것에 대해 레이는 '쓸데없는 짓'이었다고 폄하했다. 샘이 푼돈을 주고 얻은 대량의 솔라나 토큰은 샘이 매수하면서 가치가 잘못 부풀려진 '쓰레기 코인'이라고 표현했다. 현재 앤스로픽 지분의 가치는 수십억 달러에 이른다. 솔라나 토큰은 2022년 말 약 10달러였는데 알라메다 리서치의 지원이 없었음에도 17개월 후 150달러로 뛰었다. 지금까지도 레이는 샘 뱅크먼프리드와 대화를 하지 않는다. 간단히 '용'에게 묻기만 했다면 FTX 파산을 관리하는 변호사들이 보물 창고에 든 내용물에 대해 더 많은 것을 알게 되지 않았을까 의아할 따름이다. 또한 파산 변호사들이 18개월 동안 아무 조치도 취하지 않고 가만히 있었다면 얼마나 더 많은 돈을 환수할 수 있었을까 궁금하다.

샘 뱅크먼프리드의 제국이 무너진 시점부터 많은 사람들이 그에게 분노를 쏟아냈고, 어떤 이들은 이를 기회 삼아 대중의 분노를 부채질했다. 경험에 따르면 샘 뱅크먼프리드에게 공공연하게 분노를 표출한 많은 사람들 역시 비난받을 여지가 많은 사람들이다. 암호화폐 거래소 소유주, 광풍에 휩쓸리는 금융인, 트위터에서 활동하는 수상한 암호화폐 기자들이 그들이다. FTX의 기업 관행을 매도하다가 결국 미국에 수감된 CZ가 대표적인 예다. 2022년 11월 말에 이들 중 아무나 붙잡고 왜 화가 났는지 묻는다면 "샘이 사람들의 돈을 훔쳤다"라고 답할 것이다. 조만간 원금에 이자까지 얹어서 돌려받게 된다면 화가 덜 나겠냐고 다시 묻는다면 대부분 "애초에 말도 안 되는 소리다. FTX에 주장할 수 있는 권리가 달러당 3센트에 거래되고 있고 사람들이 돈을 돌려받을 방법이 없다. 하지만 어느 낯선 평행 세계에서 모든 원금에 이자를 더한 돈이 발견된다면 당연히 다른 생각이 들 것이다. 어떻게 안 그렇겠는가?"라고 대꾸할 것이다. 실제로 원금보다 더 많은 돈을 찾아냈지만, 처음에 불같이 화를 냈던 사람들의 생각이 달라졌는지는 알 수 없다. 분노를 조장하여 반사이익을 얻는 사람들은 상황이 어떻게 변하든 태도가 별반 달라지지 않는다.

나의 개인적인 견해가 이야기에 큰 영향을 미칠 것이라고는 한 번도 생각하지 않았다. 물론 나는 글감을 직접 선택하며 무엇이 사실이며 무엇이 사실이 아닌지, 무엇이 흥미롭고 무엇이 그렇지 않은지, 무엇이 이야기에 중요하고 무엇이 그렇지 않은지 파악하기 위해 최선을 다한다. 하지만 독자들을 모종의 결론으로 이끌어가는 것이 나의 일이라고 생각한 적은 없다. 오히려 그 반대다. 이야기에 독자가 거닐 수 있는 공간을 남겨두어서 독자들이 저마다의 생각을 품고 책장을 덮기를 바라 마지 않는다. 처음 펴냈던《라이어스 포커》를 읽은 독자의 절반은 월가의 관행에 분노했지만 나머지 절반은 월가에 취직하기를 꿈꿨다. 이 책에 대한 반응도 마찬가지로 제각각이었다. 어떤 독자들은 책을 읽고 주인공이 소시오패스라고 결론 내린 반면 다른 독자들은 샘 뱅크먼프리드에 대한 생각이 분노에서 슬픔, 연민으로 점차 변하는 것을 느꼈다. 샘과 일했던 십여 명의 동료들은 후자에 속했다. 샘과의 인연으로 가장 큰 고통을 받았던 이들은 책장을 넘기면서 그들이 알고 있던 그 샘을 만날 수 있었다고 전해왔다.

한편으로는 내가 샘 뱅크먼프리드에게 너무 관대한 것 아니냐는 반응도 있었다. (전부는 아니지만) 주로 분노를 여과 없이 표출했던 집단에서 그런 반응이 나왔다. 샘과 FTX 안팎의 모든 관계자에 대해 알기 위해 내가 들인 노력이 모두 헛수고였다고도 했다. 샘을 혐오하는 사람들이 말하는 것과 다르게 사실적으로 그를 묘사할 권리가 박탈되었다는 비판이다.

처음부터 나는 이야기가 제 길을 찾고 사실을 전달한다면 독자들이 주인공에게 공감하리라 생각했다. 이미 수백만 명의 암호화폐 투자자들과 수백 명의 벤처 캐피털 심사역, 수십 명의 유력한 정치인들, 여러 명의 거물들이 샘에게 공감한 바 있기 때문이다. 내가 샘 뱅크먼프리드에게 동조한다며 분노하던 기자들과 트위터 논평가들은 사실 샘이 전세계 30대 미만의 인구 집단에서 가장 부자라면서 나보다 더 앞장서서 그를 칭송하던 사람들이다. 그때 그들이 샘을 추켜세우지 않았다면 샘은 전 세계 30대 미만의 인구 중에서 최고 부자로 추앙받지도, 다른 사람의 돈 수십억 달러를 자신의 개인 매매회사로 빼돌리는 위치에 서지도 못했을 것이다. 만약 언론을 감시하는 이들이 내게 독자들이 샘 뱅크먼프리드를 다른 여지가 없이 완전히 증오하게 만들라고 요구한다면 그것은 사실을 왜곡할 때에만 가능한 일이다. 또한 애초에 샘이라는 인물을 탄생시킨 경험을 대중에게서 빼앗는 것이다.

이 책 어디선가 시장에서 폭로되기 전에 누구도 샘의 범죄를 알아차리지 못했다는 이상한 사실을 언급한 바 있다. 물론 FTX와 알라메다 리서치의 관계가 수상해 보였다고 말할 사람들이 많을 것이다. 하지만

매 순간 수상한 일이 벌어지고 있다는 가정이 깔려 있는 암호화폐 시장에서는 그런 의혹이 비일비재하다. "샘이 고객 예탁금을 개인 매매회사에 보관하고 있다"고 말한 사람은 한 사람도 없었다. 거기에는 이유가 있을 것이라고 생각하는데, 그러한 범죄 자체가 말이 안 되기 때문이다. 그건 지금도 마찬가지다. 버니 메이도프의 사업은 그 자체로 범죄가 수반될 수밖에 없는 구조였지만 샘의 경우에는 그렇지 않았다(메이도프의 사기가 폭로되기 전에 이미 사람들이 그의 범죄 행각을 눈치챈 이유가 여기에 있다). 그렇다면 범죄를 예방하고 FTX를 존속시킬 수 있었던 많은 방법이 있다는 결론에 자연스럽게 이르게 된다. 2022년 6월, 알라메다 리서치에 100억 달러를 대출해준 암호화폐 은행이 상환을 요구했을 때를 예로 들 수 있다. 당시에 캐럴라인 엘리슨이 은행에 "죄송하지만 샘이 은행 돈 수십억 달러로 유동성이 떨어지는 벤처 캐피털 투자를 했습니다. 투자 자산을 매각할 때까지 기다리든지 아니면 소송을 할 수 있는데 소송을 할 경우 대출금을 돌려받을 가능성은 낮아집니다"라고 말할 수도 있었을 것이다. 그랬다면 알라메다 리서치는 망하더라도 FTX는 존속하고 고객 예탁금이 미궁에 빠지는 일도 없었을 것이다.

샘 뱅크먼프리드가 무죄라고 주장하는 것이 아니다. 그저 샘에 대한 나의 생각을 전하는 것일 뿐이다. 이 책을 쓰는 대부분의 순간에 나는 "금융 시스템을 활보하는 범죄자"보다는 "지식으로 무장했지만 사회적으로 수용할 수 없는 도덕률에 따라 살다가 크나큰 실수를 저지른 청년"이 더 진실에 가깝다고 생각했다. 책에서 다룬 많은 내용은 사실 FTX 창립자들뿐 아니라 규제 당국, 벤처 캐피털 심사역, 암호화폐 시장의 문화, 꼼꼼하게 질문을 해보지도 않고 뭉칫돈을 들고 삽시간에 몰려온 세상 사람들에 대한 고발이기도 하다.

사람들은 끊임없이 샘에게 그가 특별한 사람이라는 인식을 심어주었다. 처음에는 그의 부모가, 나중에는 제인 스트리트가 그랬다. 샘은 그러한 기대에 따라 행동했다. 문제는 그가 정말로 특별한 사람이었다는 사실로 인해 더 복잡해졌다. 샘은 세상과 줄곧 특이한 방식으로 소통했고, 그러한 소통이 생소하기는 하지만 귀중한 교훈을 던져주는 경우도 많다. 샘의 소통은 오늘날 세상이 어떤 방식으로 돌아가는지를 알려준다. 또 한편으로는 타인의 허락을 구하지 않고 상대방을 얼마든지 위험에 노출시키는 샘의 가장 불안한 특징을 보여준다. 고객 예탁금으로 얼마든지 도박을 감행하는 모습에서 그러한 면모가 단적으로 드러났다. 물론 그의 연애와 우정에도 영향을 미쳤다. 샘은 캐럴라인 엘리슨과 어울렸고 제인 태킷을 잘못 이끌도록 만들었다(본문 310쪽 참고). 아울러 지구상의 모든 생명체를 멸절시킬 가능성이 있는 동전 던지기를 시도하는 것이 똑똑한 일이라고 믿도록 만들었다.

샘의 범죄는 그의 성품을 이루는 하나의 조각에서 비롯되었다. 그것은 절도자의 됨됨이가 아니라 위험에 무감각한 사람의 됨됨이였다. 그 자신은 위험을 체감하지 못했기 때문에 다른 사람들이 자신으로 인해 노출된 위험에 대해 어떻게 생각할지 샘은 짐작하지 못했다. 그러한 위험 감각의 부재는 특정 환경에서는 쉽사리 마음을 빼앗기고 주의력이 분산되는 취약한 모습으로 드러났다. 하지만 또 다른 환경에서는 사회의 위험 분자로 보이게 만들었다. 얼마든지 내 생각이 틀릴 수도 있으며, 다양한 이론을 파생시킬 정도로 복잡한 이 사건을 설명하려는 하나의 이론에 불과할 뿐이다. 설사 내 생각이 옳더라도 범죄를 정당화하는 구실이 될 수는 없다. 어떤 경우에도 던져서는 안 되는 동전이 분명 존재하므로.

감사의 말

엘리자베스 라일리Elizabeth Riley와 제이컵 와이스버그Jacob Weisberg는 이 책의 여러 군데를 읽고 의견을 주었다. 윌 베넷Will Bennett과 크리스티나 퍼거슨Christina Ferguson은 암호화폐와 다른 의문점에 대해 조사하고 나 혼자 힘으로 알아낼 수 있는 것 이상을 이해하도록 도와줬다. 파멜라 베인Pamela Bain과 발데즈 러셀Valdez Russell은 바하마로 다시 여행갈 날을 고대할 정도로 훌륭한 경험을 선사해줬다. 닉 이Nick Yee는 여러 게임에 대해, 데이비드 치David Chee는 스토리북 브롤에 대해 설명해주었다. 재닛 번Janet Byrne은 지금도 교열 담당자라고 불리지만 책을 펴낼 때마다 탁월한 솜씨를 발휘해 다른 교열 담당자들과 함께해서는 닿을 수 없는 곳까지 이끌어주었다. 여기에 다 표현할 수 없는 많은 일에 수고해준 톰 펜Tom Penn, 그리고 스탈링 로런스Starling Lawrence에게 감사드린다.

고잉 인피니트

초판 1쇄 2024년 7월 25일

지은이 마이클 루이스
옮긴이 박홍경

발행인 박장희
대표이사 겸 제작총괄 정철근
본부장 이정아
편집장 조한별
책임편집 최민경

기획위원 박정호

마케팅 김주희 이현지 한륜아

교정 김정현
디자인 유어텍스트
사진 제공 Tabitha Soren Lewis

발행처 중앙일보에스(주)
주소 (03909) 서울시 마포구 상암산로 48-6
등록 2008년 1월 25일 제2014-000178호
문의 jbooks@joongang.co.kr
홈페이지 jbooks.joins.com
네이버 포스트 post.naver.com/joongangbooks
인스타그램 @j_books

ISBN 978-89-278-1322-4 13320

중앙북스는 중앙일보에스㈜의 단행본 출판 브랜드입니다.